Aktuelle Probleme der europäischen Wirtschaftspolitik

Friedrich L. Sell

Aktuelle Probleme der europäischen Wirtschaftspolitik

3., neu bearbeitete und erweiterte Auflage

Friedrich L. Sell
Neubiberg, Deutschland

ISBN 978-3-662-56278-9   ISBN 978-3-662-56279-6   (eBook)
https://doi.org/10.1007/978-3-662-56279-6

Die Deutsche Nationalbibliothek verzeichnet diese Publikation in der Deutschen Nationalbibliografie; detaillierte bibliografische Daten sind im Internet über http://dnb.d-nb.de abrufbar.

Springer Gabler
1. und 2. Auflage ursprünglich erschienen bei Lucius & Lucius Verlagsgesellschaft mbH Stuttgart 2001, 2006
3.Aufl.: © Springer-Verlag GmbH Deutschland, ein Teil von Springer Nature 2019
Das Werk einschließlich aller seiner Teile ist urheberrechtlich geschützt. Jede Verwertung, die nicht ausdrücklich vom Urheberrechtsgesetz zugelassen ist, bedarf der vorherigen Zustimmung des Verlags. Das gilt insbesondere für Vervielfältigungen, Bearbeitungen, Übersetzungen, Mikroverfilmungen und die Einspeicherung und Verarbeitung in elektronischen Systemen.
Die Wiedergabe von Gebrauchsnamen, Handelsnamen, Warenbezeichnungen usw. in diesem Werk berechtigt auch ohne besondere Kennzeichnung nicht zu der Annahme, dass solche Namen im Sinne der Warenzeichen- und Markenschutz-Gesetzgebung als frei zu betrachten wären und daher von jedermann benutzt werden dürften.
Der Verlag, die Autoren und die Herausgeber gehen davon aus, dass die Angaben und Informationen in diesem Werk zum Zeitpunkt der Veröffentlichung vollständig und korrekt sind. Weder der Verlag noch die Autoren oder die Herausgeber übernehmen, ausdrücklich oder implizit, Gewähr für den Inhalt des Werkes, etwaige Fehler oder Äußerungen. Der Verlag bleibt im Hinblick auf geografische Zuordnungen und Gebietsbezeichnungen in veröffentlichten Karten und Institutionsadressen neutral.

Lektorat: Margit Schlomski

Springer Gabler ist ein Imprint der eingetragenen Gesellschaft Springer-Verlag GmbH, DE und ist ein Teil von Springer Nature
Die Anschrift der Gesellschaft ist: Heidelberger Platz 3, 14197 Berlin, Germany

Vorwort zur 3. Auflage

Im Jahr 2007, also vor nunmehr 11 Jahren, erschien – damals noch bei Lucius & Lucius bzw. UTB – die zweite Auflage der „Aktuellen Probleme der europäischen Wirtschaftspolitik". Ich habe den Band seitdem sehr oft in der Lehre, vorzugsweise in Seminaren für Bachelor-Studenten, eingesetzt. Leider übernahm der Verlag VDK vor wenigen Jahren einen Teil der Produktion von „Lucius & Lucius" und war nicht bereit, das Werk mit einer dritten Auflage fortzuführen. Daher habe ich mich an den Springer-Gabler-Verlag gewandt, mit dem ich seit 1998 in etlichen Auflagen von Grundlagenbüchern zur Volkswirtschaftslehre vertrauensvoll zusammenarbeite. Margit Schlomski, die für mich zuständige Lektorin und langjährige Ansprechpartnerin im Springer-Gabler-Verlag, hat mir dabei geholfen, das bisherige Konzept zu verändern und zu erweitern und, wie wir beide hoffen, damit auch für die Lektüre zu verbessern.

Es ist gegenüber der 2. Auflage bei den Schwerpunkten „Arbeitsmarkt- und Sozialpolitik", „Finanzpolitik", „Euro und EZB", „Zahlungsbilanzen, Währungen und Wechselkurse", „Globalisierung" und „Bildung" geblieben. Hinzugekommen ist ein Kapitel zur „Einkommensverteilung", ein Thema, das in den letzten Jahren eine große, ja immer noch zunehmende Beachtung in Europa und auch darüber hinaus gefunden hat. Zusammenhänge zur „Globalisierung" sind offensichtlich, führt diese doch tendenziell zu einer Konvergenz in der personellen Einkommensverteilung (vor Steuern und Transfers) der an Handel und Kapitalverkehr beteiligten Länder, wie auch in *Sell, F. L., The New Economics of Income Distribution. Introducing Equilibrium Concepts into a Contested Field, Cheltenham, UK und Northampton, USA: Edward Elgar Publishing 2015*, gezeigt wurde.

Jedes Kapitel enthält Aufsätze, die (in den allermeisten Fällen) in einer früheren und (mehr oder weniger stark) abweichenden Fassung in prominenten Printmedien des In- und Auslands (Großbritannien, Schweiz, Spanien) erschienen sind. In der vorliegenden Fassung wurden die Beiträge, wo notwendig weiter redigiert bzw. ergänzt, vor allem aber durch einen „Vorspann" und durch zwei „Kästen" am Ende verlängert. Der jeweilige Kasten 1 („Theoretische oder empirische Belege?") stützt die Aussagen des Haupttextes durch empirische Untersuchungen und/oder weitere Literaturarbeiten anderer Autoren mit entsprechenden Quellenangaben. Der Kasten 2 („Die Argumente der Gegenseite!") zeigt kritische bis widersprechende Thesen auf, die ebenfalls in der einschlägigen Literatur vertreten werden. Auf diese Weise lernen die Leser erstens mit unterschiedlichen Auffassungen in der Debatte um Themen der europäischen Wirtschaftspolitik umzugehen und die einzelnen Argumente sorgfältig zu prüfen. Das schärft den Blick für das und auf das jeweilige Sujet, aber auch für die immer noch große Breite von Hypothesen und Theorien in den Wirtschaftswissenschaften. Das mag für „exaktere" Wissenschaften, als es die Ökonomik bis heute ist, eher seltsam klingen. Für uns Ökonomen geht es aber um den für uns selbstverständlichen Wettbewerb in der Beurteilung wirtschaftlicher Entwicklungen und wirtschaftspolitischer Eingriffe. Zweitens können die Leser nachvollziehen, dass die großen Themen der europäischen Wirtschaftspolitik uns – häufig ungelöst – über viele Jahre hinweg begleiten. Eher kommen neue dazu, als dass die älteren verblassen.

Was bedeutet das für den möglichen Einsatz des hier vorgelegten Werkes durch Dozentinnen/Dozenten in der Lehre? Ich sehe wenigstens drei plausible Anwendungsfelder:

1. Überall dort, wo das Fach „Wirtschaftsjournalismus" in Bachelor- oder Masterstudiengängen angeboten wird, können die vorgelegten Texte als „Anschauungsmaterial" verwendet werden.
2. In Seminaren zur „europäischen Wirtschaftspolitik" (Haupt- und Nebenstudium, aber auch in Weiterbildung und Erwachsenenerziehung) können die Texte als sinnvolle Begleitlektüre herangezogen werden.
3. An den einschlägigen Journalistenschulen (etwa in München und Hamburg) ist es vorstellbar, für die Sektionen „Meinung und Debatte" im Rahmen der wirtschaftsredaktionellen Ausbildung die hier vorgelegten Texte als Beispiele für Beiträge von Gastautoren zu diskutieren.

Ich danke Martina Meidenbauer, vor allem aber Melissa Steidl für die sorgfältige Bearbeitung des Manuskripts. Dr. Beate Sauer danke ich für zahlreiche technische Hinweise. Meinen Studenten an der Universität der Bundeswehr München sowie an der Verwaltungs- und Wirtschaftsakademie München danke ich ebenfalls für die zahlreichen Kommentare und Kritiken, die ich über die Jahre von ihnen erhalten habe. Schließlich danke ich herzlich Margit Schlomski und dem Springer-Gabler-Verlag für die Aufgeschlossenheit und die Hilfe bei der Entwicklung des neuen Konzepts, das von den Lesern hoffentlich gut angenommen wird.

München
im Juni 2018

Friedrich L. Sell

Vorwort zur 2. Auflage

Die Grundidee der ersten Auflage dieses Buches wird auch in der 2. Auflage beibehalten: Artikel aus der Tages- und der ökonomischen Fachpresse, die der Autor in den letzten Jahren publiziert hat sowie bislang unveröffentlichte Aufsätze sollen Studenten wirtschaftswissenschaftlicher Studiengänge dabei helfen, aktuelle Probleme der europäischen Wirtschaftspolitik kritisch zu reflektieren und mit dem Instrumentarium der Theorie der Wirtschaftspolitik aufzuarbeiten. Die meisten der angesprochenen Themen sind sicher keine „Eintagsfliegen", daher kann im Rahmen von Übungen der Stoff durch die Studenten selbst in seinen neusten Entwicklungen nachgezeichnet werden.

Eine zweite, deutlich erweiterte, aktualisierte und verbesserte Auflage eines Buches ist für den Autor mindestens Grund für eine kritische Reflexion der 1. Auflage. Das Buch ist in seiner Erstauflage bei meinen Kolleginnen und Kollegen aus der „Zunft" insgesamt sehr positiv aufgenommen worden. Die Reaktion in der Fachpresse war (bestenfalls) „gemischt". Dabei hat mich in einem Fall, gelinde gesagt, überrascht, dass es selbst promovierten, also akademisch vorgebildeten Rezensenten manchmal schwerfallen kann, etwas als „aktuell" und „europäisch" zu identifizieren, nur weil es nicht in der Politik ein Reizthema der letzten sechs Wochen war und/oder die EU-Kommission nicht gleich in der ersten Zeile erwähnt wird. Die eigentlichen Adressaten des Buches, nämlich Studentinnen und Studenten der Wirtschaftswissenschaften, haben mich darin bestärkt, an einer weiteren Auflage zu arbeiten und ihnen ist diese Ausgabe ausdrücklich gewidmet.

Aus gegebenem Anlass soll dieses Vorwort aber durchaus dafür genutzt werden, um dem Leser zu erklären, was ich für (noch, immer oder wieder) aktuell und darüber hinaus für ein Problem der europäischen Wirtschaftspolitik halte, dass sich einer wissenschaftlichen Behandlung als zugänglich erweist. Aktuell sind, so will es mir scheinen, Themen immer dann, wenn sie das heutige wirtschaftliche Tun von Haushalten und Unternehmen beeinflussen, aber auch, wenn sie ihr ökonomisches Denken und ihre Orientierung und insoweit mindestens indirekt ihr Handeln bestimmen. Die Stabilität der D-Mark (die, in Inflationsraten gemessen, gar nicht so überragend war, wie ihr Ruf) ist nach wie vor in den Köpfen der Menschen und ist eine Referenz für die (häufig wenig angebrachte) Skepsis gegenüber der EZB und dem Euro. Für das Thema der Lohnzurückhaltung ist es im Übrigen völlig unerheblich, ob die Tarifparteien über Löhne in D-Mark, Euro,

Francs oder Schweizer Franken verhandeln. Neben der (zu verkürzenden oder zu verlängernden) Arbeitszeit, dem Kündigungsschutz, Mindestlöhnen und dem Flächentarifvertrag bestimmt dieses Thema weitgehend den arbeitsmarktpolitischen Diskurs in Europa. Und das seit über 10 Jahren. Damals, Entschuldigung, gab es den Euro allerdings noch nicht. Aber so viel Abstraktionsvermögen konnte man in der 1. Auflage vielleicht verlangen, ohne unkonkret zu werden.

Wann Themen zu einem Problem der europäischen Wirtschaftspolitik werden, bestimmen, Gott sei Dank, nicht nur Politiker in Deutschland oder in anderen europäischen Ländern. Es ist offensichtlich, dass etwa der Prozess der Globalisierung schonungslos Defizite in der Wettbewerbsfähigkeit ganzer Volkswirtschaften aufzeigt. Die Wege, um diese zu reduzieren, sind z. T. höchst umstritten. Deshalb müssen die angebotenen Alternativen möglichst rational diskutiert werden.

Das Kapitel „Neue Bundesländer" wird der Leser in dieser 2. Auflage nicht mehr finden. Dafür gibt es aus der Sicht des Autors drei Gründe: Zum einen fühle ich mich – 9 Jahre nach meinem Weggang von der TU Dresden – den wirtschaftspolitischen Problemen der Neuen Länder nicht mehr nahe genug. Zweitens hätte auch eine Aktualisierung der früheren Artikel dieses Kapitels (etwa im Falle der Treuhandanstalt und der BVVG) nicht mehr viel zur aktuellen Debatte in Ostdeutschland beitragen können. Hinzugekommen ist dafür ein Kapitel zur „Finanzpolitik". Dieses Politikfeld dürfte nicht nur für den europäischen Stabilitäts- und Wachstumspakt, sondern auch für die Tragfähigkeit der sozialen Sicherungssysteme von größter Bedeutung in Europa sein.

Danken möchte ich für die angenehme Zusammenarbeit in den vergangenen Jahren – was die Printmedien betrifft – vor allem Bernd Ziesemer und Thomas Hanke (Handelsblatt), Dr. Gerhard Schwarz (Neue Zürcher Zeitung), Heike Göbel (Frankfurter Allgemeine Zeitung), Wolfgang Uchatius (Die Zeit), Dr. Marc Beise (Süddeutsche Zeitung), Miguel Angel Belloso (Expansión) und Christian Schütte (Financial Times Deutschland). Ich danke ihren Verlagen dafür, meine Texte auch für dieses Projekt verwenden zu dürfen. Herrn Dr. W. D. v. Lucius danke ich erneut für die Bereitschaft, dieses doch ziemlich eigenwillige Konzept in die Wirklichkeit umzusetzen. Last but not least danke ich Frau Christine Barth, Herrn Martin Reidelhuber und Herrn Silvio Kermer für die Unterstützung bei der Bearbeitung des Manuskriptes und redaktionelle Hilfestellung.

München
im Oktober 2006

Friedrich L. Sell

Vorwort zur 1. Auflage

Im Jahr 1982 habe ich meinen ersten und bislang letzten Leserbrief an eine Zeitung geschrieben. Es handelte sich um eine Reaktion auf einen längeren Aufsatz, den Reto Walser in der Neuen Zürcher Zeitung (NZZ) mit dem Titel „Notwendige Neuorientierung der Lohnpolitik. Vom Irrtum der Kaufkrafttheorie der Löhne" veröffentlicht hatte. Wie vielen andere Kollegen auch, die nach der Dissertation (in meinem Falle eine durchaus keynesianische) intensiv an ihrer akademischen Karriere gestrickt haben, schien mir (bis auf einige wenige Ausnahmen) die Veröffentlichung von Artikeln in Zeitungen für viele Jahre kein besonders erstrebenswertes Ziel. Kein Gedanke daran, dass ich viele Jahre später selbst Beiträge in der wirtschaftlichen Fachpresse schreiben würde.

Nimmt man den Titel von Reto Walsers Beitrag, so sieht man, wie sehr die Themen der frühen 1980er Jahre immer noch unsere heutigen sind, trotz „Globalisierung" und „New Economy". Mit welchen Themen beschäftigen sich die Abschnitte bzw. Kapitel dieses Buches, die im Wesentlichen alle aus Zeitungsartikeln hervorgegangen sind? Bis auf wenige Ausnahmen steht die Europäische Wirtschaftspolitik im Vordergrund. Die vorgelegten Kurzaufsätze umfassen eine vergleichsweise große Spannweite wirtschaftspolitischer Themen; diese reichen von der Arbeitsmarkt- und Sozialpolitik, den wirtschaftlichen Problemen der Neuen Länder, Fragen der Europäischen Beschäftigungs- und Geldpolitik, über die Ungleichgewichte in Zahlungsbilanzen, Reformen von Währungen und die Stabilisierung von Wechselkursen bis hin zu den ökonomischen Anpassungsproblemen unter dem Eindruck der Globalisierung und zu Fragen der Bildungspolitik.

Gemeinsam ist fast allen Beiträgen der Versuch, die wirtschaftspolitischen Probleme, die möglichen Lösungsvorschläge und die Diskussion alternativer Strategien jeweils in eine weltwirtschaftliche Perspektive einzubetten. Wenn ich – neben vielen anderen Dingen – etwas während meiner zweijährigen Zugehörigkeit zum Kieler Institut für Weltwirtschaft bei Herbert Giersch (für den es damals die beiden letzten Jahre seiner Präsidentschaft waren) gelernt habe, dann das, dass nur der weltwirtschaftliche Denkansatz einen angemessenen Analyserahmen für die aktuellen wirtschaftspolitischen Probleme abgibt. Ob dieser Versuch an einigen Stellen gelungen ist, soll der Leser entscheiden.

Seit dem Jahresende 1995 schreibe ich mehr oder weniger regelmäßig (etwa drei bis vier Beiträge im Jahr) in der wirtschaftlichen Tagespresse. Einige davon sind in den „Presseauszügen der Deutschen Bundesbank" wieder abgedruckt worden. Als weitere Resonanz sind in den letzten Jahren auch hin und wieder Angebote von kleineren Fachjournalen auf mich zugekommen. Auch diese, in der Regel, etwas kürzeren Beiträge, finden sich im Buch wieder. Einige der hier abgedruckten Artikel wurden (noch) nicht in Zeitungen veröffentlicht, bzw. ich habe sie von vorn herein nur für dieses Buch geschrieben. Im Anhang findet sich – neben einem Sach- und Personenverzeichnis – ein Quellennachweis für die in der Tages- und Fachpresse veröffentlichten Artikel. Ich hoffe, dass dieses Buch vielleicht auch bei jenen auf Interesse stößt, die schon einmal mit den Gedanken gespielt haben, einen Artikel bei einer Tages- oder sonstigen Zeitung der wirtschaftlichen Fachpresse einzureichen.

Mit dem vorliegenden Buch soll aber in erster Linie Studenten Gelegenheit geboten werden, die Behandlung aktueller, teilweise stark kontroverser Themen mit dem Rüst- und Werkzeug der Theorie der Wirtschaftspolitik zu üben. Darin liegt die didaktische Zielsetzung des Bandes. Probleme der aktuellen, europäischen Wirtschaftswirklichkeit werden paradigmatisch dargestellt und analysiert. Dort, wo es möglich erscheint, werden Lösungsvorschläge skizziert. Da beispielhaft, sind auch einige Jahre zurückliegende Fälle bzw. Anlässe wirtschaftspolitischer Diskussion unverändert aussagekräftig. Wie die Erfahrung zeigt, macht gerade die Anwendung der Begriffe, Kategorien und Argumente, die in der Allgemeinen Wirtschaftspolitik gelehrt werden auf konkrete Entscheidungssituationen, Konflikte etc. in der praktischen Wirtschaftspolitik, dem Studierenden Mühe. Mit den vorgelegten Texten sollte es, so hoffe ich, möglich sein, Themen für eine Übung für Fortgeschrittene im Fach „Wirtschaftspolitik" zu formulieren.

Danken möchte ich für die kollegiale Zusammenarbeit in den vergangenen Jahren – was die Printmedien betrifft – vor allem den Herren Dr. Marc Beise und Nikolaus Piper (Süddeutsche Zeitung), Dr. Werner Mussler und Patrick Welter (Handelsblatt) sowie Dr. Gerhard Schwarz (Neue Zürcher Zeitung). Ich danke ihren Verlagen dafür, meine Texte auch für dieses Projekt verwenden zu dürfen. Dem Verlag Lucius & Lucius und insbesondere seinem Leiter, Herrn Dr. W. D. v. Lucius, danke ich für die gute Zusammenarbeit und für die Bereitschaft, dieses doch ziemlich eigenwillige Konzept in die Wirklichkeit umzusetzen. Last but not least danke ich Frau Christine Barth und Herrn Silvio Kermer für die Unterstützung bei der Bearbeitung des Manuskriptes und redaktionelle Hilfestellung.

München
im November 2001

Friedrich L. Sell

Inhaltsverzeichnis

1	**Arbeitsmarkt- und Sozialpolitik**	1
1.1	Das Wunder am deutschen Arbeitsmarkt: Illusion oder Wirklichkeit?	1
1.2	Das falsche Modell: Warum sowohl das Industrieprinzip als auch das Berufsprinzip als Gliederungsschemata für die deutschen Gewerkschaften längst nicht mehr zeitgemäß sind	6
1.3	Das Dilemma der deutschen Lohnpolitik im Lichte der Energiewende	9
1.4	Lohn für die Arbeit, Vergütung für das Management: Maß und Mitte sind gefordert (gemeinsam mit David Reinisch)	12
1.5	Das Risiko heißt Angela Merkel	15
1.6	Schöne digitale Arbeitswelt: Bessere Aussichten für die Produktivitätsentwicklung?	18
2	**Finanzpolitik**	21
2.1	Unternehmensverschuldung, Staatsverschuldung und Standortwettbewerb: Droht Deutschland ein japanisches Trauma?	21
2.2	Dieses klare, ja helle Objekt der Begierde: Wie uns die Rettungsaktionen von Regierungen nach und nach von der Marktwirtschaft entfernen	24
2.3	Zur politischen Ökonomie von Krisen und ihrer Überwindung	27
2.4	Die Lockerung des Stabilitäts- und Wachstumspakts und die Agenda 2010	30
2.5	Die Lockerung des Stabilitäts- und Wachstumspakts und die europäische Schuldenkrise: Eine Replik auf Hans Eichel	32
2.6	Die politische Ökonomie des Stabilitäts- und Wachstumspakts: Eine Replik auf Gerhard Schröder	34

3 Euro und EZB ... 37

3.1 Irving Fisher und die monetäre Analyse der Europäischen Zentralbank ... 37

3.2 Eine Überdehnung der Geldpolitik birgt neue Inflationsrisiken: Liquiditätszufuhr ist kein Ersatz für eine wirksame Finanzmarktaufsicht ... 40

3.3 „Rationale Erwartungen": Versuch einer Ehrenrettung ... 45

3.4 Über 2013 hinaus: Was wird aus dem Transferproblem der „PIGS"? ... 47

3.5 Der dritte Stabilitätsanker ist gelichtet: Wie die materielle Unabhängigkeit der EZB von der Politik kassiert wurde und wie sie zurückgewonnen werden kann ... 50

3.6 Das EWS II: Ein denkbares Instrument zur Öffnung der Europäischen Währungsunion ... 53

3.7 Mögliche Ansteckungsprozesse in der Euro-Krise: Es ist mehr als ein Szenario möglich! ... 56

3.8 Warten auf Mario Draghi: Alternativen zur vermeintlich alternativlosen europäischen Geldpolitik ... 60

3.9 Schaut auf die Arbeitsmärkte und auf die Arbeitsmobilität! ... 62

3.10 Clubtheorie, Wahlverwandtschaften und die Stabilität des Euro ... 65

3.11 Natürliche Grenze: Warum die Nullzinspolitik der EZB möglicherweise bald ausgereizt ist ... 68

3.12 Jede Nachfrage schafft sich ihr eigenes Angebot: Die Verzerrung des Finanzmarktgleichgewichts durch die EZB ... 70

3.13 Vorbild FED? Für die EZB wird es weitaus komplizierter! ... 72

4 Zahlungsbilanz, Währungen und Wechselkurse ... 75

4.1 Ein schwankender Riese: China ist zwar reich an Devisen, aber auch arm an widerspruchsfreien Konzepten in der Währungspolitik ... 75

4.2 Zur Neuverteilung von Quoten und Stimmrechten im IWF ... 78

4.3 Geordnete Diversifizierung: Ein Ausweg aus dem Währungs-Dilemma asiatischer Schwellenländer ... 80

4.4 Der neue Währungspoker: Zentralbanken und Private streben nach Zinsvorteilen. Halten die Finanzmärkte das aus? ... 83

4.5 Zentralbanken streben nach Zinsvorteilen: Was wird aus der Weltwährungsordnung? ... 85

4.6 Vor der Herbsttagung von IWF und Weltbank: Es wird wohl auch in der Zukunft kein „Bretton Woods II" geben! ... 88

4.7 Die Herbsttagung von IWF und Weltbank im Zeichen der Finanzmarktkrise ... 90

4.8 Chinas Wunsch nach Garantien für US-amerikanische Staatsbonds: An der Saldenmechanik führt kein Weg vorbei ... 95

Inhaltsverzeichnis   XIII

4.9	Sonderziehungsrechte als Mittel zur Reform der Weltwährungsordnung? Einige kritische Überlegungen zum Vorschlag des chinesischen Zentralbankchefs Zhou Xiaochuan (mit Beate Sauer)	98
4.10	Chinas Bankenregulierung (mit Beate Sauer)	104

5 Globalisierung 107

5.1	Die amerikanische Siedlung in Obergiesing: Über den vorübergehenden Export „amerikanischer Verhältnisse" nach Deutschland und die allmähliche Wiederherstellung „europäischer Verhältnisse"	107
5.2	Flickwerk: Die Versprechen der G20 vom Frühjahr 2009 wurden bisher nicht eingelöst, jetzt besteht dringender Handlungsbedarf!	110
5.3	Angela Merkels „Neue Soziale Marktwirtschaft"	113
5.4	Der neue Systemwettbewerb in Europa	116
5.5	Flüchtlingsströme und Armutszuwanderung: Ursachen und Konsequenzen	119
5.6	Der Herbst der Angela Merkel	124

6 Einkommensverteilung 129

6.1	Es ist die Verteilung, Dummkopf! Zur neuen Lesart des berühmten Bill-Clinton-Ausspruchs	129
6.2	Wie viel Ungleichheit ist nötig?	131
6.3	Mit dem Bade ausgeschüttet: Warum die Thesen der OECD zur Ungleichheit nur zum Teil weiter führen	134
6.4	Deutschlands Altersversorgung: Eine güterwirtschaftliche Analyse im Spiegel des Mikrokosmos der repräsentativen Familie	136
6.5	Umverteilung durch den Bundeszuschuss	139
6.6	Die regressiven Verteilungswirkungen der europäischen Geldpolitik	141
6.7	Zur Sicherung von Generationen- und Verteilungsgerechtigkeit	143

7 Politik, Bildung und politische Bildung 147

7.1	Die ersten sechs Monate der Regierung Merkel/Müntefering in der Bundesrepublik Deutschland: Gibt es noch Hoffnung oder wächst schon die Frustration?	147
7.2	Ein Pyrrhus-Sieg. Der „Linksruck" der SPD im Lichte der Demokratietheorie von Anthony Downs	150
7.3	Sicherheit, Wiederaufbau, Entwicklung: Die Bundesrepublik sollte ein altes Versprechen einlösen oder sich aus dem militärischen Teil des NATO-Bündnisses zurückziehen	153
7.4	Unterwegs inmitten der weltweiten Finanzkrise	156
7.5	Emotionen, Markt und Moral	158

7.6	„Las Hilanderas": Eine spieltheoretische Deutung von Velázquez' berühmtem Bild.	164
7.7	Scham und Schuld: Über die ökonomische Bedeutung zweier kulturell erworbener Eigenschaften	169
7.8	Erst die blau-gelbe und nun die grüne Blase: Übertreibungen am Markt für politische Parteien in Deutschland.	176
7.9	Wohin strebt Angela Merkels CDU?	179
7.10	Mein Katalonien.	182
7.11	Der „ehrbare Kaufmann": Auch ein Homo oeconomicus? Wie man den scheinbaren Widerspruch zwischen Geschäftssinn und Emotionen auflösen kann	184
7.12	Das (Film-) Kunstwerk im Zeitalter seiner technischen Fragmentierbarkeit: Auf den Spuren von Walter Benjamin.	187
7.13	Bündnisversagen: Warum die Nato (wieder) zu einer Wertegemeinschaft werden muss.	190
7.14	Irrwege der Nato	191
7.15	Ein Vorschlag zur Lösung (mindestens zur Befriedung) des Katalonien-Konflikts	193
7.16	Warum der katalanische Separatismus auch und vor allem eine unabhängige Republik anstrebt	195

Quellenverzeichnis 199

Arbeitsmarkt- und Sozialpolitik

1.1 Das Wunder am deutschen Arbeitsmarkt: Illusion oder Wirklichkeit?

▶ *In diesem Beitrag aus dem Jahr 2010 wird der Bogen von der unmittelbaren Nachkriegszeit bis (fast) hinein in die aktuelle Gegenwart geschlagen. Wie hat sich der Arbeitsmarkt in Deutschland entwickelt? Dabei wird ein besonderes Augenmerk auf die makroökonomischen Rahmenbedingungen und auf die von der Arbeitsmarktpolitik (positiv oder negativ zu bewertenden) gesetzten Anreize gelegt, die in den verschiedenen Phasen zu beobachtbaren waren.*

In Zeiten großer Turbulenzen an den Finanzmärkten, schwieriger und zugleich weitreichender Entscheidungen zur Rettung des Euros, überraschen die Nachrichten über ein angebliches neues Wirtschaftswunder in Deutschland: Ausgerechnet Deutschland, das doch bekanntlich in den letzten Jahrzehnten (auch vor der deutschen Einheit) so etwas wie der letzte Waggon im Zug europäischen Wachstums gewesen ist. Nun sieht es so aus, als könne dieses Land stärker aus der Wirtschaftskrise herauskommen, als es in sie hineingegangen ist, mit deutlich weniger Arbeitslosigkeit als zuvor, auch im Vergleich zu den europäischen Partnerstaaten.

Wie ist das möglich? Es gibt kein einzelnes „ökonomisches Gesetz", das – wie gerne würden wir über mehr davon verfügen, wo sich die Volkswirtschaftslehre bei der Prognose der Ereignisse in 2007/2008 nicht gerade mit Ruhm bekleckert hat – erklären könnte, wie es zu dem starken Rückgang der Arbeitslosigkeit in Deutschland kommen konnte, bei einem Aufschwung im Konjunkturzyklus, der gerade einmal 1 Jahr andauert. Allenfalls das „Gesetz von Okun" vermag es, auszudrücken, dass eine überdurchschnittliche Wachstumsrate des BIP (allerdings über mehrere Jahre hinweg) imstande ist, den anhaltenden strukturell bedingten Druck, der vor allem von Rationalisierungsinvestitionen ausgeht, zu bremsen und so einen permanenten Anstieg der Arbeitslosigkeit zu vermeiden.

Wenn wir in die deutsche Wirtschaftsgeschichte zurückblicken, so fällt auf, dass Deutschland nach dem II. Weltkrieg, um das Jahr 1950 herum, bei einer deutlich geringeren Zahl von Erwerbspersonen als heute, noch rund zwei Millionen Arbeitslose aufwies. Diese Zahl reduzierte sich deutlich bis Mitte der 1960er Jahre, bis die Arbeitslosigkeit nahezu vollständig verschwunden war. Wirtschaftshistoriker haben diesen Abschnitt gerne als das „Deutsche Wirtschaftswunder" apostrophiert, das im Übrigen, spätestens seit ca. 1962/1963, auch von der ersten Gastarbeitergeneration (u. a. aus Spanien und der Türkei) miterarbeitet wurde. Solchermaßen verwöhnt von günstigen Wirtschaftszahlen, kam auch für die Politik die erste scharfe Rezession im Jahr 1966/1967 durchaus überraschend: In wenigen Monaten stieg die Zahl der Arbeitslosen auf über eine halbe Million an. An jenen turbulenten Tagen des Dezember 1966 verlor einer der Väter der sozialen Marktwirtschaft, Ludwig Erhard, seinen Posten als Bundeskanzler an Kurt-Georg Kiesinger, der die erste große Koalition zwischen CDU und SPD aus der Taufe hob. Diese hatte die Besonderheit, dass mit dem populären SPD-Wirtschaftsminister Schiller zum ersten Mal ein deutlich keynesianisch geprägter Nationalökonom Mitglied des Bundeskabinetts wurde: 30 Jahre nach Erscheinen der „General Theory" betrat damit John Maynard Keynes mit seinem nachfrageorientierten Ansatz die deutsche Wirtschaftspolitik durch den Haupteingang.

Der konsequente Einsatz der Fiskalpolitik führte zum gewünschten Ergebnis. Die Arbeitslosenzahlen sanken deutlich und Deutschland behielt seinen hohen Beschäftigungsstand bei, bis es, wie alle anderen Nettoölimporteure in der Weltwirtschaft auch, 1973/1974 und 1977/1978 von den beiden Erdölpreiskrisen hart getroffen wurde. Auch von der Wissenschaft wurden beide Ereignisse verspätet als negative Angebotsschocks gedeutet, ausgelöst von dem Kartell der Erdölexporteure, der OPEC (Organization of the Petroleum Exporting Countries).

Deutschland hat damals, wie die meisten anderen betroffenen Staaten, mit einer verfehlten expansiven Fiskalpolitik in Verbindung mit einer restriktiven Geld- und einer aggressiven Lohnpolitik auf diesen negativen Angebotsschock reagiert. Statt – jedenfalls innerhalb bestimmter Grenzen – die Substitution fossiler Energieträger durch die relative oder sogar absolute Verbilligung von Kapital und Arbeit zu erleichtern, gingen von der Politik entgegengesetzte Signale aus. Es hätte einer restriktiven Fiskalpolitik bedurft, um den Kapitalmarktzins zu drücken, einer moderaten Lohnpolitik, um den Preis der Arbeit zu senken und zusätzlich einer expansiven Geldpolitik, um darüber den Reallohnanstieg zu bremsen. Alle diese Maßnahmen zusammen wären geeignet gewesen, die Wirkungen des negativen Angebotsschocks abzufedern. Das negative Resultat der genannten Politik ließ nicht lange auf sich warten. Es waren Ökonomen, die dafür den neuen Begriff der „Stagflation" erfanden: Eine Mischung aus Outputrückgang, Verlust an Arbeitsplätzen und kostenseitiger Inflation. Die Zahl der Arbeitslosen stieg von rund 250.000 im Jahr 1973 auf über zwei Millionen im Jahr 1980 an. Nur zwei Jahre später endete die Kanzlerschaft des „Weltökonomen" Helmut Schmidt. Seine Legislaturperiode hätte eigentlich noch bis Herbst 1984 gedauert, er wurde aber durch ein konstruktives

Misstrauensvotum abgelöst, eine neue, christdemokratisch-liberale Koalition, angeführt von Helmut Kohl und Hans-Dietrich Genscher, schloss sich an.

Die neue Bundesregierung blieb bis 1998 an der Macht. Man kann sagen, dass sie zwei verschiedene Etappen zurückgelegt hat: Die erste umfasst die Jahre 1982 bis 1989: Sie ist durch drei charakteristische Merkmale gekennzeichnet: Da wäre zuerst der erfolgreiche Versuch des Bundesfinanzministers, Gerhard Stoltenberg, zu nennen, den – seit Mitte der 1970er Jahre nahezu kontinuierlichen – Anstieg der Staatsverschuldung zu bremsen und Ausgaben wie Einnahmen des Bundes zu trimmen. Zweitens wurden einige Initiativen ergriffen, um den deutschen Arbeitsmarkt, etwa im Bereich des Kündigungsschutzes, zu deregulieren. Aus heutiger Perspektive muss man allerdings sagen, dass die gewählten Ansätze und Instrumente nicht anspruchsvoll genug waren, um nachhaltige Verbesserungen auszulösen. Drittens wurden in der Rentenpolitik grobe Fehler, etwa durch das von Sozialminister Blüm initiierte Frühverrentungsprogramm begangen: Dieses bot den Unternehmen die Gelegenheit, das eigene Personal zu verjüngen, bürdete aber zugleich der staatlichen Rentenkasse erhebliche Zukunftslasten auf und sorgte nebenbei für eine Verknappung von Fachkräften am Arbeitsmarkt. Letztlich wurden damit auch die Lohnnebenkosten in die Höhe getrieben und der Faktor Arbeit entsprechend verteuert. Die logische Konsequenz war die Suche der Unternehmen nach Substitutionsmöglichkeiten für den teuren Produktionsfaktor Arbeit.

Die zweite Etappe der Regierung Kohl-Genscher bzw. Kohl-Kinkel umfasste die Jahre 1990 bis 1998. Ihr Ausgangspunkt ist die ökonomische, politische und gesellschaftliche Vereinigung der BRD mit der (dann ehemaligen) DDR: Insbesondere die ökonomischen Vereinigungsbedingungen – vor allem der Umtauschkurs von 1:1 für alle Preise von Gütern/Dienstleistungen sowie für die von Produktionsfaktoren, die rasche und drastische Erhöhung der Löhne im Osten des Landes (bis zu 70 % des Westniveaus wurden schnell erreicht), der Verlust von Absatzmärkten in Mittel- und Osteuropa für die ostdeutschen Betriebe – erwiesen sich als schwere Hypothek für die ostdeutsche Wirtschaft und den ostdeutschen Arbeitsmarkt. Hinzu kam der mit der Vereinigung automatisch verbundene Beitritt zum europäischen Binnenmarkt: In selten gesehenem Tempo wurde die geringe Qualität der ostdeutschen Produkte offengelegt und die geringe Produktivität der ostdeutschen Betriebe offenbar. So kumulierten sich die negativen Effekte auf die gesamtdeutsche Arbeitsmarktstatistik im Jahr 1997, als die Zahl der Arbeitslosen im wiedervereinigten Deutschland zum ersten Mal auf Sage und Schreibe 4 Mio. anstieg.

Diese, man muss schon sagen, desaströse Bilanz führte zur Abwahl der Kohl-Regierung im Herbst 1998. Sein Nachfolger, der Sozialdemokrat Gerhard Schröder, gewann die Bundestagswahlen u. a. mit dem Versprechen, die Zahl der Arbeitslosen innerhalb einer Legislaturperiode auf unter 3 Mio. zu senken. Außerdem verstand er es auf kecke Weise, den leichten wirtschaftlichen Aufschwung im Herbst 1998 sich selbst und seinem Programm zuzurechnen.

Auch Schröders deutlich kürzere Amtszeit von nur 7 Jahren lässt sich im Grunde genommen ebenfalls in zwei Abschnitte unterteilen: In der ersten Phase zwischen 1998 und seiner äußerst knappen Wiederwahl im September 2002 bemühte er sich, die berühmte „konzertierte Aktion" (1967–1969) wiederzubeleben. Diese ziemlich informellen und vor allem unverbindlichen Gespräche zwischen Gewerkschafts- und Arbeitgebervertretern, die von Regierungsmitgliedern moderiert wurden, brachten nicht den gewünschten Erfolg, vor allem keine Verbesserung der Beschäftigungslage.

Gemeinsam mit den Grünen hoben die Sozialdemokraten die sogenannte „Ökosteuer" aus der Taufe: Deren Einnahmen waren u. a. dafür vorgesehen, die deutsche Rentenkasse zu stabilisieren. Dahinter stand die Absicht, den länger schon beobachteten Anstieg der Lohnnebenkosten zu begrenzen. Allerdings verstieß die Ökosteuer gleich gegen zwei Prinzipien der Steuersystematik: Das Nonaffektationsprinzip (Steuereinnahmen sollen nicht einem bestimmten Zweck zugeführt werden) und das allgemeinere „Zweckbindungsprinzip" (Steuer soll der Schonung der Umwelt und nicht der Sicherung der Alterssicherungssysteme zugleich dienen).

Zudem verlor die Regierung unnötig Zeit, denn sie hatte noch nicht einmal damit begonnen, die großen Herausforderungen des deutschen Arbeitsmarktes anzupacken: Diese lagen in dem immer größer werdenden „Mismatch", also dem Auseinanderfallen der Qualifikationsprofile von Arbeitsangebot und Arbeitsnachfrage, in der wachsenden Anzahl von Langzeitarbeitslosen (mit den damit verbundenen hohen Verlusten bzw. Abschreibungen von Humankapital) und der für jedermann ersichtlichen Erstarrung in den Tarifverhandlungsprozessen zwischen Gewerkschaften und Arbeitgebern: Durch das in Deutschland zum Zuge kommende „Industrieprinzip" wurde viel zu wenig auf Produktivitätsunterschiede innerhalb und zwischen Betrieben derselben Branche geachtet.

Im Winter des Jahres 2003 stieg die Zahl der Arbeitslosen zum ersten Mal auf die Rekordziffer von über 4,5 Mio. an. Die Situation der Regierung Schröder-Fischer wurde zunehmend unhaltbar. Da ergriff Kanzler Schröder die Initiative und brachte, trotz der vehementen Proteste vom linken Flügel seiner Partei, einen Gesetzentwurf in den Bundestag ein, der verkürzt als „Hartz I bis IV" bezeichnet wurde. Die Namensgebung ging zurück auf den ehemaligen VW-Vorstand Peter Hartz. Ihn hatte Schröder Monate zuvor zum Vorsitzenden einer Kommission gemacht, mit dem Auftrag, Vorschläge für einschneidende Arbeitsmarktreformen in Deutschland auszuarbeiten.

Die Hartz-Gesetze sahen vor, die schwerfällig und bürokratisch gewordene Bundesagentur für Arbeit neu zu strukturieren und zu reformieren, die bisherige Sozialhilfe und das Arbeitslosengeld II zu vereinen und insgesamt Instrumente zur Verfügung zu stellen, um den Anreiz zur Arbeitsaufnahme für bislang Arbeitslose deutlich zu erhöhen. Dazu gehörte die Verkürzung in der Bezugsdauer des Arbeitslosengelds, die Einführung von 1 Euro-Jobs und von Leiharbeit, u. w. m. Auch die Zumutbarkeitskriterien für die Annahme einer Beschäftigung wurden überarbeitet, Langzeitarbeitslose wurden fortan gezwungen, ihr privates Vermögen zur Ergänzung der staatlichen Grundsicherung („Hartz IV") heran zu ziehen.

Schröder unternahm den Versuch, seiner Politik eine gewisse Popularität zu verschaffen als er die Formel erfand, der Staat müsse gegenüber den Arbeitslosen „fördern und fordern". Gleichwohl stieg nach der Verabschiedung der Arbeitsmarktgesetze durch Bundestag und Bundesrat die Arbeitslosigkeit vorerst weiter an. Man bedenke, dass Studien über ähnliche Reformen in den Niederlanden und in Dänemark erste positive Wirkungen frühestens nach 6 bis 9 Monaten festgestellt hatten.

Die Gewerkschaften gingen zunehmend auf Konfrontationskurs zu der rot-grünen Regierung, alte Genossen wie Oskar Lafontaine gingen der SPD von der Fahne und näherten sich der Ostdeutschen PDS an – daraus entstand wenige Jahre später die neue Partei „Die Linke". Nachdem die SPD im Frühsommer 2005 die Landtagswahlen in NRW krachend verlor, überrumpelte Schröder seinen grünen Koalitionspartner und nötigte dem Bundestag sowie dem damaligen Bundespräsidenten die Auflösung des Bundestags und vorgezogene Bundestagswahlen ab. Diese fanden im September 2005 statt und gingen für die SPD knapp verloren. Die Mehrheitsverhältnisse ließen nichts anderes als eine neue große Koalition zu, angeführt von der CDU-Vorsitzenden Angela Merkel.

Merkel und ihre neue Regierung behielten die Hartz-Gesetzgebung im Kern bei und sie profitierten von den ersten sichtbaren positiven Arbeitsmarkteffekten, die spätestens im Frühjahr 2006 deutlich sichtbar zutage traten. Es liegt darin eine gewisse Tragik für Gerhard Schröder, denn er hätte ja im Prinzip den regulären Wahltermin im Herbst 2006 durchaus abwarten können. Entscheidungstheoretisch gesprochen, wäre das auch die für ihn dominante Strategie gewesen – nur bei längerer Ausreifungszeit der Reformen hätten die Wähler ihre positiven Effekte beobachten können! Seltsam, dass sein nicht geringer Beraterstab Schröder damals nicht energisch darauf genug hingewiesen hat.

Just vor dem Zusammenbruch der US-amerikanischen Investmentbank Lehman Brothers, also im September 2008, lag die Zahl der Arbeitslosen in Deutschland bei rund 3 Mio. Ende des Jahres 2010 konnte die deutsche Volkswirtschaft, nach überstandener Weltwirtschaftskrise, für sich in Anspruch nehmen, stärker aus der Krise herausgekommen zu sein als sie in diese hineingegangen war. Das galt auch für die Arbeitsmarktstatistik: Seit 2006 ist die Zahl der Langzeitarbeitslosen um die Hälfte zurückgegangen. Ein deutsches Arbeitsmarktwunder?

Erstens muss man festhalten, dass die Hartz-Reformen zu diesem sehr positiven Befund zweifellos ihren Beitrag geleistet haben. Zweitens ist es aber wichtig festzuhalten, dass das Instrument der „Kurzarbeit" ein sehr wirksames Mittel war, um die Beschäftigtenzahlen während der Weltwirtschaftskrise zu stabilisieren. Ende 2010, knapp ein Jahr nach Überwindung der großen Rezession, waren immerhin noch mehrere hunderttausend Arbeiter/Innen Empfänger von Kurzarbeitergeld. Drittens gebietet die Ehrlichkeit einzuräumen, dass es auch die seit Mitte der 1990er Jahre zwischen den Tarifparteien verabredete Politik der Lohnzurückhaltung gewesen ist, die zu der positiven Entwicklung mit beigetragen hat: Zwischen 2000 und 2010 stiegen die Lohnstückkosten Deutschlands lediglich um 7 %, während es im Durchschnitt der OECD-Staaten im gleichen Zeitraum 37 % waren.

Allerdings ist auch nicht alles Gold, was glänzt: Zwar steigen die sozialversicherungspflichtigen Arbeitsverhältnisse nach wie vor an, davon sind aber nur noch Teile Vollzeitarbeitsstellen. Es gibt einen starken Trend zugunsten von Teilzeitjobs, insbesondere im Bereich der gering qualifizierten Arbeit. Jedes Jahr nimmt die Anzahl jener Stellen ab, welche die reguläre Wochenarbeitszeit ausschöpfen. Immer mehr Haushalte können von einer Arbeit alleine nicht mehr leben. Im Umkehrschluss nimmt die Teilzeitarbeit kontinuierlich an Bedeutung zu.

(Quelle: F. L. Sell, Opinión: Los Desafíos de la UE. El Supuesto Milagro Laboral Alemán. In: Actualidad Económica, 53. Jg., Heft 2703, 2011, S. 46–48)

Theoretische oder empirische Belege?

Wenn es zu markanten Veränderungen von Beschäftigung und Arbeitslosigkeit kommt, werden traditionell drei mögliche Verursacher identifiziert: Zum einen die Lohnpolitik der Tarifparteien, zum anderen die gesamtwirtschaftliche und gesellschaftliche Entwicklung insgesamt und drittens gezielte Reformen der Arbeitsmarktpolitik. Mit diesem Erklärungsmuster argumentiert etwa auch der herausragende deutsche Arbeitsmarktökonom, der Mannheimer Wirtschaftsprofessor Wolfgang Franz mit seiner mittlerweile in 8. Auflage vorliegenden „Arbeitsmarktökonomik" (erweiterte und ergänzte Auflage), Berlin: Springer Gabler Verlag 2013.

Die Argumente der Gegenseite!

Den Unterschied zwischen keynesianischen und neoklassischen Arbeitsmarktökonomen, zu denen Wolfgang Franz zu zählen ist, erkennt man daran, dass erstere eine aggressive Lohnpolitik wegen ihrer (vermeintlich) positiven Kreislaufwirkungen auf die gesamtwirtschaftliche Konsumnachfrage unterstützen, während Ökonomen der zweiten Gruppe den Anstieg in der Grenzproduktivität der Arbeit als Maßstab und Obergrenze für Lohnerhöhungen festmachen. Darüber hinaus fordern sie einen Abschlag bei den Lohnerhöhungen gegenüber dem Produktivitätsfortschritt immer dann, wenn eine hohe Arbeitslosigkeit vorliegt. Vgl. zur keynesianischen Position: Alois Oberhauser, Gewerkschaftliche Lohnpolitik im Spiegel der Kreislauftheorie der Verteilung, in: Zur Zukunft des Wettbewerbs: In Memoriam Karl Brandt (1923–2010) und Alfred E. Ott (1929–1794), Metropolis Verlag: Marburg 2012, S. 367–371.

1.2 Das falsche Modell: Warum sowohl das Industrieprinzip als auch das Berufsprinzip als Gliederungsschemata für die deutschen Gewerkschaften längst nicht mehr zeitgemäß sind

▶ *Man kann fast täglich die für den Verbraucher unheilvolle Wirkung von modernen Spartengewerkschaften beobachten, man denke etwa an die Streiks des Bodenpersonals oder der Piloten bei der Lufthansa in den Jahren 2016 und 2017. Diese*

> beuten mit Erfolg die Erkenntnis von Mancur Olson aus, wonach besonders kleine und überschaubare Berufsgruppen ihre Interessen (hier als Gewerkschaften) gut organisieren können. Weniger modern ist die in Deutschland immer noch sehr verbreitete Organisation der Gewerkschaften nach dem Industrieprinzip („IG Metall"), die wohl ganz wesentlich zum Bedeutungsverlust der Gewerkschaften in den OECD-Staaten beigetragen hat. Vgl. Mancur Olson „Die Logik des kollektiven Handelns: Kollektivgüter und die Theorie der Gruppen", 5. durchges. Auflage, Tübingen: Mohr Siebeck, 2004.

Sieht man einmal von dem Arbeitskampf der Vertretung der Vorfeldbeschäftigten (GdF) gegenüber der Fraport auf dem Frankfurter Flughafen ab, so richten sich gegenwärtig alle Augen der an Arbeitsmarktthemen Interessierten auf die neue Tarifrunde des Jahres 2012. Es geht in den öffentlichen Auftritten von Arbeitgebern und Gewerkschaften – etwa der Metallindustrie – vordergründig um Prozentsätze wie „Inflationsrate", „Produktivitätswachstum", „Lohnzuwachsrate" und ähnliches mehr. Im Kern geht es natürlich um den Kampf zwischen den Produktionsfaktoren Arbeit und Kapital, wie der gewachsene Kuchen bzw. die gestiegene Wertschöpfung zwischen diesen beiden aufgeteilt werden soll.

Beide Schauplätze offenbaren sowohl Neues als auch Altes in den aktuellen Tarifauseinandersetzungen: Sie offenbaren Neues, als es augenscheinlich einen deutlich ansteigenden Trend zur Zersplitterung der deutschen Gewerkschaften – zugunsten einer Interessenvertretung einzelner Berufe entsprechend dem „Berufs(sparten)prinzip" gibt – und zugleich Altes, weil die Verhandlungsführung der IG Metall beispielhaft für das ziemlich in die Jahre gekommene sogenannte „Industrieprinzip" steht. Folgt man diesem Ansatz, dann werden die Tarifverhandlungen für alle Berufsgruppen, die einer bestimmten Industrie (wie Chemie, Bergbau, Stahl) angehören, gemeinsam geführt.

Beide Prinzipien sind für eine stark vernetzte und zugleich in die Weltwirtschaft integrierte moderne Industrie- und Dienstleistungsgesellschaft weder zeitgemäß noch akzeptabel. Das Berufsprinzip hat in Großbritannien bereits in den 1960er und 1970er Jahren solche Auswüchse erlebt, dass Margaret Thatcher es sich seinerzeit zu einer ihrer Hauptaufgaben gemacht hat, die britischen Gewerkschaften zu stutzen, ja z. T. zu zerschlagen. Davon hat sich die Gewerkschaftsbewegung auf der Insel bis heute nicht wirklich erholt. Die Gründe liegen auf der Hand:

Werden Schlüsselberufsgruppen für die Logistik eines Landes wie Piloten, Flugaufseher, Vorfeldbeschäftigte oder Lokomotivführer von mehr oder weniger aggressiven Einzelgewerkschaften vertreten, dann kommt es überdurchschnittlich oft zu Arbeitskämpfen. Diese ziehen wiederum ganz erhebliche Streu- bzw. Ansteckungseffekte nach sich, sodass im Extremfall der komplette Flug- oder Bahnverkehr einer Region lahmgelegt werden kann. Die noch aktuellen Ereignisse am Frankfurter Flughafen sind ein beredtes Beispiel dafür. Es entstehen hohe betriebswirtschaftliche und volkswirtschaftliche Kosten, die geeignet sind, das Vertrauen von in- und ausländischen Konsumenten/Investoren in die Zuverlässigkeit der Infrastruktur des betroffenen Landes zu erschüttern.

Über das von den großen Einzelgewerkschaften unter dem Dach des DGB seit langem praktizierte „Industrieprinzip" lässt sich ebenfalls reichlich Kritisches sagen: Wurde schon früher bemängelt, dass einheitliche Lohn- und Gehaltszuwächse über ganz unterschiedliche Berufs- und Qualifikationsgruppen hinweg – die alle einer bestimmten „Industrie" angehören – effizienzfeindlich und daher kostentreibend sind, so gilt das im Zeitalter der Globalisierung noch viel mehr.

Im Zuge dieses Prozesses ist – etwa durch die Integration Chinas in die Weltwirtschaft – eine absolute und relative Vermehrung des Produktionsfaktors „ungelernte" bzw. „gering qualifizierte Arbeit" eingetreten. Zugleich und spiegelbildlich hat eine wenigstens relative Abnahme des Produktionsfaktors „hoch qualifizierte Arbeit" weltweit stattgefunden. Dabei kann man feststellen, dass sich Preise und Löhne jeweils im Hightech-Sektor bzw. im Lowtech-Sektor der „gehandelten Güter und Dienstleistungen" sowie im Bereich der „nicht gehandelten Dienstleistungen" dieser beiden Sektoren ziemlich parallel entwickeln. Das liegt an ihrer Komplementarität: Ein anschauliches Beispiel dafür ist etwa die international ausgerichtete Produktion von Soft- und Hardware in der EDV, die von entsprechenden lokalen EDV-Beratungsleistungen begleitet wird.

Daraus hat sich in Ländern wie den USA – mit vergleichsweise hoch flexiblen Arbeitsmärkten – eine deutliche Zunahme in der Spreizung von Löhnen und Gehältern entwickelt: Die unteren Lohngruppen stagnieren oder erleiden Einkommensverluste, die oberen Gehaltsbezieher erfahren deutliche Einkommensgewinne. In anderen Regionen der Weltwirtschaft, wie in Europa, versucht man seit Jahren diesem Trend durch Mindestlöhne, staatliche Transfers und andere flankierende Maßnahmen entgegenzuwirken. Allerdings gilt auch hier, dass immer dann, wenn der Preis für die gering qualifizierte Arbeit künstlich hochgehalten wird, Arbeitslosigkeit droht.

Was folgt daraus für eine mögliche Neugestaltung des deutschen Tarifwesens? Das Prinzip der Tarifeinheit („Ein Betrieb, ein Tarifvertrag") hat sich in der Vergangenheit für die Tarifverhandlungen im engeren Sinne als sehr tauglich erwiesen, konnte es doch bisher die Auswüchse von Berufsspartenvereinbarungen weitgehend verhindern oder zumindest eindämmen. Allerdings muss der Begriff der „Tarifeinheit" dringend präzisiert und mit neuem Leben gefüllt werden: Im Rahmen eines allgemeinen Tarifabschlusses gilt es, so viel wie möglich an Differenzierung der Vereinbarungen für Gruppen unterschiedlicher Qualifikation zu ermöglichen. Damit können betriebs- wie volkswirtschaftlich effiziente Lösungen gefunden werden, ohne dass Partikularinteressen von kleinen Gruppen, die, wie wir seit Mancur Olson wissen, sich besser organisieren lassen als große Gruppen, der Allgemeinheit ihren Willen aufzwingen. Diese Neuordnung kann im Übrigen keine Aufgabe von Arbeitsgerichten sein, sondern muss vom Gesetzgeber in Zusammenarbeit mit den Tarifpartnern angegangen werden. Die Zeit drängt. Die Bundesregierung muss dieses Thema sofort angehen und darf es nicht weiter auf die lange Bank schieben.

(Quelle: F. L. Sell, Ein Betrieb, ein Vertrag. Weder Spartengewerkschaften noch der Tarifkampf für ganze Industrien sind zukunftsfähig. Die Firma ist der Ort, wo Einheit und Differenzierung möglich sind. In: Financial Times Deutschland vom 06.03.2012, S. 24)

> **Theoretische oder empirische Belege?**
> Überall in den reifen Industrienationen lassen sich die abnehmende Gewerkschaftsdichte und die schwindende Tarifbindung beobachten. Die Gründung von miteinander konkurrierenden Spartengewerkschaften, gut zu beobachten bei der Deutschen Bahn, führt, aus der Sicht der Kunden zu einem ruinösen Wettbewerb und widerspricht der gesamtgesellschaftlichen Verantwortung und den historischen Verdiensten der Arbeiterbewegung. Vgl. Berndt Keller, Berufs- und Spartengewerkschaften: Neue Akteure und Spartengewerkschaften. 1. Auflage, München: Rainer Hampp Verlag 2017.

> **Die Argumente der Gegenseite!**
> Empirische Untersuchungen zeigen folgendes: Gewerkschaften sind immer dann attraktiv für (neue) Mitglieder, wenn es ihnen gelingt, hohe Durchschnittslöhne auszuhandeln und/oder die Spreizung im Lohn- und Gehaltsgefüge zu begrenzen. Man spricht hier von einem „Reward-Effekt". Paradoxerweise kann auch bei umgekehrtem Befund – also einem niedrigen Anstieg der Durchschnittslöhne und einer vergleichsweise großen Streuung der Löhne und Gehälter – die Gewerkschaft neue Mitglieder attrahieren, weil diese die Hoffnung hegen, der unbefriedigende Ist-Zustand werde die Gewerkschaft gerade dazu anregen, ihn zu verbessern (Incentive-Effekt). Vgl. Sell, Friedrich L./Öllinger Michael, Reward Effects and Incentive Effects on the Labor market: Empirical Evidence for European Countries, in: Review of Economics and Finance 28. Jg. (2017), No. 2., S. 18–32.

1.3 Das Dilemma der deutschen Lohnpolitik im Lichte der Energiewende

▶ *Die hier im Jahr 2012 beschriebene Einengung des Lohnerhöhungsspielraums für die deutschen Tarifpartner durch die „Energiewende" bzw. durch die EEG-Umlage hat sich seitdem noch verschärft. Die EEG-Umlage für Haushalte und für die davon mehrheitlich nicht befreiten Unternehmen ist weiter angestiegen. Allerdings deutet der in den letzten Jahren zu erkennende Anstieg der Lohnstückkosten darauf hin, dass die Tarifparteien nicht länger gewillt sind, die negativen Effekte auf die externe wie die interne Wettbewerbsfähigkeit durch die seit den 1990er Jahren lange geübte „Lohnzurückhaltung" zu kompensieren.*

Die in diesem Frühjahr 2012 anstehenden Tarifverhandlungen erwecken den Eindruck als könnte die erfolgreiche Lohnzurückhaltung der letzten (mindestens) 15 Jahre nun zum Ende kommen. Wesentlich lautstarker als in früheren Jahren fordern die Gewerkschaften neben dem Inflationsausgleich eine höhere Beteiligung am Produktivitätszuwachs. Dabei war diese Politik auch für die Gewerkschaften und die Beschäftigten von Vorteil: Deutschland hat sich bei den Lohnstückkosten von vielen seiner Nachbarn und Konkurrenten in Europa deutlich abgesetzt, die Wettbewerbsfähigkeit seiner Arbeitsplätze damit gestärkt und seinen Erfolg im Außenhandel gesichert. Die Erfolge am deutschen Arbeitsmarkt seit 2005 sind nicht allein auf die Flexibilisierung des Arbeitsmarkts durch die Hartz-Gesetze und die entlastenden Wirkungen der demografischen Entwicklung zurückzuführen. Die Lohnpolitik hat selbst einen gewichtigen Anteil daran.

Folgt man der Logik der Sachverständigen, so wäre in diesem Jahr etwas weniger Lohnzurückhaltung – verstanden als ein Zurückbleiben des Nominallohnanstiegs hinter der Summe aus Produktivitätszunahme und Inflationsausgleich – durchaus möglich. Da wir uns in Deutschland mittlerweile dem Ziel der Vollbeschäftigung wesentlich stärker angenähert haben, könnte ein größerer Anteil am Produktivitätszuwachs als bisher an den Faktor Arbeit ausgeschüttet werden. Damit würde auch die langjährige Kooperationsbereitschaft der Gewerkschaften und Arbeitnehmer honoriert werden, die besonders während der akuten Finanzmarkt- und Weltwirtschaftskrise zum hohen Beschäftigungsstand beigetragen hat. Leider lässt eine solche Argumentation eine wichtige Änderung in den Rahmenbedingungen für die deutschen Tarifverhandlungen außer Acht: Die im Frühjahr 2011 beschlossene erweiterte „Energiewende".

Die deutsche Industrie verbraucht (siehe HB vom 17./18.02.2012, S. 57) schon jetzt gut die Hälfte des Stroms in Deutschland und war bisher, was die Übernahme der Kosten des „Erneuerbare-Energien-Gesetzes" (EEG) betrifft, gegenüber den Haushalten noch bevorzugt. Gerade die besonders stromintensiven Branchen (Aluminium, Kupfer, Stahl, Chemie usw.) rechnen aber, wohl zu Recht, mit steigenden Strompreisen. Das bestätigen die Berechnungen der Deutschen Energie-Agentur (DENA). Dadurch werden die erzielbaren Renditen geschmälert und/oder die internationale Wettbewerbsfähigkeit der eigenen Produkte gefährdet. Es sei denn, es würde die Energieeffizienz im vergleichbaren Zeitraum im gleichen Umfang zunehmen. Damit ist, folgt man den Experten, kaum zu rechnen.

Was bedeutet das gesamtwirtschaftlich für den Standort Deutschland? Dem „hausgemachten" Kostenschub für den Produktionsfaktor Energie könnte – um einen Anstieg der gesamten Grenzkosten zu verhindern – theoretisch auf zweierlei Weise entgegengewirkt werden: Zum einen durch Substitution von Energie durch die relativ zur Energie billiger gewordenen Produktionsfaktoren Kapital und Arbeit. Empirische Untersuchungen zur Frage, wie leicht oder schwer sich Energie durch Arbeit und Kapital ersetzen lässt – also zur sogenannten „Substitutionselastizität" (SE) – kommen für die gesamte deutsche Industrie zu Ergebnissen, die eher zurückhaltend ausfallen. Danach liegt die SE zwischen Kapital und Energie zwischen 0,2 (kurzfristig) und 0,65 (langfristig), jene zwischen Arbeit und Energie zwischen 0,2 (kurzfristig) und 0,45 (langfristig), also etwas niedriger: Bei einem Wert der SE von 1 ist die Substituierbarkeit sehr gut, bei einem Wert von Null ist sie überhaupt nicht gegeben.

Eine intensivere Nutzung von Arbeit und Kapital führt aber – wie die Ökonomen sagen – zu abnehmenden Grenzerträgen dieser Faktoren und verteuert deren Einsatz ebenfalls. Dem steht der Entlastungseffekt gegenüber, wonach eine geringere Energieintensität die Grenzerträge dieses Faktors wieder leicht erhöht. Zum anderen könnte man auf eine nicht nur relative, sondern sogar absolute Verbilligung von Arbeit und Kapital im Hinblick auf die Zuwachsraten dieser Faktorpreise im Vergleich zur Energie hoffen. Das würde den Substitutionsprozess von Energie durch Arbeit und Kapital deutlich ergiebiger machen. Aber woher sollte diese Verbilligung kommen?

Was die Kapitalmärkte betrifft, auf denen sich der Preis dieses Produktionsfaktors bildet, wäre eine solche Erwartung/Hoffnung reine Spekulation. Da es sich beim Faktor Kapital um einen international mobilen Faktor handelt, ist eine nationale „Abkopplung" der Preisbildung vom „Rest der Welt" illusorisch. Daher bleibt am Ende die ganze Anpassungslast doch wieder am Faktor Arbeit hängen, dessen Preisbildung zwar durch die Globalisierung ebenfalls sehr stark „entnationalisiert" worden ist, der aber im Vergleich zum Kapital immer noch sehr viel stärker von Binnenfaktoren bestimmt wird. Damit verschwindet dann der oben geschilderte „neue Spielraum" der Lohnpolitik wieder. Leider hat keiner der für die „Energiewende" verantwortlichen Politiker diesen Zusammenhang den Tarifparteien oder der interessierten Öffentlichkeit erklärt. Dass er von der Politik ganz und gar verkannt wurde, ist höchst unwahrscheinlich angesichts der viel beschäftigten „5 Wirtschaftsweisen" und der hochkarätig besetzten wissenschaftlichen Beiräte im Bundeswirtschafts- und Finanzministerium.

Den deutschen Tarifparteien ist von der Politik eine neue Bürde aufgeladen worden, nämlich für den Erhalt internationaler Wettbewerbsfähigkeit deutscher Produkte auch unter den Bedingungen des EEG zu sorgen. Es darf bezweifelt werden, ob sie zu diesem weiteren Dienst im Lichte von Schuldenkrise und drohenden Steuererhöhungen bereit sein werden.

(Quelle: F. L. Sell, Tarifverhandlungen: Die Energiewende raubt den Spielraum, in: Handelsblatt Nr. 53 vom 14.03.2012, S. 8/9)

Theoretische oder empirische Belege?

Der seit 2009/2010 zu beobachtende Anstieg der deutschen Lohnstückkosten hält unvermindert an. Da die Kapitalkosten, vor allem durch die Niedrigzinspolitik und das „Quantitative easing" der EZB seitdem gesunken sind, deutet dies darauf hin, dass die Lohnpolitik ihren moderaten Kurs aufgegeben hat und schon gar nicht bereit ist, auf die Wettbewerbsfähigkeit der deutschen Industrie Rücksicht zu nehmen. Dies erhöht, zumindest indirekt, die Anreize für die Politik, die Förderung von alternativen Energielieferanten und die Einspeisung von alternativem Strom ins Netz zu reformieren. Die Deckelung des geförderten Zubaus und die Auktionierung der angebotenen Strommengen sind ein vielversprechender Anfang, um den zu erwartenden Kostenanstieg zu bremsen. Vgl. dazu auch: Sebastian von Kielmannsegg (Hrsg.), Die EEG-Reform: Bilanz, Konzeptionen, Perspektiven. 3. Heussen-Energierechtsgespräch, Nomos-Verlag: Baden-Baden 2015.

Die Argumente der Gegenseite!

Gegen den oben behaupteten negativen Zusammenhang zwischen den Lohnstückkosten einerseits und der externen Wettbewerbsfähigkeit andererseits spricht, dass der deutsche Leistungsbilanzüberschuss trotz wachsender Lohnstückkosten immer weiter ansteigt, mittlerweile auf über 8 % des Bruttoinlandsprodukts, also weit mehr als die 4 %, die von der EU-Kommission eigentlich höchstens geduldet werden. Auch der IWF fordert Deutschland dazu auf, durch verstärkte (private und staatliche) Investitionen zu einer Reduktion des deutschen Überschusses in der Leistungsbilanz beizutragen und ermuntert im Übrigen auch die Tarifpartner zu (noch) stärkeren Lohnerhöhungen. Mit diesen Forderungen befindet sich der IWF in der ansonsten eher seltenen Nachbarschaft zur SPD, den deutschen Gewerkschaften und dem DIW (Berlin).

1.4 Lohn für die Arbeit, Vergütung für das Management: Maß und Mitte sind gefordert (gemeinsam mit David Reinisch)

▶ *Die Frage nach dem gerechten Lohn bzw. Preis hat schon die Scholastik beschäftigt und ist von ungebrochener Aktualität. In der öffentlichen Diskussion wird gerne übersehen, dass Manager ja auch abhängig Beschäftigte sind, obwohl sie inhaltlich gerne der Kapitalseite im Unternehmen zugerechnet werden. Sie beeinflussen mit ihren Bezügen direkt die Lohnquote und nur residual, also indirekt, die Gewinnquote. Der vorliegende Beitrag bemüht sich um einen Objektivierung der Argumente und vermeidet es, eine weitere Neiddebatte anzustoßen.*

Zunächst waren es die Sachverständigen, wie etwa die fünf „Wirtschaftsweisen", die sie vehement gefordert hatten, danach haben die Tarifparteien sie auch in die Praxis umgesetzt: Die zurückhaltende Lohnpolitik der letzten (mindestens) 15 Jahre hat hierzulande deutliche Spuren hinterlassen. Dies zeigt sich insbesondere beim günstigen Vergleich der Lohnstückkosten Deutschlands mit denen seiner Konkurrenten in Europa. Dadurch war es möglich – teilweise sehr zum Ärger einiger unserer Nachbarn –, den hinlänglich bekannten Erfolg im Außenhandel zu erreichen und damit auch die Wettbewerbsfähigkeit der eigenen Arbeitsplätze zu stützen.

Der deutsche Arbeitsmarkt kann seit dem Jahr 2005 in der Statistik der Arbeitslosigkeit nachweisbare Fortschritte vorweisen. Diese lassen sich auf mehrere Gründe zurückführen: Zum einen auf die Flexibilisierung des Arbeitsmarkts im Zuge der Hartz-Gesetzgebung. Zum anderen auf die entlastenden Wirkungen der demografischen Entwicklung. Diese beiden Faktoren allein sind es aber nicht gewesen: Die Lohnpolitik hat selbst einen wichtigen Beitrag dazu geleistet. Zumindest indirekt hat sie daran mitgewirkt, die Aktienkurse der exportorientierten Unternehmen zu stützen. Insoweit hat sie es diesen Unternehmen auch ermöglicht, ihren Vorständen bzw. CEOs („Chief Executive Officers") attraktive, aktienbasierte Honorierungen (wie etwa Aktienoptionen) als Teil der Managementvergütung anzubieten. Das war/ist eine wichtige und notwendige (wenn auch nicht hinreichende) Voraussetzung dafür, um im weltweiten Wettbewerb um die besten Köpfe im Bereich der Unternehmensführung mithalten zu können.

Aber wie soll es nun in den aktuellen Tarifauseinandersetzungen weitergehen? Sind die Forderungen der IG Metall nach einem Lohnzuwachs von 6,5 % in allen sieben Bezirken zu rechtfertigen? Und wenn ja, auf welchen Argumenten beruhen sie? Die Arithmetik der Lohnzurückhaltung besagt, dass ein Zurückbleiben des Nominallohnanstiegs hinter der Summe aus Produktivitätszunahme und Inflationsausgleich immer dann und so lange nötig ist, wie sich der Arbeitsmarkt vom Ziel der Vollbeschäftigung noch deutlich entfernt zeigt. Im Umkehrschluss gilt dann aber, dass wir es uns unter den heutigen Bedingungen des Arbeitsmarktes durchaus leisten könnten, einen größeren Anteil am Produktivitätszuwachs als bisher an den Faktor Arbeit zu verteilen.

Andererseits lässt sich argumentieren, dass (in- und ausländische) CEOs deutscher Unternehmen ganz wesentlichen Anteil daran hatten und haben, dass ihre jeweiligen Firmen einen stabilen Kurs durch die raue See der Weltwirtschaft gesteuert haben. Dadurch wurden Arbeitsplätze erhalten, für die jetzt Lohn- und Gehaltserhöhungen gefordert werden können. Insofern haben Lohnempfänger und die Bezieher von Managementvergütungen in der Vergangenheit durchaus an einem Strang gezogen. Es wäre daher eher deplatziert, wenn nun – worauf manche Medien sich gerne einlassen würden – die Tarifverhandlungen im Stile einer Neiddebatte geführt werden würden.

Schaut man sich die Vergütungsentwicklung deutscher Vorstände genauer an, so ist eine nach der Unternehmensgröße differenzierte Betrachtung angezeigt: Die Entwicklung der Vorstandsvergütung der knapp 1500 deutschen Aktiengesellschaften weicht in den letzten 15 Jahren, was die prozentualen Zuwächse betrifft, insgesamt nur unerheblich von der Lohnentwicklung der abhängig Beschäftigten ab. Nur wenn man die Vorstandsvergütung der 100 größten Unternehmen für sich allein betrachtet – im Fokus der Medien und der Gewerkschaften steht fast ausschließlich diese Gruppe –, stellt man einen stark überproportionalen Anstieg im genannten Zeitraum fest, sodass sich das Gefälle gegenüber den Löhnen der Arbeiter und Angestellten deutlich erhöht hat.

Dafür gibt es aber auch ein schlüssiges Argument, ohne dabei den Anspruch auf Vollständigkeit zu erheben: Ein wichtiger Teil des überproportionalen Anstiegs der Vorstandsvergütung großer Unternehmen ist auf Angebots- und Nachfrageveränderungen im Zuge der Globalisierung zurückzuführen. Durch den Anstieg der weltweiten wirtschaftlichen Verflechtung sind die Herausforderungen an das Management komplexer geworden und die Nachfrage überall auf der Welt nach fähigen Managern aus hoch entwickelten Ländern, wie auch Deutschland, ist stark gestiegen.

Blickt man über die Grenzen Deutschlands hinweg, um einen Referenzwert für die Entwicklung der Vorstandsvergütung zu erhalten, so zeigt sich, dass die Vorstände der größten deutschen Unternehmen oftmals nur einen Bruchteil der Vergütung ihrer Kollegen in anderen Industrienationen erhalten. Im internationalen Kontext der Managerhonorare nehmen die amerikanischen CEOs eine klare Spitzenposition ein. Aktuell wird von Gesellschaft und Medien vor allem die Vergütung des VW-Chefs Martin Winterkorn von 16,6 Mio. EUR, die gleichzeitig auch seit der Einführung des Vorstandsvergütungs-Offenlegungsgesetzes im Jahr 2005 die bisher höchste in Deutschland ist, in den Fokus genommen und kontrovers diskutiert. Im Vergleich zum Oracle-Chef Larry

J. Ellison, der mit 706 Mio. US$ (umgerechnet 788,54 Mio. EUR) die höchste amerikanische Vergütung jemals – aus dem Jahr 2001 – für sich beanspruchen kann, zeigt sich jedoch, dass Winterkorns Vergütung „nur" in etwa zwei Prozent entspricht, oder anders ausgedrückt: Sie entspricht ein wenig mehr als dem damaligen Wochengehalt von Larry J. Ellison.

Gleichwohl sind auch die 100 größten deutschen Unternehmen gut beraten, die Vergütung ihres Managements mit größtem Fingerspitzengefühl zu gestalten. Der Vergleich mit den USA und auch anderen wichtigen Industrienationen hinkt nämlich an mehreren Stellen: Zum einen haben die USA eine ganz andere Vorstellung davon, wie groß das Einkommensgefälle in der eigenen Gesellschaft ausfallen darf. Zum anderen sind maßvolle Managementvergütungen keineswegs nur als Nachteil im Wettbewerb um die besten Unternehmensführer aufzufassen: Die gesellschaftliche Empörung über eine zu hoch empfundene Vorstandsvergütung kann für das betroffene Unternehmen als Imageschaden wirken und erhebliche Folgekosten, etwa in Gestalt geringerer Akzeptanz bei den inländischen Konsumenten und damit sinkender Marktanteile, auslösen.

(Quelle: F. L. Sell und D. Reinisch, Lohn der Arbeit. In der Vergütung von Managern sind Maß und Mitte gefordert. In: Süddeutsche Zeitung Nr. 116 vom 21.05.2012, S. 18)

Theoretische oder empirische Belege?

Es ist sicher richtig, zwischen der Höhe der Vergütung von CEOs und deren Zusammensetzung zu unterscheiden. Kalkulationen wie: „Sie sollte nicht das 100-fache des Lohnes eines durchschnittlichen Angestellten überschreiten", enthält allerdings eine große Portion Willkür: Warum nicht das 50-fache oder das 200-fache? Die meisten Experten befürworten einen maßvollen fixen und einen größeren variablen Anteil. Aber wie? Man könnte sich an der Steigerung des Unternehmenswertes orientieren, aber über welchen Zeitraum hinweg? Führt dann das Sinken desselben zu Gehaltskürzungen? Vgl. Mara Ewers/Andrea Hammermann/Beate Placke, Zielvereinbarung und ergebnisorientierte Vergütung: Ergebnisorientiertes Führen als Alternative zur Präsenzkultur, in: IW Kurzberichte, Nr. 36, 2016, Köln: Institut der Deutschen Wirtschaft.

Die Argumente der Gegenseite!

Kritiker der Managementvergütung verweisen darauf, dass diese nicht auf die besonders gestiegene „Produktivität" von CEOs zurückzuführen war, sondern erst dann durch die Decke geschossen ist, als die Erosion der Gewerkschaftsdichte in den OECD-Staaten weit vorangeschritten war: Durch ihren stark geschwundenen Einfluss war es den Gewerkschaften nicht mehr genügend möglich, der ausufernden Spreizung im Lohn- und Gehaltsgefüge Einhalt zu gebieten. Auch verweisen sie bei der erfolgsabhängigen Entlohnung auf das Risiko hin, dass wichtige unternehmensinterne Informationen genutzt werden könnten, um die Rendite der eigenen, erfolgsabhängigen Vergütung positiv zu beeinflussen (Stichwort: „Insiderhandel"). Vgl. dazu: Marco Bade, CEO-Vergütung und Dividendenpolitik: Neue Einblicke auf empirischer Basis, in: Zeitschrift für Corporate Governance, Band 112, Heft 6, S. 252–258.

1.5 Das Risiko heißt Angela Merkel

▶ *Es ist durchaus überraschend, wie erfolgreich Angela Merkel sich in der bundesdeutschen Politik behauptet. Statt neue Reformen der Alterssicherungssysteme anzustoßen, die Hartz-IV-Reformen ihres Vorgängers Gerhard Schröder weiter zu entwickeln, die Kosten der Energiewende zu dämpfen und endlich die Krise der Eurozone zu überwinden helfen, beschränkt sie sich darauf, die verschiedenen Diskussionen zu moderieren und dabei zuzusehen, wie sich ihre innenpolitischen Gegner selbst zerlegen. Das, über eine Zeit von 12 Jahren hinweg, ist eine bemerkenswerte Leistung. Allerdings wird Angela Merkel dem deutschen Staat beträchtliche wirtschaftliche und politische Risiken hinterlassen.*

Seit geraumer Zeit haben Kommentaristen der europäischen Krise bemerkt, dass die von Kanzlerin Merkel angeblich verfolgte Austeritätspolitik ein Risiko für Länder an der Peripherie der Eurozone (wie Spanien) darstellt. Solche Beobachter irren sich doppelt: Weder war Merkels Politik in der Vergangenheit besonders durch Sparsamkeit gekennzeichnet, noch liegt das Risiko ausschließlich bei den so bezeichneten Krisenstaaten (neben Spanien vor allem Italien, Portugal, Irland, Griechenland und Zypern). Vielmehr betrifft der „Risikofaktor Merkel" uns selbst, also die Deutschen. Wie das? Versuchen wir eine Erklärung:

Der deutsche Überschuss im Bundeshaushalt ist keineswegs das Ergebnis einer besonders eisernen Sparsamkeit des Bundesfinanzministers Schäuble aus der Regierung Merkel/Gabriel, der dieses Amt schon in der Regierung Merkel/Rösler (2009–2013) bekleidete. Ganz im Gegenteil: Die große Koalition zwischen CDU/CSU und SPD hat, seit Beginn ihrer Regierungszeit im Jahr 2013, mit vollen Händen Geld ausgegeben. Das gilt etwa für Arbeitnehmer, die mit 63 den Anspruch auf eine ungekürzte Rente haben, wenn sie 40 Jahre lang in die Rentenkasse eingezahlt haben und zwar auch dann, wenn diese durch Zeiten von Arbeitslosigkeit unterbrochen wurde. Das gilt auch für die „Mütterrente" zugunsten von Frauen, welche ihre Kinder vor dem Jahr 1992 bekommen haben. Welch ein „Anachronismus" in Zeiten des demografischen Übergangs! Schäuble, der von manchen Beobachtern der Berliner Republik schon länger für den Mephisto der bundesdeutschen Politik gehalten wird, stützt sich auf und beutet zugleich die Rekordeinnahmen aus direkten und indirekten Steuern aus, die seit 2014 in ungeahntem Ausmaß sprudeln. Es sind eben diese ungekannten Steuereinnahmen, die jedes Jahr seitdem vom „Arbeitskreis Steuerschätzungen" dramatisch unterschätzt wurden und die es Schäuble ermöglicht haben, den Haushalt nicht nur auszugleichen, sondern sogar Überschüsse zu erwirtschaften. Der Boom in den Steuereinnahmen hat seine Gründe in der Politik von Schäuble selbst, wie er sie in der Regierungsperiode zwischen 2009 und 2013 gestaltete. Damals verlor der Koalitionspartner FDP in den Koalitionsverhandlungen einen guten Teil seiner Reputation, als er sich die eigenen, wohl durchdachten Steuersenkungspläne gegen 5 Ministerposten im Kabinett Merkel/Westerwelle abhandeln ließ. Diese waren so angelegt, dass sie sowohl den sogenannten „Mittelstandsbauch" als auch Teile der kalten Progression in der Einkommensteuer beseitigen sollten. Das Ausbleiben dieser Steuerreform in Verbindung mit einer erstaunlich guten Konjunktur seit Ende der Weltwirtschaftskrise sind entscheidende Erklärungsfaktoren für die unaufhörlich sprudelnden Steuereinnahmen. Der FDP brach diese Entwicklung das Kreuz und beförderte sie krachend hinaus aus dem Deutschen Bundestag im September 2013.

Von 2015 aus betrachtet, hat Deutschland nun schon mindestens 5 Jahre die so lange erfolgreiche Politik der Lohnzurückhaltung aufgegeben. Deren Kern bestand seit Ende der 1990er Jahre darin, dass der Anstieg der Nominallöhne hinter dem Zuwachs des nominellen BIP zurückblieb. Diese Politik hat Investoren zum Standort Deutschland gelockt und vor allem den Anstieg der Lohnstückkosten entscheidend gebremst. Dadurch verfügte Deutschland gegenüber wichtigen Konkurrenten am Weltmarkt über einen Wettbewerbsvorteil. So kam das Land auch aus der Weltwirtschaftskrise des Jahres 2009 stärker heraus, als es in sie hineingegangen war. Seit 2010 jedoch, halten sich die Tarifpartner nicht an diese „goldene Formel" und Deutschland verzeichnet im europäischen Vergleich einen überdurchschnittlichen Anstieg der Lohnstückkosten. Zwar herrscht in Deutschland Tarifautonomie, jedoch hat es die Regierung Merkel versäumt, mahnend und warnend vor den Konsequenzen, auf die Tarifparteien einzuwirken. Ein positiver, aber sicher unbeabsichtigter Nebeneffekt dieser Entwicklung ist es, dass die Ungleichgewichte in den Leistungsbilanzen der europäischen Länder untereinander zurückgegangen sind.

Auch aus anderen Gründen wird Angela Merkel zunehmend zu einem Risikofaktor für die wirtschaftliche Entwicklung: Seit 2005 hat sie kaum noch wirtschaftspolitische Akzente gesetzt, außer sich, wie oben geschildert, auf den Erfolgen der Hartz-Reformen auszuruhen.

Das bestätigen auch die Untersuchungen der großen deutschen Forschungsinstitute, wie das Kieler Institut für Weltwirtschaft (IfW) oder das Ifo-Institut in München: Es hat seit 2005 keine Fortsetzung/Vertiefung/Verbreiterung der arbeitsmarktpolitischen Reformen mehr gegeben. Mehr noch: Die neue große Koalition seit 2013 hat eher damit begonnen, die deregulierende und flexibilisierende Philosophie der Schröderschen Wirtschaftspolitik zu verlassen, ja, ihr sogar in den Rücken zu fallen. Dazu gehört vor allem die Einführung eines allgemeinverbindlichen, gesetzlichen und bundesweiten Mindestlohns seit dem 1. Januar 2015. Die bisherige Bilanz ist nur oberflächlich betrachtet nicht negativ: Zwar ist der Großteil der weggefallenen Minijobs in sozialversicherungspflichtige Beschäftigung umgewandelt worden, das ist aber kein Beleg pro Mindestlöhne. Sobald sich die Konjunktur eintrübt, werden die arbeitsplatzfeindlichen Wirkungen des Mindestlohns gut sichtbar werden. Ganz einmal davon abgesehen, dass die betroffenen Unternehmen sehr erfindungsreich dabei sind, den Mindestlohn zu umgehen bzw. ihren Mitarbeitern die effektive Kaufkraft desselben vorzuenthalten.

Angela Merkel war immerhin vier Jahre lang Bundesumweltministerin im Kabinett Kohl/Kinkel. Sie hat sich gerne gerühmt, zu jenen gehört zu haben, welche die Klimarahmenkonvention von Kyoto ohne Vorbehalt unterstützt haben. Selbst nach dem erfolgreichen Abschluss des Abkommens von Paris wissen wir heute, dass globale Selbstverpflichtungen, welche die Durchschnittstemperatur betreffen, dann ins Leere laufen, wenn sich wichtige CO-2 Emittenten, wie die USA, daran nicht beteiligen. Im eigenen Land entdeckte Angela Merkel das noch von der rot-grünen Koalition auf den Weg gebrachte „Erneuerbare-Energien-Gesetz (EEG)" für sich, als es der Störfall von Fukushima im Jahr 2011 nahelegte, die Restlaufzeit der noch aktiven Atomkraftwerke (AKW) in Deutschland spürbar zu reduzieren. Das EEG hat sich seitdem zu einem „bürokratischen Monster", das zudem wenig effizient und effektiv ist, entwickelt. Die Hauptbelasteten sind die privaten Haushalte. Die sogenannte „EEG-Umlage" liegt inzwischen bei weit über 6 Cent pro KWH und damit über dem eigentlichen Netto-Strompreis. Besonders ärgerlich sind die Umverteilungseffekte zulasten der unteren und mittleren Einkommensbezieher, für die der Anteil der Brutto-Stromkosten an den eigenen Konsumausgaben ganz erheblich ist. Nicht gerade rühmlich für eine Politikerin, die sich selbst in der direkten Nachfolge von Ludwig Erhard sieht. Kaum vorstellbar, dass der Rest Europas sich auf ein ähnliches Lenkungsinstrument zugunsten alternativer Energien einlassen wird.

Wie viel und wie oft wurde schon über Angela Merkels brillante Rolle während der weltweiten Finanzkrise, der Weltwirtschaftskrise und der europäischen Schuldenkrise geschrieben! Sie war es doch, die, sogar noch vor der bemerkenswerten G20-Konferenz von London im Frühjahr 2009 – glänzend organisiert von dem ansonsten glücklosen britischen MP, Gordon Brown, mahnte, in Zukunft dürfe kein Finanzplatz, kein Finanzprodukt und kein wichtiger Marktteilnehmer mehr ohne Aufsicht bleiben.

Ihre Politik seitdem war allerdings unfähig dazu, die inländische „Bafin" (Bundesanstalt für die Finanzmarktaufsicht) mit mehr Kompetenzen auszustatten, Mario Draghi bei seiner, geldpolitische Kompetenzen weit überschreitenden Strategie des „Quantitative easing", in den Arm zu fallen oder die EU-Kommission zu einer strengeren Überwachung der Haushaltsdefizite innerhalb der Eurozone zu bewegen. Auch dies sind Beispiele dafür, wie und wo Angela Merkel sowohl für die deutsche als auch für andere europäische Volkswirtschaften zum Risikofaktor geworden ist.

Damit soll natürlich nicht behauptet werden, es gäbe keine anderen Risikofaktoren für die wirtschaftliche Entwicklung in Deutschland und in Europa. Es ist allerdings Zeit, daran zu erinnern, dass es wieder einer neuen Agenda, wie vormals der Agenda 2010, bedarf, um den dringend erforderlichen Reformmotor wieder anzuschmeißen.

(Quelle: F. L. Sell, Crisis en Europa/Opinión: El Riesgo es Merkel. In: Actualidad Económica, 54. Jg., Heft 2750, Dezember 2014, S. 93–94.)

Theoretische oder empirische Belege?

Gibt man als Stichwort „Angela Merkel" in die Suchoption „Titel" der elektronischen Bibliothek der „Zentralbibliothek der Wirtschaftswissenschaften" (ZBW) ein, so erhält man nicht weniger als 10 seriöse, weil recherchierte Literaturvorschläge. Die meisten davon lassen erahnen, dass der Autor/die Autoren sich kritisch mit der Politik der Bundeskanzlerin der letzten 12 Jahre auseinandergesetzt haben (auseinandersetzen). So zum Beispiel: Hans-Olaf Henkel/Joachim Starbatty, Deutschland gehört auf die Couch: Warum Angela Merkel die Welt rettet und unser Land ruiniert, München: Europa-Verlag 2016. Anders als es dieser Titel suggeriert, kann Merkel allerdings sowohl innen- wie außenpolitisch als Risikofaktor gesehen werden.

> **Die Argumente der Gegenseite!**
> Bei den Befürwortern der Merkelschen Politik erlebt man oft eine, unter dem Blickwinkel Max Weberscher „Freiheit von Werturteilen", nicht unproblematische, fast naive Herangehensweise an das Sujet. So etwa Jessica Purkhardt, Angela Merkel: Die Kanzlerin zum Mitnehmen und Anschauen, in: Online-PR im Web 2.0: Fallbeispiele aus Wirtschaft und Politik. Konstanz: UVK Verlag, 2007, S. 226–236.

1.6 Schöne digitale Arbeitswelt: Bessere Aussichten für die Produktivitätsentwicklung?

▶ *Rein rechnerisch erhöht der Ersatz menschlicher Arbeitskraft durch Computergesteuerte Roboter, solange der Output nicht sinkt, die durchschnittliche Arbeitsproduktivität der verbliebenen Beschäftigten. Dem steht allerdings ein denkbarer negativer Effekt auf das individuelle Humankapital (und damit auf die individuelle Arbeitsproduktivität) gegenüber, wenn die zukünftige „menschliche Aufsichtstätigkeit" eine geringere Qualifikation erfordert als sie vor der Digitalisierung der modernen Arbeitswelt eingesetzt wurde. Was ist nun richtig?*

Die Digitalisierung der modernen Arbeitswelt ist in aller Munde, teure Gutachten – wie etwa die Foresight-Studie: „Digitale Arbeitswelt" vom Februar 2016 – werden von Ministerien in Auftrag gegeben, um die Auswirkungen auf Arbeitsorganisation, die Beschäftigung und die Arbeitsproduktivität abzuschätzen. Zugleich berichten makroökonomische Studien schon länger über die unbefriedigende Entwicklung der Arbeitsproduktivität in den reifen „Industrienationen". Ist also nun die Digitalisierung der Wirtschaft der Schlüssel für die Überwindung der mangelhaften Produktivitätsentwicklung?

Arbeitsorganisation, Beschäftigung und Arbeitsproduktivität können allerdings nicht voneinander isoliert betrachtet werden, da zwischen diesen Variablen offensichtlich Interdependenzen bestehen. Das Thema der Arbeitsorganisation ist, wie wir spätestens seit Adam Smith wissen, in erster Linie eine Frage der optimalen Arbeitsteilung. In ihr schlummern wichtige Quellen der Arbeitsproduktivität. Weitere Quellen sind in einer intelligenten Spezialisierung in Produktion und Handel – entsprechend eigener komparativer Vorteile – zu suchen, eine Erkenntnis, die wir einem weiteren klassischen Ökonomen, nämlich David Ricardo, verdanken. Schließlich hat schon Max Weber früh am

Beispiel der Kornproduktion in der Landwirtschaft nachgewiesen, dass nur optimale Betriebsgrößen und damit verbundene Beschäftigungshöhen – von der (durch die Digitalisierung erleichterten) Auslagerung einmal abgesehen – entsprechende Produktivitätsergebnisse ermöglichen.

Von der Digitalisierung wird erwartet, dass sie die Automatisierung von Produktionsprozessen vorantreiben und den Beschäftigten mehr Kreativität/Innovationsfähigkeit/ Reaktionsgeschwindigkeit und/oder soziale Intelligenz/Kundenorientierung – bei größerer Dezentralisierung, Flexibilisierung/Individualisierung und Entgrenzung der Arbeitsprozesse – abverlangen wird. Insgesamt wird es zu einer Ausdehnung von Beschäftigungsverhältnissen im Dienstleistungssektor und zu einer Reduktion der „produzierenden Berufe" kommen. Die fortschreitende Automatisierung erfordert andererseits „Überwacher", welche die automatisierten Prozesse eigentlich durchschauen sollten, je komplexer diese sind, um so seltener wird dies gelingen: Hier droht eine zunehmende Fähigkeitserosion.

Kann denn der Dienstleistungssektor die nötige Produktivität überhaupt „erwirtschaften"? In vielen Bereichen hat die Arbeitsteilung zuletzt nämlich eher ab-, als zugenommen. In zahlreichen Universitäten, Zeitungsredaktionen, öffentlichen Verwaltungen u. ä. m. werden beispielsweise Sekretariatsstellen rapide abgebaut. Die Arbeitgeber begehen dabei einen törichten Fehler: Die Möglichkeit der Nutzung von moderner Informations- und Kommunikationstechnologie hat die Verteilung der komparativen Vorteile zwischen „Chefs" und Sekretärinnen nämlich keineswegs verändert: Es ist noch immer wesentlich besser, den Chef fürs Nachdenken („Kreativität", s. u.) und Entscheiden („Innovationsfähigkeit", s. u.) als für das Führen von Telefonaten und das Beantworten von E-Mails zu bezahlen. Im gewerblichen Dienstleistungssektor – man denke etwa an die Organisation in „angesagten" Restaurants – wird ein Teil der Arbeit gern direkt auf die Gäste abgewälzt. Nicht gerade ein Zeichen von „Kundenorientierung/sozialer Intelligenz"! Die Wirtschaftswissenschaft nennt dann diesen neuen Kunden euphemistisch einen „Prosumer", der eine (Teil-)Dienstleistung erzeugt, um sie selbst zu verbrauchen. „Reaktionsgeschwindigkeit" und „Flexibilität" werden in der Tat von ihm erwartet.

Arbeitsteilung, Spezialisierung und die Wahl der „richtigen" Unternehmensgröße können nicht losgelöst von den Faktorpreisen, insbesondere vom Preis der Arbeit, betrachtet werden. In der „alten Welt" galt (überspitzt ausgedrückt), dass ein überhöhtes Lohnniveau (die sog. „Lohnpeitsche") eine Substitution von Arbeit durch Kapital auslöste. Die Vergrößerung des Kapitalstocks erhöhte wiederum die Arbeitsproduktivität, sodass die Grenzkosten der Arbeit – allerdings bei geringerer Beschäftigung als zuvor – wieder abnehmen konnten. In der „neuen Welt", die vor allem vom Dienstleistungssektor geprägt ist, werden zu teure Dienstleistungen – wenn die Möglichkeiten der Automatisierung, die ja selbst bisherige Arbeit vollständig ersetzt und nicht produktiver macht, ausgeschöpft sind – (dort, wo möglich) von Dienstleistungsimporten abgelöst oder schlicht nicht mehr (in der formellen Wirtschaft) angeboten werden, es sei denn, es gelingt, den Endverbraucher zum „Mit-Arbeiter" zu machen. Keine rosigen Aussichten für die Arbeitsproduktivität.

(Quelle: F. L. Sell, Im Visier: Schöne digitale Arbeitswelt: Bessere Aussichten für die Produktivitätsentwicklung? In: WiSt, 45. Jahrgang, Heft 10, 2016, S. 515)

Theoretische oder empirische Belege?

Die Befürworter der Digitalisierungstendenzen in der modernen Arbeitswelt führen u. a. als Argument die Theorie des Arbeitsleids ins Feld. Der Mensch arbeitet schlicht ungern. Danach muss jedes Anstrengungsniveau durch einen entsprechend hohen Lohn kompensiert werden, wobei der Einkommenseffekt solcher Löhne selbst wieder die Nachfrage nach Freizeit erhöht. Nun kann die Robotisierung von Produktionsprozessen tatsächlich dazu beitragen, dass diejenigen, die noch arbeiten, das im Durchschnitt kürzer als bisher (Tages-, Wochenarbeitszeit) tun können. Vgl. dazu auch: SRH Fernschule Riedlingen (Hrsg.), Digitalisierung in Wirtschaft und Wissenschaft, 1. Auflage, Wiesbaden: Springer 2017.

Die Argumente der Gegenseite!

Kritiker der Digitalisierung führen den fast schon säkularen Verfall der Lohnquote (gesamtwirtschaftliche Lohnquote im Verhältnis zum Bruttoinlandsprodukt) in vielen OECD-Staaten auf das Einsparen von Arbeit durch Roboter und Computer zurück (vgl. Dalia Marin, gegen den Verfall der Lohnquote, in Handelsblatt Nr. 103 vom 30.05.2017, S. 48). Dieses verführerische Argument klingt gut, es ist aber immer dann falsch, wenn die Produktionsfunktion die Cobb-Douglas-Eigenschaft der linearen Homogenität aufweist: Jede Reduktion des Arbeitseinsatzes wegen der Substitution durch Roboter, also intelligente Kapitalgüter, führt dann zu einer entsprechend starken Lohnerhöhung (die Grenzproduktivität der Arbeit steigt nämlich stark an), sodass im Ergebnis der Anteil der Arbeit an der Wertschöpfung konstant bleibt. Zudem ist es wohl noch reichlich früh, den systematischen Einfluss der Digitalisierung auf den Homogenitätsgrad der Produktionsfunktionen bereits abschätzen zu wollen. Auch muss die rückläufige Lohnquote in Beziehung zu der seit geraumer Zeit parallel zu beobachtenden abnehmenden Gewerkschaftsdichte gesetzt werden. Und schließlich spielen Marktunvollkommenheiten eine bedeutende Rolle: Je mehr Monopsone (Monopole) am Arbeitsmarkt (Gütermarkt) an Gewicht erhalten, desto geringer ist die zu erwartende Lohnsumme (dem Zähler der Lohnquote).

Finanzpolitik 2

2.1 Unternehmensverschuldung, Staatsverschuldung und Standortwettbewerb: Droht Deutschland ein japanisches Trauma?

▶ *In diesem Beitrag wird der Frage nachgegangen, ob Deutschland in Gefahr gerät, eine Phase der wirtschaftlichen Stagnation zu beginnen, die an Japans Weg seit Beginn der 1990er Jahre erinnern könnte. Zwar wird die Frage insgesamt verneint, aber das Entschuldungsverhalten von privaten Banken und Unternehmen birgt erhebliche Risiken. Auch der deutsche Überschuss in der Leistungsbilanz, also ein erheblicher Nettokapitalexport, ist auf Dauer weder für Deutschland noch für seine Nachbarn eine tragfähige Situation. Dazu trägt mittlerweile nicht nur das private Sparverhalten, sondern auch die von Wolfgang Schäuble eingeführte Politik einer „schwarzen Null" signifikant bei.*

Die gegenwärtige Diskussion um eine Reform und die korrekte Berichterstattung über Defizitquoten im Rahmen des Stabilitäts- und Wachstumspaktes hat die Bedeutung der Staatsverschuldung in den Mittelpunkt des wirtschaftspolitischen Diskurses gerückt. Es ist aber wichtig, auch die private Verschuldung, die private Spartätigkeit und ihre Wechselwirkungen mit dem staatlichen Ausgabegebaren zu berücksichtigen. Dabei gibt es wenigstens einen „monetären" und einen „realwirtschaftlichen" Aspekt.

Beim „monetären" Aspekt spielt die Staatsverschuldung auf den ersten Blick so gut wie keine Rolle, da in den wichtigen Industrienationen eine Monetisierung staatlicher Defizite untersagt ist. Die private Verschuldung bzw. Entschuldung ist dagegen höchst relevant: Japanische Wirtschaftsforscher berichten, dass die dortige Wirtschaftskrise in den 1990er Jahren und zu Beginn des neuen Millenniums u. a. und auch in besonderem Maße dadurch verlängert wurde, dass private Unternehmen im großen Stil Bankschulden zurückgezahlt haben. Dadurch wurde zwischenzeitlich die Nettokreditvergabe des japanischen Geschäftsbankensektors (und damit die Giralgeldschöpfung) null bzw. sogar negativ. Das habe es der japanischen Notenbank unmöglich gemacht, über eine höhere Versorgung mit Zentralbankgeld auch die gesamte japanische Geldmenge auszudehnen und damit einen gewünschten expansiven konjunkturellen Effekt auszulösen. Das erkläre, warum am Ende die gesamte „Last der Konjunkturankurbelung" bei der staatlichen Schuldenaufnahme gelandet sei.

Diese Analyse ist in mehrfacher Hinsicht bemerkenswert. Zum einen ist sie natürlich – gewissermaßen im Umkehrschluss – kein Beleg für die Effektivität und Effizienz gigantischer staatlicher Ausgabeprogramme. Zum zweiten relativiert sie deutlich die häufig geäußerte Vermutung, dass sich Japan in einer „keynesschen Liquiditätsfalle" befunden habe. Denn in dieser gelingt es ja der Notenbank, nicht nur die Zentralbank-, sondern auch die gesamte Geldmenge zu erhöhen, allerdings eben nicht, die Wirtschaftssubjekte dafür zu gewinnen, überschüssige Kassenhaltung durch vermehrte Wertpapierkäufe abzubauen, damit den Marktzins (weiter) zu senken und dadurch die Investitionsnachfrage anzukurbeln, weil ganz allgemein mit Kursverlusten gerechnet wird. Das Problem in der „keynesschen Liquiditätsfalle" liegt also auf der Geldnachfrageseite. In Japan gab es aber offensichtlich ein (größeres) Problem auf der Geldangebotsseite. Die keynessche Argumentation unterstellt, dass jenseits der Liquiditätsfalle die erhöhte private Nachfrage prinzipiell bei gegebenem Angebot an Wertpapieren die Kurse hochtreiben, den Effektiv- und somit auch den Marktzins senken könne. Eine rückläufige Kredit- und Investitionsnachfrage der privaten Unternehmen, begleitet von verstärkter Schuldentilgung vermag aber ein niedriges Zinsniveau durch ein niedriges Angebot an Wertpapieren auch bei ungebrochen starker privater Wertpapier-Nachfrage, mithin ohne das Erklärungsmuster der Liquiditätsfalle, zu erläutern.

Das Thema der Schuldenaufnahme und -tilgung privater Unternehmen hat auch einen „realwirtschaftlichen" Aspekt und ist seit der Auktionierung der Mobilfunklizenzen (UMTS), die Finanzminister Eichel im Jahr 2000 einen außerordentlichen Etatüberschuss einbrachte und seitdem den beteiligten Mobilfunkbetreibern große Schwierigkeiten bereitet, hierzulande gut bekannt. Noch selten war in der Geschichte der Bundesrepublik der Zusammenhang zwischen der Neuverschuldung privater Unternehmen und des Staates so eng wie in diesem Fall. Der deutsche Leistungsbilanzüberschuss, der sich bekanntlich aus der Summe aller Einnahme-Ausgabe-Salden der einzelnen Betriebe, der privaten und der öffentlichen Haushalte ergibt, verändert seine Ursachen-Struktur zunehmend:

Der private (öffentliche) Sektor erwirtschaftet bei annähernd konstanten Leistungsbilanzüberschüssen wachsende Einnahme(Ausgabe)-überschüsse. Diese Entwicklung ist zwar gänzlich anders, aber noch problematischer als das „Zwillingsdefizit" (Budget- und Leistungsbilanzdefizit) der USA: Dort verstärkt zwar das Defizitgebaren des Staates private Ausgabeüberschüsse. Ausgabeüberschüsse von privaten Unternehmen sind aber ein Ausdruck dafür, dass diese günstigen Relationen zwischen ihren Beschaffungs- und ihren Absatzpreisen (Terms of Trade) und daher auch gute Ertragschancen aufweisen.

Im einen Fall (Deutschland) scheinen die Ertragschancen bzw. die Terms of Trade der privaten Unternehmen aber nicht gut genug zu sein, um (netto) genügend neue Kredite zu erhalten, im anderen Fall (USA) werden „lediglich" die guten Ertragschancen und damit die Möglichkeiten der privaten Unternehmen, Kredite zu erhalten, durch die möglicherweise berechtigten Zweifel an der Nachhaltigkeit der Finanzpolitik in Gefahr gebracht.

Das „Eichel-Szenario" (private Einnahmeüberschüsse plus öffentliche Defizite) belegt demnach erst nach dem, wenn man so will, erstbesten „Clinton-Szenario" (private Ausgabeüberschüsse plus ausgeglichenes Budget) und nach dem zweitbesten „Bush-Szenario" (private Ausgabeüberschüsse plus öffentliche Defizite) nur einen undankbaren dritten Platz. Die geringe Spartätigkeit der privaten Haushalte in den USA ist kein Malus, weder für das Bush-, noch für das Clinton-Szenario, wenn sie als Ausdruck der Zuversicht und des Vertrauens darauf, in Zukunft nicht mit Steuererhöhungen überrascht zu werden, interpretiert werden. Vielmehr ist die hohe Spartätigkeit der deutschen privaten Haushalte durchaus ein Malus für das Eichel-Szenario: Sie ist ein Reflex des großen Misstrauens in die Konjunktur und das Wachstum Deutschlands sowie nicht zuletzt der Skepsis gegenüber den anhaltenden Beteuerungen der Politik, für die Zukunft keine Steuererhöhungen zu planen.

Droht uns gar ein japanisches Trauma? Nun hinken Vergleiche (fast) immer. Den „japanischen Auslöser", das Platzen der Blase am Immobilienmarkt, hat es bisher in Deutschland – von einigen Sondereffekten in Ostdeutschland abgesehen – nicht gegeben. Dafür sind einige Merkmale der wirtschaftlichen Stagnation „danach", begleitet von niedriger Inflation (unter dem EWWU-Durchschnitt) und mäßig bis schlechter Unternehmensperformance – im Wesentlichen nur auf Kosteneffizienz bedacht – durchaus mit Japan in den 1990er Jahren vergleichbar. Anders als in Japan, kann Deutschland weder mit der Manipulation des Wechselkurses noch mit gigantischen Kraftanstrengungen der Fiskalpolitik oder mit Schützenhilfe durch die Zinspolitik der EZB rechnen. Das ist allerdings ein Vor- und kein Nachteil: Nur so ist der Anpassungsdruck hoch genug, um die Arbeitsmärkte zu beleben und die „Generationenwerke" zu reformieren.

(Quelle: F. L. Sell, Droht Deutschland ein japanisches Trauma? Unternehmensverschuldung, Staatsverschuldung und Standortwettbewerb, in: Frankfurter Allgemeine Zeitung Nr. 32 vom 08.02.2005, S. 10)

Theoretische oder empirische Belege?

Was erklärt die deutsche (private wie öffentliche) Investitionsschwäche? Da gehen die Meinungen unter den Experten durchaus in verschiedene Richtungen! Sebastian Dullien und Mark Schieritz haben die vermeintlich schwache Profitabilität privater Investitionen als Hauptursache zurückgewiesen. Ihrer Ansicht nach sind es vor allem die schwache Investitionstätigkeit der öffentlichen Hand und die Schwäche beim Wohnungsbau, die, gerade bei einer disaggregierten Analyse, verantwortlich sind für die insgesamt unbefriedigend niedrige private Investitionstätigkeit in Deutschland. Vgl. dieselben, Die deutsche Investitionsschwäche: Die Mär von den Standortproblemen, in: Wirtschaftsdient, Band 91, Heft 7, 2011, S. 458–464.

> **Die Argumente der Gegenseite!**
> Die Auffassung dieser Autoren stieß auf heftige Kritik bei einem anderen Teil der einschlägigen Ökonomen. So erwiderte Rainer Maurer in seiner Replik, dass die Investitionsschwäche Deutschlands sehr wohl auf dem Hintergrund des scharfen internationalen Wettbewerbs gesehen werden müsse, bei dem Deutschland gegenüber Konkurrenten (etwa in der EWU), was die öffentliche Infrastruktur anbelange, was die Anpassungsfähigkeit gegenüber Schocks betreffe und auch im Hinblick auf eine investitionsfreundliche Gestaltung der Unternehmenssteuern deutliche Nachteile aufweise. Vgl. Rainer Maurer, Die deutsche Investitionsschwäche und die EWU: Fakt oder Fiktion? In: Wirtschaftsdienst, Band 92, Heft 1, 2012, S. 56–64.

2.2 Dieses klare, ja helle Objekt der Begierde: Wie uns die Rettungsaktionen von Regierungen nach und nach von der Marktwirtschaft entfernen

▶ *Die Finanzmarktkrise des Jahres 2008 und die sich anschließende Weltwirtschaftskrise des Jahres 2009 haben neue Herausforderungen an die Wirtschaftspolitik heran getragen. Banken mit systemischer Bedeutung wurden im Zuge der Finanzmarktkrise mit staatlicher Hilfe gerettet. Ähnliche Unterstützung wünschten sich große Unternehmen der gewerblichen Wirtschaft während und unmittelbar nach der Weltwirtschaftskrise, die ihnen aber in der Regel versagt wurde. Das ist aber nichts, was man bedauern müsste!*

Es war Joseph Schumpeter, der den Begriff der schöpferischen oder „kreativen" Zerstörung geprägt hat. Mit diesem verbindet sich die Vorstellung, dass Krisen den Wettbewerbsprozess auf den betroffenen Märkten – etwa durch massive Preissenkungen – verschärfen, sodass zahlreiche Marktteilnehmer an Bedeutung verlieren oder sogar hinweg gespült werden. Für Schumpeter ist das nichts, was besonders bedauert werden müsste, liegt doch im Tal der Krise der Keim für neues wirtschaftliches Wachstum. Gerade in dieser Phase treten nämlich neue Unternehmer auf den Plan, bringen Inventionen dazu, dass daraus Innovationen werden können und schaffen durch ihre vorübergehenden Monopole ein Gewinngefälle, dass nachahmende Unternehmer anlockt. Das alles geschieht nicht trotz der vorangegangenen Krise, sondern gleichsam wegen ihr. Es gilt also die Krise als integralen Teil des kapitalistischen Wirtschaftssystems und seiner Dynamik zu verstehen. Diejenigen, welche das in einer Marktwirtschaft nicht verstehen oder verstehen wollen, ziehen aus dem Ausbruch einer Krise die falschen Schlüsse: Es handelt sich eben nicht um eine Havarie, also einen Unfall, den es schnell zu reparieren gilt, um nach Möglichkeit den vorherigen Zustand des Aggregats wieder herzustellen. So zu verfahren führt am Ende in die wirtschaftliche Stagnation und Erstarrung.

Auch die wirtschaftlichen Krisen der Jahre 2008 und 2009 laden dazu ein, daraus die richtigen Schlüsse zu ziehen. Worin könnten diese liegen? Zunächst müssen wir nach den tiefer liegenden Ursachen fragen. Zweitens gilt es, die kreativen Elemente zu entdecken, welche die Zerstörung von wirtschaftlichen Gütern begleiten. Drittens ist es angebracht, die Reaktionen der Regierungen darauf hin zu untersuchen (und anschließend zu evaluieren), ob sie überhaupt dazu geeignet sind bzw. waren, aus der Krise zu „profitieren" (im Sinne von Schumpeter) oder ob sie lediglich aus dem Werkzeugkasten eines staatlichen Reparaturbetriebs stammen.

Die Finanzmarktkrise des Jahres 2008 hat offenbart, dass Banken in der Tat andere Akteure sind als die „realen" Unternehmen der gewerblichen Wirtschaft. Die Insolvenz solcher Firmen, wenn sie geschieht, ist i. d. R. die logische Folge der unerbittlichen Gesetze des Marktes: Irrtümer in der Produktwahl, im Produktionsverfahren oder beim Marketing werden ohne Ausnahme betraft. Allerdings: Die Mitbewerber werden i. A. vom Untergang oder wenigstens Abstieg eines bisherigen scharfen Konkurrenten profitieren. Jedermann ist im Kapitalismus klar, dass es keine Garantie für das Überleben in umkämpften Märkten gibt.

In der Welt des Geldes und der Finanzen sind die Zusammenhänge komplexer. Die Insolvenz einzelner Institute bedroht auch die Existenz anderer Banken oder Versicherungen. Dies liegt am, wie man sagt, „systemischen Risiko", das insbesondere von größeren Instituten ausgeht. Die Verflochtenheit des Bankensystems zeigt sich u. a. daran, dass die Geldinstitute wechselseitig Aktien konkurrierender Banken halten, sich auf ihrer Aktivseite Wertpapiere und Pfandbriefe befinden, die von anderen Banken strukturiert bzw. emittiert wurden.

Auf der anderen Seite hat die Finanzmarktkrise nicht nur die Interdependenz der Akteure des monetären Sektors offenbart, sondern auch das geradezu beschämende Versagen der wichtigsten Ratingagenturen vor Augen geführt. Diese hatten die (sicher nicht leichte) Aufgabe, die Bonität komplexer (strukturierter) Finanzmarktprodukte (mit Tranchen höchst unterschiedlichen Risikos, bei denen, dem Wasserfallprinzip folgend, die Gewinne von unten nach oben, hingegen die Verluste von oben nach unten verteilt wurden) zu ermitteln und zu bewerten. Dabei kamen sogar, aus heutiger Sicht, finanzielle Schrottprodukte zu Triple-A-Ratings. Der Verkauf dieser Produkte an Anleger, Banken und andere institutionelle Investoren vergifteten die Bilanzen derselben. Das auf der Passivseite ausgewiesene Eigenkapital erwies sich regelmäßig als viel zu gering, um nötige, verlusttreibende Abschreibungen auffangen zu können.

Für die Politik wurde schnell klar, dass eine verstärkte Rekapitalisierung noch solventer Institute das Gebot der Stunde war. Letztere befanden sich gegenüber dem Staat, aber vor allem gegenüber ihren Aktionären quasi in einem Gefangenendilemma: Wenn eine einzelne Bank Eigenkapitalbedarf signalisierte, musste sie mit starken Kursverlusten und Depositenabgängen rechnen. Ein koordiniertes Vorgehen der Banken gegenüber der Öffentlichkeit barg andererseits das Risiko, dass einzelne Institute bei einem offensichtlich nicht durchsetzbaren Vertrag, defektieren würden, um daraus eigene Vorteile zu ziehen. In einer solchen Situation hat der damalige US-Finanzminister Henry Paulson die Flucht nach vorne ergriffen und die am meisten gefährdeten Kreditinstitute der Wall Street förmlich gezwungen, staatliche Mittel anstelle selbst verdienten Eigenkapitals als „Infusion" zu akzeptieren.

Von da an setzten Einrichtungen wie der „Baseler Ausschuss für Finanzmarktstabilität" und andere alles daran, die Banken zu zwingen, nach Risiko gestaffelt, für ihre Anlagen ausreichend Eigenkapital vorzuhalten. Dies schlug sich folgerichtig in den Bestimmungen des „Basel III" Abkommens nieder. Der von Paulson eingeschlagene Weg hat sich nach einigen Jahren als durchaus erfolgreich herausgestellt: Die mit staatlichem Eigenkapital ausgestatteten US-Banken konnten dieses durch eigenes, selbst erwirtschaftetes ersetzen. Dabei hat die US-Regierung am Ende unverhofft sogar ein Geschäft gemacht. Trotzdem ist dieser Weg nicht ohne Risiken: Es sollte bei diesem einmaligen Fall unbedingt bleiben, ansonsten geraten Grundprinzipien der Marktwirtschaft, die auch für den monetären Sektor gelten sollten, schnell in Gefahr. Diese liegen in der Eigenverantwortung und dem Haftungsgrundsatz für selbst getroffene unternehmerische Entscheidungen.

(Quelle: F. L. Sell, Tribuna libre: Ese claro objeto del deseo. In: Actualidad Económica, 50. Jg., Heft 2631, 2008, S. 33–34)

Theoretische oder empirische Belege?

Was die staatliche (direkte oder indirekte) Präsenz auf Finanzmärkten betrifft, gibt es mindestens drei Auffassungen: Die erste wurde von den Banken selbst und, in Ansätzen auch von Alan Greenspan (Chef der US-amerikanischen Notenbank zwischen 1987 und 2006), vertreten. Danach haben die Banken wegen der Existenz systemischer Risiken selbst genügend Anreize, gegen Krisen vorzusorgen. Dann braucht es keine zwingenden Regeln, wie viel Eigenkapital wofür vorzuhalten ist. Diese Meinung gilt nach der weltweiten Finanzkrise des Jahres 2008 als überholt, ja gefährlich. Vgl. dazu: James H. Gilkeson et. al., How banks can self-monitor their lending to comply with the equal credit opportunity act, in: Review.-St. Louis, Mo., Band 85, Heft 5, 2003, S. 7–22.

Die Argumente der Gegenseite!

Die zweite Auffassung hat sich als weitgehender Konsens zwischen den Staaten mittlerweile etabliert: Danach braucht es ausdrückliche Regeln für den Finanzmarkt und (nationale wie inter- oder, im Falle der Eurozone, sogar supranationale) staatliche oder quasi-staatliche Aufsichtsbehörden, welche deren Befolgung und Anwendung überwachen. Die Finanzmarktaufsicht erstreckt sich auf Produkte, Marktteilnehmer und Märkte. Diese Einigung wurde auf dem Londoner Gipfel der G20-Staaten erzielt, vor allem auf Betreiben des damaligen britischen Premiers, Gordon Brown. Zu dieser Position gehört auch der europäische Bankenabwicklungsfonds, der dafür geschaffen wurde, im Falle von Bankinsolvenzen den Steuerzahler zu entlasten und zunächst die Banken selbst zur Kasse zu bitten. Vgl. Thomas Hartmann-Wendels, Die Notwendigkeit staatlicher Bankenaufsicht, in: Orientierungen zur Wirtschafts- und Gesellschaftspolitik. Bonn: Stiftung, Band 116, Heft 2, 2008, S. 28–32.

Die dritte Auffassung geht noch über die zweite hinaus, als sie privat alimentierte Bankenrettungsfonds im Zweifel (wenigstens vorübergehend, da der Prozess der Einzahlung und Auffüllung nur langsam und schleppend vor sich geht) für zu klein hält, um größere Krisen abzuwehren. Daher brauche es ergänzend staatliche, mit Steuermitteln finanzierte Fonds. Über die Größe und Architektur solcher Fonds wird in der Eurozone schon länger nachgedacht. Besondere Problematik erhalten solche Fonds immer dann, wenn dabei eine, über Nationengrenzen hinweg gehende, Haftungsgemeinschaft entsteht, wie etwa bei dem geplanten europäischen Einlagensicherungsfonds. Vgl. Dazu: Ulrich Baeck/Martin Diller, Rettungsfonds für Banken: Welche Opfer müssen Arbeitnehmer bringen? In: Der Betrieb, Band 61, Heft 44, 2008, S. 2423–2425.

2.3 Zur politischen Ökonomie von Krisen und ihrer Überwindung

▶ *In diesem Beitrag geht es darum, dass Krisen Politikreaktionen provozieren, die in erster Linie oder meinetwegen auch nur vordergründig einen Weg aus der Krise suchen. Gleichzeitig haftet ihnen aber der Geruch an, Fakten zu schaffen, die nach Ende der Krise nicht mehr zurückgenommen werden. So kommt so etwas wie „Hysterese" ins Spiel, ein Phänomen, das aus der Beobachtung ständig steigender Sockelarbeitslosigkeit am Arbeitsmarkt bekannt ist. Auf diese Weise werden Staat und Gesellschaft kontinuierlich umgebaut, häufig ohne Einholung der Zustimmung von Wählern und/oder Parlamenten. Darin liegt ebenso Chance wie Risiko.*

Dass (wirtschaftliche, gesellschaftliche, politische) Krisen nicht nur Verlierer, sondern auch Gewinner hervorbringen, gilt als triviale Feststellung. Reizvoller ist deshalb die Überlegung, dass es keineswegs ausschließlich die Ereignisse und ihre Folgen als solche selbst, sondern dass es die „proaktiven" Handlungen der Akteure sind, die sie zu Gewinnern oder zu Verlierern der Krise werden lassen. Wie das?

Krisen werden ganz offensichtlich (auch) dafür genutzt, um bestimmte (nicht immer neue) Ziele, Träger und Instrumente der (Wirtschafts-)Politik auf den Schild zu heben. Es geht darum, während der Krise durch die Ausrufung bestimmter und das Ausschweigen anderer Ziele (hat noch jemand ernsthaft das Ziel der Preisniveaustabilität zukünftig im Visier?) den politischen Kompass zu verschieben. Durch den Einsatz ausgewählter wirtschaftspolitischer Instrumente (man denke nur an den Versuch Italiens, mit der Forderung nach einer Euro-Anleihe die Bestimmungen bestehender Verträge aufzubrechen) und durch den Ruf nach neuen Institutionen bzw. nach neuen Kompetenzverteilungen (wie etwa Angela Merkels Vorstoß zugunsten eines „Weltwirtschaftsrats" oder die von der deutschen Bundesbank und von der BaFin zielstrebig und in gegenseitiger Konkurrenz betriebene Neuregelung der jeweiligen Aufgabenbeschreibungen auf dem Gebiet der Finanzmarktaufsicht) sollen Fakten geschaffen werden, die nach Überwindung der Krise nur sehr zäh und mühsam zurückgenommen werden können.

Natürlich haben die politischen Akteure auch an sich selbst gedacht: Wir erleben gerade hautnah den Versuch nationaler und ausländischer Politiker, sich im Zuge der weltweiten Finanz- und Wirtschaftskrise als „Retter in der Not" (Churchill-Effekt) zu profilieren, ganz nach dem Motto: Wer sich im Stahlbad größter Gefahren bewährt, taugt für zukünftige (noch höhere?) Leitungsaufgaben besonders, auch wenn der Alltag längst wieder eingekehrt ist. Ironie der Geschichte ist dabei, dass gerade Churchill in den frühen 1950er Jahren, als er erneut Prime Minister wurde, den „normalen" Anforderungen an einen Regierungschef nur noch mäßig gewachsen war und alsbald abgewählt wurde.

Anders, ja geradezu umgekehrt als bei klassischer „Reformpolitik", tendieren „Rettungspakete" dazu, in der kurzen und mittleren Frist der Wirtschaft eine Atempause zu gewähren und schlimme soziale Folgen zu mildern, während die langfristigen Konsequenzen, etwa für Staatsverschuldung und Inflation weitgehend verdrängt werden. (Echte) Reformpolitiken stellen die Politik im Grunde genommen vor größere Herausforderungen, können sie doch in der Regel erst für die mittlere bis lange Frist Besserung versprechen, während in der kurzen Frist der Erfolg der Maßnahmen häufig (noch) nicht sichtbar wird und sogar die negativen Begleiterscheinungen dominieren können. Vor diesem Hintergrund sollten wir die Politiker der Gegenwart mit ihren gigantischen Rettungspaketen nicht allzu sehr bedauern oder bewundern.

Aber es ginge auch anders: Reformpolitik und Krisenbewältigungspolitik lassen sich durchaus sinnvoll verbinden: Im Angesicht der dramatischen Neuverschuldung wird es nötig sein, das öffentliche Ausgabeverhalten rigoros und zugleich akribisch zu durchleuchten. Das wäre einmal eine Chance, das Dickicht der (offenen und versteckten) Subventionen zu lichten! Wo es Chancen gibt, lauern aber auch Risiken: Die Verdreifachung in der Bilanzsumme der US-amerikanischen Federal Reserve stellt mittel- und langfristig ein gewaltiges Inflationspotenzial dar. Wäre es Ben Bernanke zu verübeln, wenn er im Hinblick auf den dramatischen Schuldenberg der USA mit ein „wenig" Inflation für die Zukunft liebäugelte? Die Geschichte zeigt – vorsichtig formuliert –, dass die Politik einer solchen Versuchung nicht immer hat widerstehen können. Und würde dann die EZB womöglich folgen?

Wo liegen Chancen und Risiken der Steuerpolitik im Zuge der Krisenbewältigung? Den in der deutschen Bevölkerung verbreiteten Ängsten – wer hat die schamlose Mehrwertsteuererhöhung um drei Punkte nach der letzten Bundestagswahl schon vergessen – versuchen Berliner Parteien wie FDP und CDU/CSU gerade durch Ankündigung von Steuersenkungen den Wind aus den Segeln zu nehmen. Einkommensteuersenkungen – aber bitte im Rahmen einer durchgreifenden Reform – sind nicht gänzlich undenkbar, aber: Das hoffentlich bald wieder erstarkende Wirtschaftswachstum allein wird ihre Finanzierung nicht ermöglichen. Wenn Inflation oder neue Schulden ausgeschlossen werden, dann kommen Steuersenkungen wohl kaum ohne eine signifikante

Restrukturierung öffentlicher Ausgaben aus. Für diesen Fall ist die Politik in der Pflicht zu sagen, wo und wie viel gekürzt werden soll. Jeder weiß, welche Etats beim Bund, die Bedienung der Altschulden einmal ausgeblendet, für Kürzungen volumenmäßig etwas hergeben.

In der Demokratie braucht es dazu irgendwann die Zustimmung des Wählers: Um aber Mehrheiten zu gewinnen, muss die (Wirtschafts-)Politik dabei vor allem auf die mittlere bis ältere Generation Acht geben, stellen diese Bevölkerungsgruppen doch den in Ländern wie Deutschland – mit seiner pathologischen Alterspyramide – ausschlaggebenden Medianwähler. Auf die jüngere und auf die Generation der noch nicht Geborenen wird die Politik dagegen im Blick auf die Wahlurnen nur wenig Rücksicht nehmen. Das allein nährt die Furcht vor der Sackgasse: Noch mehr Schulden und eine schleichende Rückkehr der Inflation.

Wollte die Politik sich gewissermaßen „vor sich selbst" schützen, dann könnte sie zu Arrangements der „Selbstbindung" greifen. Die Bekräftigung des Maastrichter Vertrages einerseits und eine zügige Erarbeitung von Schuldengrenzen oder –bremsen, wie sie gerade diskutiert werden, wären gute, weil glaubwürdige Signale.

Zum Ende noch folgende Vision: In der spanischen Innenpolitik gibt es seit längerem, bereits aus der Zeit von Adolfo Suárez, dem Architekten der „transición" und Vorgänger von Felipe González, die für uns in Deutschland fast schon skurril anmutende Formulierung, eine Regierungskrise zu „eröffnen" („abrir la crisis") und (nach entsprechenden Strukturveränderungen, Kabinettsumbildungen etc.) auch wieder zu „schließen" („cerrar la crisis"): Damit wird suggeriert, dass Politik immer Herr des Verfahrens bleiben und sich nicht durch widrige Ereignisse (zu mehr oder weniger freiwilligen) Entscheidungen treiben lassen will. Das klingt nach Hybris, aber vielleicht ist ja im Angesicht der Weltwirtschaftskrise ein solch gesundes Selbstbewusstsein kein so schlechter Ratgeber und bewahrt sowohl die Politik als auch die zahlreichen Interessengruppen und Trittbrettfahrer davor, sich an den Zustand der Krise womöglich zu gewöhnen und sich darin durchaus eigennützig einzurichten.

(Quelle: F. L. Sell, Wie die Wirtschaftskrise genutzt wird, den politischen Kompass neu auszurichten. Zur politischen Ökonomie von Krisen und ihrer Überwindung, in: Neue Zürcher Zeitung Nr. 72 vom 27.03.2009, S. 29)

Theoretische oder empirische Belege?

Über den rechten Umgang mit Krisen im Kapitalismus gibt es sehr unterschiedliche Auffassungen: Auf der einen Seite befinden sich die Verteidiger bzw. aktiven Befürworter von sogenannten „Reinigungskrisen", bei denen Überkapazitäten abgebaut werden, unrentable Branchen untergehen und unbegabte Unternehmer vom Markt gefegt werden. Nach dieser Theorie, die vor allem von Vertretern der österreichischen Schule der Nationalökonomie vorgebracht wurde, schaffen Krisen die Voraussetzungen für neues Wachstum und sollten daher, wenn überhaupt, nur sehr behutsam vom Staat begleitet werden. Vgl. dazu etwa: „Rezession 74/75- Beginn langfristiger Stagnation oder bloße Reinigungskrise?" In: Sparkasse, Band 92, Heft 6, 1975, S. 141–148.

> **Die Argumente der Gegenseite!**
> Eine ziemlich entgegengesetzte Auffassung präsentieren Kapitalismuskritiker, die vor den sozialen, wirtschaftlichen und psychologischen Folgen von (i. d. R. unregelmäßig wiederkehrenden) Krisen warnen. Danach steht der Staat in der Pflicht, die Ausschläge von Konjunktur- und Wachstumszyklen zu dämpfen, damit nicht unnötig Humankapital verloren geht, eigentlich solvente Institute schon bei Liquiditätskrisen auf eine abschüssige Bahn geraten und auch weitere Rahmenbedingungen für eine wirtschaftliche Erholung Schaden nehmen. Vgl. dazu etwa: Markus Marterbauer, Stabilisierung der Konjunktur, kein dynamischer Aufschwung: Prognose für 2010 und 2011, in: Monatsberichte WIFO, Band 83, Heft 1, 2010, S. 3–16.

2.4 Die Lockerung des Stabilitäts- und Wachstumspakts und die Agenda 2010

▶ *Ausgerechnet Altbundeskanzler Gerhard Schröder, der Architekt der Agenda 2010, eine Arbeitsmarktreform aus dem Jahr 2005, die seit Jahren von Organisationen wie dem IWF, der OECD und der ILO als vorbildlich hingestellt wird, äußerte vor einiger Zeit die Meinung, diese Reform hätte es nicht ohne eine Aufweichung (euphemistisch: „Flexibilisierung") des europäischen Stabilitäts- und Wachstumspakts geben können. Dieser Beitrag widerlegt diese These mithilfe der keynesianischen Beschäftigungstheorie. Lord John Maynard Keynes ist aber zufälligerweise ausgerechnet jener britische Ökonom, auf den sich die SPD ansonsten in ihrem wirtschaftspolitischen Diskurs schwerpunktmäßig stützt!*

Der frühere Bundeskanzler Gerhard Schröder, wichtigster Architekt der Agenda 2010, hat vor wenigen Tagen an dieser Stelle die These formuliert, dass jenes heute hochgelobte Reformwerk ohne die am 30. Juni 2005 von den EU-Staats- und Regierungschefs beschlossene „Reform" des Stabilitäts- und Wachstumspakts nicht hätte Erfolg haben können.

Was waren die zentralen Inhalte der „Reform"? Die europäischen Finanzminister hatten sich darauf verständigt, die Defizitobergrenze von drei Prozent und die Verschuldungsgrenze von 60 % des Bruttoinlandsproduktes unverändert in Kraft zu lassen. Sie hatten jedoch vereinbart, bei der Beurteilung des Defizits künftig besondere Faktoren zu berücksichtigen. So gelang es dem damaligen deutschen Finanzminister Eichel durchzusetzen, die Kosten der Deutschen Einheit als mindernd bei der Beurteilung des Defizits einzuführen. Ausgaben für die „Vereinigung Europas" sollten bei der Beurteilung eines gesamtstaatlichen Defizits ebenfalls in Zukunft berücksichtigt werden, falls diese einen negativen Effekt auf das Wachstum und die Haushaltslasten eines Mitgliedstaates hätten. Zudem müsse fortan positiv berücksichtigt werden, dass Deutschland ein Nettozahler für die Europäische Union (EU) sei. Die EU werde künftig bei der Haushaltsbeurteilung auch Reformen, insb. der Renten- und Pensionssysteme, berücksichtigen. Es solle zwar weiter Defizit-Strafverfahren geben, solche wären jedoch bei Reform-Anstrengungen der Staaten und schlechter wirtschaftlicher Lage zu strecken.

Der von Schröder (und zuvor bereits von Steinmeier) hergestellte Zusammenhang ist aber ökonomisch unsinnig: Die Agenda 2010 zielte darauf ab, und wir wissen heute, dass ihr das weitgehend auch gelungen ist, den deutschen Arbeitsmarkt zu flexibilisieren und die Anreize für die Arbeitsaufnahme auch bei geringen Löhnen deutlich zu erhöhen. Damit hat sie die bis dahin ganz erhebliche Lohnstarrheit nach unten aufgebrochen und mehr Beschäftigung im Niedriglohnsegment ermöglicht. Eine Flexibilisierung von Faktorpreisen macht aber gerade eine Härtung der Budgetrestriktionen, in diesem Fall der öffentlichen Haushalte, möglich und ist mitnichten ein Freischein für höhere gesamtstaatliche Ausgaben bzw. Defizite. Das belegt selbst das von Schröder und der SPD favorisierte Denkgebäude des Keynesianismus:

Bekanntlich hatte John Maynard Keynes bei schwacher privater Nachfrage dem Staat eine Stimulierung der Konjunktur durch höhere Staatsausgaben vor allem aus zwei Gründen nahegelegt: 1) Die Geldpolitik kann bei Vorliegen einer Liquiditätsfalle schnell versagen und 2) verhindert die Starrheit der Nominallöhne (!) in Verbindung mit einem trägen Güterpreisniveau eine Stabilisierung der Beschäftigung. Im Umkehrschluss gilt also: Der Staat kann sich bei Lohnflexibilität nach unten wesentlich stärker mit (zusätzlichen) eigenen Ausgaben zurückhalten.

Es wäre schade, wenn Gerhard Schröder und die SPD die Verdienste der Agenda 2010 nun selbst dadurch relativieren, dass sie die völlig verfehlte „Reform" des Stabilitäts- und Wachstumspakts nachträglich rechtfertigen. Und das auch noch mit einer abwegigen ökonomischen Argumentation. Die Aufweichung des Stabilitäts- und Wachstumspakts hat darüber hinaus der europäischen Stabilitätskultur einen Bärendienst erwiesen und die heutige Schuldenkrise in der Eurozone mit verursacht.

(Quelle: F. L. Sell, Pakt der Ausnahmen In: Handelsblatt Nr. 100 vom 28.05.2013, S. 17)

Theoretische oder empirische Belege?

Die Schrödersche Argumentation ist im Grunde ein Lehrstück aus der politischen Ökonomie von Wahlen. Reformen mit harten Einschnitten, wie sie die Agenda 2010 darstellte, wurden zu Recht zu Beginn der Legislaturperiode 2002 bis 2006 durchgesetzt. Das entspricht der Doktrin, unbeliebte aber zweifellos notwendige Maßnahmen so früh wie möglich durchzuführen, damit sie am späteren Wahltag nicht mehr so schmerzlich in Erinnerung sind und zugleich ihre Früchte dann endlich zutage treten. Zugleich setzt man das „Füllhorn" der Staatsausgaben ein, um den Wähler milde zu stimmen. Wie schon der Begriff sagt, geht es den Politikern dabei primär um ihre eigene Wiederwahl und nicht besonders um das „Wohl des Volkes". Vgl. auch das oft zitierte Werk von Bruno Frey, Theorie und Empirik politischer Konjunkturzyklen, Arbeitspapier, Fakultät Wirtschaftswissenschaften an der Universität Konstanz, 1976.

> **Die Argumente der Gegenseite!**
> Eine andere, eher konträre Lesart würde lauten, dass Sozial- und Arbeitsmarktpolitik Komplemente und nicht Substitute sind. Danach würde die Annahmebereitschaft (schon) bei den Betroffenen (und nicht erst beim Wähler) – als grundlegende Erfolgsvoraussetzung – von Verschärfungen der Bedingungen für die Arbeitsaufnahme („Fördern und Fordern") gerade dadurch verbessert, dass der Staat an einer anderen Stelle durch Ausgabebereitschaft seine soziale Seite zeigt. Da die Reform des Wachstums- und Stabilitätspakts seiner Natur nach mehr Ausgaben zulässt, würde das eine alternative Sicht auf die Schröderschen Argumente liefern. Vgl. dazu: Peter Haller et. al., Agenda 2010: Zur Diskussion über weitere Reformen der Reform, Institut für Arbeitsmarkt- und Berufsforschung (IAB), IAB-Stellungnahme: Ausgewählte Beratungsergebnisse des Instituts für Arbeitsmarkt- und Berufsforschung/Institut für Arbeitsmarkt- und Berufsforschung. Nürnberg: IAB, 2010–2017, 5.

2.5 Die Lockerung des Stabilitäts- und Wachstumspakts und die europäische Schuldenkrise: Eine Replik auf Hans Eichel

> ▶ *Der Beitrag zur politischen Ökonomie von Reformprozessen (vgl. oben) fand in seiner früheren Fassung, die im Handelsblatt veröffentlich wurde (siehe Literaturverzeichnis), ein geteiltes Echo. Neben Zustimmung gab es geharnischte Kritik: So haben sich frühere Weggenossen von Altkanzler Schröder, wie Altbundesfinanzminister Eichel, dazu instrumentalisieren lassen, diesem durch eine Replik auf meinen Beitrag, beizuspringen. Allerdings wählte Eichel einen Nebenkriegsschauplatz, statt sich mit dem Kern meines Artikels zu beschäftigen. Vor allem gelang es ihm nicht, meinen Hinweis auf einen Denkfehler im Kanzleramt im Hinblick auf das Vorziehen der Bundestagswahl in den Herbst 2005 zu entkräften.*

Hans Eichel, früherer Bundesfinanzminister (1999–2005) im Kabinett Schröder/Fischer, hat auf meinen Beitrag „Pakt der Ausnahmen" (28.05. im HB) reagiert und in Abrede gestellt, dass die „Reform" des Stabilitäts- und Wachstumspakts die heutige Schuldenkrise mit verursacht habe, die wirklichen Gründe seien vielmehr im privaten Sektor zu suchen. Die von Eichel zwischen 2005 und 2008 angeführten geringeren gesamtstaatlichen Defizite und der Rückgang der Staatsverschuldung in der EU und in der Eurozone leiden aber unter einem doppelten methodischen Mangel:

Zum einen können wir nicht wissen, wie hoch die Defizite ohne die Lockerung des Stabilitätspaktes ausgefallen wären. Dieser Vergleich ist aber letztlich entscheidend, um den Beitrag der „Reform" zum Verschuldungsverhalten abzuleiten. Aber wir können trefflich vermuten, dass die von Deutschland und Frankreich angestoßene Initiative den Anreiz zu Haushaltsdisziplin bei den europäischen Nachbarn nicht gestärkt, sondern geschwächt hat. Natürlich kann man diese, wie jede andere Vermutung, anzweifeln. Dann müsste man sich allerdings die Frage stellen, warum eigentlich eine Schuldenbremse in den Verfassungen europäischer Staaten verankert wurde. Wohl sicher nicht, weil der „reformierte" Pakt so besonders wirkungsvoll war...

Zum anderen sind die Defizit- und Verschuldungszahlen von EU und Eurozone mit anderen europäischen Ländern zu vergleichen: Schweden und die Slowakei (EU, aber nicht Eurozone) konnten ihre Verschuldungsquote zwischen 2005 und 2008 von 60,2 % (39,20 %) auf 49,6 % (31,8 %) ebenfalls deutlich senken. Die Schweiz reduzierte ihre Verschuldungsquote zwischen 2005 und 2008 von 53 % auf 43,6 % und Norwegen gelang das immerhin zwischen 2006 und 2008 (59,4 % vs. 55 %). Diese Länder sind bekanntlich nicht einmal Mitglied in der EU und von der Reform des Stabilitäts- und Wachstumspakts gar nicht betroffen. Irland und Spanien sind auch keine Musterschüler gewesen, da, wie wir heute wissen, ihre nationale Bankenaufsicht (schon vor 2008) völlig versagt und die in den Bankbilanzen schlummernden Risiken rücksichtslos ausgeblendet hat. Daran gemessen erscheinen die ausgewiesenen Haushaltsüberschüsse und Verschuldungskennzahlen bis 2008 als reine Schönfärberei. Sie waren genauso irreal, wie es, trotz der langjährigen Mahnungen des SVR, ist, die sogenannte „implizite Staatsverschuldung", die sich u. a. aus dem Barwert künftiger Pensionsverpflichtungen des Staates ergibt, nicht auszuweisen. Anders gewendet: Es ist doch klar, dass die Restrukturierung von Banken eine ausgabenträchtige Aufgabe der Fiskalpolitik ist.

Hinzu kommt, dass Eichel Italien und Frankreich gar nicht erwähnt. Italien hat die damaligen Reforminitiativen Deutschlands und Frankreichs unterstützt, beide Länder werden aber heute – neben Spanien – als besonders kritisch für den Erhalt der Eurozone und die Überwindung der Schuldenkrise eingeschätzt. Es ist ja völlig unstrittig, dass mit Schrottpapieren angereicherte Bilanzen privater Geschäftsbanken im Jahr 2008 jenen Vertrauenskollaps an den Geldmärkten ausgelöst haben, der dann letztlich auch ursächlich für die anschließende Weltwirtschaftskrise gewesen ist. In meinem von Eichel kritisierten Beitrag bin ich auf die Rolle des privaten Sektors in der Finanzmarkt- und der Schuldenkrise gar nicht eingegangen. Das hatte einen ganz einfachen Grund: Mein Hauptthema war der Zusammenhang zwischen der Agenda 2010 und der Reform des Stabilitäts- und Wachstumspakts. Das waren aber bekanntlich beides Veranstaltungen der (deutschen respektive europäischen) Politik und nicht solche des privaten Sektors!

(Quelle: F. L. Sell, Die Politik war's. In: Handelsblatt Nr. 139 vom 23.07.2013, S. 13)

Theoretische oder empirische Belege?

Mit Blick auf den fehlenden Biss der Vorkehrungen und Strafandrohungen des europäischen Stabilitäts- und Wachstumspakts gibt es in der Literatur zwei verschiedene Auffassungen. Die eher „gradualistische" kritisiert, dass die vor allem von Frankreich und Deutschland initiierte und als Reform verkaufte Aufweichung desselben, ihn letztlich zu einem Papiertiger transformiert habe. Durch die Schaffung von x Ausnahmetatbeständen (wie den Kosten der deutschen Einheit, den Ausgaben für

Verteidigung oder Infrastruktur etc.) ergab sich die Situation, dass die Staaten selbst in den Stand versetzt werden sollten, das gesamtstaatliche Defizit zu „gestalten". Damit wurden exzessiv und bewusst Möglichkeiten geschaffen, die Drei-Prozentmarke sprichwörtlich zu unterlaufen. Zu den Vertretern dieser Sichtweise zählt etwa Heinz Grossekettler, „Reform der Reform des Bund-Länder-Finanzausgleichs vor dem Hintergrund des Europäischen Stabilitätspaktes", in: Ist der Aufbau Ost gefährdet? Jahrestagung der Volkswirte der Berufsakademie Sachsen, Staatliche Studienakademie Dresden, 2002, S. 5–12.

> **Die Argumente der Gegenseite!**

Eine zweite Sichtweise, die sich in der Literatur findet, könnte man auch als „fundamentalistische" Kritik am Stabilitäts- und Wachstumspakt bezeichnen. Ihr zufolge war die Reform des Paktes zwar eine durchaus ärgerliche Verwässerung des Vertragswerks. Im Grunde genommen war sie für die Wirksamkeit aber eher unerheblich, da der Pakt bereits an einer ganz anderen Stelle nur scheinbar den Mitgliedern der europäischen Wirtschafts- und Währungsunion Disziplin beim gesamtstaatlichen Defizit auferlegte. Dadurch, dass eine Mehrheit von Ländern darüber beschließen sollte, ob eine Verletzung der Paktbestimmungen bei einem anderen Mitglied vorlag, hat man die Feststellung einer Vertragsverletzung nicht einer unabhängigen Instanz oder einem Regelmechanismus überlassen. Nur so aber hätten neutrale, ja man möchte sagen, objektive Entscheidungen, zustande kommen können. Vgl. zu dieser Sichtweise etwa Friedrich L. Sell, Zu den Wirkungen des Stabilitätspaktes in der Europäischen Währungsunion, in: IFO-Studien, Band 44, Heft 3, 1998, S. 233–266.

2.6 Die politische Ökonomie des Stabilitäts- und Wachstumspakts: Eine Replik auf Gerhard Schröder

▶ *Die Analyse von politischen Reformprozessen unter dem Blickwinkel der sogenannten „politischen Ökonomie" gestattet einen realistischen Blick auf das Verhalten von Politikern unter dem Druck von „Sachzwängen", vermag vertane Chancen, wie auch gelungene Coups aufzudecken. Sie unterscheidet sich wohltuend von der „Erklärung" für eigenes Verhalten der Politiker selbst im Nachgang zu den bereits eingetretenen Ereignissen. Wie der folgende Beitrag zeigt, lässt sich damit nachweisen, dass die vorgezogenen Bundestagswahlen von 2005 auf einem Denkfehler von Gerhard Schröder und seinen Beratern beruhten.*

Altkanzler Gerhard Schröder hat bereits vor einem Jahr die sogenannte „Reform" des Stabilitäts- und Wachstumspaktes im Jahr 2005 damit begründet, dass Arbeitsmarktreformen und Haushaltskonsolidierung der Wirtschaft und den Arbeitnehmern in Deutschland nicht hätten zugleich zugemutet werden können. Nun hat Schröder vor wenigen Tagen nachgelegt: „Reformen brauchen Zeit". Danach wäre eine weitere Lockerung des Stabilitäts- und Wachstumspakts zugunsten heutiger Krisenstaaten in der Eurozone zu rechtfertigen, um amtierende Regierungen gegen extreme Parteien zu stützen und ihnen mehr Zeit für Reformen einzuräumen. Nur so könne das „Projekt Europa" gerettet werden. Diese neue Argumentation steht in der Tradition der sogenannten „politischen Ökonomie" von Reformprozessen. Aber ist sie schlüssig?

Die politische Ökonomie empfiehlt bei schmerzhaften Reformvorhaben den Politikern erstens schnelle Entscheidungsprozesse, damit sie Gelegenheit dazu haben, die Früchte ihrer Reformen (noch) an der Regierung mitzuerleben. Bittere Medizin schmeckt gerade am Anfang unangenehm und ihr Erfordernis wird häufig weder erkannt noch geschätzt. Nicht die Reformen selbst benötigen Zeit, vielmehr darf die Phase, in denen sie positive Wirkungen entfalten sollen, nicht zu kurz bemessen und muss auf die Länge der Wahlperiode abgestimmt sein. Eine zweite Erkenntnis der Politischen Ökonomie lautet, dass nur ein anhaltend hoher Reformdruck regierende Politiker dazu veranlasst, „heiße Eisen" schnell und rigoros anzupacken. Das hilft auch dabei, die eigenen Leute bei der Stange zu halten. Die Einhaltung des Stabilitäts- und Wachstumspakts stellt einen solchen Druck dar. Drittens gilt es, notwendige Mehrheiten zu antizipieren: König Juan Carlos hat sich gerade genau in diesem Sinne der politischen Ökonomie verhalten. Er hat seine Abdankung zur Sicherung der spanischen Monarchie just in dem Moment beschleunigt, als ihm dies die parlamentarischen Mehrheitsverhältnisse gerade noch erlaubten.

Es ist also im eigenen Interesse der heute amtierenden europäischen Regierungen, Reformen, sofern noch nicht geschehen, schnell anzupacken. Sie sollten dabei der Versuchung widerstehen, dem internen und externen Reformdruck auszuweichen. Wenn sie dazu Gelegenheit haben, sollten sie Gesetze schaffen, die qualifizierte Mehrheiten verlangen und daher nur schwer von europafeindlichen Parteien abgeschafft werden können.

Interessanterweise hat sich Gerhard Schröder im Jahr 2005 genau invers zur Lehre der politischen Ökonomie verhalten: Als die Landtagswahlen in NRW vom Frühjahr 2005 für die SPD verloren gingen, hat er die Bundestagwahlen um ein Jahr vorgezogen. Damit hat er sich um einen Teil seiner Früchte selbst gebracht: Wie wir heute wissen, waren seit Mitte 2006 erste Erfolgssignale der Hartz-Reformen am Arbeitsmarkt zu erkennen. Es wäre also für Schröder eine „dominante Strategie" gewesen, die Bundestagswahlen nicht auf das Jahr 2005 vorzuziehen, sondern den regulären Termin im Herbst 2006 abzuwarten.

(Quelle: F. L. Sell, Wo Schröder irrt. In: Handelsblatt Nr. 126 vom 04./05./06. 07.2014, S. 13)

Theoretische oder empirische Belege?

Die eine Richtung der Forschung beschäftigt sich mit dem Entscheidungsverhalten von Politikern unter dem Druck, Wahlerfolge zu erreichen oder zu wiederholen. Hier werden etwa die Fehlleistungen von David Cameron oder von Matteo Renzi aus der jüngsten Vergangenheit diskutiert. Der eine, Cameron, führte eine schon im Ansatz verkehrte Kampagne zugunsten des Verbleibs Großbritanniens in der EU: Statt die

Vorteile der EU für sein Land heraus zu stellen, listete er die Nachteile eines Brexits auf, eine Argumentation, die beim Wähler nicht verfing. Vgl. dazu auch: Andrew Glancross, Why the UK voted for Brexit: David Cameron's great miscalculations, Palgrave Studies in European Union politics. London: Palgrave Macmillan, 2016. Der andere, Matteo Renzi, verknüpfte eine vielversprechende Verfassungsreform mit seinem eigenen politischen Schicksal, obwohl er bis dahin gerade mal nur etwas mehr als zwei Jahre Ministerpräsident in der volatilen italienischen Politiklandschaft gewesen war.

Die Argumente der Gegenseite!

Die andere, zweite Richtung der Forschung, relativiert die auch in der Geschichtswissenschaft schon länger unter Kritik geratene Sichtweise, wonach „Politiker den Gang der Historie" bestimmen. Sie halten daran fest, dass es ohne Institutionen und ohne Institutionenversagen unmöglich ist, den Entwicklungspfad von (erfolgreichen oder erfolglosen) Reformprozessen nachzuzeichnen. Dazu gehört etwa die Arbeit von Georg Wenzelsburger, „Haushaltskonsolidierung und Reformprozesse; Determinanten, Konsolidierungsprofile und Reformstrategien in der Analyse." Berlin/Münster: LIT-Verlag 2010. Der Autor untersucht Land für Land Fälle, in denen Konsolidierungsprogramme für den staatlichen Haushalt gelangen und andere, die scheiterten. Dabei wird das jeweilige institutionelle Design der Reformanstrengungen minutiös analysiert.

Euro und EZB 3

3.1 Irving Fisher und die monetäre Analyse der Europäischen Zentralbank

▶ *Nachstehende Analyse wurde rund 8 Jahre, nachdem die EZB im Januar 1999 ihre Aufgabe übernommen hatte, die europäische Geldpolitik zu steuern, erstellt. Seitdem wissen wir noch besser als damals, dass es nicht nur der EZB, sondern allen größeren Notenbanken zunehmend schwerer fällt, die von ihnen selbst formulierten Inflationsziele zu erreichen. Manche sprechen vom „Ende der Inflation" (insbesondere seit Beginn des neuen Millenniums), andere von der nötigen Revision bisheriger Inflationsziele und wiederum andere davon, dass die Grundlagen für eine monetäre Steuerung sich so fundamental geändert haben, dass sich Notenbanken bescheidenere, bestenfalls Zwischenziele (wie die Beeinflussung der Kreditzinsen des Geschäftsbankensektors) in Zukunft vornehmen sollten.*

Seit Jahren überschreitet das tatsächliche Wachstum des Geldmengenaggregats M3 in der Eurozone den von der EZB seit 1999 ausgegebenen „Referenzwert" von 4,5 v. H. Entschlüsselt man die Komponenten dieser 4,5 %, so erkennt man darin die Philosophie der „Fisherschen Verkehrsgleichung": Bei geschätzten ca. zwei Prozent durchschnittlichem realen Wirtschaftswachstum in der Eurozone, einer angestrebten Inflationsrate von „nahe zwei, aber unter zwei Prozent" und einer unterstellten jährlichen Abnahme der Umlaufgeschwindigkeit des Geldes von ca. einem halben Prozent, „braucht" es demgemäß eine Geldmengenwachstumsrate von viereinhalb Prozent, um tolerierbare Inflation und prognostiziertes Wirtschaftswachstum zu finanzieren. Folgt man Irving Fisher, so müsste bei einem signifikanten Überschreiten des Referenzwerts – und geringen Fehlern bei der Prognose des Wirtschaftswachstums und der Umlaufgeschwindigkeit des Geldes – auf mittlere

Sicht mit einem Anstieg der Inflationsrate gerechnet werden. Wenn das stimmt, wie konnte dann in der Eurozone in den letzten achteinhalb Jahren, trotz der wiederholt eingetretenen Zielverletzungen gegenüber dem Referenzwert, die Inflationsrate vergleichsweise so niedrig bleiben? Hatte Irving Fisher Unrecht? Sind mit ihm Generationen von Volkswirten einer Chimäre aufgesessen? Wohl kaum. Aber der Reihe nach:

„Verantwortlich" für die Veränderung der Geldmenge und des Geldkapitals ist in einer Volkswirtschaft bekanntlich stets die Veränderung des Kreditvolumens (einschließlich der Zunahme von Forderungen gegenüber dem Ausland). Eine Zunahme des Geldkapitals wird so lange nicht inflationär wirken, wie es nicht zu einem Abbau von Geldkapital durch Umschichtungen zugunsten jener Geldmenge kommt, die, gemeinsam mit der Kreislaufgeschwindigkeit dieser Geldmenge, das Bruttoinlandsprodukt finanziert. Wenn nun argumentiert wird, das hohe Wachstum vom M3 in der Eurozone sei Umschichtungen aus dem Geldkapital in diese weit gefasste Geldmenge hinein geschuldet, dann löst eine solche Überlegung das obige Puzzle keineswegs auf: Wäre nämlich M3 im Sinne von Fisher die für die Erklärung von Inflation in der Eurozone relevante Geldmenge, dann hätte ja logischerweise die Inflation der Eurozone viel höher als tatsächlich gemessen ausfallen müssen! Es scheint, als würde Irving Fisher gründlich missverstanden:

Irving Fisher hatte nämlich nicht irgendeine, sondern eine ganz bestimmte Geldmenge/Umlaufgeschwindigkeit des Geldes im Sinne, nämlich diejenige, die zur Finanzierung des „Handelsvolumens" bzw. des Bruttoinlandsproduktes einer Volkswirtschaft von den realen „Wirtschaftssubjekten" (Haushalte, Unternehmen, Staat, Ausland) herangezogen wird. Diese Geldmenge wird von den Akteuren ausschließlich zur Vorbereitung von Käufen, also zu Transaktionszwecken gehalten, nicht aber aus spekulativen Motiven, aus Finanzierungs- und Vorsichtsgründen (Keynes) oder als vergleichsweise risikolose Anlage innerhalb eines Portfolios verschiedener Finanzmarkttitel (Markowitz, Tobin). Wir wollen sie deshalb im Folgenden auch „Transaktionsgeldmenge" nennen. Was folgt daraus? Für die Diagnose des Inflationsphänomens in der Eurozone gilt, dass weder M1 noch M2 oder M3 für die monetäre Analyse der EZB wirklich geeignete Geldmengenaggregate sind. Der Europäischen Zentralbank mangelt es nicht an einem Stab hervorragender Forscher. Es wäre daher ein leichtes für sie, den Versuch zu unternehmen, die oben angedeuteten verschiedenen Komponenten der Geldnachfrage zu schätzen. Sie könnte dann direkt oder residual jenen Teil von M1, M2 oder M3 ermitteln, der das Transaktionsmotiv am besten erklärt.

Für die strategische Ebene des Inflationsphänomens, also für die Zwei-Säulen-Strategie der Europäischen Zentralbank, dürfte andererseits gelten: Die EZB muss (und sollte auch) ihre monetäre Analyse nicht aufgeben. Sie sollte sich allerdings von einem Referenzwert von 4,5 % Wachstum für M3 verabschieden. Diese Geldmenge wird nämlich von den Realsektoren in der Eurozone aus allen möglichen Gründen nachgefragt. Für die Erklärung von Inflation in der Eurozone maßgeblich sind nicht das Aggregat M3, sondern die Entwicklung und das Wachstum des „Transaktionsgeldes". Methodisch muss die EZB zur Ermittlung des Transaktionsgeldes mindestens die folgenden drei Aufgaben lösen: Was ist in der Euro-Statistik realistischerweise noch dem Geld, was dem Geldkapital zuzurechnen? Welcher Teil dieses Geldes ist wiederum „Liquidität" im Sinne des Vorsichts-, des Finanzierungs-, des Spekulations- oder des Portfoliomotivs? Was verbleibt schließlich als „Transaktionsgeld" und wie hoch ist dessen Umlaufgeschwindigkeit?

Es wäre sinnvoll, für das Wachstum jener Geldmenge, die heute schon Teil von M3 ist und die wir als Transaktionsgeldmenge bezeichnet haben, einen Referenzwert im Sinne der Fisherschen Verkehrsgleichung zu veröffentlichen. Da sich die Zahlungsgewohnheiten im Zuge der Globalisierung rasch ändern können, muss die Abgrenzung des Transaktionsgeldes laufend überprüft werden. Je größer und unplausibler sich Änderungen in der Umlaufgeschwindigkeit des (bisherigen) Transaktionsgeldes einstellen, umso dringlicher ist die Überprüfung seiner Abgrenzung.

(Quelle: F. L. Sell, Reformbedürftige monetäre Analyse der EZB. Notwendige Fokussierung auf das „Transaktionsgeld". In: Neue Zürcher Zeitung Nr. 177 vom 03. 08. 2007, S. 25)

Theoretische oder empirische Belege?

Nur zu Beginn der Arbeit der EZB bestand ein hinreichend großer Optimismus, dass die Zweisäulenstrategie der EZB aufgehen könnte:

Ein Ziel der EZB ist es, die Preisstabilität in der Eurozone zu gewährleisten. Beim Streben nach Preisstabilität zielt die EZB darauf ab, Preissteigerungsraten von unter, aber nahe 2 % sicherzustellen. Mit dieser quantitativen Definition will die EZB eine Verankerung der Inflationserwartungen in der Eurozone erreichen, die dazu beitragen soll, die Volatilität in der wirtschaftlichen Entwicklung zu verringern. Neben der Definition von Preisstabilität besteht die geldpolitische Strategie aus einer umfassenden Beurteilung der Risiken für die Preisstabilität, die sich aus der monetären und der wirtschaftlichen (nicht-monetären) Analyse (sog. Zwei-Säulen-Strategie) zusammensetzt. In diesem Beitrag werden die derzeitigen Risiken für die Preisstabilität in der Eurozone näher untersucht. In enger Anlehnung an die Strategie der EZB werden ein monetärer (Geldmenge M3) und ein nicht-monetärer (Nominallöhne) Indikator betrachtet und zur Inflationsprognose im Euroraum verwendet. Es zeigt sich, dass beide Indikatoren gute Prognoseeigenschaften für die mittelfristige Inflationsentwicklung aufweisen. Ihre jüngsten Entwicklungen führen allerdings zu völlig unterschiedlichen Einschätzungen der Gefahren für die Preisstabilität, was die EZB vor ein Dilemma stellt.

Zitat aus: Mittelfristige Inflationsprognose: Das Dilemma der Zwei-Säulen-Strategie der EZB/Stéphane Sorbe und Timo Wollmershäuser, in: Ifo-Schnelldienst. München: Ifo-Institut für Wirtschaftsforschung, Bd. 60.2007, 11 (15.6.), S. 16–24.

Die Argumente der Gegenseite!

Die neuere Zentralbankpolitikforschung hat versucht, die Anzahl der möglichen Kanäle zu identifizieren, über die die Instrumente der Geldpolitik in den Sektor der Geschäftsbanken und der Finanzmärkte hineinwirken und sich von dort dann auch in die Realwirtschaft fortsetzen. Dazu gehören etwa der „Zinskanal", der „Bankbilanzkanal", der „Bankkreditkanal", der „Wechselkurskanal" etc. Die „Suche" nach diesen Kanälen soll das Verständnis dafür vergrößern, wie die Transmission von geldpolitischen Impulsen in der heutigen Zeit funktioniert. Insbesondere ist interessant zu recherchieren, wann und wodurch solche Transmissionskanäle gestört sind. Für diesen Fall hat die EZB und auch die Federal Reserve den Einsatz sogenannter „unkonventioneller Geldpolitik" für legitim erklärt. Dadurch werden etwa schlecht oder nicht mehr funktionierende Interbankenmärkte gewissermaßen übersprungen bzw. überbrückt. Vgl. dazu etwa: Die unkonventionelle Geldpolitik der EZB: Eine „Bestandsaufnahme"/Markus Demary; Jürgen Matthes, in: IW Policy Papers: Aktuelle politische Debattenbeiträge aus dem Institut der Deutschen Wirtschaft Köln/Institut der Deutschen Wirtschaft Köln, 13/2013.

3.2 Eine Überdehnung der Geldpolitik birgt neue Inflationsrisiken: Liquiditätszufuhr ist kein Ersatz für eine wirksame Finanzmarktaufsicht

▶ *Der folgende Beitrag untersucht die Frage, ob und inwieweit sich moderne Notenbanken, die etwa durch besondere Herausforderungen wie Finanzmarktkrisen zum Handeln provoziert werden, bei ihrem Mitteleinsatz gehen sollten. Das Subsidiaritätsprinzip hält dazu an, dass jeder Akteur sich auf seine Kernkompetenzen konzentriert. Daher sollten Notenbanken nicht dort durch Liquiditätszufuhr auf die Geldmärkte einwirken, wo eigentlich die Finanzmarktaufsicht gefordert ist, es sei denn sie nehmen das Risiko neuer Blasenbildung in Kauf. Auch strategische Devisenmarktpolitik kann sich für die Notenbanken als Bumerang erweisen. Da die geldpolitische Sterilisierung (etwa von Devisenankäufen) letztlich nicht nachhaltig sein kann, wird die (mehr oder weniger erzwungene) spätere Aufwertung der eigenen Währung einen großen Teil der vorher erlangten künstlichen Wettbewerbsfähigkeit konterkarieren.*

Moderne Geldpolitik, so befinden viele Experten, steht heute vor einer doppelten Herausforderung: Einerseits soll sie ihre klassische Aufgabe, die Bändigung der Inflation – unter Beachtung des Wirtschaftswachstums – lösen, andererseits soll sie drohenden Finanzmarktkrisen vorbeugen oder, wenn sie denn schon ausgebrochen sind, wenigstens eindämmen und ihre Ausbreitung verhindern. Zugleich werden die Rahmenbedingungen, unter denen moderne Geldpolitik zu arbeiten hat, als zunehmend schwierig(er) beschrieben. Es lohnt sich, die Argumente der Reihe nach zu betrachten. Fangen wir einmal von hinten an:

Die Aufgabe fester Wechselkurse im März 1973 hat den Notenbanken Handlungsspielraum, wenn auch, wie bereits die Erdölpreiskrisen kurz danach gezeigt haben, nur teilweise die erwünschte Abschirmung vor externen Schocks zurückgegeben, den sie zur Sicherung von Preisstabilität nutzen woll(t)en und soll(t)en. Die Globalisierung hat die internationalen Finanzmärkte in einem rasanten Tempo integriert, (erwartete) Leitzinsänderungen lösen sofort Anpassungsprozesse an den Devisenmärkten aus. Es wäre aber weit übertrieben, den wichtigsten Notenbanken der Industrieländer durchweg schlechte(re) Rahmenbedingungen für die Gestaltung ihrer Geldpolitik zu attestieren: Die Asymmetrie in den Konjunkturzyklen der USA und Europas – dort droht der Abschwung schon in eine Rezession zu münden, hier kann höchstens von einer leichten Abkühlung gesprochen werden – macht nämlich die Stabilisierungspolitik für die EZB nicht schwieriger, sondern eher einfacher: Ist die Federal Reserve nämlich der EZB immer um ein gutes Drittel im Zyklus voraus, so werden ihre vergleichsweise niedrigen (hohen) Zinsen im Konjunkturtal (Boom) den Euro genau dann stärken (schwächen), wenn dies der EZB für ihre eigene Politik nützlich ist. Es braucht demnach keineswegs eine völlige Synchronisierung der Konjunkturzyklen in Europa und in den USA, um die Wirksamkeit der jeweiligen Geldpolitik zu verbessern, vielmehr verhält es sich gerade anders herum.

Die jüngsten Finanzmarktturbulenzen, ausgelöst vom US-Markt für zweitklassige Hypothekendarlehen („subprime"), wurden von der Federal Reserve und von der EZB ähnlich, wenn auch nicht gleich, beantwortet: In den USA und in Europa ist der bisher anhaltende Zinserhöhungszyklus entweder bereits umgekehrt oder wenigstens unterbrochen, wenn nicht sogar am Gipfel angekommen. Die nun – nach der Leitzinssenkung der Federal Reserve – wieder geringere Zinsdifferenz der Eurozone zu den USA hat u. a. dazu beigetragen, den Kurs des Euro gegenüber dem US-Dollar in neue schwindelerregende Höhen zu treiben. Der geldpolitische Kurs ist nun in beiden Regionen der Weltwirtschaft expansiver als es die eigene geldpolitische Strategie – ein mehr (USA) oder weniger (Eurozone) transparentes Inflationsziel – nahe legen würde. Auch am letzten Donnerstag ließ die EZB den Leitzins unverändert bei 4,00 v. H.

Die Reaktion der Federal Reserve und der EZB auf die Subprime-Krise wirft eine Reihe von Fragen auf: Kritiker der jüngsten Liquiditätsspritzen dieser Notenbanken (wie etwa der Bonner Ökonom Manfred Neumann), die den Geldmarkt vorgeblich entspannen und Ansteckungseffekte einzelner Bankhäuser auf den gesamten Finanzmarkt eingrenzen sollen, haben erstens richtigerweise angemerkt, dass ein solches Verhalten einem „bail out", also einer staatlichen Lastenübernahme nach privatwirtschaftlichen Fehlentscheidungen nahekommt und zukünftig bei ähnlichen Marktteilnehmern bzw. Marktverhältnissen „moral hazard" (im Bewusstsein, dass die Notenbank eingreift, wenn es kritisch wird, geht man von vorn herein höhere Risiken ein) hervorrufen wird. Die Tatsache, dass nun (neben der Citigroup) die Schweizer UBS und die Deutsche Bank von sich aus an die Öffentlichkeit gegangen sind und ihren Abschreibungsbedarf auf Aktiva sowie ihre erwartete Ertragsminderung kommuniziert haben, signalisiert zwar, dass diese beiden großen Bankhäuser die Sanktionsfunktion von Verlusten in Marktwirtschaften grundsätzlich akzeptieren. Zugleich sprechen diese Banken aber längst nicht für den ganzen (privaten und staatlichen) Finanzsektor, weshalb das Argument von Neumann nicht wirklich entkräftet wird.

Ein zweiter Problemkreis betrifft die Frage, ob nicht eine so rigorose Niedrigzinspolitik, wie sie etwa Alan Greenspan nach dem 11. September 2001 in den USA zur Stützung der Konjunktur eingeschlagen hat, selbst bereits den Nährboden für die spätere Hypothekenmarktkrise geschaffen hat. Die Beweisführung ist hier eher schwierig, auch wenn es einleuchtet, dass Zinsen in der Höhe der Nulllinie deutlich signalisieren, dass es von hier aus eigentlich nur noch nach oben gehen kann. Vorzieheffekte bei der Fremdfinanzierung von Immobilien dürften daher allemal aufgetreten sein. Für die Erklärung einer Blase braucht es allerdings mehr.

Es gibt aber noch ein drittes, ziemlich grundsätzliches Problem. Der Ökonomie-Nobelpreisträger Jan Tinbergen hat vor mehr als vier Jahrzehnten gezeigt, dass es mindestens so viele wirtschaftspolitische Instrumente geben muss, wie voneinander unabhängige Ziele von der Politik angestrebt werden. Offensichtlich können Notenbanken mit ihrer Zins- und Liquiditätspolitik, die in Wirklichkeit zusammen nur ein einziges Instrument darstellen, nicht zugleich Finanzmarktkrisen eindämmen und die Inflation in Schach halten. Daraus ergibt sich, dass das Augenmerk wesentlich stärker als bisher auf die „Vorsorge" statt auf die „Nachsorge" zu richten ist. Damit ist das Thema der Aufsicht im Hinblick auf Finanzmarktakteure einerseits und auf Finanzmarktprodukte andererseits angesprochen. Sind die dafür vorgesehenen Institutionen für diese Aufgaben gut gerüstet? Und sind es die „richtigen" Institutionen, die solche Aufgaben z. Zt. wahrnehmen?

Die aktuelle Finanzmarktkrise zeigt eines sehr deutlich: Wenn jeder, wie der verstorbene Altbundespräsident Rau einmal treffend sagte, für alles ein wenig zuständig ist, dann ist in Wahrheit keiner für irgendetwas wirklich zuständig. In Deutschland kämpfen die BaFin (Bundesanstalt für Finanzdienstleistungen) und die Deutsche Bundesbank seit Jahren eifersüchtig um Kompetenzen bei der Aufsicht über Banken, Kreditwesen, Versicherungswesen und Wertpapierhandel. Da die nationalen Notenbanken (wie die Deutsche Bundesbank), welche zum EZB-Rat gehören und/oder Teil des Europäischen Systems der Zentralbanken sind, einen erheblichen Anreiz besitzen, der tendenziell inflationären „Nachsorge" mittels Liquiditätsspritzen durch „Vorsorge" an den Finanzmärkten zuvorzukommen, scheint die Aufsicht bei ihnen besonders gut aufgehoben zu sein. Zugleich sind sie im Sinne des Subsidiaritätsprinzips (noch) nahe genug an den Problemen dran. Das sollte man vielleicht bei der anstehenden Neuordnung der Zuständigkeiten in Deutschland und in anderen Ländern Europas bedenken.

Über die (mehr oder weniger) neuen Finanzmarktprodukte im nationalen Rahmen zu verhandeln, macht wenig Sinn. Daher ist es nur zu begrüßen, wenn sich das „Financial Stability Forum" (FSF) der Aufgabe angenommen hat, Vorschläge für gemeinsame Richtlinien für die Bewertung komplexer, strukturierter Finanzmarktprodukte zu machen. Damit sollen „Widerstandskräfte von Märkten und Institution gegen Krisen gestärkt" werden. Zugleich müsste wohl auch die Transparenz über Marktprozesse und -produkte verbessert werden. Der volkswirtschaftliche, besser: Der weltwirtschaftliche Nutzen solcher Richtlinien steht und fällt am Ende aber mit ihrer Verbindlichkeit.

Das mag alles so kommen. Es kann aber sein, dass zuvor (auch) noch die Inflation zurückkehrt. Wie das? In Europa werden z. Zt. vielstimmig und in einigen Ländern sogar von höchster Stelle (Sarkozy) zusätzlich zu den Liquiditätsinfusionen am Geldmarkt Interventionen am Devisenmarkt gefordert. Einmal davon abgesehen, dass die Empirie solchen Interventionen bestenfalls dann Erfolgsaussichten zubilligt, wenn sie einen bestehenden Trend verstärken (wovon ja wohl keine Rede sein kann): Im September 2000 hat die EZB bekanntlich am Devisenmarkt interveniert und dabei teure Währungsreserven regelrecht verpulvert, weil der Markt damals überhaupt nicht daran dachte, die anhaltende Euro-Schwäche zu beenden. Die aktuellen „Verbalinterventionen" des US-amerikanischen Finanzministers Paulsen, „man sei an einem starken US-Dollar interessiert", fielen bisher so lau aus, dass sie den Kurs des Euro eher noch gestützt haben. Ein Schuft, wer etwas Böses denkt...

Faktische Devisenmarktinterventionen würden der EZB andererseits das eigene Geschäft kaum erleichtern, denn Dollarkäufe, um die US-Währung zu stützen, bzw. den Euro zu verbilligen, weiten bekanntlich das Geldvolumen in Europa (zusätzlich) aus. Ein anhaltend starker Euro wirkt einerseits preisdämpfend, rechtfertigt den Aufschub weiterer Zinserhöhungen und könnte der EZB in der Zukunft sogar Zinssenkungen erlauben. Solche Zinssenkungen haben zwar auch Geldmengeneffekte, diese können aber besser dosiert werden. Andererseits würden sie der Binnenkonjunktur der Eurozone durchaus nützen und dem Nachfrageausfall aus dem Ausland kompensierend entgegenwirken. So ähnlich hat sich bekanntlich auch der „EZB-Schattenrat" im Handelsblatt vor kurzem geäußert. Und: Je lauter die Politik Devisenmarktinterventionen von der EZB verlangt, umso weniger wird diese einem solchen Begehren Folge leisten, weil es nämlich dann so aussehen könnte, als habe man sich der Politik unterworfen und damit die eigene Unabhängigkeit gefährdet. Die Erinnerungen an das Frühjahr 1999 und an die Mahnungen eines gewissen deutschen Finanzministers Lafontaine sind eher noch frisch geblieben...

Bedenklich ist (noch) etwas Anderes: Nicht nur die Industrieländer sehen sich durch die aktuelle Finanzmarktkrise gegenwärtig zu einer stärker expansiven Geldpolitik veranlasst. In wichtigen Schwellenländern, wie China und Indien, reicht seit Jahr und Tag bereits die Erinnerung an die schweren Finanzmarktkrisen in Südost- und Ostasien (wenn auch nicht im eigenen Land) Ende der 1990er Jahre – gepaart mit strategischen Zielen im Außenhandel – dazu aus, sich ein vermeintlich vorbeugendes, überdimensioniertes Polster an Währungsreserven zuzulegen. Diese haben in China mittlerweile die fast unvorstellbare Höhe von deutlich über 1400 Mrd. US$ erreicht. Da die zugrunde liegenden laufenden Devisenkäufe nur unzureichend sterilisiert werden, wird das Feuer der Inflation im Inland allmählich und doch stetig entfacht. Die aktuellen Zahlen aus China – die dort gemessene Inflationsrate (bei einem prognostizierten Wirtschaftswachstum von 11,6 v. H.) ist im August auf 6,5 v. H. gestiegen und sie wird demnach auch für das Jahr 2007 insgesamt deutlich über 5 v. H. liegen – sind besorgniserregend. Besonders dramatisch fallen die Preissteigerungen im Immobiliensektor aus, der seit geraumer Zeit einen (auch spekulativ getriebenen) Boom erlebt. Irgendwie kommt einem das alles bekannt vor...

Hinzu kommt, dass sich diese Länder, ganz ähnlich wie die alte Bundesrepublik mit ihrer D-Mark 1969 (damals allerdings ganz und gar unfreiwillig), zu lohnenden Objekten einer Aufwertungsspekulation machen. Wenn die heraufziehende Inflationsgefahr die Behörden zu noch deutlicheren Zinsschritten als bisher – immerhin hat die chinesische Zentralbank den Leitzins in diesem Jahr schon fünfmal angehoben (z. Zt. liegt der Einlagensatz bei 3,87 %, der Zins auf einjährige Ausleihen bei 7,29 %) – veranlassen wird, kann das die spekulativen Kapitalzuflüsse nur noch mehr animieren. Zugleich nimmt mit steigendem inländischem Zinsniveau das Risiko zu, dass Kredite im Hypothekensektor notleidend werden. Vielleicht geht China irgendwann auf, dass es eine Aufwertung des Yuan sehr viel weniger braucht, um der Kritik aus den USA zu begegnen, als um die eigene Stabilität im Innern nicht zu gefährden.

Als Fazit lässt sich festhalten, dass die Geldpolitik nicht überdehnt werden darf. Rettungsaktionen im Finanzmarktsektor durch Liquiditätszufuhr müssen unbedingt Ausnahmen bleiben. Es wäre nämlich fatal, wenn die mangelhafte Aufsichtspolitik im Sektor der nationalen und internationalen Finanzmärkte der Geldpolitik neue Fesseln anlegt und das Gespenst einer weltweiten Inflation wieder herauf beschwört. Umgekehrt gilt: Eine gut funktionierende Finanzmarktaufsicht erleichtert es den Notenbanken, ihre ureigensten Ziele besser zu erreichen. Auch Wechselkursziele und/oder Devisenmarktinterventionen erschweren letztlich das Geschäft der Notenbanken, gleichviel ob in Industrie- oder Schwellenländern.

(Quelle: F. L. Sell, Zerreißprobe für die Geldpolitik. Die Reaktion der Notenbanken auf die Finanzkrise schafft neue Inflationsrisiken – Liquiditätszufuhr ist kein Ersatz für eine wirksame Aufsicht. In: Handelsblatt Nr. 194 vom 09.10.2007, S. 11)

Theoretische oder empirische Belege?

Die eine Richtung der Ökonomen warnt vor einer Überfrachtung moderner Notenbaken mit zu vielen, häufig simultan zu erledigenden Aufgaben. Nicht nur, dass (neue) Zielkonflikte heraufbeschworen werden, sondern auch, dass der Nährboden für neue Krisen bei der Bekämpfung alter bzw. aktueller Krisen ausgerechnet von den Notenbanken selbst heraufbeschworen werden, gehört zu den oft geäußerten Warnungen/ Argumenten. Vgl.: „Das neue Aufgabenspektrum der Notenbanken nach der Finanzmarktkrise: Sinnvolle Erweiterung oder Überforderung?"/Friedrich L. Sell; Thomas Hartung, in: List-Forum für Wirtschafts- und Finanzpolitik. Wiesbaden: Springer Gabler. Bd. 36.2010, 3, S. 216–235.

Die Argumente der Gegenseite!

Die andere Richtung der Ökonomen glaubt, dass es gerade moderne Notenbanken sind, welche gegenüber privaten Akteuren, aber auch gegenüber Aufsichtsgremien für Finanzmärkte über erhebliche Informationsvorsprünge verfügen. Dies betrifft etwa die Geschäftsbanken, deren Vertragspartner die Notenbank im Rahmen von

Tendergeschäften regelmäßig ist. Gerade im Zinstender signalisieren diese ziemlich explizit ihre Zahlungs- und Risikobereitschaft, lange bevor ihre Profitabilität durch die harten Bilanz-Kennziffern auch nach außen erkennbar wird. Folglich kann ein rechtzeitiges Eingreifen bei heraufziehenden Gefahren nur von ihnen wirksam erwartet werden. Das wird von einigen Autoren sogar mit wirtschaftshistorischen Einsichten untermauert. Vgl. etwa: Les pensées monétaires dans l'Europe moderne: Contexte et „intentions"/Jérôme Blanc et Ludovic Desmedt, in: Les pensées monétaires dans l'histoire: l'Europe, 1517–1776. Paris: Classiques Garnier. 2014, S. 8–44.

3.3 „Rationale Erwartungen": Versuch einer Ehrenrettung

▶ *Mit den Behavioral Economics hat in den Wirtschaftswissenschaften eine Forschungsrichtung erfolgreich Einzug gehalten, welche den Alleingültigkeitsanspruch der Theorie rationaler Erwartungen in Zweifel zieht und den Einfluss psychologischer Faktoren (wie etwa Emotionen) auf die Entscheidungsfindung der wirtschaftlichen Akteure betont. Leider wird dabei oft das Kind mit dem Bade ausgeschüttet. Auch die Theorie der rationalen Erwartungen kann nämlich Phänomene wie „Bank Runs" befriedigend erklären, bei denen jeder einzelne Bankkunde für sich durchaus rational entscheidet, das Gesamtergebnis für die Bank (und i. d. R. auch für den Staat) aber höchst unbefriedigend ist. Sie lieferte damit auch gute Argumente für intelligent konstruierte Einlagensicherungssysteme.*

In vielen Zeitungsbeiträgen kann man mittlerweile lesen, dass die „Schule der rationalen Erwartungen" durch Ursachen, Art und Verlauf der aktuellen Finanzmarktkrise endgültig ad absurdum geführt worden sei. Der eine oder andere Kommentator hat gar dem Nobelpreisträger Robert E. Lucas nahegelegt, seine Ehrung aus dem Jahr 1995 wieder an das Preiskomitee zurück zu geben. Angeblich hat Lucas mit seiner Theorie seit Jahren eine Welt völlig transparenter Märkte mit „maximal" (oder gar „vollständig"?) informierten Akteuren gepredigt, die sich im Wesentlichen selbst organisieren könne und keiner staatlichen Aufsicht bedürfe. Das ist natürlich nur eine Karikatur.

Denn mit einer solchen Beschreibung stellt man die eigentliche Botschaft der sogenannten „Lucas-Kritik", die am Anfang der Schule der rationalen Erwartungen stand, regelrecht auf den Kopf: Um was es Lucas und seinen Mitstreitern eigentlich geht, hat der kürzlich verstorbene Horst Siebert in seinem Buch („Der Kobra-Effekt. Wie man Irrwege der Wirtschaftspolitik vermeidet", 2. Auflage, Stuttgart: DVA, 2002) an einem historischen Beispiel wunderbar illustriert: Als die britische Kolonialmacht in Indien die überbordende Kobra-Plage bekämpfen wollte, kamen die Behörden auf die Idee, eine attraktive Abschussprämie auszuloben. In der Tat wurden in der Folge von den Prämienjägern viele tote Tiere vorgelegt, es geschah aber noch sehr viel mehr. Vor allem setzte eine vormals so nicht existierende Kobra-Aufzucht ein. Die Lektion im

Sinne von R. E. Lucas lautet: Rationale Akteure werden nicht einfach ihr bisheriges Verhalten beibehalten, wenn die Politik (mehr oder weniger) neue Maßnahmen glaubwürdig ankündigt und einführt, sondern ihr Verhalten so an die neuen Rahmenbedingungen anpassen, dass sie eventuelle Nachteile für sich klein halten und/oder möglichst große Vorteile daraus ziehen können.

Angekündigte Steuersenkungen – wie Sie die neue Bundesregierung für die aktuelle Legislaturperiode im Visier hat – sind im Übrigen im Sinne von Lucas nur dann glaubwürdig, wenn sie Teil einer durchdachten und wohl ausgewogenen wirtschaftspolitischen Konzeption sind, mindestens also mit einem systematischen Katalog von zukünftigen Einsparungen am und im öffentlichen Sektor verknüpft werden. Rationale Akteure können sich nämlich gut ausmalen, dass ansonsten die erforderliche Konsolidierung der öffentlichen Haushalte über spätere – offene und versteckte – Steuererhöhungen betrieben werden wird. Das wird sie veranlassen, schon heute mehr zu sparen, um den für die Zukunft erwarteten Verlust an verfügbarem Einkommen zu kompensieren. Genau hier lag der Ansatzpunkt für die ursprüngliche „Lucas-Kritik": Der in zahlreichen empirischen Studien gefundene relativ niedrige Wert des sogenannten „Einkommensmultiplikators" von öffentlichen Ausgabeprogrammen hat seine Ursache nicht zuletzt in der erwiesenermaßen irrigen keynesschen Annahme, der private Sektor werde seine bisherige Ausgabeneigung (Konsum-, Investitions-) nicht drosseln, wenn der Staat seine Ausgaben im großen Stile „auf Pump" finanziert.

Gerade auch auf dem Gebiet der Bankenregulierung und der (nationalen wie internationalen) Aufsicht über Finanzmärkte und -Produkte ist die "Lucas-Kritik" ein guter Ratgeber: Wenn es richtig ist, dass gerade die (noch) anhaltende Krisenzeit für Reformen unbedingt genutzt werden sollte – bevor sich die Finanzmarktlobby neu formiert hat und der Leidensdruck im öffentlichen Raum nicht mehr groß genug ist –, dann ist es wohl ebenso zutreffend, dass die neue internationale Finanzmarktordnung zügig und das heißt ohne lange Vorwarnzeit für die betroffenen Banken, Versicherungen und Hedge-Fonds ins Leben gerufen werden muss. Wie will man sonst verhindern, dass sich diese erst in Ruhe – noch unter dem alten Aufsichtsregime und mit ähnlich gewagten Finanzmarktstrategien wie vor der Krise – mithilfe von Steuergeldern wieder aufpäppeln lassen und Gewinne einfahren, um dann anschließend – und wieder in größter Ruhe – ihr Geschäftsmodell an den neuen Rahmenbedingungen optimal auszurichten? Und: Passiert nicht bereits genau das z. Zt. in den USA?

Robert Lucas hat sich für stets für die Unabhängigkeit und die Reputation von Notenbanken eingesetzt. Genau diese Eigenschaften sind es jetzt, welche etwa die Federal Reserve und die EZB in die Lage versetzen, die Weltwirtschaftskrise erfolgreich zu bekämpfen.

(Quelle: F. L. Sell, Ehrenrettung der Theorie der rationalen Erwartung. In: Handelsblatt Nr. 3 vom 06.01.2010, S. 7)

Theoretische oder empirische Belege?

Gibt man das Titelstichwort „rationale Erwartungen" in der Suchmaske von „ECONIS" (Zentralbibliothek der Wirtschaftswissenschaften, Kiel) ein, so erhält man den letzten (von insgesamt 49) Beitrag aus dem Jahr 2007. Vgl. Andreas Gontermann/ Rational Erwartungen, in: WISU, Band 36, Heft 49, 2007, S. 787–790. Das ist beileibe kein Zufall: Mit dem Ausbruch der US-amerikanischen Hypotheken-Kredit-Markt-Krise im Jahr 2007 und der anschließenden Weltfinanzmarktkrise im Jahr 2008, fanden neue Erklärungsansätze großen Zulauf. Dazu gehören etwa der Titel „Irrational Exuberance" von Ökonomie-Nobelpreisträger Robert J. Shiller, der u. a. die Rolle von „überschwänglichen" Emotionen bei anhaltend niedrigem Zinsniveau, Hausseentwicklungen an den Aktienmärkten und geringer Bankenregulierung herausgearbeitet hat.

Die Argumente der Gegenseite!

Gibt man (Stand: Januar 2018) dagegen in dieselbe Maske den Titelbegriff „Behavioral Finance" ein, so erhält man auf Anhieb nicht weniger als 321 Titel, der letzte aus dem Jahr 2018. Die meisten davon stammen aus der Zeit seit 2007 (!). Dabei ist gerade der Handel mit strukturierten Finanzmarktprodukten (etwa ABS = Asset Backed Securities) – anerkanntermaßen ein Schlüssel für den Ausbruch der Finanzmarktkrise im Jahr 2018 – nicht unbedingt ein Beleg für irrationalen Überschwang an den Finanzmärkten, sondern viel eher für das Versagen der internationalen Ratingagenturen beim Bewerten von Risiken. Das gilt vor allem für solche Wertpapiere, die bei der Bedienung der verschiedenen Tranchen das sogenannte Wasserfall-Prinzip zur Anwendung bringen.

3.4 Über 2013 hinaus: Was wird aus dem Transferproblem der „PIGS"?

▶ *In einer Währungsunion, also auch in der Europäischen Zone des Euro, führen Leistungsbilanzdefizite einzelner Länder noch keine Zahlungsbilanzkrise herbei. Das ist und war gerade in lateinamerikanischen Schwellenländern unter den Bedingungen eines „soft pegs" gegenüber dem US-Dollar (noch) ganz anders. Aber auch in einer Währungsunion sollten positive wie negative Salden im Außenhandel nicht übermäßig wachsen. Das kann nämlich die Anfälligkeit für asymmetrisch wirkende Schocks erhöhen sowie die Akkumulation von Target-Salden gegenüber der EZB stützen. In diesem Beitrag wird gezeigt, dass das Streben nach besserer internationaler Wettbewerbsfähigkeit durch die Defizit-Länder keineswegs eine triviale wirtschaftspolitische Aufgabe darstellt.*

Der Rücktritt des portugiesischen Ministerpräsidenten José Socrates hat mit einem Schlag deutlich gemacht: Griechenland und Irland waren nicht die letzten Länder, die über kurz oder lang unter den europäischen Rettungsschirm müssen. Ab 2013 soll die befristete European Stability Facility (EFSF) durch einen hoffentlich gut funktionierenden europäischen Stabilitätsmechanismus (ESM) abgelöst werden. Doch weder der ESM noch eine allfällige Umschuldung werden alleine sicherstellen, dass die „Sorgenländer" den größeren Teil ihrer Auslandsschulden mittel- und langfristig werden schultern können.

Es war US-Finanzminister Timothy Geithner, der bereits im Herbst 2010 die Idee in Umlauf brachte, Länder mit Leistungsbilanzüberschüssen sollten diese auf einen bestimmten Prozentsatz ihres BIP beschränken. Der Gedanke lehnt sich an die Defizitquote des Europäischen Stabilitäts- und Wachstumspakts an. Geithner wird nicht geahnt haben, dass er damit ein wichtiges Thema, leider aber von gänzlich falscher Seite her angestoßen hat. Die Frage hätte nämlich umgekehrt gestellt werden müssen: Können Länder, die seit Jahren gewaltige Defizite in ihren Leistungsbilanzen aufweisen, darauf hoffen, irgendwann Überschüsse zu erwirtschaften, die einen Mindestprozentsatz ihre BIP ausmachen? Denn nur dann wären sie in der Lage, einen größeren Teil ihrer Schulden aus eigener Kraft abzutragen. In Südeuropa sind es insbesondere Portugal, Irland, Griechenland und Spanien, also die mit dem wenig schmeichelhaften Kürzel „PIGS" bezeichnete Ländergruppe, die sich dieser Herausforderung wird stellen müssen. Die spannende Frage ist: Was müsste sie dazu leisten und wird sie das überhaupt können?

Realwirtschaftlich, also ganz im Sinne klassischer Ökonomen gedacht, die in der Finanzsphäre der Volkswirtschaften wenig mehr als einen Schleier sehen, kann die Entschuldung der genannten Länder nur funktionieren, wenn sie an Wettbewerbsfähigkeit gewinnen. Das gilt besonders im Verhältnis zu ihren heutigen Gläubiger-Staaten. Der nominale Wechselkurs wird ihnen dabei – da der Außenwert des Euro keine nationale Angelegenheit ist – als Instrument nicht zur Verfügung stehen. Zumal wenn die sogenannte „Exit-Option", also der freiwillige Austritt oder der unfreiwillige Hinauswurf aus der Euro-Zone, politisch weder erwünscht noch durchsetzbar erscheint. Immerhin könnten sie innerhalb der Währungsunion einen relativen Vorteil erzielen, wenn ihre nationalen Inflationsraten hinter den Inflationsraten ihrer wichtigen Partnerländer zurück bleiben. Notwendige Voraussetzungen hierfür wären eine besonders günstige Entwicklung der (Kapital- und Arbeits-) Produktivität, maßvolle Lohnabschlüsse über einen längeren Zeitraum hinweg sowie niedrige Kapitalmarktzinsen.

Nur: Das würde beileibe nicht genügen. Zugleich müssten nämlich die strukturellen Verwerfungen in diesen Ländern energisch bekämpft werden, denn vor allem sie sind es, die dem möglichen Gewinn an Wettbewerbsfähigkeit im Wege stehen. Leider wurde nämlich die europäische Währungsunion von den „PIGS" nicht verstärkt dafür genutzt, die Suche nach neuen Produkten und/oder /Dienstleistungen zu intensivieren, mit denen man im internationalen Handel besser bestehen kann. Länder wie Irland haben den eigenen Banken-Sektor ausgebaut, vor allem Spanien, aber auch Portugal, haben viel zu sehr auf den Boom im eigenen Bau- und Immobiliensektor gesetzt. Überschüsse im Außenhandel lassen sich damit nicht erzielen. Lange hörte man das Gegenargument, dass sich ja auch mit dem Verkauf eines inländischen Feriendomizils an Ausländer Devisen verdienen lassen. Die schrecklich verbauten Küstenabschnitte längs der iberischen Halbinsel und die dramatisch verfallenden Häuserpreise sprechen allerdings eine andere Sprache.

Die Entdeckung neuer Wettbewerbsvorteile ist aber nicht zum Nulltarif zu haben, im Gegenteil. Die Empirie zeigt nämlich, dass dabei gerade solche Unternehmen erfolgreich sind, die über eine lange internationale Markterfahrung verfügen. Wer sich zu lange bei der Produktion von Binnengütern und/oder nicht grenzüberschreitend gehandelten Dienstleistungen aufgehalten hat, gerät gegenüber solchen Unternehmen in einen schwer aufholbaren Rückstand. Hinzu kommt, dass eine allmähliche Expansion neuer, international wettbewerbsfähiger Sektoren Ressourcen und Produktionsfaktoren benötigt. Diese stehen nicht ohne weiteres in der erforderlichen Quantität und Qualität zur Verfügung. Selbst wenn es sie gesamtwirtschaftlich gibt, darf nicht vorausgesetzt werden, dass sie ohne Kostenaufwand in den neuen Sektor hinüber wechseln. Dazu wird es vor allem private Initiativen brauchen, aber auf staatliche Unterstützung wird man nicht gänzlich verzichten können.

Soviel ist klar: Zwar ist der Staat schon immer mit der Aufgabe überfordert gewesen, zukunftsträchtige Branchen auszumachen, aber eine Reform des Arbeitsmarktes, der Alters- und Gesundheitsvorsorge sowie eine Politik der strikten Haushaltskonsolidierung, die wir gegenwärtig in den „PIGS"-Staaten beobachten, wird es allein kaum richten. Das Sparprogramm, an dem José Socrates gerade im portugiesischen Parlament gescheitert ist, sah u. a. Kürzungen im Bildungssektor und bei den öffentlichen Investitionen vor. Das ist der falsche Weg. Gerade der überschuldete Staat muss mit Investitionen in die Infrastruktur den Standort stärken, innovationsfreundliche Rahmenbedingungen schaffen, die Umschulung und Weiterbildung von Berufswechslern fördern. Auch gilt es, Zuwanderung zu steuern, die den „Mismatch" am eigenen Arbeitsmarkt reduziert und den Wettbewerb zu forcieren, damit die Flexibilität der Preise nach unten gesteigert wird. Es geht darum, die Voraussetzungen für nachhaltiges Wachstum und Beschäftigungsaufbau zu schaffen. Nicht mehr und nicht weniger.

Die „PIGS" stehen auch mittel- und langfristig vor großen Herausforderungen. Und warum eigentlich „PIGS"? Der Begriff der „GIPS-Länder" – wie ihn Ifo-Chef Sinn schon länger gebraucht – geht doch auch und klingt er nicht sehr viel freundlicher?

(Quelle: F. L. Sell, Opinión: Los Desafíos de la UE. El gran error económico de Geithner. In: Actualidad Económica, 53. Jg., Heft 2704, 2011, S. 47–48.)

Theoretische oder empirische Belege?
Was den Abbau von Leistungsbilanzsalden innerhalb einer Währungsunion angeht, so gibt es unter Ökonomen mindestens zwei Meinungen (von Lord John Maynard Keynes hieß es zu seinen Lebzeiten, dass er nach Beratungen mit einem Kollegen der verblüfften Öffentlichkeit bis zu 3 Vorschläge unterbreiten konnte): Nach der einen Schule sind es die Defizitländer selbst, die in der Pflicht stehen, ihren Handelsbilanz-Saldo zu verbessern. In Europa wird diese Position vor allem von

Hans-Werner Sinn und seinen Mitarbeitern (bis März 2016) am Ifo Institut vertreten. Vgl. Debt sustainability and financial crises: Evidence from the GIIPS/ Gabriella Deborah Legrenzi; Costas Milas. In: CESifo working papers/CESifo GmbH. München, 2011, Nr. 3594. Dem Ifo Institut und Hans-Werner Sinn gebührt auch das Verdienst, für die Umbenennung vormaliger „PIIGS" in „GIIPS" (durchaus erfolgreich) geworben zu haben.

> **Die Argumente der Gegenseite!**
> Die alternative Richtung von Nationalökonomen sieht dagegen sowohl Defizit-Länder als auch Überschussländer in der Pflicht, zu einem Abbau eigener Handels-Salden beizutragen. Zu den bekannteren älteren Vertretern dieser Position gehört der Wirtschafts- und Sozialpolitiker Bernhard Külp, der in seiner Zeit an der Albert-Ludwigs-Universität Freiburg (1965–2001) auch Außenwirtschaftspolitik lehrte. Külp zu Folge sind es die relativen Preisunterschiede, welche zunächst für den Saldenaufbau sorgen. Demnach müssen zum Zweck des Saldenabbaus Überschussländer relative Preissteigerungen im eigenen Land zugestehen (also ihre Inflationsrate erhöhen), während Defizitländer relative Preissenkungen (also eine niedrigere als die bisherige Inflationsrate) durchsetzen müssen. Die EU-Kommission hat sich offensichtlich der Sichtweise von Külp angenähert, fordert sie doch von Überschussländern in der EU, eine Höchstquote von Leistungsbilanzüberschüssen in Relation zu BIP nicht zu überschreiten. Vgl. dazu Bernhard Külp (und Mitarbeiter), Außenwirtschaftspolitik, J. C. B. Mohr: Tübingen und Werner-Verlag: Düsseldorf 1978.

3.5 Der dritte Stabilitätsanker ist gelichtet: Wie die materielle Unabhängigkeit der EZB von der Politik kassiert wurde und wie sie zurückgewonnen werden kann

▶ *Es ist bis heute ein intensiv diskutiertes Thema, ob die EZB nicht längst, mittelbar zumindest, in Europa Finanzpolitik betreibt. Das widerspricht erstens ihrem Auftrag, dafür ist sie zweitens demokratisch nicht legitimiert und macht sie drittens abhängig vom finanzpolitischen Kurs von Teilnehmer-Staaten an der Eurozone: Gerade das von ihr seit dem 1. Januar 2015 betriebene „Quantitative easing" führt zu einer massiven Bilanzverlängerung, die vor allem dem Zukauf von Staatsanleihen geschuldet ist. An den Märkten kommt es zu sonst nicht eingetretenen Kursanstiegen und entsprechendem Sinken der Effektivzinsen. Das entlastet gerade die Finanzierung der Haushalte von Krisenstaaten und mindert bei den dortigen Staaten die Anreize, die strukturell nach wie vor hohen Defizite abzubauen. Wenn das Ankaufprogramm der EZB einmal ausläuft, wird die Zinslast rasch wieder zunehmen.*

Die Väter der europäischen Wirtschafts- und Währungsunion (EWWU) haben ursprünglich mindestens drei „Stabilitätsanker" für den Erhalt und die Stabilität des Euros entwickelt: Den Unabhängigkeitsstatus der EZB, die sogenannte „No-Bail-out-Klausel" und schließlich den Stabilitäts- und Wachstumspakt. Mittlerweile sind alle drei Stabilitätsanker nacheinander gelichtet worden: Zuerst hat die sogenannte „Reform" des Stabilitäts- und Wachstumspakts im Jahre 2005 diesem den letzten noch vorhandenen Biss genommen. Vorausgegangen waren jahrelange Verletzungen des Defizitkriteriums durch Kernländer der EWWU, nämlich von Deutschland und Frankreich. Dann haben im Zuge der Schuldenkrise die Rettungspakete für die GIPS-Staaten und die geplante Einrichtung des EFSF die sogenannte „No-Bail-out-Klausel" des Maastrichter Vertrages faktisch bedeutungslos gemacht. Kommen nun doch noch die Eurobonds, ist sie Makulatur. Schließlich hat die aktuelle Wiederaufnahme von Anleihekäufen durch die EZB demonstriert, dass die im Mai 2010 von ihr eingeschlagene Politik keineswegs ein einmaliger Ausrutscher war, sie ist vielmehr hoffähig geworden.

Kritiker sagen, die EZB habe damit endgültig ihre Unabhängigkeit von der Finanzpolitik eingebüßt. Alle drei erwähnten Stabilitätsanker sind im Maastrichter Vertrag bzw. im Vertrag von Amsterdam festgehalten. Wie aber hängen sie inhaltlich zusammen? Zunächst ist von der materiellen oder ökonomischen die formale Unabhängigkeit zu unterscheiden. In Deutschland wird diese der Deutschen Bundesbank durch das Bundesbankgesetz garantiert. Auch die Mitglieder des EZB-Rats haben von den europäischen Regierungen keine Weisungen, ja nicht einmal Empfehlungen entgegenzunehmen. Das garantiert ihnen der Maastrichter Vertrag.

Die formale Unabhängigkeit der EZB besteht zwar weiter, aber eben nur die formale. Die materielle dagegen ist z. Zt. nicht gegeben, weil sie unglaubwürdig bzw., wie Wirtschaftswissenschaftler sagen, „zeitinkonsistent" ist: Ex ante sind zwar die Beteuerungen, keine, auch nur indirekte Finanzierung von Fiskaldefiziten europäischer Krisenländer zu betreiben, aus der Sicht der EZB „optimal" für die eigene Reputation. Ex-post, bei sich zuspitzender Entwicklung an den Märkten für Staatsanleihen Spaniens und Italiens und an denen für Versicherungen gegen den Zahlungsausfall solcher Anleihen, bei wachsender Ansteckungsgefahr weiterer Hochschuldenstaaten, sind sie es aber nicht mehr. Denn dann könnte man der EZB – bei noch nicht funktionstüchtigem EFSF – vorwerfen, in der Not die Staatengemeinschaft allein oder wenigstens im Stich gelassen zu haben. Vorausgesetzt natürlich, dass der mutmaßliche Nutzen dieser Interventionen am Ende nicht von den Bilanzverlusten durch Abschreibungen auf den Wert der gekauften Anleihen mehr als kompensiert wird. Allerdings: Die EZB wird zunehmend auf ein Gebiet bzw. zu Aktivitäten in der Finanzpolitik gedrängt, für die es einer demokratischen Legitimation bedarf, über die sie gar nicht verfügt.

Die EZB kann ihre materielle Unabhängigkeit nur erlangen bzw. bewahren, wenn die Konstruktion der Schuldenbremse zu einem unionsweiten Mechanismus mit Verfassungsrang wird. Das ist seit dem letzten Gipfel zwischen Angela Merkel und Nicolas Sarkozy immerhin wahrscheinlicher geworden. Die Schuldenbremse kann aber ebenfalls nur dann zu einem zeitkonsistenten wirtschaftspolitischen Instrument werden, wenn der Stabilitäts- und Wachstumspakt und die ihn begleitenden Stabilitätsprogramme der EU-Kommission endlich gehärtet werden. Andernfalls würden in Zukunft die Budgetdefizite schnell wieder aus dem Ruder laufen und das Einhalten der Schuldenbremse unmöglich machen. Die EU-Finanzminister haben die abermalige Reform („Sixpack") des Euro-Stabilitätspaktes als Entwurf schon im März dieses Jahres gebilligt. Unter den Staats- und Regierungschefs ist offenbar noch umstritten, ob automatische Strafen schon möglich sein sollen, wenn aktuelle strukturelle Probleme zukünftige Grenzüberschreitungen bei den Schulden erwarten lassen. Als besondere Verbesserung gilt die „umgekehrte qualifizierte Mehrheit": Anders als bisher müsste eine qualifizierte Mehrheit von Ländern einem Vorschlag der EU-Kommission widersprechen, um seine Realisierung abzuwenden. Ein in der Zukunft endlich funktionierender Stabilitäts- und Wachstumspakt in Verbindung mit der Schuldenbremse würde die faktische Einbuße der „No-Bail-out-Klausel" erträglicher machen.

Die Geldpolitik hat in den 1970er Jahren ihre Fesseln durch den Abschied von der Nachkriegsordnung fester Wechselkurse abgestreift und vor allem deshalb, nicht durch formale Statute, ihre materielle, sprich: Ökonomische Unabhängigkeit erlangt. Die Währungsordnung von Bretton Woods hatte die Notenbanken in allen Ländern der Welt – bis auf die USA – jahrzehntelang in den Dienst der Währungspolitik gezwungen. Erst ab März 1973 erfolgte die Freigabe der Wechselkurse und die Möglichkeit, die Geldpolitik zugunsten binnenwirtschaftlicher Ziele auszurichten. Heute erleben wir, dass die Fiskal- und Schuldenpolitik krisengeschüttelter Staaten der Geldpolitik – nicht nur in Europa – eine neue Fessel übergestreift hat. Das zeigt sich auch an der Ankündigung von Ben Bernanke, den US-amerikanischen Leitzinssatz noch zwei Jahre bei null Prozent bzw. knapp darüber (0,25 %) zu belassen. Man kann sich des Eindrucks nicht erwehren, dass längst die Würfel zugunsten mittlerer Inflationsraten in der Zukunft gefallen sind.

(Quelle: F. L. Sell, Gebt ihr die Freiheit wieder. Die Politik hat der Europäischen Zentralbank praktisch die Unabhängigkeit genommen. Um das rückgängig zu machen, muss eine für alle EU-Staaten verbindliche Schuldenbremse her. In: Financial Times Deutschland vom 01.09.2011, S. 24)

Theoretische oder empirische Belege?
Der Begriff der „unkonventionellen Geldpolitik" findet sich im deutschen wirtschaftswissenschaftlichen Umfeld zum ersten Mal bei Ansgar Belke und Christian Grokus: „Unkonventionelle Geldpolitik", in: Das Wirtschaftsstudium (wisu): Zeitschrift für Ausbildung, Prüfung, Berufseinstieg und Fortbildung. Düsseldorf: Lange-Verlag. Bd. 38.2009, 7, S. 934–939. Umstritten ist bis heute, ob die Geldpolitik damit fundamental ihren Charakter gewechselt hat oder nicht, Letzteres behauptet Gerhard Illing: Unkonventionelle Geldpolitik – kein Paradigmenwechsel, in: Perspektiven der Wirtschaftspolitik: Berlin: de Gruyter-Verlag. Bd. 16., 2015, 2, S. 127–150.

> **Die Argumente der Gegenseite!**
> Ganz anders sehen das Autoren wie Brigitte Young („Die Unkonventionelle Geldpolitik der Zentralbanken und die Vermögensverzerrungen: Die Rolle der Zentralbanken vor und nach der Finanzkrise 2007/2008", in: Ökonomie! Welche Ökonomie? Stand und Status der Wirtschaftswissenschaften. Marburg: Metropolis-Verlag. 2016, S. 133–146) und Günther Schnabel (Negative Umverteilungseffekte und Reallohnrepression durch unkonventionelle Geldpolitik, in: Wirtschaftsdienst, Heidelberg: Springer. Bd. 94.2014, 11, S. 792–797). Sie verweisen nicht nur auf die erweiterte Aufgabenstellung der EZB, sondern vor allem auch auf die von ihrer unkonventionellen Geldpolitik ausgehenden unerwünschten Sekundäreffekte: So argumentiert Schnabl, dass die Geschäftsbanken die zusätzliche Zentralbankliquidität überwiegend in die Finanzmärkte leiten würden. Daher komme es zu Umverteilungseffekten zugunsten privilegierter Einkommensschichten, zu Reallohnrepression und u. U. zu politischer Polarisierung.

3.6 Das EWS II: Ein denkbares Instrument zur Öffnung der Europäischen Währungsunion

▶ *Im Jahr 2012 und dann noch mal im Jahr 2015 kam es in der Eurozone zu einer intensiven Diskussion über einen (mehr oder weniger) vorübergehenden Austritt Griechenlands aus der europäischen Währungsunion („Grexit"). Vorausgegangen waren Vorschläge H.-W. Sinns über eine „atmende Währungsunion" und ein gemeinsamer Vorschlag H.-W. Sinns mit dem Autor dieses Buches („Our opt-in-opt out solution to the Eurozone crisis"). Am Ende blieb Griechenland der Eurozone erhalten. Allerdings bestehen bis heute erhebliche Zweifel darüber, ob es dem Land gelungen ist, eine reale Abwertung ohne eigene Währung gegenüber dem Rest der Welt zu realisieren. Letztere schien und scheint allen Experten als unabdingbar, damit Griechenland wieder externe Wettbewerbsfähigkeit erlangt und auf diesem Wege auch die eigene Fähigkeit zum Schuldendienst wieder herstellt.*

Die Krisenstaaten in der südlichen Peripherie Europas fürchten einen Austritt oder Ausschluss aus der Europäischen Währungsunion unter anderem deshalb, weil sie für diesen Fall die Vorteile des Euros für sich endgültig davon schwimmen sehen. Dieser Furcht könnte man wirksamen begegnen, etwa mit dem Vorschlag H.-W. Sinns zu einer Öffnung der Währungsunion:

> Demnach würde man Austrittsländern den Status von assoziierten Mitgliedern anbieten, die früher Vollmitglied waren, nun temporär eine eigene Währung führen und die Option haben, später wieder voll mitzumachen. Der Status des assoziierten Mitglieds könnte für jene Länder attraktiv sein, die sich den harten Weg der realen Abwertung im Euro-Raum, der mit

Preis- und Lohnzurückhaltung einhergeht, nicht zumuten wollen. Assoziierte Mitglieder werden beim Austritt und der temporären Wiedereinführung einer eigenen Währung von den anderen Mitgliedern unterstützt, müssen aber Reformauflagen erfüllen, wenn sie zurückkommen wollen (H.-W. Sinn, Die offene Währungsunion, in: WirtschaftsWoche, Nr. 29, 17. Juli 2012, S. 39).

Für die Ausgestaltung dieser „Assoziation" bietet sich ein bereits länger vorhandenes währungspolitisches Arrangement an: Das EWS II, Nachfolger des EWS. Gedacht für EU-Mitgliedsstaaten, welche den Euro noch nicht eingeführt haben, könnte es so erweitert werden, dass Austrittsländer aus der Euro-Zone nach einer Übergangszeit dort eine neue Heimat finden. Das EWS II bekäme gewissermaßen zwei Eingangstüren. Gegenwärtig nehmen Dänemark, Lettland und Litauen daran teil. Alle seit dem Jahr 2000 zum Euro beigetretenen Länder sind durch das EWS II hindurch gegangen. Voraussetzung für die Euro-Einführung war und ist, dass eine zweijährige „spannungsfreie" Teilnahme an dem Wechselkursmechanismus – die Einhaltung einer maximal 15 %igen Bandbreite um den jeweiligen Leitkurs zum Euro – nachgewiesen werden konnte.

Unmittelbar nach dem Austritt aus der Euro-Zone und der Schaffung einer eigenen nationalen Währung wäre sicherlich mit einem erheblichen Abwertungsdruck auf die neue Parität zu rechnen. Nach einer mehr oder weniger stürmischen Phase des Auspendelns des Wechselkurses gegenüber dem Euro könnte aber der Beitritt zum EWS II zu einem realistischen Zentralkurs mit noch großzügigen Bandbreiten versucht werden. Das EWS II würde so zu einem geeigneten „Trainingsraum" für eine später mögliche vollständige Rückkehr in die Eurozone. In dem Maße, wie die Strukturreformen der betroffenen Länder sich in einer gesteigerten externen Wettbewerbsfähigkeit niederschlagen, könnten die Bandbreiten schrittweise verkleinert werden. Interventionen der betroffenen Zentralbanken – die EZB hat im EWS II zumindest vertraglich solche Verpflichtungen ebenfalls – würden sich bei zunehmender Konvergenz zur verkleinerten Eurozone in überschaubaren Grenzen halten.

Beispiele aus der Währungsgeschichte zeigen, dass ein solches Szenario möglich ist: Im Oktober 1969 führte in der alten Bundesrepublik die Regierung Brandt/Scheel vor, wie man (damals noch) in wenigen Tagen die D-Mark aus der US-Dollar-Bindung herauslöste, die Parität kurzfristig freigab, um dann zu einem rund 9 % niedrigeren Kurs (sprich: Einer aufgewerteten D-Mark) wieder das Fixing zum US-Dollar herzustellen. Wie man es nicht machen sollte, führten die Briten Anfang der 1990er Jahre vor, als sie das Pfund Sterling – vor dem Hintergrund eines riesigen Leistungsbilanzdefizits Großbritanniens –- zu einem viel zu hohen Preis in das Paritätengitter des EWS I einbrachten. Nach einer kurzen, heftigen Spekulationswelle, an der George Soros in wenigen Tagen Milliarden verdiente, flog das Pfund Sterling krachend aus dem Währungsverbund wieder heraus. Argentinien, das Anfang 2002 notgedrungen den Currency Board gegenüber dem US-Dollar aufgab, erlebte anschließend ein stürmisches Floaten des Pesos am Devisenmarkt. Nur: Der Peso pendelte sich, nachdem er zunächst auf von einem Kurs von 1:1 auf fast 4:1 hochgeschossen war, in anderthalb Jahren stabil auf eine Parität um die drei Pesos zu einem US-Dollar ein. Spätestens im Jahr 2004 wäre ein Fixing (mit Bandbreiten) gegenüber dem US-Dollar problemlos möglich gewesen.

Der Vorschlag einer Öffnung der Währungsunion hat gegenüber dem Status quo und der Alternative währungspolitisch nicht flankierter Austritte aus der Euro-Zone einen erheblichen Vorteil: Den betroffenen Staaten wird eine realistische und damit auch glaubwürdige Hoffnung auf eine Rückkehr gemacht. Sie werden nicht aus dem Euro-Club verstoßen, ihre volle Mitgliedschaft ruht lediglich für ein paar Jahre. Das ist ein gewichtiger psychologischer Faktor für den dringend gebrauchten Durchhaltewillen und die Bereitschaft zu schmerzhaften Reformen der Krisenstaaten in den kommenden Jahren. Hinzu kommt, dass eine währungspolitische Anbindung von Austrittsländern auch der Funktionstüchtigkeit des gemeinsamen Binnenmarktes entgegenkommt.
(Quelle: Mimeo, Neubiberg 19.07.2012)

Theoretische oder empirische Belege?
Unter den deutschen Ökonomen gab und gibt es eine qualifizierte Minderheit, die den Grexit befürwortet. Dazu zählt u. a. Wolf Schäfer, der zu den besonders ordnungspolitisch denkenden Makroökonomen zählt. Für ihn und andere Volkswirte wäre Griechenland von Anfang an kein Kandidat für eine europäische Wirtschafts- und Währungsunion gewesen. Das gilt auch dann, wenn man vernachlässigt, dass Griechenland bei seiner Aufnahme in den Euro im Jahr 2002 wichtige Kriterien wie die Schulden- und die Defizitquote bewusst geschönt und damit falsche Angaben gemacht hatte. Folglich hätte der Austritt eines solchen Landes aus der Eurozone die Währungsunion der verbleibenden Länder tendenziell stabilisiert. Allerdings hätte man diesen Austritt zweifellos mit ökonomischen Hilfen begleiten müssen, die an die Erfüllung von Reformversprechen hätten geknüpft werden müssen. Ansonsten hätte man Griechenland „schutzlos" dem Anstieg seiner Euro-Schulden, gerechnet in Inlandswährung, ausgesetzt und keine Kompensation für den anfänglichen Terms-of-Trade-Verlust geliefert. Vgl. Wolf Schäfer, Grexit jetzt! In: Wirtschaftswissenschaftliches Studium: WiSt: Zeitschrift für Studium und Forschung. München: Beck Verlag. Bd. 44.2015, Heft 8, S. 421.

Die Argumente der Gegenseite!
Die Kritiker von Grexit-Plänen haben früh darauf hingewiesen, dass ein überstürzter Grexit in mehrfacher Hinsicht problematisch ist: Man muss nach deren Meinung in einem solchen Fall mit erheblicher Kapitalflucht aus Griechenland und mit einem Kollaps des internen Finanzsektors rechnen. Auch sind Ansteckungseffekte bei anderen Mitgliedstaaten vorstellbar, die aus Sicht der Finanzmärkte als Wackelkandidaten der Währungsunion gelten. Auch wenn diese noch wettbewerbsfähig und solvent wären, würde eine Liquiditätskrise u. U. schnell in eine Solvenzkrise münden. Das könnte am Ende das Projekt der europäischen Währungsunion insgesamt infrage stellen. Ob die „Verlockungen" für ein Austrittsland, irgendwann wieder in die Eurozone zurückzukehren, groß genug sind, kann angezweifelt werden. Denn die Neigung zu weiteren kompetitiven Abwertungen der eigenen neuen Währung gegenüber dem Euro dürfte beträchtlich sein. Dann tritt aber die angestrebte Stabilisierung des

Wechselkurses im Rahmen des EWS II nicht oder erst viel zu spät ein. Da die Eurozone wiederum Teil des institutionellen Rahmenwerks der EU ist, könnten politische Risiken hinzukommen. Als Alternative wird daher gesehen, Ländern wie Griechenland genügend Hilfen für die Durchführung von Strukturreformen zu geben, die sie in die Lage versetzen, die gewünschte verbesserte Wettbewerbsfähigkeit innerhalb der Eurozone und ohne eigene Währung zu erreichen. Auf diese Weise könne auch eine bessere Kontrolle über die effektive Durchführung solcher Reformen erreicht werden. Vgl.: How to destroy a country: The economics and politics of the Greek crisis/Grzegorz W. Kolodko, in: Rivista di politica economica, Band CV. 2016, 4/6, S. 37–61. Weitere Hinweise verdanke ich dem katalanischen Europa-Ökonomen (Volkswirtschaftliche Abteilung der Caixa-Bank, Barcelona), Oriol Aspachs.

3.7 Mögliche Ansteckungsprozesse in der Euro-Krise: Es ist mehr als ein Szenario möglich!

▶ *Im folgenden Beitrag werden unterschiedliche Szenarien für die Euro-Zone diskutiert, wobei im ersten Fall ein „Grexit", im zweiten Fall ein Verbleiben Griechenlands in der Euro-Zone unterstellt wird. In beiden Szenarien werden mögliche Ansteckungseffekte auf die übrigen Länder der Eurozone berücksichtigt, wobei die möglichen Ansteckungskanäle (Geld-, Kapital- und Gütermärkte) konkret identifiziert und in Anlehnung an den medizinischen/epidemischen Ansteckungsbegriff ausgeleuchtet werden. Konkreter Anlass dazu war der im Jahr 2012, aber auch später noch einmal im Jahr 2015 in der europäischen Politik ernsthafte erwogene Austritt Griechenlands aus der Eurozone.*

Die Wirtschaftswissenschaften sind zu Recht dafür kritisiert worden, die im Jahr 2007 ausgebrochene Finanzmarktkrise nicht früh genug erkannt zu haben und bis heute bei der makroökonomischen Modellierung den Finanzmarktsektor nur unvollständig zu berücksichtigen. Ein bekannter Ökonomen-Witz besagt folgerichtig, dass Vertreter dieser Zunft immer erst im nach hinein verschiedene und sich häufig widersprechende Erklärungen und Prognosen dafür liefern, was längst passiert ist. Damit nicht genug: Spätestens seit der sogenannten „Thai Flu" aus dem Jahr 1997 borgen sich Ökonomen gerne den Begriff der „Ansteckung" aus der Medizin, um auszudrücken, wie sich Krisen von einem Land auf ein anderes, scheinbar oder tatsächlich ökonomisch noch mehr oder weniger gesundes Land, übertragen. Ansteckung wird dabei gerne mit dem allseits bekannten „Dominoeffekt" gleichgesetzt, was bekanntlich eine starke Verkürzung der in der Epidemiologie unterschiedenen Übertragungsmöglichkeiten darstellt (vgl. F. L. Sell, Contagion in Financial Markets, Edward Elgar: Cheltenham, UK und Northhampton, USA, 2001, Abschn. 4.3).

Nichts anderes führen in der Eurozonen-Krise diejenigen ins Feld, die eindringlich vor einem frei- oder unfreiwilligen Austritt Griechenlands aus der europäischen Währungsunion warnen. Obwohl Griechenland zum BIP der Eurozone nur wenig beiträgt, könne dieses Land bei Verlassen der gemeinsamen Währungsunion dem Rest der Eurozone großen Schaden im Wege von Ansteckungsprozessen zufügen, am Ende sogar einen Zerfall der europäischen Währungsunion (EWU) auslösen. Leider sind die Vertreter dieser, nennen wir sie einmal Hypothese 1, nicht immer sehr konkret, wenn es um die genaue Beschreibung der Ansteckungsmechanik geht. Genau genommen sind es insbesondere drei Übertragungskanäle der Ansteckung, die man in diesem Fall unterscheiden kann: Güter-, Kapital- und Geldmärkte.

Und das geht so: Führt Griechenland eine neue Drachme ein und wertet diese neue Währung gerade zu Beginn deutlich gegenüber dem Euro ab, so werden Griechische Exportprodukte im Ausland deutlich billiger. Mit diesen konkurrierenden Gütern aus Ländern wie Spanien und Portugal verlieren in der Folge relativ an preislicher Wettbewerbsfähigkeit, was deren dringend erforderlichen wirtschaftlichen Erholungsprozess bremst und ihre Schuldenprobleme erneut vergrößert. Tritt Griechenland aus der EWU aus, so interpretieren die Kapitalmärkte dieses nicht als singuläres Ereignis, sondern als Eröffnungszug für weitere Austritte von Ländern aus der Peripherie Europas. Die Risikoprämien von Staatsanleihen aus Italien, Spanien, Portugal etc. schießen in bislang noch unbekannte Höhen. Griechenlands Banken geraten nach dem Austritt in eine große Schieflage, ihre Auslandsverschuldung, in Drachmen gerechnet, steigt dramatisch an, der Bedarf an frischem Eigenkapital nimmt entsprechend zu. Ohne staatliche Hilfen drohen Bankenzusammenbrüche, das Publikum stürmt die Konten der Geldinstitute („Bank Run"), es droht ein finanzielles Chaos. Für die Banken im restlichen Europa sind dann die im eigenen Portfolio verbleibenden italienischen, portugiesischen, spanischen Staatspapiere – deren Bestand sie seit Anfang 2012 bereits deutlich reduziert haben – nicht viel besser einzuschätzen als die toxischen Finanzprodukte im Zuge des Lehman-Falls. Der europäische Geldmarkt kommt, wie schon 2008 und Anfang 2009, nahezu zum Erliegen, die unzureichende Kreditversorgung der Realwirtschaft zieht eine neue, schwere Rezession nach sich. Kommt es in der Folge zu weiteren Austritten von Krisenländern aus der Währungsunion, so droht im schlimmsten Fall ein Zerbrechen der EWU.

Das „Ansteckungs-Paradigma", um es einmal so zu benennen, das hier zur Anwendung kommt, entspricht dem typischen Berufsfeld eines Internisten, der Influenza, Masern bis hin zu HIV behandelt. Die Erkrankten sind dabei Personen, die durch Tröpfchen-, Schmier-, Geschlechts- oder Blutwege von anderen Personen infiziert werden. Das ist bekanntermaßen, nur ein, wenn auch ein wichtiger Ausschnitt der Medizin. Ist damit das Gebiet der Ansteckung vollständig abgesteckt? Mitnichten. Neben vielen anderen Fachdisziplinen ist es vor allem die invasive Ärztekunst, welche der Ausbreitung von Krankheiten in ein und demselben Körper entgegentritt. Überträgt man die Vorstellung eines erkrankten Körpers auf das Konstrukt der EWU, so scheint die medizinische Analogie – die Gefahr, dass ein lokaler Infektionsherd noch halbwegs gesunde Teile des Leibes erfasst – eine andere ökonomische „Ansteckungsstory" nahe zu legen. Wie würde diese aussehen?

Bleibt Griechenland in der EWU und kommt es weder mit seinen Spar- noch mit seinen Reformanstrengungen weit genug voran, so ist mit erheblichen zusätzlichen Herausforderungen an den europäischen Stabilitätsmechanismus (ESM) und an die europäische Zentralbank (EZB) zu rechnen. Eine Ansteckung übriger Länder würde dann (Hypothese 2) vor allem über das involvierte „moralische Risiko" *(moral hazard)* angestoßen. Dieser Prozess könnte in zwei Stufen ablaufen: Wenn in der ersten Stufe Länder wie Spanien, Portugal und Italien beobachten, dass ihre europäischen Partner bereit sind, ihr Portemonnaie und den Geldhahn der EZB noch weiter und länger als geplant zur Rettung Griechenlands zu öffnen, hat dies wahrscheinlich gravierende Folgen für die eigene Politik: Warum sollte man denn die Opfer, die man der eigenen Bevölkerung abverlangt, im bisherigen oder einem vielleicht noch höher geforderten Ausmaß erbringen, wenn es auch anders geht? Der von den Geldgebern erhoffte Wiedergewinn fiskalischer Solidität und externer Wettbewerbsfähigkeit der Krisenländer würde ausbleiben, zumindest aber weit in die Zukunft verschoben. Der Druck auf die Geberländer, einer Sozialisierung der Haftung für Schulden – etwa über Eurobonds – zuzustimmen und/ oder die bisherigen nationalen Garantiesummen im Rahmen des ESM deutlich aufzustocken, würde erheblich zunehmen.

In der zweiten Stufe dieses Prozesses käme es zu einem markanten Schuldenanstieg in den Geberländern selbst und zu einer deutlichen Herabstufung ihrer Bonität durch die Ratingagenturen. Nun würden auch hier umfangreiche Spar- und Steuererhöhungsprogramme in Gang gesetzt. Wegen des Widerstands der eigenen Wählerschaft gegen solche Folgen von Schuldenstaat und Schuldenunion geriete aber vor allem die EZB noch viel stärker ins Visier der Politik: Die Geberländer würden ihre bisherige Zurückhaltung vermutlich weitgehend ablegen und einem unbegrenzten Ankauf von Staatsanleihen (jetzt auch der eigenen!) notgedrungen zustimmen. Auf diesem Wege käme die EZB zwar zweifellos in die Rolle eines schon häufig von ihr geforderten „lenders of last resort" hinein, zugleich würde sie sich aber mindestens vorübergehend von dem vertraglich festgelegten Ziel der Preisniveaustabilität verabschieden und die Monetisierung staatlicher Defizite in der Eurozone aktiv betreiben. Bricht sich die Inflation erst einmal ihre Bahn, dann stünde vermutlich auch am Ende dieses zweiten Szenarios das Auseinanderfallen der europäischen Währungsunion.

Gibt es also nur eine Wahl zwischen Skylla und Charybdis? Möglich, aber vielleicht ist eine Auszeit für den Patienten Griechenland bei gleichzeitiger „Immunisierung" der europäischen Partnerländer bei Annahme von Hypothese 1 doch einfacher zu bewerkstelligen als die Abwendung des „moral hazard" und seiner gravierenden Folgen für die gesamte Währungsunion – bei Zugrundelegung von Hypothese 2. Das hieße, auf den Fall Griechenlands übertragen, dass die EWU den Austritt dieses Landes aus der Währungsunion nicht fürchten, sondern aktiv begleiten sollte. Gegen ansteckende Krankheiten verordnen Mediziner den bereits Infizierten bekanntlich eine Quarantäne, um eine epidemische Ausbreitung zu unterbinden und die zwischenzeitliche Gesundung des Patienten zu unterstützen. Zu Beginn würde man nicht um strikte Kapitalverkehrskontrollen herum kommen. Die zu erwartende starke reale Abwertung der neuen Drachme verhülfe aber der griechischen Wirtschaft, die dann auch mehr Zeit für innere Reformen gewänne, ohne die Geberländer permanent unter Druck zu setzen, zu in- und externer Wettbewerbsfähigkeit. Eine solche Auszeit könnte darüber hinaus intelligent gestaltet werden, etwa indem den Griechen eine Tür zum EWS II offen gehalten und damit eine mittel- bis langfristige Rückkehr zum Euro prinzipiell ermöglicht wird. Einen entsprechenden Vorschlag haben Sinn/Sell unlängst vorgelegt („Our opt-in-opt out solution to the Eurozone crisis". In: Financial Times, August 1, 2012, S. 9). Die oben befürchteten Kollateralschäden für Länder wie Spanien und Portugal, hielten sich vermutlich in Grenzen, da diese Länder ohnehin dabei sind, ihre aktuellen komparativen Wettbewerbsvorteile zu entdecken und das Spezialisierungsmuster ihrer Volkswirtschaften fortzuentwickeln. Die europäischen Geberländer wären auch nach einem Austritt Griechenlands aus der EWU gehalten, dieses Land bei der Rekapitalisierung seiner Banken zu unterstützen. Die übrigen europäischen Banken halten schon heute praktisch keine griechischen Staatspapiere mehr. Das eigentliche Problem läge darin, die Kapitalmärkte davon zu überzeugen, dass Spanien, Italien und Portugal anders gelagerte Fälle sind und von der „griechischen Krankheit" eben noch nicht befallen sind. Das kann nur gelingen, wenn sie, anders als Griechenland, ihre Spar-, besonders aber ihre Reformbemühungen konsequent fortsetzen und zum Erfolg führen. Der verschleppte Strukturwandel und das Brachliegen ihrer Wachstumspotenziale müssen endlich überwunden werden. Die Chancen dafür stehen nicht schlecht, denn mit dem Austritt Griechenlands könnte das oben geschilderte moralische Risiko beherrschbar werden.

(Quelle: F. L. Sell, Es gibt nicht nur die Wahl zwischen Skylla und Charybdis. Eine Auszeit statt eines Austritts könnte dazu beitragen, eine Ansteckung in der Euro-Zone zu verhindern. In: Neue Zürcher Zeitung Nr. 198 vom 27.08.2012, S. 21)

Theoretische oder empirische Belege?

Ökonomen sind oft schnell bei der Hand, Begrifflichkeiten aus der Medizin (Endemie, Epidemie) auf wirtschaftliche Zusammenhänge zu übertragen. Dabei geht allerdings oft wichtige Information verloren: So sind sogenannte Dominoeffekte nur ein Spezialfall für die Ausbreitung ansteckender Krankheiten. Den Höhepunkt der „epidemischen Ansteckungsliteratur" erlebten die Wirtschaftswissenschaften Ende der 1990er Jahre/Anfang des neuen Milleniums im Zusammenhang mit der Russland- und der Brasilienkrise. Vgl. dazu Sell, Friedrich L., „Contagion in Financial Markets". Edward Elgar Publishing Ltd. Cheltenham (UK) und Northampton, MA (USA) 2001. Einige Jahre später entdeckten Ökonomen, dass es auch so etwas wie „positive Ansteckungsschleifen" gibt, so in der Geldpolitik: „Geldpolitik: positive Ansteckung?"/Michael Altenburg, in: Zeitschrift für das gesamte Kreditwesen: Pflichtblatt der Frankfurter Wertpapierbörse. Frankfurt, M: Knapp Verlag, Bd. 66, 2013, Heft 3 (1.2.), S. 144–145.

> **Die Argumente der Gegenseite!**
> Eine zweite Richtung der ökonomischen Ansteckungsforschung geht nicht den Weg über die Medizin, sondern über die Psychologie. Dort hat sich u. a. die Theorie des „Gerüchts" und seiner Ausbreitung etabliert. Vgl.: Andreas Friedolin Lingg: „Die Grenzen der Ansteckung: Möglichkeiten der Soziophysik/ Bewegungen in Unsicherheit/Unsicherheit in Bewegung: Ökonomische Untersuchungen". Marburg: Metropolis-Verl. 2015, S. 261–296. Die psychologischen Ansteckungserklärungen finden mittlerweile erfolgreich Anwendung, etwa im Zusammenhang mit Finanzmärkten. Damit lassen sich u. a. Blasenbildungen bzw. das Zerplatzen von Blasen („Crash") an Aktienmärkten sowie deren Folgewirkungen gut erklären. Vgl. etwa: „Die Ansteckung der Realwirtschaft durch den Aktien-Crash – der Beginn einer neuen Ära?"/Harmut Kiehling. In: Wege aus der Banken- und Börsenkrise. Berlin [u. a.]: Springer. 2004, S. 239–255. Selbst die Betriebswirtschaftslehre, in Sonderheit die Lehre vom Marketing, findet Gefallen an der psychologischen Ansteckung. Vgl. etwa: „Nachfrage schaffen mit psychologischer Ansteckung"/Linda Pelzmann. Virale Kommunikation: Möglichkeiten und Grenzen des prozessanstoßenden Marketings. Baden-Baden: Nomos-Verlag. 2009, S. 175–185.

3.8 Warten auf Mario Draghi: Alternativen zur vermeintlich alternativlosen europäischen Geldpolitik

▶ *Die hier angeregte Diversifizierung im Portfolio anzukaufender Anleihen durch die EZB – im Rahmen ihrer „quantitativen Lockerung" bzw. ihrer „unkonventionellen Geldpolitik" – wurde von der EZB bisher leider nicht aufgegriffen. Sie hat – nun mehr schon im vierten Jahr – stattdessen nach einem bestimmten Schlüssel private und öffentliche Anleihen aus Ländern der Eurozone erworben und damit die Bilanzsumme der EZB in schwindelerregende Höhen von über vier Billionen Euro anschwellen lassen. Um diese Politik rankt sich eine intensive Diskussion unter Fachleuten, aber auch in der Politik, auf die wir weiter unten genauer eingehen.*

Im Gegensatz zu Estragon und Wladimir auf Godot wird die interessierte Öffentlichkeit am 22. Januar nicht vergeblich auf Mario Draghi warten müssen. Aus heutiger Sicht ist aber noch unklar, was er nach einem Beschluss des EZB-Rats als künftige Geldpolitik verkünden wird. Das liegt nicht nur an der verzwickten zeitlichen Nähe zum Termin der Neuwahlen in Griechenland (25. Januar): Seit dem ebenso wagen wie umfassenden Versprechen zur Euro-Rettung in seiner „Whatever-it-takes"-Rede vom Juli 2012, hat Draghi sein Ziel- und Handlungsspektrum seit kurzem deutlich eingeengt. Die neue „Drei-Billionen-Bilanzsummen-Doktrin" für die EZB folgt einer fast mechanistischen Vorstellung über den möglichen Einfluss der Zentralbankgeldmenge auf die (z. Zt. sicherlich unerwünscht niedrige) Inflationsrate. Der dramatische Einbruch der Einkommenskreislaufgeschwindigkeit des

Geldes sowie des sogenannten „Geldschöpfungsmultiplikators" im Zuge der Finanzmarktkrise in 2008/2009 sollte Notenbankern noch als Warnung in den Knochen stecken. Auch ist ziemlich unklar, ob ein „Quantitative easing" innerhalb der wachstumsschwachen europäischen Strukturen ähnliche Effekte auf die Konjunktur wie in den USA hätte.

In aktuellen Interviews – wie kürzlich im Handelsblatt – erweckt nun Draghi den Eindruck, seine Doktrin nur noch durch den massiven Ankauf von Staatstiteln aus Ländern der Eurozone erfolgreich umsetzen zu können. Das grenzt an eine Irreführung der Öffentlichkeit: Neben der ausstehenden Kreditvergabe an Geschäftsbanken und einem möglichen und üblichen Bestand an „inländischen" Bonds, enthält die Bilanz jedweder Notenbank nämlich auch die Positionen „Devisenforderungen" und „ausländische" Bonds. Anders als bei den „inländischen" Bonds, stammen bei letzteren die Emittenten aus Ländern außerhalb der Eurozone. Etliche europäische Nationalbanken können von solchen Assets durchaus noch ein Lied singen, als sie nämlich in der späten Ära von Bretton Woods (1944–1973) mehr oder weniger unfreiwillig zu Käufern US-amerikanischer Staatstitel wurden und damit das US-amerikanische Haushalts- und Leistungsbilanzdefizit finanzierten.

Das kann heute nicht die Intention sein. Vielmehr könnte die EZB eine wohldosierte Mischung – nennen wir es einen Korb – aus privaten und staatlichen Anleihen unterschiedlicher ausländischer Provenienz erwerben. Diese Papiere könnten allerhöchste Bonität aufweisen, was einen späteren Verkauf deutlich erleichtern würde. Ein positiver Nebeneffekt einer solchen Strategie wäre es außerdem, dass die dazu erforderlichen Devisenkäufe nicht einseitig den US-Dollar verteuern würden und die (für die Federal Reserve eher unerwünschten) Zinssenkungseffekte auf dem US-amerikanischen Kapitalmarkt in einem vertretbaren Rahmen blieben. Einen solchen Anleihe-Korb zu konstruieren, dürfte der EZB im Übrigen erheblich leichter fallen als der mit (ökonomischen, rechtlichen, organisatorischen) Minen gepflasterte Weg hin zum Erwerb eines Portfolios aus Staatstiteln der Eurozone.

Wenn sich die EZB schon nicht von ihrer kritikwürdigen „Drei-Billionen-Bilanzsummen-Doktrin" abbringen lässt, so sollte sie doch dringend überlegen, welches die dafür geeigneten Instrumente sind.

(Quelle: F. L. Sell, Warten auf Mario Draghi. In: Handelsblatt Nr. 14 vom 21.01.2015, S. 17)

> **Theoretische oder empirische Belege?**
> Befürworter der „unkonventionellen Geldpolitik" argumentieren, dass die europäischen Interbankenmärkte schon länger nicht mehr adäquat funktionierten und daher mit geldpolitischen Maßnahmen der EZB gewissermaßen überbrückt werden mussten. Das Ankaufprogramm der EZB sei dazu geeignet, die Kreditzinssätze europäischer Geschäftsbanken – auch aus den Krisenstaaten – abzusenken und so einen positiven Impuls für Wachstum und Beschäftigung in der Eurozone zu setzen. Das habe am Ende auch einen positiven Einfluss auf die immer noch viel zu niedrige europäische Inflationsrate. Einige Experten sind darüber hinaus der Meinung, dass die

Geldpolitik der EZB so unkonventionell auch wieder nicht sei. Vgl. Gerhard Illing, Unkonventionelle Geldpolitik: Kein Paradigmenwechsel, in: Perspektiven der Wirtschaftspolitik, Band 16, Heft 2, 2015, S. 127–150.

> **Die Argumente der Gegenseite!**

Es ist wohl fair zu sagen, dass die Mehrheit der deutschen Volkswirte das Ganze etwas anders sieht. Insbesondere wird moniert, dass die EZB, wenigstes indirekt, europäische Finanzpolitik betreibe und die Haushalte von Krisenstaaten über den Zinssenkungseffekt bei Anleihen direkt stütze. Damit ginge sie weit über ihr Mandat der Sicherung von Preisstabilität hinaus und betreibe bewusst eine Politik zum Erhalt der Eurozone. Auch wird bezweifelt, dass die Krisenstaaten die ihnen so geschenkte Zeit ausreichend dafür nutzen, um allfällige Reformen und Ausgabenkürzungen in öffentlichen Budgets voranzutreiben. Gehe das Programm seit Januar 2015 einmal zu Ende, müssten die ungelösten Probleme umso stärker zutage treten. Vgl. Jürgen B. Donges, Die unkonventionelle Geldpolitik der EZB: Überzogene Erwartungen, problematische Nebenwirkungen. Vorträge/Nordrhein-Westfälische Akademie der Wissenschaften und der Künste. Paderborn: Schöningh, 2010- ; 45, 2018.

3.9 Schaut auf die Arbeitsmärkte und auf die Arbeitsmobilität!

▶ *Spätestens seit dem zweiten Halbjahr 2015 beherrscht das Thema der Flüchtlinge, des Asyls und der Armutszuwanderung aus dem Nahen Osten, aus Nord- und Mittelafrika sowie aus Afghanistan die europäische Debatte. Für den deutschen Arbeitsmarkt stellen die hohen Flüchtlingszahlen (noch) keine Bedrohung dar, da Konjunktur und Wachstum „brummen". Die meisten anderen europäischen Staaten weigern sich, bestimmte Quoten an Asylsuchenden bei sich aufzunehmen, einige verweigern sich vollständig. Diese Beobachtungen verstellen allerdings ein Stück weit den Blick dafür, dass es gerade für die Stabilität der Eurozone eine verstärkte innereuropäische Migration braucht. Das betrifft unter den Krisenstaaten vor allem Spanien und Griechenland, deren Arbeitsmärkte durch (u. U. nur vorübergehende) Migration in die stabilen Kernstaaten der Eurozone (wie etwa Deutschland, die Niederlande, Finnland, Österreich und Luxemburg) spürbar entlastet werden könnten.*

Wie lässt sich eine krisengeschüttelte Währungsunion stabilisieren, ohne dass einzelne Mitglieder mehr oder weniger freiwillig diese verlassen müssen? Das scheint im Augenblick die alles andere in den Hintergrund drängende Frage in der Eurozone zu sein. Hinweise zu einer halbwegs befriedigenden Antwort liefert hierzu die Theorie optimaler Währungsgebiete im Sinne des Nobelpreisträgers für Ökonomie aus dem Jahr 1999, Robert E. Mundell. Dieser hat schon vor über 50 Jahren erkannt, dass in einem gut funktionierenden, im besten Falle sogar „optimalen" Währungsraum eine ausreichend hohe Arbeitsmobilität vorherrschen muss, insbesondere dann, wenn es in Regionen dieses Wirtschaftsraums nur eine geringe Flexibilität von Preisen und Löhnen nach unten gibt. Genau das scheint im Falle der Krisenstaaten in der Eurozone – mit der rühmlichen Ausnahme von Irland – der Fall zu sein. Die Arbeitsmobilität erlaubt es nämlich Regionen mit geringem Wachstum und niedriger Beschäftigung Arbeitskräfte in solche Regionen zu „exportieren", die aufgrund höheren Wachstums eine entsprechend stärkere Arbeitsnachfrage aufweisen. Letztere kann wiederum durch den inländischen Bestand an Arbeitskräften/Qualifikationen allein nicht befriedigt werden. Im Ergebnis kann im einen Teil der Währungsunion eine hohe Arbeitslosigkeit vermieden werden, während der Beschäftigungsaufbau und die Angebotsausweitung im anderen Teil des Währungsraums sonst dort zu erwartende Preisauftriebstendenzen dämpft.

Unter diesem Blickwinkel wird die Zuwanderungsdiskussion in Deutschland und in anderen Ländern der Eurozone z. Zt. nicht adäquat geführt: Wollen wir nicht nur unsere eigenen Bedürfnisse hinsichtlich Arbeitsmarkt und sozialer Sicherungssysteme verfolgen, sondern zu einer Stabilisierung der europäischen Währungsunion beitragen, dann sollten wir besonders und gezielt die Immigration aus Ländern wie Spanien und Griechenland fördern. Beide Länder weisen Arbeitslosenquoten in Rekordhöhe auf, gepaart mit einer geradezu gigantischen Jugendarbeitslosigkeit. Damit entlasten wir, ganz im Sinne Mundells, die Arbeitsmärkte dieser Krisenstaaten und verhindern zugleich die rasche Entwertung dortigen Humankapitals. Die oft zu hörende Kritik gegenüber der Emigration aus Krisenstaaten – in Gestalt der These vom Aderlass an Talenten oder neudeutsch: „Brain Drain" – ist, bei Lichte besehen, ziemlicher Unsinn: Das Argument vom sogenannten „Talentschwund" in den Emigrationsländern gilt nämlich bestenfalls nur dann, wenn dort ein hoher Beschäftigungsstand vorherrscht. Bleibt dagegen das Humankapital in den Herkunftsländern wegen der hohen Arbeitslosigkeit in einem großen Ausmaß ungenutzt, so wird dieses schnell entwertet. Wenn es dagegen in den Destinationsländern zielgenau eingesetzt wird, so hat es die Chance, eine Bildungsrendite zu erwirtschaften und dazu später die Möglichkeit, in das Herkunftsland als besonders produktiver Faktor zurückzukehren. Andererseits verhelfen uns die qualifizierten Zuwanderer aus Krisenländern der Eurozone zu einem nachhaltigen Aufschwung.

Der gerade im Falle Spaniens geäußerte Einwand, das dortige Arbeitsangebot passe gar nicht („Mismatch") zur Arbeitsnachfrage in den übrigen Ländern der Eurozone, ist nur vordergründig richtig: Unbestritten ist, dass der dramatische Anstieg der Arbeitslosigkeit in Spanien von rund 8 % in 2007 auf über 25 % in 2013 in erster Linie dem Platzen der spanischen Immobilienblase geschuldet ist. Bei den freigesetzten Arbeitskräften handelt es sich aber keineswegs nur um Fachkräfte des Bausektors im engeren Sinne. Wie Untersuchungen spanischer Arbeitsmarktökonomen ergeben haben (J. García-Montalvo, Spanische Mythen, in: Handelsblatt Nr. 28 vom 1. Februar 2013, S. 15.), sind seinerzeit auch viele unbeschäftigte Akademiker und Abiturienten in dem boomenden Immobiliensektor untergekommen, die jetzt die spanische Arbeitslosenstatistik belasten.

Die Eurozone kann in ihrer jetzigen Zusammensetzung ökonomisch und politisch kaum Bestand haben, wenn einzelne Mitgliedsländer weiterhin exorbitante Arbeitslosenraten aufweisen. Es besteht die Gefahr, dass politische Extremisten sich die Situation zunutze machen und, einmal an der Macht, schon einmal schmerzlich erreichte Reformerfolge rückgängig machen werden. Wenn es gelingt, im Sinne von Mundell, die nötige und erwünschte Mobilität der Arbeitskräfte innerhalb der Eurozone besser zu erreichen, sind Austritte von Krisenstaaten aus der Währungsunion möglicherweise obsolet. Allerdings nur dann, wenn die Krisenstaaten der Eurozone die bereits eingeleiteten Reformen ihrer Arbeitsmärkte konsequent fort- und umsetzen.

(Quelle: F. L. Sell, Mehr Flexibilität! In: Handelsblatt Nr. 67 vom 08.04.2015, S. 15)

Theoretische oder empirische Belege?

Die Fachliteratur hat zwei Stränge zu diesem Thema, die sich weniger gegenseitig bekämpfen als sich sinnvoll ergänzen. Die eine Richtung folgt den Überlegungen des Verfassers und sieht Arbeitsmarktflexibilität und –mobilität als Schlüsselfaktoren für die Stabilisierung der Eurozone, insbesondere bei Auftreten von asymmetrischen Schocks. Dazu gehört etwa folgende Studie: „Migration as an adjustment mechanism in the crisis?: A comparison of Europe and the United States." Julia Jauer/Thomas Liebig/John P. Martin/Patrick Puhani. Lüneburg: Universität, Institut für Volkswirtschaftslehre, 2014, Online-Ressource (36 S.). Dazu führen die Autoren aus:

The question of whether migration can be an equilibrating force in the labour market is an important criterion for an optimal currency area. It is of particular interest currently in the context of high and rising levels of labour market disparities, in particular within the Eurozone where there is no exchange-rate mechanism available to play this role. We shed some new light on this question by comparing pre- and post-crisis migration movements at the regional level in both Europe and the United States, and their association with asymmetric labour market shocks. We find that recent migration flows have reacted quite significantly to the EU enlargements in 2004 and 2007 and to changes in labour market conditions, particularly in Europe. Indeed, in contrast to the pre-crisis situation and the findings of previous empirical studies, there is tentative evidence that the migration response to the crisis has been considerable in Europe, in contrast to the United States where the crisis and subsequent sluggish recovery were not accompanied by greater interregional labour mobility in reaction to labour market shocks. Our estimates suggest that, if all measured population changes in Europe were due to migration for employment purposes – i.e. an upper-bound estimate – up to about a quarter of the asymmetric labour market shock would be absorbed by migration within a year. However, in the Eurozone the reaction mainly stems from migration of third-country nationals. Even within the group of Eurozone nationals, a significant part of the free mobility stems from immigrants from third countries who have taken on the nationality of their Eurozone host country.

Die Argumente der Gegenseite!

Der zweite Strang in der Fachliteratur hat nur ein Teilproblem beleuchtet, nämlich die Frage, ob Migration dabei half, die negativen Konsequenzen der Weltwirtschaftskrise im Jahr 2009 zu mildern. Dabei konzentriert sich der Fokus auf die Zuwanderung aus den neuen Mitgliedstaaten der EU (Beitrittsländer aus Mittel- und Osteuropa, die im Jahr 2004 aufgenommen wurden) nach Deutschland. Vgl. dazu: „10 years after: EU enlargement, closed borders, and migration to Germany"/Benjamin Elsner Klaus F. Zimmermann. Discussion paper series/Forschungsinstitut zur Zukunft der Arbeit. Bonn: IZA, 2014:

We study how the EU enlargement in 2004 and the Great Recession in the late 2000s have shaped the scale and composition of migration flows from the New Member States to Germany. We demonstrate that immigration increased substantially despite the restrictions on the German labor market, and that net flows decreased to zero at the outset of the recession. The cohorts arriving after 2004 had on average a lower education than the previous arrival cohort, but the wage gap compared to Germans became narrower over time. Almost 10 years after EU enlargement, we re-assess the transitional arrangements, and argue that Germany would have been better off, had it immediately opened its labor market. Finally, the Great recession allows us to study how effective migration within the EU is as an adjustment mechanism. Our data clearly show an increase in immigration from countries that were hit by the crisis, although the annual net flows are still too small to significantly reduce unemployment in the countries hit by the crisis.

3.10 Clubtheorie, Wahlverwandtschaften und die Stabilität des Euro

▶ *Die Tatsache, dass der Grexit bisher mindestens zweimal, nämlich 2012 und 2015 vermieden wurde, ist kein Beleg für den dauerhaften und nachhaltigen Zusammenhalt der Euro-Zone. Im Gegenteil: Noch immer gibt es Streit darüber, ob bei Austritt eines Landes aus der europäischen Währungsunion die Stabilität des dann (mehr oder weniger) geschrumpften Währungsraums eher stabilisiert oder destabilisiert. Das liegt auch an der Theoriearmut, mit der debattiert wird. Bisher kamen (nur) die ökonomische Ansteckungstheorie, die Clubtheorie und die Kosten-Nutzenanalyse ins Spiel. Der folgende Beitrag regt dazu an, auch Erklärungsansätze wie die „Wahlverwandtschaften", die in Chemie und Goethe-Forschung lange bekannt sind, zu einer Stabilitätstheorie für gemeinsame Währungsräume auszubauen.*

Nach der Wahl ist bekanntlich vor der Wahl. Das muss Alexis Tsipras wörtlich genommen haben. Kaum hatte der Deutsche Bundestag mit großer Mehrheit – aber auch mit vielen Gegenstimmen in der Union – für das dritte Rettungsprogramm zugunsten Griechenlands gestimmt, trat er in Athen vor die Fernsehkameras, um Neuwahlen im September zu verkünden. Das ist mehr als ein Schönheitsfehler, sorgt er doch genauso für Unruhe und Unsicherheit, wie die Hängepartie mit dem IWF, der sich frühestens im Oktober erklären will, ob er mit von der Partie ist. Die Befürworter des dritten Rettungspakets erhoffen sich davon nicht nur eine Gesundung der griechischen Wirtschaft, sondern auch eine Stabilisierung der Euro-Zone, während sie von einem Grexit – der als glaubhafte Drohung im Grunde genommen genauso noch auf dem Verhandlungstisch liegt wie ein Schuldenschnitt – eine Destabilisierung derselben erwarten.

Mit dem ersten Argument haben sich schon viele Stellungnahmen und Kommentare beschäftigt, mit dem zweiten erstaunlicherweise nur recht wenige. Die Gegner des Grexit, von denen es viele gibt, haben im Grunde genommen wenig Argumente. Ihr wichtigstes lautet: „Ein Grexit würde die (europäische) Währungsunion nicht als unumkehrbares und damit glaubwürdiges, sondern nur als ein vorübergehendes währungspolitisches Arrangement etablieren, bei dem niemand mit Sicherheit wisse, wer morgen noch Mitglied sei. Das verunsichere die Anleger und ermuntere Spekulanten, nach dem ersten (frei- oder unfreiwilligen) Austritt eines Landes, die Mitgliedschaft weiterer Länder zu testen." Eine konstante (oder immer nur anwachsende, nie sinkende) Zahl von Mitgliedern in der Währungsunion ist aber keineswegs eine Garantie für ihre Stabilität: Selbst das EWS I war während seines Bestehens zwischen 1978 und 1998 insgesamt betrachtet eine glaubwürdige Währungszone mit festen, aber anpassungsfähigen Wechselkursen und dass trotz der Pfundkrise im Jahr 1992 und weiterer Krisen für Lira, Peseta und Escudo. Das lag vor allem daran, dass die Bundesbank als führende Notenbank das Paritätengitter der beteiligten Währungen stützte und die immer wieder erforderlichen Devisenmarktinterventionen konsequent durchführte. Solange demnach die EZB ihr ureigenes Mandat der Sicherung von Preisniveaustabilität erfolgreich wahrnimmt, dürfte die Glaubwürdigkeit des Euro nicht in Gefahr sein. Mit der „Whatever-it-takes"-Rede vom 12. Juli 2012 hat Mario Draghi zudem deutlich gemacht, dass eine gemeinsame Zentralbank über ganz andere Möglichkeiten zur Eindämmung von spekulativen Attacken verfügt als dies einzelnen Notenbanken – etwa der Bank of England – zu Zeiten des EWS I möglich war.

Wären die Kritiker eines möglichen Grexit etwas gründlicher, so müssten sie wenigstens zwei weitere Theorieansätze zur Prüfung ihrer Argumente heranziehen: Die Clubtheorie sowie das Phänomen der Affinitäten oder Wahlverwandtschaften in Chemie und (!) Literatur. Leicht abgewandelt und im Kontext der Clubtheorie müsste die obige These der Grexit-Kritiker jetzt lauten: „Ein Grexit würde die (europäische) Währungsunion als einen Club auf Zeit etablieren". Stabilitätskriterien für einen Club stellen allerdings der Netto-Mitgliedsnutzen jedes einzelnen Teilnehmers („single economy point of view") und zugleich der Nettonutzen des Clubgebildes insgesamt („total economy point of view") dar und nicht die Verweildauer einzelner Clubmitglieder. Der Bruttonutzen eines einzelnen Mitgliedslandes ergibt sich etwa aus dem Wegfall der Wechselkursrisikoprämie, während Bruttokosten durch den Verzicht auf eine eigene Wechselkurspolitik anfallen. Während die Meinungen durchaus geteilt sind, ob Griechenland seinen ökonomischen Netto-Nutzen eher innerhalb als außerhalb der EWWU „maximieren" kann, dürfte es wohl keinen Streit darüber geben, dass sich die Eurozone insgesamt ohne sein bisheriges Mitglied Griechenland wesentlich leichter tun würde: Ohne Griechenland sind die Präferenzen ähnlicher, während der Verlust an erleichtertem Handelsaustausch mit Griechenland nicht so schwer wiegt. Vor allem hat sich gezeigt, dass die Eurozone mit Griechenland als Mitglied zunehmend ihre eigenen Regeln verletzt oder aufweicht und damit selbst entscheidend an Glaubwürdigkeit einbüßt.

3.10 Clubtheorie, Wahlverwandtschaften und die Stabilität des Euro

Zieht man die Hypothese der „chemischen Affinitäten" heran, so kann die EWWU erst dann als eine stabile Partnerschaft gelten, wenn in ihr alle Wahlverwandtschaften realisiert sind. Unter Wahlverwandtschaften versteht man seit den Chemikern Geoffroy Saint-Hilaire (1718) und Bergmanns (1175) sowie dem Dichter Goethe (1809), die gegenseitige Anziehungskraft zwischen Atomen (Personen), die, um zueinander zu finden, dazu bereit sind, bisher bestehende Verbindungen aufzulösen. Schon Holland war in der jüngeren Währungsgeschichte ein gutes Beispiel für eine Wahlverwandtschaft mit Deutschland im Rahmen des EWS I: Die dortige Notenbank entschied sich früh dafür, die Zinspolitik der Deutschen Bundesbank zu kopieren und ging so Wechselkursspannungen zwischen dem Gulden und der D-Mark und deswegen erforderlicher Devisenmarktinterventionen erfolgreich aus dem Wege. Dafür nahm es in Kauf, sich gegenüber den traditionellen Partnerstaaten Belgien und Luxemburg ein Stück weit abzusetzen.

In der EWWU könnte „Wahlverwandtschaft" zum Beispiel die Hinwendung bisheriger Krisenstaaten (wie Spanien, Portugal, Zypern) zu dem Stabilitätsanker Deutschland und die Abwendung vom bisherigen „natürlichen" Bundes- und Leidensgenossen Griechenland bedeuten, mit dem man lange Zeit ähnliche wirtschaftspolitische Rezepte teilte. Was folgt aus diesen Überlegungen? Es spricht aus der Sicht der Eurozone nach wie vor vieles dafür, Griechenland – wenigstens auf Zeit – in die währungspolitische Unabhängigkeit zu entlassen. Eine Destabilisierung der verbliebenen Eurozone kann man zwar nicht völlig ausschließen, sie ist aber eher unwahrscheinlich. Im Gegenteil: Eher bringt gerade ein Verbleib Griechenlands in der EWWU den gemeinsamen Währungsraum in noch größere Schwierigkeiten als bisher schon. Mit den angekündigten Neuwahlen in Griechenland ist die Planungssicherheit in der Eurozone erneut erschüttert worden. Und die Wahrscheinlichkeit für einen Grexit hat wieder zugenommen.

(Quelle: F. L. Sell, Heikle Verwandtschaft. In: Handelsblatt Nr. 163 vom 26.08.2015, S. 15)

Theoretische oder empirische Belege?
Zu den Befürwortern eines „Grexit" gehören insbesondere deutsche Ökonomen, wobei zugestanden werden muss, dass diese erstens eher der älteren „Garde" von Wirtschaftswissenschaftlern angehören und zweitens dem in die Kritik geratenen, rein qualitativ argumentierenden Paradigma der „Ordnungspolitik" folgen. Als Beispiel dient hier etwa der Hamburger Außenwirtschaftler Wolf Schäfer: Grexit jetzt!/Wolf Schäfer, in: Wirtschaftswissenschaftliches Studium: WiSt: Zeitschrift für Studium und Forschung. München: Beck. Bd. 44.2015, 8, S. 421.

Die Argumente der Gegenseite!
Jüngere deutsche Ökonomen, wie der frühere Financial-Times-Deutschland-Redakteur Sebastian Dullien, haben davor gewarnt, den Grexit zu leicht zu nehmen und vor allem auch davor, Argentiniens Erfahrungen von 2001/2002 bei der Aufgabe

seines „Currency Boards" als „Vorbild" für die Eurozone zu interpretieren. Das hat Dullien in seinem Artikel: Can Argentina's experience help predict the effects of a potential Grexit?/Sebastian Dullien, Martin Rapetti and Pablo Schiaffino, in: Intereconomics: Review of European economic policy. Berlin: Springer. Bd. 51.2016, 4, S. 229–236, ausgeführt. Zwar sei es richtig, dass Argentinien, einmal befreit von dem engen Wechselkurskorsett des „Currency Board", nach 2001/2002 einen beträchtlichen wirtschaftlichen Aufschwung genommen habe. Dieser Boom sei auch keineswegs nur ein Rohstoffboom bzw. eine Rohstoff-Hausse gewesen. Es bestünden aber riesige strukturelle Unterschiede zwischen Argentinien und Griechenland, sodass sich eine einfache Parallele verbiete.

3.11 Natürliche Grenze: Warum die Nullzinspolitik der EZB möglicherweise bald ausgereizt ist

▶ *Die Nullzinspolitik der EZB (gepaart mit einem Negativzins auf Einlagen bei der Notenbank), in Verbindung mit dem Quantitative-easing-Programm (seit dem 01.01.2015), steht schon lange im Zentrum kritischer Kommentare. Der folgende Beitrag zeigt auf, wie die EZB dadurch Effekte auslöst und Verhaltensweisen im (darüber hinaus wenig profitablen europäischen) Banken-Sektor anregt, die sowohl das Ziel der Preisniveaustabilität als auch das Ziel der Finanzmarktstabilität in Gefahr bringen.*

Schon lange bevor die zentrale Bankenaufsicht über die 120 wichtigsten Banken der Eurozone unter dem Dach der EZB eingerichtet wurde, erhoben sich warnende Stimmen aus der Fachwelt: Eine Notenbank gerate schnell in einen Zielkonflikt, wenn sie zugleich Preisniveau- und Finanzmarktstabilität garantieren müsse. So könne sie leicht in Versuchung geraten, eine geldpolitisch eigentlich angezeigte Zinserhöhung zu unterlassen, um nicht einzelne Kreditinstitute damit möglicherweise in Schwierigkeiten zu bringen. Darunter müsste ja ihr Ruf als oberste Finanzaufseherin leiden. Nun ist vieles ganz anders gekommen, aber nicht alles.

Von Zinserhöhungen spricht derweil keiner, vielmehr ist es aktuell die Nullzinspolitik in Kombination mit einem Strafzins bei Einlagen in der EZB, welche zunehmend die Zinsspanne und damit die Erträge der Geschäftsbanken schwer belasten. Aus einer Profitabilitäts- kann aber schnell eine Solvenzkrise werden. Während die einzelnen Kreditinstitute auf der Passivseite eine Negativverzinsung von Einlagen so lange wie möglich scheuen, um nicht noch mehr Vertrauen bei ihren Kunden zu verlieren und schon gar nicht als erste diesen Schritt wagen wollen, aus Furcht vor dem Verlust an Marktanteilen, lauern auf der Aktivseite weitere Risiken. Niedrigverzinste Unternehmenskredite sind nämlich keineswegs problemlos, wenn damit umfangreiche Kreditmittel länger gebunden sind als es für eine rechtzeitige Anpassung an einen neuen Zinszyklus sinnvoll ist. Versuchen die Banken dagegen, sich gegenüber den Schuldnern über überhöhte Gebühren schadlos zu halten, werden langjährige Kunden verprellt.

Die gewissermaßen hierzu alternative Suche der Geschäftsbanken nach höheren Renditen geht allerdings, wie sattsam bekannt, selbst mit höheren Risiken einher. Weniger gerne als eher notgedrungen müsste man daher gleichzeitig die allseits geforderte Erhöhung des Eigenkapitals durch Ausgabe von Aktien forcieren. Nur: Wie soll diese bei niedrigen Kursen und (trotzdem weiter) ungünstigen Erwartungen den möglichen Käufern schmackhaft gemacht werden? Ersatzweise käme der Verkauf eigener Vermögenswerte in Betracht, um die eigene Verschuldung zu reduzieren. So, durch Reduktion der eigenen Bilanzsumme gewonnene höhere Eigenkapitalquoten, würden allerdings die Vertrauenskrise gegenüber dem Bankensektor eher weiter anheizen und den Weg in eine Entschuldungsdeflation befördern. Die Stabilität des Finanzmarktsektors würde zwangsläufig weiter leiden.

Damit ist die EZB, etwas anders als früher gedacht und doch dem Wesen nach in einem ganz ähnlichen Dilemma, wie wir es oben beschrieben haben. Führt nämlich die Nullzinspolitik – in Verbindung mit dem „Quantitative easing" – nicht schnell genug zur angestrebten Inflationsrate von nahe, aber noch unter 2 %, könnte die mögliche Schieflage von Geldinstituten in der Eurozone notgedrungen den Bankenaufseher EZB auf den Plan rufen. Daran kann niemandem gelegen sein. Somit ist die gegenwärtige Geldpolitik der EZB endgültig in einen Wettlauf gegen die Zeit gemündet.

(Quelle: F. L. Sell, Das Dilemma der EZB. In: Handelsblatt Nr. 107 vom 07.06.2016, S. 15)

Theoretische oder empirische Belege?
Die Befürworter der Nullzinspolitik der EZB führen ins Feld, dass dieser Teil der sogenannten „Vollzuteilungspolitik" im Rahmen des Mengentenders ist, mithilfe derer es den wichtigsten Notenbanken in der Welt in den Jahren 2008/2009 gelang, die Weltwirtschaftskrise zu überwinden. Zugleich war es damit möglich, die wegen der Vertrauenskrise unter den Geschäftsbanken ausgetrockneten Geldmärkte gewissermaßen zu „überspringen" und eine akute Liquiditätskrise im Bankensektor zu vermeiden. Allerdings ist ein Liquiditätsmangel mittlerweile das geringste Problem, das der europäische Bankensektor hat. Vgl.: Null-Zins-Politik: Fluch oder Segen?/Uwe Vollmer, in: Wirtschaftswissenschaftliches Studium: WiSt: Zeitschrift für Studium und Forschung. München: Beck. Bd. 38.2009, 4, S. 165, 208.

Die Argumente der Gegenseite!
Die Kritiker der Nullzinspolitik führen vor allem das Beispiel Japan ins Feld: Die Bank of Japan hat diese Strategie seit über 20 Jahren angewandt. Dabei ist es ihr augenscheinlich nicht gelungen, die japanische Wirtschaft aus einer typischen keynesianischen Liquiditätsfalle heraus zu führen. In dieser ist es bekanntlich so, dass eine expansive Geldpolitik in Verbindung mit einem extrem niedrigen Zinsniveau die Wirtschaftssubjekte nicht dazu veranlassen vermag, die Kassenhaltung zugunsten von Wertpapierkäufen aufzugeben: Keynes führte vor, dass unter realistischen Bedingungen eine Senkung des Zinssatzes – auch auf Null keine Wirkung zeigt.

Die Haushalte und Unternehmen sind in einer Liquiditätsfalle so risikoscheu, dass sie eher bevorzugen, Liquidität zu halten als einen Kredit zu vergeben bzw. ein Wertpapier zu kaufen. Vgl. dazu: Lehren aus 20 Jahren Nullzinspolitik in Japan/Gerhard Wiesheu, in: Zeitschrift für das gesamte Kreditwesen: Pflichtblatt der Frankfurter Wertpapierbörse. Frankfurt a. M.: Knapp. Bd. 69.2016, 22 (15.11.), S. 1117–1120.

3.12 Jede Nachfrage schafft sich ihr eigenes Angebot: Die Verzerrung des Finanzmarktgleichgewichts durch die EZB

▶ *Seit Januar 2015 betreibt die EZB „Quantitative easing" oder, auf Deutsch formuliert, verstärkt eine sogenannte „unkonventionelle Geldpolitik". Diese ist unter den Fachleuten der Geldpolitik durchaus umstritten: Die Befürworter argumentieren, dass bei fragmentierten Finanzmärkten in der Eurozone und gestörten „Kanälen" der Geldpolitik, nur durch eine solche Strategie die Senkung der Kreditzinsen, die Ankurbelung der Konjunktur und damit die Stimulierung der Inflationsrate (bis auf das von der Notenbank gewünschte Niveau) erreicht werden könne. Die Kritiker, zu denen sich auch der Verfasser zählt, verweisen auf die Ineffektivität dieser Politik im Hinblick auf das Inflationsziel und zugleich auf die Verwerfungen, die an den Finanzmärkten ausgelöst werden.*

Die EZB setzt bis auf Weiteres ihr Ankaufsprogramm fort. Sie nimmt Monat für Monat Staats- und Unternehmensanleihen in ihr Portfolio auf und betreibt damit „unkonventionelle Geldpolitik". Leider ist diese nicht nur unkonventionell, sondern auch ungewöhnlich verzerrend: In einem europäischen Umfeld, das – anders als in den angelsächsischen Ländern – viel stärker banken- und weitaus weniger kapitalmarktbasiert ist, führt der Ankauf von Unternehmensanleihen zu drei negativen Effekten: Zum einen findet mindestens indirekt eine Diskriminierung von Bankkrediten als Finanzierungsform statt. Das hat zweitens zur Folge, dass die gewünschte Ankurbelung von Wachstum und Inflation durch den ja hier so wichtigen Bankensektor kaum stattfindet und es verleitet drittens Unternehmen dazu, ihre Eigenkapitalbildung zu vernachlässigen und die Fremdfinanzierung zu bevorzugen. Es gilt also gewissermaßen die Umkehrung des „Sayschen Theorems", wonach sich jetzt jede Nachfrage ihr eigenes Angebot schafft.

Vielleicht kommt die EZB ja in Kürze noch auf die gleiche glorreiche Idee wie die Bank of Japan, ihre massiven Anleihe-Käufe so zu schichten, dass im Ergebnis die langlaufenden Papiere besser rentieren als die mittelfristigen und letztere besser als die kurzfristigen, sodass eine ansteigende Zinsstrukturkurve zustande kommt. Diese ist dann aber nicht mehr Ausdruck positiver Zins- und Konjunkturerwartungen, wie es bei einer marktbasierten Zinsstrukturkurve der Fall ist, sondern Spiegel einer interventionistischen Notenbankpolitik und ihres Anliegens, die Ertragssituation der Geschäftsbanken und anderer Besitzer von Langläufern zu stützen.

Die Probleme einer solchen Politik sind gleich mehrere: Zunächst wird die Informations- und Lenkungsfunktion der Preise auf den Finanzmärkten zunehmend gestört. Damit wird außerdem, wenngleich ungewollt, eine Fehlallokation des Faktors Kapital gefördert. Hinzu kommt, dass die EZB sich zunehmend gezwungen sieht und sehen wird, die an einer Stelle des Finanzsystems ausgelösten Verwerfungen an einer anderen Stelle wieder zu kompensieren. Dabei kann sie allerdings wenig bis gar nicht abschätzen, wie sich die Gesamtstatik des Systems verändert. Diesen fatalen Effekt multipler Nachsteuerungsversuche haben Volkswirte schon vor vielen Jahren im Rahmen der Theorie des „Second Best" gebrandmarkt.

Die EZB steht an einer für sie selbst und für die Eurozone schicksalhaften Weggabelung: Einerseits hat sie für große Verwerfungen im europäischen Finanzsystem gesorgt. Andererseits zeichnet sich eine allmähliche Rückkehr der Inflation auf sehr niedrigem Niveau ab, für die allerdings die immense Liquidität, welche die EZB in die europäischen Finanzmärkte gepumpt hat, wenig verantwortlich zu sein scheint, sind es doch vor allem die geldpolitisch nicht/wenig beeinflussbaren Preissteigerungen für Erdöl und Lebensmittel, die dazu beitragen.

(Quelle: F. L. Sell, Die falsche Geldpolitik. In: Handelsblatt Nr. 228 vom 24.11.2016, S. 13)

Theoretische oder empirische Belege?

Kritiker des großen Anleiheankaufprogramms der EZB verweisen (im Prinzip wie der Verfasser oben) darauf, dass die EZB schon jetzt ihre Bilanzsumme deutlicher ausgedehnt hat als es die Federal Reserve der USA, bevor sie einen neuen Zinserhöhungszyklus eröffnet hat, seinerzeit getan hat. Das macht es umso schwieriger, später die angewachsenen Assets wieder „marktneutral" abzuschmelzen. Die EZB wird sich dafür außerdem Zeit lassen müssen, um nicht durch eigenes Verhalten einen Wertverfall zu begünstigen. Das könnte aber mit dem eigenen Inflationsziel in Konflikt geraten. Hinzu kommt die Kritik an den unerwünschten Umverteilungseffekten der unkonventionellen Geldpolitik, welche Vermögensbesitzer bevorzugt. Vgl. „Negative Umverteilungseffekte und Reallohnrepression durch unkonventionelle Geldpolitik"/Gunther Schnabl, in: Wirtschaftsdienst, Heidelberg: Springer. Bd. 94.2014, 11, S. 792–797.

Die Argumente der Gegenseite!

Weniger kritische Autoren finden dagegen: Die Gefahr von Fehlanreizen und Moral Hazard Problemen durch die unkonventionelle Geldpolitik der EZB ist real, sollte aber auch nicht überdramatisiert werden. So täuscht der verbreitete Eindruck, im Bankensektor der Eurozone seien – begünstigt durch die erweiterte Liquiditäts- und Niedrigzinspolitik der EZB – keine nennenswerten Reformen umgesetzt worden. Die deutliche Verbesserung vieler Bankenindikatoren ist nicht allein auf die vielfältige Krisenhilfe der EZB und das Staatsanleihekaufprogramm OMT zurückzuführen. Vielmehr sorgen die Anpassungsprogramme der Länder mit Hilfspaketen des Rettungsschirms für eine Reform der nationalen Bankensektoren. Zudem hat die Europäische Bankenaufsichtsbehörde EBA erfolgreich für eine breit angelegt Rekapitalisierungsinitiative gesorgt. …

Zitat aus: „Gefährden die Staatsanleihekäufe die Unabhängigkeit der EZB und bewirken starke Fehlanreize?/Markus Demary und Jürgen Matthes", in: IW Policy Papers: Aktuelle politische Debattenbeiträge aus dem Institut der Deutschen Wirtschaft Köln/Institut der Deutschen Wirtschaft Köln. Köln, 2012 - ; 18/2013.

3.13 Vorbild FED? Für die EZB wird es weitaus komplizierter!

▶ *Ende Oktober des Jahres 2017 kommunizierte die EZB, ab Januar 2018 ihr bisheriges Ankaufprogramm für private und staatliche Anleihen von bis dahin monatlichen 60 Mrd. EUR auf die Hälfte, also 30 Mrd. EUR, zu reduzieren. Damit läutet sie, nach Auffassung von Experten, allmählich einen neuen Zinserhöhungszyklus ein, der dann spätestens in 2019 Wirklichkeit werden wird. Der folgende Beitrag diskutiert kritisch, ob sich die EZB in dieser neuen Etappe der „unkonventionellen Geldpolitik" die US-amerikanische Notenbank (Federal Reserve) zum Vorbild nehmen kann. Diese hatte bekanntlich den Ausstieg aus der ultralockeren Geldpolitik deutlich früher begonnen.*

Seitdem die EZB den ersten Schritt für den Ausstieg aus ihrer ultralockeren Geldpolitik angekündigt hat, steigt – jenseits der Ernennung von Jerome Powell als Nachfolger für Janet Yellen – das Interesse in Europa an der Politik der US-amerikanischen Notenbank (Federal Reserve, FED) deutlich an. Denn diese hat bekanntlich ihren Kurswechsel schon vor einiger Zeit vollzogen und, wie es aussieht, nicht ohne Erfolg, auch wenn die dortige Inflationsrate (auch) noch nicht die gewünschte Höhe erreicht hat. Also sollte die EZB in der Eurozone einfach nachmachen, was in den USA so gut zu klappen scheint?

Das klingt gut, könnte aber schwieriger werden, als zunächst vermutet. Das liegt an den folgenden Faktoren: Anders als die FED, die sich sowohl um die Preisniveaustabilität als auch um das Thema Wachstum & Beschäftigung kümmert, verfolgt die EZB nämlich mindestens drei Ziele: Neben der Preisniveaustabilität strebt sie nach Finanzmarktstabilität. Dabei wirkt sie direkt an der Aufsicht der 120 größten Kreditinstitute in der Eurozone mit. Außerdem kämpft sie, auch wenn sie das nicht so laut sagt, seit dem Jahr 2010 stetig um den Erhalt der Eurozone. Eigentlich hat sie für diese drei Ziele, wie der frühere Nobelpreisträger Jan Tinbergen formuliert hätte, nur zwei Instrumente (nämlich die Geldpolitik und die Finanzmarktaufsicht) zur Verfügung und damit ein (jeweils von den anderen beiden nach Möglichkeit unabhängiges) Instrument zu wenig. Das nennt man auch das Tinbergen-Problem.

Nimmt die EZB ihr Mandat wörtlich, so müsste sie strikt die beiden Ziele „Preisniveaustabilität" und „Finanzmarktstabilität" verfolgen und den „Erhalt der Eurozone" hinten anstellen. Aber wäre dieser Preis nicht viel zu hoch? Die Aufgabe des Ziels der „Preisniveaustabilität" zugunsten der anderen beiden Ziele würde direkt die Glaubwürdigkeit der EZB untergraben, ja sogar ihre Unabhängigkeit, gerade aus Sicht der Politik, infrage stellen. Schließlich, das wäre für die EZB wohl vergleichsweise am einfachsten, könnte sie das Ziel der „Finanzmarktstabilität" aufgeben und es europäischen Aufsichtsbehörden überlassen. Auch das wäre nicht der Königsweg, denn sie gäbe ja auch ein Instrument aus der Hand.

Aber das ist nicht das größte Problem für die EZB: Ein Ausstieg aus der ultralockeren Geldpolitik kann – eben anders als in den USA – in der Eurozone sowohl die Finanzmarktstabilität als auch den Erhalt der Währungsunion direkt gefährden. Für einige der großen europäischen Geschäftsbanken könnte – bei extrem niedriger Profitabilität – ein baldiger Zinserhöhungszyklus zur Unzeit kommen. Auch private Unternehmen der Eurozone, die ihr Angebot an Anleihen bislang gerne ausgeweitet haben, weil ihnen ein großer potenzieller Käufer in Gestalt der EZB gegenüberstand, werden in Zukunft bei niedrigeren Kursen höhere Marktzinssätze auf Fremdkapital akzeptieren müssen. Der in Zeiten der Globalisierung härtere Wettbewerb auf Güter- und Dienstleistungsmärkten wird zeigen, wie gut sie mit dem künftigen Finanzierungs-Umfeld umgehen können. Dies wirkt umso schwerer, als Europa – wieder anders als die USA – eben nicht gerade der Hort von „Super-Champions" (Microsoft, Google, Facebook, Amazon etc.) ist, deren Marktmacht sie zu exorbitanten Gewinnen geführt und sie vergleichsweise immun gegenüber Veränderungen in den Finanzierungsbedingungen gemacht hat.

Besonders schwer wiegt die zukünftige Gefährdung der Eurozone insgesamt: Das Zurückfahren und spätere Auslaufen der bisherigen Ankäufe von staatlichen Anleihen könnte nämlich den Erhalt der Eurozone immer dann infrage stellen, wenn die Krisenstaaten bis dahin – und schon lange davor – ihre öffentlichen Haushalte nicht in Ordnung gebracht haben. Anders gesagt: Wenn sie die Zeit, die ihnen die EZB durch ihre ultralockere Geldpolitik „gekauft" hat, nur ungenügend genutzt haben. Dann werden die Zinsen auf ihre Staatsanleihen wieder deutlich anziehen. Zwar sind einige der von der EU-Kommission gescholtenen Defizite in diesen Ländern zurückgegangen, vieles deutet aber darauf hin, dass diese finanzpolitischen „Verbesserungen" eher der guten Konjunktur geschuldet sind und keine nachhaltigen Korrekturen darstellen. Statt die Ausgaben zu zügeln, sind bei einigen Regierungen schon wieder mehr oder weniger große Wahlgeschenke (etwa bei der Rente) unterwegs. Beredte Beispiele dafür sind etwa Portugal und Spanien.

Aus allen diesen Gründen könnte die EZB versucht sein, den eingeleiteten bzw. angekündigten Kurswechsel in ihrer Geldpolitik auf der Zeitachse extrem auszudehnen. Das aber beschwöre – schon jetzt übertrifft die Bilanzausdehnung der EZB deutlich die der FED – wiederum die Gefahr der Blasenbildung an den Finanzmärkten herauf...

Die EZB ist um ihren Job nicht zu beneiden.

(Quelle: F. L. Sell, Federal Reserve als Vorbild? In: Handelsblatt Nr. 218 vom 13.11.2017, S. 56)

Theoretische oder empirische Belege?

Die Befürworter der ultralockeren Geldpolitik der EZB argumentieren, dass ohne diese der Zerfall der europäischen Währungsunion spätestens im Jahr 2015 – dabei hätte zweifellos Griechenland den Anfang gemacht – vorprogrammiert gewesen wäre.

Allerdings lassen sie dabei das in obenstehendem Beitrag ausführlich geschilderte sogenannte Tinbergen-Problem außer Acht. In Deutschland wird diese Position vor allem vom DIW (Deutsches Institut für Wirtschaftsforschung, Berlin) und seinem Präsidenten, Marcel Fratzscher, vertreten. Vgl. dazu: Vier Denkfehler bei der Euro-Kritik/Marcel Fratzscher, in: DIW-Wochenbericht: Wirtschaft, Politik, Wissenschaft. Berlin: DIW. Bd. 84.2017, 10, S. 172.

Die Argumente der Gegenseite!

Kritiker der ultralockeren Geldpolitik der EZB halten dem entgegen, dass durch eben diese und zwar umso eher, je länger diese andauert, die Blasenbildung an den Finanzmärkten angeregt wird. Auch eine anhaltende Stagnation sowie wachsende Ungleichheit werden als Begleiterscheinungen diagnostiziert. Sollte es zu einem Platzen der Blase und damit zu einem neuen Crash kommen, hätten nicht nur die europäische Notenbank, sondern auch die meisten Regierungen der Euro-Staaten ihr Pulver bereits weitgehend verschossen. Vgl. dazu: Ultra-lockere Geldpolitiken, Finanzmarktblasen und marktwirtschaftliche Ordnung/Gunther Schnabl, Arbeitspapiere der Wirtschaftswissenschaftlichen Fakultät/Universität Leipzig Wirtschaftswissenschaftliche Fakultät. Leipzig, 2007; Nr. 151, Oktober 2017.

Zahlungsbilanz, Währungen und Wechselkurse 4

4.1 Ein schwankender Riese: China ist zwar reich an Devisen, aber auch arm an widerspruchsfreien Konzepten in der Währungspolitik

▶ *Der folgende Beitrag entstand bereits im Jahr 2006, als China mit seiner Währungspolitik und Reserveakkumulation in der Weltwirtschaft auffällig geworden war. Mittlerweile ist diese Politik sowohl flexibler als auch differenzierter geworden, gleichwohl hat sie im US-Wahlkampf 2016 Donald Trump dazu bewogen, die Chinesen der anhaltenden Währungsmanipulation zulasten des US-Dollars anzuklagen. In der Folge erziele China überhöhte Exportüberschüsse gegenüber den USA.*

Financial Times Deutschland berichtete darüber: Vor wenigen Tagen überstiegen die chinesischen Währungsreserven die magische Grenze von einer Billion (1000 Mrd.) US-Dollar. Ist das eine weitere Erfolgsmeldung für ein Land, das seit Jahren Wachstumsraten des realen Bruttoinlandsprodukts (BIP) von 10 % und darüber hinaus erreicht, dessen Prokopfeinkommen allein zwischen 2005 und 2006 von 1460 US$ auf 1680 US$ gestiegen ist und das jährlich über 50 Mrd. US$ an ausländischen Direktinvestitionen anlockt?

Eine Frage, die man wohl nicht einfach mit „ja" oder „nein" beantworten kann. Der Bestand der chinesischen Währungsreserven weist seit Jahren einen deutlichen Aufwärtstrend auf, von einer „Kursglättung" durch die chinesische Zentralbank (PBoC) kann also keine Rede sein, eher von einer „leaning against the wind" Strategie. Damit ist auch die scheinbar strittige Frage beantwortet, ob denn der Yuan unterbewertet sei. Natürlich ist er es, denn hätte es die gewaltige Anhäufung von Devisen in Folge der Ankäufe von US-Dollar durch die PBoC nicht gegeben, so hätte der Yuan gegenüber dem US-Dollar zwangsläufig an Wert gewonnen. Die zahlreichen Research-Abteilungen und Institute, die sich seit Jahr und Tag um die Berechnung einer „realen Unter- oder Überbewertung" des Yuan bemühen, also die unterschiedliche Preisentwicklung in China gegenüber seinen wichtigen Handelspartnern der Entwicklung der Parität am Devisenmarkt zur Seite stellen, dürfen ruhig weitermachen, diesen Sachverhalt können sie nicht umdeuten.

Kritiker der chinesischen Währungspolitik sagen, dass die Unterbewertung des Yuan allein darauf abziele, die chinesischen Exporte zu subventionieren und im Gegenzug die Importe aus dem Rest der Welt nach China zu behindern. Dieses Geschäft hätten die Chinesen im Übrigen der japanischen Zentralbank abgeschaut. Das ist bestenfalls die halbe Wahrheit. Zum einen, weil die Versuche Japans, den Yen im Kurs zu drücken, vor allem wohl ein Instrument zur Überwindung der Deflation im eigenen Land gewesen sind. Zum anderen, weil die beobachtete Anhäufung von Devisenreserven auch in anderen Ländern Asiens seit Jahren beobachtet werden kann. Sie scheint ein deutlicher Reflex auf die Asienkrise der Jahre 1997/1998 zu sein, die in Thailand ihren Ausgangspunkt hatte. Die Spekulation gegen den Baht im Juli 1997, der eine massive Abwertung und ein schmerzlicher Rückgang des BIP folgte, war auch deshalb erfolgreich, weil die thailändische Zentralbank offensichtlich nicht über genügend Reserven verfügte, um die alte Parität zu verteidigen.

Nun sind die chinesischen Behörden allerdings in der Gefahr, das Kind mit dem Bade auszuschütten. Der jetzt erreichte Reservebestand geht weit über das hinaus, was eine im Sinne der Asienkrise durchaus verständliche Vorsichtshaltung gebőte. Mehr noch: Die am Devisenmarkt beobachtete Angebotsausweitung ist keineswegs nur Spiegelbild der chinesischen Handelsüberschüsse, sondern wird seit einiger Zeit ebenso durch spekulative Kapitalzuflüsse getrieben. Gibt es denn in China attraktive Zinsen zu verdienen? Mitnichten. Der Finanzsektor ist immer noch mit Höchstzinsvorschriften auf der Einlage- wie auf der Kreditvergabeseite überzogen. Die PBoC sterilisiert (aber nur zum Teil) die Aufblähung der inländischen Geldmenge durch Verkauf niedrigverzinslicher Zentralbankpapiere, vorwiegend an inländische Banken. Wichtige Teile des Kapitalzuflusses bauen demnach auf eine stärkere Aufwertung des Yuan, die erheblich über die mageren rund 4 % seit dem Juli 2005 hinausgehen. Mit anderen Worten: Solange die PBoC im gewohnten Stil interveniert, vergrößert sie selbst den weiteren Interventionsbedarf.

Nun bestehen die chinesischen Reserven „nur" zu 70–80 % aus US-Dollar-Anlagen (und diese überwiegend in Form von Staatsanleihen), zu 20–30 % sind sie in Euro, Yen und anderen Valuten investiert. Chinas verantwortliche Politiker denken z. Zt. darüber nach (die FTD berichtete darüber), die Währungsreserven stärker zu diversifizieren: US-amerikanische Unternehmensanleihen rentieren höher als Staatsanleihen, eine (leicht) stärkere Streuung der Währungen reduziert das Risiko eines Wertverlustes der Reserven, etwa bei einer starken Abwertung des US-Dollars. Die Diversifizierung wäre richtig, konsequent durchgeführt impliziert sie aber die Aufgabe der bisherigen Interventionen, denn Umschichtungen in Euro oder Yen drücken den Wert des Yuan gegenüber dem

US-Dollar nach oben. Warum also nicht beides zugleich in die Wege leiten? Zwar ist es allemal sinnvoller, „geronnene" chinesische Ersparnisse (um nichts anderes handelt es sich bei Reserven) in lohnende Investitionsvorhaben und nicht in amerikanische Staatsschulden zu investieren. Aber warum im Ausland? Gibt es wirklich zu wenig rentable Investitionsprojekte im Inland? Das Schielen auf attraktive Zinsen am amerikanischen Kapitalmarkt riecht schlicht nach Gier. So lässt sich für die PBoC, die den inländischen Banken unattraktive Zentralbankpapiere verkauft, der Arbitragegewinn natürlich steigern. Zugleich macht es stärkere Kontrollen für Kapitalexporte erforderlich.

Es gibt gute Gründe dafür, dass die PoBC einen glaubwürdigen Kurswechsel einleitet: Ähnlich wie die Deutsche Bundesbank im Oktober 1969 könnte sie den Kurs des Yuan für ein paar Tage freigeben, eine marktgetriebene Aufwertung des Yuan hinnehmen und diesen anschließend gegenüber einem Korb von Währungen stabilisieren. Das verträgt sich auch mit der erwünschten Diversifizierung der Währungsreserven.

(Quelle: F. L. Sell, Ein schwankender Riese. China ist zwar reich an Devisen – aber arm an widerspruchsfreien Konzepten in der Währungspolitik. In: Financial Times Deutschland, Nr. 232/48 vom 29.11.2006, S. 30)

Theoretische oder empirische Belege?

Jedes Lehrbuch zur Außenwirtschaftstheorie- und Politik (vgl.: Klaus Rose/Karlhans Sauernheimer, Theorie der Außenwirtschaft, 13. Auflage, Vahlen: München, 2006) dokumentiert, dass ein Anwachsen von Devisenreserven eines Landes überhaupt nur dann stattfinden kann, wenn die Zentralnotenbank des Landes am Devisenmarkt systematisch Fremdwährungen (netto!) ankauft. Das stärkt den Wert ausländischer Währungen und dämpft im Umkehrschluss den Wert der eigenen Währung (Unterbewertungshypothese). Der IWF führt über die Entwicklungen der Reservebestände seiner Mitglieder genau Buch!

Die Argumente der Gegenseite!

Die von Gegnern der Unterbewertungs-Hypothese vorgelegten Berechnungen zu Kostenindizes, realen Wechselkursen, Lohnstückkosten u. ä. m. sollen beweisen, dass in China keine künstliche Wettbewerbsfähigkeit vorliegt. Vgl. John A. Tatom, The US-China Currency-Dispute: Is a Rise in the Yuan Necessary, Inevitable or Desirable, in: Global economy Journal, Vol. 7, Issue 3 (Online). Solange aber ein ungebrochener positiver Trend der chinesischen Währungsreserven zu verzeichnen war, haben die Chinesen faktisch ständig Devisen per Saldo angekauft. Dann gelten aber immer die oben geschilderten Zusammenhänge. Dagegen lässt sich trefflich streiten, ob die von James Meade wegweisend geforderte nominale Aufwertung in einem Schritt die einzige Lösung des Problems darstellt. Man kann sich auch eine schrittweise Aufwertung vorstellen (die dann aber für Spekulanten nicht transparent werden darf) in Kombination mit einer temporären Geldpolitik, die den Zustrom ausländischen Kapitals tendenziell drosselt.

4.2 Zur Neuverteilung von Quoten und Stimmrechten im IWF

▶ *Die Diskussionen im IWF um eine Neuverteilung von Quoten und Stimmrechten, die in diesem Beitrag thematisiert werden, zogen sich zwischen 2006 und 2010 hin. Im Jahr 2010 wurde schließlich in den IWF-Gremien eine Reform der Kapitalanteile zugunsten der Schwellenländer (etwa die Türkei, China, Brasilien) beschlossen, die allerdings noch der Zustimmung wichtiger nationaler Parlamente bedurfte. Der US-Kongress verweigerte bis fast zuletzt seine Zustimmung. Erst Ende Dezember 2015 gab der US-Kongress schließlich grünes Licht. Das bedeutet, dass nunmehr die erforderlichen 3/5 aller 188 Mitgliedsländer zugestimmt haben.*

Man stelle sich vor, es gäbe nur eine einzige Bank, deren Einleger zugleich und zwar in unterschiedlichem Umfang und zu nicht vorhersehbaren Zeitpunkten Kreditkunden werden (können). Wie viel Kredit der einzelne Einleger bekommen kann, hänge von der Höhe seiner Depositen ab, letztere aber nicht von seinen individuellen Wünschen, sondern von seiner wirtschaftlichen Leistungsfähigkeit, welche wiederum nicht er selbst, sondern die Einlegerversammlung mit Mehrheit, auf der Grundlage einer komplizierten Formel, feststellt. Diese Formel möge bislang in erster Linie das Bruttoinlandsprodukt (BIP), die Fremdwährungsreserven sowie die Transaktionen in der Leistungsbilanz eines Landes berücksichtigen. Die Höhe der so berechneten Depositen verschaffe dem potenziellen Kreditkunden qualifizierte Stimmrechte (über die jedem Mitglied zustehenden „Basisstimmen" hinaus), die er einsetzen kann, um mit allen anderen Einlegern zusammen über Kredite an andere oder an sich selbst abzustimmen.

Das, was wir uns gerade vorgestellt haben, stellt gewissermaßen das „Gerüst" des 1944 auf der Konferenz von Bretton Woods ins Leben gerufenen Internationalen Währungsfonds (IWF) dar. Und dieser IWF ist gerade dabei, eine Kapitalerhöhung zu beschließen: Um aufstrebenden und „unterrepräsentierten" Schwellenländern mehr Stimmrechte zu verleihen, müssen auch deren „Quoten", mithin ihre Einzahlungen steigen. Während der Herbsttagung von IWF und Weltbank in Singapur (19./20.09.2006) sollen die Quoten von China, Südkorea, der Türkei und Mexikos insgesamt um 1,8 Prozentpunkte angehoben werden. 85 % der IWF-Mitglieder müssen zustimmen. Wird diese Zustimmung gewährt, so werden die Quoten der übrigen Länder zwangsläufig sinken. Deutschlands Quote würde beispielsweise von jetzt 6,1 % auf dann ca. 5,98 % abgesenkt werden. Bis 2007, spätestens aber 2008 soll eine neue und nach Möglichkeit einfachere Formel entwickelt werden, in die, nach den Vorstellungen der USA, vor allem (wenn nicht ausschließlich) das BIP eines Landes eingehen soll. Andere Länder, insbesondere Europas, wollen mindestens auch das Kriterium „Offenheit der Märkte" (Konvertibilität, Handelsbarrieren, Direktinvestitionen) berücksichtigt sehen.

So weit, so gut. Die aktuelle und die geplante Struktur des IWF lässt sich mindestens aus drei Blickwinkeln debattieren: Aus einzel- bzw. bankwirtschaftlicher Sicht, aus volkswirtschaftlicher bzw. wohlfahrtsökonomischer und schließlich aus politikökonomischer Sicht.

4.2 Zur Neuverteilung von Quoten und Stimmrechten im IWF

Aus bankwirtschaftlicher Sicht ist auffallend, dass mit der Türkei, Südkorea und Mexiko ausgerechnet 3 „Großkunden" des IWF aus den letzten 12 Jahren mit höheren Stimmrechten aufgewertet werden sollen. Kämen noch Argentinien, Brasilien und Thailand sowie Russland dazu, hätte man geradezu alle wichtigen Krisenländer seit 1994 beisammen. Welche private Bank würde wohl ausgerechnet eine Kapitalerhöhung auf solche Aktionäre konzentrieren und damit gerade jenen heute mehr Mitsprache einräumen, welche gestern noch die Brände selbst gelegt haben, die von der Bank (Hier: Dem IWF) anschließend durch Liquidität zu löschen waren? Nicht einmal in den „informellen Kreditclubs" asiatischer Schwellenländer, die im Prinzip nicht viel anders als der IWF funktionieren, käme jemand auf eine solche Idee.

Aus volkswirtschaftlicher Sicht ist die von den USA anvisierte neue Formel, in der das BIP eines Landes für die Höhe der Quote die größte, wenn nicht alleinige Rolle spielen soll, durchaus problematisch. Je größer das BIP, desto niedriger ist bekanntlich im Allgemeinen der Offenheitsgrad einer Volkswirtschaft (etwa gemessen am Wert der Exporte in Relation zum BIP). Große Länder mit dominantem Binnenmarkt sind ex definitione weniger anfällig für Zahlungsbilanzkrisen, zumal sie i. d. R. den strategischen Vorteil besitzen, sich gegenüber Ausländern in ihrer eigenen Währung verschulden zu können. Der Tendenz nach würde eine „BIP-Regel" (noch stärker) zu einer Zwei-Klassengesellschaft im IWF führen. Auf der einen Seite vergleichsweise wenige, nicht sehr krisenanfällige Länder mit hohem BIP, auf der anderen Seite vergleichsweise viele Länder mit mittlerem und niedrigem BIP, die auf die Stimmen der „Großen" als potenzielle Kreditkunden angewiesen sind.

Auch aus politikökonomischer Sicht gäbe es Bedenken zu äußern: Die USA nutzen aktuell die Suche nach einer neuen Quoten-Formel nur zu offensichtlich, um die Stimmenaufwertung von Schwellenländern mit einer Abwertung europäischer Länder zu verbinden. Dazu würde ihnen eine BIP-Formel verhelfen, die ihre Quote zunächst deutlich erhöht, von der sie dann „großzügig" an Schwellenländer abgeben können. Es waren in der Vergangenheit ja gerade die Europäer – man denke an die Argentinien-Krise – welche den IWF vor „moral hazard" bewahren und verhindern wollten, dass „gutes Geld" dem schlecht investierten Geld hinterher geworfen wurde.

Gibt es einen Ausweg? Die Europäer müssen dringend Verbündete gegen eine BIP-Formel suchen und schon in Singapur die Quotenerhöhung weiterer, weniger „vorbelasteter" Mitglieder durchsetzen.

(Quelle: Mimeo, Neubiberg 01.01.2007)

Theoretische oder empirische Belege?

Mit der Neuverteilung der Kapitalanteile wurde 2010 auch eine Verdoppelung in der Finanzausstattung des IWF beschlossen. Diese war überfällig geworden angesichts der stark angewachsenen Weltwirtschaft und der drastischen Zunahme der Transaktionen auf den internationalen Finanzmärkten in den letzten Jahrzehnten. Eine ausführliche Würdigung aller Argumente im Zusammenhang mit der Quotenveränderung beim IWF liefert Franz Rabitsch, Die IWF-Quotendiskussion: Ein Überblick, Working Paper 8/2006 beim Österreichischen Bundesministerium für Finanzen, Wien 2006.

> **Die Argumente der Gegenseite!**
> Die stärkere Berücksichtigung von Schwellenländern an den Kapitalanteilen und damit an den Entscheidungen des IWF klingt gut und scheint eine stärkere Demokratisierung des IWF voranzutreiben. Wenn man allerdings die schwere Wirtschaftskrise Brasiliens im Jahr 2017, die Diskussion um ein „hard landing" der chinesischen Wirtschaft, die seit einigen Jahren geführt wird und die Rezession in Russland betrachtet, so erscheint es zweifelhaft, ob diese Länder schon bereit und in der Lage sind, Verantwortung für die Weltwirtschaft zu übernehmen. Vgl. dazu: Peter Debare et al., Rising powers and IMF governance reform, in: rising powers and multinational institutions, Basingstoke: Palgrave Macmillan 2015, S. 153–174. Auf der anderen Seite sinken die Kapitalanteile bisheriger Schwergewichte, wie Deutschland, von 5,8 auf 5,3 %. Das ist vor dem Hintergrund der stark gewachsenen politischen Bedeutung Deutschlands schwer nachvollziehbar.

4.3 Geordnete Diversifizierung: Ein Ausweg aus dem Währungs-Dilemma asiatischer Schwellenländer

▶   *Nachstehender Aufsatz behandelt ein Problem von Notenbanken, die ihre Devisenreserven sehr stark auf eine einzige Währung konzentrieren. Je höher der Berg wird, desto größer das Risiko von Vermögensverlusten bei einem Kursrutsch der Fremdwährung. Ein koordiniertes Verhalten verwandter Zentralbanken bei der Diversifizierung der eigenen Reservebestände bietet einen guten Ausweg, allerdings mit der Gefahr (wie im Kartell), dass einzelne Notenbanken ausscheren und panikartig das Hauptreservemedium an den Devisenmärkten verschleudern.*

Asiatische Schwellenländer (allen voran China und Indien) häufen seit Jahren stetig Währungsreserven an und sie tun dies in erster Linie in Gestalt von US-Dollar-Anlagen. Sie haben damit den US-Dollar an den Devisenmärkten gestützt, das amerikanische Leistungsbilanzdefizit tendenziell vergrößert und zu einem hohen, stetig wachsenden Teil selbst finanziert. Die Furcht vor einem „Absturz" des US Dollars ist im gleichen Zeitraum nicht gerade geringer geworden, im Gegenteil. Nun führt diese Angst bei den Notenbanken der genannten Ländergruppe dazu, dass sie immer fort US-Dollar am Devisenmarkt kaufen, ihre Reserven weiter wachsen und damit auch die Größe des möglichen Vermögensverlustes, den sie, jedenfalls in inländischer Währung gerechnet, bei einer mehr oder weniger starken Abwertung des US Dollars vermeintlich erleiden müssten. Der Anreiz zu intervenieren scheint demnach immer größer zu werden.

Das gilt aber nur mit Einschränkungen. Es gibt ein verstecktes „Freifahrerproblem". Man könnte es auch als ein implizites „Allianzproblem" bezeichnen: Zwar ist jedes einzelne Land (mit hohen US Dollar-Reserven) an einem stabilen US Dollar-Kurs interessiert, aber nicht unbedingt daran, dazu selbst etwas durch eigene Devisenkäufe beizutragen. Erstens, weil es sich durch eine Diversifizierung der Währungsreserven (Anlage nicht nur in US Dollar, sondern in Euro, Yen etc.) einerseits besser gegen eine erwartete Abwertung des US Dollars „versichern" kann, dabei wird die Diversifizierung umso dringlicher, je höher der eigene Reserveberg an US-Dollar bereits ist. Zum zweiten, weil eine größere Streuung der Reservewährungen den Übergang von der faktischen Anbindung an den US Dollar zu einer mehr oder weniger flexiblen Korbbindung ermöglicht. In einem solchen Währungskorb sollten sich die Währungen der wichtigsten Handelspartner wiederfinden.

Zum genannten Freifahrerproblem gesellt sich das Problem der internen Stabilisierung. Devisenkäufe erhöhen die Geldbasis. Das kann von der einzelnen Notenbank entweder hingenommen werden, dann steigt mittelfristig das Inflationsrisiko an. Die expansiven Wirkungen auf das Geldangebot können von der Notenbank auch „sterilisiert" werden, indem die Kreditgewährung an das inländische Bankensystem eingeschränkt wird. Beide Optionen sind aber nicht besonders attraktiv. Das scheinbare Dilemma für die einzelne Notenbank besteht nun darin, dass sie angeblich, um ihr Vermögen zu schützen, kurzfristig an weiteren Dollarkäufen, mittel- und langfristig aber eher an Dollarverkäufen interessiert sein muss. Je länger die Diversifizierung der Währungsreserven aufgeschoben werde, so hört man, desto größer werde der zu erwartende Verlustbetrag in inländischer Währung ausfallen. Dieser Zusammenhang sei im Prinzip allen Notenbanken bekannt und er werde dazu führen, dass gerade jene Länder, deren Reserveberg an US-Dollar schon heute besonders hoch sei, irgendwann (eher früher als später) versucht sein werden, die Initiative zu ergreifen und ihre Währungsreserven „autonom" umzuschichten.

So eingängig diese Argumentation auch ist, sie beruht trotzdem in einem entscheidenden Punkt auf einem Denkfehler, weil sie die innewohnende „Saldenmechanik" unberücksichtigt lässt. Bei US-Dollarverkäufen durch Notenbanken sinkt zwar der US-Dollar-Kurs, zugleich müssen aber jene Währungen im Kurs zulegen, die im Gegenzug von den Notenbanken der Schwellenländer gekauft werden. Im Prinzip könnten die genannten Notenbanken nämlich jeglichen Wertverlust vermeiden, während sie ihr Portfolio an Devisenreserven diversifizieren. In der Praxis werden die betroffenen Notenbanken den Verlust freilich nicht vollständig vermeiden, der Tendenz aber minimieren können. Denn eine Reserve-Umschichtung wird vergleichsweise aufwendig, wenn, wie zurzeit, der Euro (der US-Dollar) oder das britische Pfund sich aus anderen Gründen verteuern (verbilligen). Das eigentliche Problem liegt aber weniger darin, wie früh oder wie spät mit der Diversifizierung begonnen wird, sondern, wie diese Diversifizierung „organisiert" wird, nämlich „autonom" oder „koordiniert".

Ein autonomes Vorpreschen einzelner Länder, wie etwa China, könnte für die Devisenmärkte eine besonders ungünstige, da sehr volatile Entwicklung auslösen, denn sie würde wahrscheinlich ein gänzlich unkoordiniertes, möglicherweise sogar panisches Nachziehen der übrigen betroffenen Länder nach sich ziehen. Jedes Land könnte versucht sein, sich – so schnell wie möglich – von so viel US-Dollar wie möglich zu trennen, um den vermeintlichen eigenen Vermögensverlust zu begrenzen. Dieser muss aber, wie oben gesehen, gar nicht eintreten. Das eigentliche Problem wäre in diesem Fall, dass in vergleichsweise kurzer Zeit sehr große Mengen an US-Dollar auf den Markt kommen und dadurch „erst recht" der allerseits befürchtete (weitere) Einbruch im Kurs des US-Dollars an den Devisenmärkten ausgelöst würde. Obwohl also jede einzelne Notenbank durchaus rational handelte, gefährdete sie im Zusammenspiel mit den anderen Notenbanken die Stabilität der weltweiten Finanzmärkte. Das geschilderte Szenario erinnert nicht zu Unrecht an Panikverkäufe an Aktien- oder Derivate-Märkten.

Wie könnte ein solcher „Run" auf die eigenen (!) US-Dollar-Reserven durch die genannten Notenbanken vermieden werden? Wohl nur durch ein koordiniertes Vorgehen der asiatischen Notenbanken, woran gerade den USA und anderen wichtigen Industrieländern besonderes gelegen sein dürfte, da sie an einer unsanften, stark volatilen Landung des US-Dollars nicht das geringste Interesse haben. Die koordinierten Goldverkäufe aus den Beständen vornehmlich westlicher Notenbanken, die seit Jahren den Goldpreis und seine Schwankungen im Auge behalten, könnten dabei durchaus Vorbild sein.

(Quelle: F. L. Sell, Ein Ausweg aus dem Währungsdilemma, in: Frankfurter Allgemeine Zeitung Nr. 16 vom 19.01.2007, S. 20)

Theoretische oder empirische Belege?

Das beschriebene Dilemma ist typisch für den Gegensatz einzelwirtschaftlicher und gesamtwirtschaftlicher Rationalität in risikobehafteten Entscheidungssituationen an Finanzmärkten. Ein berühmtes Beispiel hierfür ist das Bank-Run-Modell von Diamond und Dybvig (Douglas W. Diamond/Philip H. Dybvig, Bank Runs, Deposit Insurance, and Liquidity, in: The Journal of Political Economy, Vol. 91, No. 3, Juni 1983, S. 401–419). Während es für den Einzelnen bei einer heraufziehenden Bankenkrise empfehlenswert ist, seine Guthaben abzuheben, riskiert die Bank Liquidität und Solvenz, wenn alle Bankkunden zugleich und sofort ihr Geld zurück wollen.

Die Argumente der Gegenseite!

In der Realität haben die Aufsichtsbehörden vieler Länder Systeme der Einlagensicherung (mit und ohne Obergrenzen) installiert, welche Panikreaktionen von Bankkunden recht wirksam einzudämmen vermögen. Die Einführung von Obergrenzen hat darüber hinaus den positiven Nebeneffekt, dass Anleger sich rechtzeitig um eine geeignete Diversifizierung ihres Geldvermögens kümmern und im Schadensfall auch der Steuerzahler vor einer zu großen Belastung geschützt wird. Einen Härtetest erlebte in diesem Zusammenhang Zypern im Jahr 2013: Die Sanierung der schwer angeschlagenen Bank of Cyprus wurde u. a. dadurch möglich, dass Guthaben von mehr als 100.000 EUR zu jeweils 47,5 % in Aktienkapital umgewandelt wurden. Vgl. Christian Kopf, Das europäische Finanzsystem nach dem Zypernprogramm. In: Wirtschaftsdienst, Band 93, Heft 4/2013, S. 233–237.

4.4 Der neue Währungspoker: Zentralbanken und Private streben nach Zinsvorteilen. Halten die Finanzmärkte das aus?

▶ *Dieser Beitrag entstand zu der Zeit, als Axel Weber noch Präsident der Deutschen Bundesbank war und noch nicht wegen der „Retter-Rolle" der EZB im Rahmen der Eurozonenkrise im Februar 2011 von seinem Amt zurückgetreten ist. Das Thema – welche Effekte gehen von Arbitrageaktivitäten großer Notenbanken auf die Umsätze und Preise auf den Finanzmärkten aus – besitzt immer noch große Aktualität und Relevanz.*

Die letzten Wochen und Monate bringen beständig Neuerungen/neue Tendenzen in die internationalen Finanzmärkte ein, wobei noch ziemlich unklar erscheint, welche Folgewirkungen sie zeigen werden. Beispiel China: Dieses Schwellenland schafft sich z. Zt. eine eigene Währungsbehörde (nach dem Vorbild Singapurs) an, um in Zukunft mindestens 200 der über 1000 Mrd. US$ Währungsreserven verstärkt zu „managen". Es geht den Chinesen wohl vor allem um den Tausch amerikanischer Staatspapiere gegen höher verzinsende Industrieobligationen aus dem privaten Unternehmenssektor der USA. Diese Operationen können nicht ohne Konsequenzen für den Schuldendienst der US-amerikanischen Regierung bleiben: Die zu erwartenden Kursverluste werden die effektiven Zinskosten erhöhen und damit den Staatshaushalt zusätzlich belasten. Dagegen werden die Effektivzinsen der privaten Langläufer in den USA tendenziell sinken, was die Investitionsnachfrage günstig beeinflussen dürfte. Beide Effekte zusammengenommen sind aber sicher nicht dazu angetan, dass Ausgabewachstum der US-Ökonomie und damit auch das amerikanische Leistungsbilanzdefizit zu begrenzen.

Macht das Beispiel Chinas auch bei anderen mit Devisenreserven „gesegneten" Zentralbanken Schule, kommt eine – jedenfalls von den Größenordnungen her – völlig neuartige Folge von Devisenmarktinterventionen ins Spiel: Was nämlich, wenn solche Zentralbanken in Zukunft in Situationen geraten, in denen sie u. U. umfangreich am Devisenmarkt intervenieren wollen und dazu dann schnell Wertpapiere (in erster Linie private Langläufer) erwerben oder, im umgekehrten Fall, schnell liquidieren müssen? Dann würden in diesem Markt die Kurse steigen (sinken) und die Zinsen schnell sinken (steigen). Es käme eine Finanzmarktvolatilität hinzu, die, von den Wechselkursinteressen Dritter ausgelöst, zugleich aber für das eigene Land in erheblichem Maße konjunkturrelevant wäre. Eine weitere interessante Frage ist diejenige, ob nicht durch eine solche Politik letztlich der Interventionsbedarf der beteiligten Notenbanken eher noch verstärkt und damit die Effektivität und Effizienz der eigenen Interventionen gesenkt wird. Wenn jedenfalls das Ziel der Interventionen darin besteht, den US-Dollar an den Devisenmärkten zu stärken (zu schwächen), so führt eine Reduktion (Erhöhung) des Zinsniveaus in den USA gerade in die falsche, weil unerwünschte Richtung und senkt die Effektivität und Effizienz der Devisenmarktinterventionen.

Beispiel Bundesbank: Diese will nach Angaben von Präsident Axel Weber (vermehrt) Goldreserven unter ihren Aktiva gegen attraktiv verzinsende ausländische Wertpapiere eintauschen. Auch die Bundesbank wird tendenziell aus Renditeerwägungen heraus, die zumindest den Anlass für die neue Strategie abgeben, eher Langläufer bevorzugen. Das ist etwas gänzlich anderes, als der noch vor wenigen Jahren von der deutschen Politik vehement geforderte schlichte Verkauf der Goldreserven der Deutschen Bundesbank, aus dessen Erlösen Bildungsinvestitionen getätigt werden sollten. Hier hätte in der Tat eine Reduktion der Bundesbank-Aktiva mit entsprechenden Konsequenzen für die Zentralbankgeldmenge, also die Geldversorgung in D-Mark, vorgelegen. Es ist nicht abwegig, von der neuen „Weber-Strategie" positive Auswirkungen auf die zukünftigen Zentralbankgewinne der Bundesbank zu erwarten. Da diese per Gesetz an den Bund abgeführt werden müssen, ist diesem durch ein „sell out gold" der Bundesbank sicher geholfen. Sollen wir uns darüber freuen? Führt die „Erschließung" neuer Einnahmequellen nicht auch zu neuen „fiskalischen Begehrlichkeiten", also zu Ausgabewünschen, statt einer konsequenten Konsolidierung der Staatsfinanzen? Es gibt genügend empirische Evidenz dafür, dass eine solche vor allem durch Ausgabereduktion und nicht durch Einnahmeverbesserung zu schultern ist.

Drittes Beispiel: Private Haushalte in der Euro-Zone nutzen durch „Carry-Trades" das niedrige Zinsniveau in Japan (oder in der Schweiz) aus, um zu scheinbar konkurrenzlos günstigen Konditionen die eigene Immobilie in der Heimat zu finanzieren. Der Zinsvorteil (von Geldmarktschocks im In- oder Ausland einmal ganz abgesehen) ist aber nur solange gegeben, wie es nicht zu einer mehr oder weniger ausgeprägten Aufwertung der Fremdwährung kommt. Auf eine solche Entwicklung – etwa durch US-Dollar-Verkäufe der ausländischen Zentralbank oder durch Kapital(rück)-Flüsse in den Gläubigerstaat, die ihren Ursprung in der Auflösung spekulativer Positionen haben, ausgelöst – haben die Schuldner so gut wie keinen Einfluss, sie müssen aber jede Menge negativer Konsequenzen fürchten. Im schlimmsten Fall müssen sie sich sogar von der eigenen Immobilie wieder trennen, was, bei entsprechenden Größenordnungen, den heimischen Immobiliensektor empfindlich treffen dürfte.

Nun ist das Ausnutzen von Rendite- oder Fremdkapitalzinsunterschieden in der Ökonomie zunächst einmal nichts weiter als der Ausdruck sogenannter „Arbitrage", von der, jedenfalls im Durchschnitt, eine Verbesserung der (weltweiten) Kapitalallokation erwartet wird. Dies gilt aber auch nur dann, wenn die Bepreisung der involvierten Risiken transparent und als Ergebnis von Marktprozessen geschieht. Zinsvorteile sind jedenfalls weder für die Politik noch für Private ein „free lunch"; die Politik muss dabei, im Unterschied zu den Privaten, auch die Stabilität des (inter)nationalen Finanzsystems im Auge behalten.

(Quelle: F. L. Sell, Das Streben nach Zinsvorteilen. Zentrale Aufgabe der Notenbankpolitik muss es bleiben, die Stabilität des internationalen Finanzsystems zu garantieren. In: Handelsblatt Nr. 71 vom 12.04.2007, S. 8)

> **Theoretische oder empirische Belege?**
> Auf dem Höhepunkt der Devisenankaufpolitik der People's Bank of China – gegen Ende der ersten Dekade im neuen Millennium – wurde darüber spekuliert, ob die Chinesen gegenüber der US-amerikanischen Regierung ein Erpressungspotenzial besaßen und dieses gegebenenfalls auch nutzen würden. Ein „Klumpenverkauf" US-amerikanischer Staatsanleihen hätte das Zinsniveau am US-amerikanischen Kapitalmarkt empfindlich nach oben geschleust und damit die Kosten der Nettokreditaufnahme für die US-Regierung deutlich angehoben. Vgl. auch F. L. Sell, The new exchange rate policy in the Asian emerging economies – goodbye trouble, hello comfort? In: China Economic Journal, Vol. 1, No. 3, 2008, S. 323–344.

> **Die Argumente der Gegenseite!**
> Wichtige Notenbanken, wie die Federal Reserve in den USA oder die EZB in Europa halten dagegen, dass ihre Ankaufpolitik im Rahmen des „Quantitative easing" sich nicht von Renditen oder Renditeunterschieden bei den fraglichen Wertpapieren leiten lassen. Dieses Argument übersieht, dass ja, etwa bei der EZB, die Kontingente (staatliche vs. private Wertpapiere/aus Krisenstaaten vs. aus stabilen Staaten) politisch bzw. entsprechend der Eigentümerstruktur der Notenbank (Kapitalschlüssel) festgelegt werden und nicht danach, wie sich davon ausgelöste Volatilitäten an den Finanzmärkten am besten vermeiden lassen. Vgl. dazu: Martin Hellmich, ABS-Ankauf-Programm: Bilanz nach einem Jahr, in: Die Bank, Heft 10/2015, S. 10–13.

4.5 Zentralbanken streben nach Zinsvorteilen: Was wird aus der Weltwährungsordnung?

> *Heutige Zentralbanken, wie etwa die People's Bank of China, halten wichtige Teile der Nettoauslandsposition ihres Landes in Gestalt von Devisenreserven. Anhaltende Interventionen am Devisenmarkt lassen die heimischen Devisenreserven auf früher undenkbar hohe Niveaus ansteigen. Das führt zu einer neuen Rolle, nämlich der der Verwaltung und des Managements von Vermögen. Im Grunde verfehlt oder mindestens vernachlässigt eine Notenbank dann ihre ureigensten Ziele. Diese bestehen darin, das Geldvermögen der ihr anvertrauten Haushalte durch ein Höchstmaß an Preisniveaustabilität zu schützen. Und nicht darin, selbst als „Player" an den internationalen Finanzmärkten deren Preise und Umsätze durch eigenes Handeln zu beeinflussen. Vielmehr müssen Notenbanken „ohne eigenes kommerzielles Interesse" auch über die Stabilität des internationalen Finanzsystems wachen.*

Es scheint, als ob die Globalisierung nicht nur bei den Privaten, sondern auch bei staatlichen Einrichtungen, wie es Notenbanken sind, den Rechtfertigungszwang, wie wirtschaftlich mit dem (nicht immer eigenen) Vermögen umgegangen wird, merklich erhöht hat: Wie mehrfach berichtet, lässt China in Zukunft einen wesentlichen Teil seiner Devisenreserven „managen", um damit möglichst hohe Zinserträge zu erwirtschaften. Macht das Beispiel Chinas auch bei anderen, mit Devisenreserven „gesegneten" Zentralbanken Schule, kommt eine – jedenfalls von den Größenordnungen her – völlig neuartige Folge von Devisenmarktinterventionen ins Spiel. Was nämlich, wenn solche Zentralbanken in Zukunft in Situationen geraten, in denen sie u. U. umfangreich am Devisenmarkt intervenieren wollen und dazu dann schnell Wertpapiere (in erster Linie private Langläufer) erwerben oder, im umgekehrten Fall, schnell liquidieren müssen? Dann würden in diesem Markt die Kurse steigen (sinken) und die Zinsen schnell sinken (steigen). Es käme eine Finanzmarktvolatilität hinzu, die, von den Wechselkursinteressen Dritter ausgelöst, zugleich aber für das eigene Land in erheblichem Maße konjunkturrelevant wäre. Eine weitere interessante Frage ist diejenige, ob nicht durch eine solche Politik letztlich der Interventionsbedarf der beteiligten Notenbanken eher noch verstärkt und damit die Effektivität und Effizienz der eigenen Interventionen gesenkt wird. Wenn jedenfalls das Ziel der Interventionen darin besteht, den US-Dollar an den Devisenmärkten zu stärken (zu schwächen), so führt eine Reduktion (Erhöhung) des Zinsniveaus in den USA gerade in die falsche, weil unerwünschte Richtung und senkt die Effektivität und Effizienz der Devisenmarktinterventionen.

Das zweite Beispiel betrifft die altehrwürdige Bundesbank: Diese will nach Angaben von Präsident Axel Weber (vermehrt) Goldreserven unter ihren Aktiva gegen attraktiv verzinsende ausländische Wertpapiere eintauschen. Auch die Bundesbank wird tendenziell aus Renditeerwägungen heraus, die zumindest den Anlass für die neue Strategie abgeben, eher – wenn wir das Phänomen der inversen Zinsstruktur für einen Augenblick ausblenden – Langläufer bevorzugen. Das ist etwas gänzlich anderes, als der noch vor wenigen Jahren von der deutschen Politik vehement geforderte schlichte Verkauf der Goldreserven der Deutschen Bundesbank, aus dessen Erlösen Bildungsinvestitionen getätigt werden sollten. Hier hätte in der Tat eine Reduktion der Bundesbank-Aktiva mit entsprechenden Konsequenzen für die Zentralbankgeldmenge, also die Geldversorgung in D-Mark, vorgelegen. Es ist nicht abwegig, von der neuen „Weber-Strategie" positive Auswirkungen auf die zukünftigen Zentralbankgewinne der Bundesbank zu erwarten. Da diese per Gesetz an den Bund abgeführt werden müssen, ist diesem durch ein „sell out gold" der Bundesbank sicher geholfen. Sollen wir uns darüber freuen?

Zunächst einmal gilt es festzuhalten, dass die gesamte Aktion, wenn auch in einzelnen Etappen, nur ein einziges Mal stattfinden kann: Ohne Gold, keine Goldverkäufe mehr. Und natürlich ist es etwas anderes, wenn Regierungen/Finanzminister bei Notenbanken die Abführung möglichst hoher Notenbankgewinne oder gar die Finanzierung staatlicher Defizite in Gestalt einer Inflationssteuer „nachfragen" oder genauer: von ihnen einfordern. Führt aber nicht das jetzt von der Bundesbank großzügig unterbreitete „Angebot" zur „Erschließung" neuer Einnahmequellen auch zu neuen „fiskalischen Begehrlichkeiten", nämlich zu Ausgabewünschen, statt einer konsequenten Konsolidierung der Staatsfinanzen? Es gibt genügend empirische Evidenz dafür, dass eine solche vor allem durch Ausgabereduktion und nicht durch Einnahmeverbesserung zu schultern ist.

Zu denken gibt schließlich, wie sich durch die offenbar stark wandelnde Rolle der Notenbanken die Weltwährungsordnung selbst schleichend verändert: Vom Internationalen Währungsfonds (IWF) wissen wir, dass seine Kreditvergabe an Länder mit Zahlungsbilanzproblemen geradezu stetig abnimmt. Länder wie Argentinien, ein Land das einem Viertel seiner Gläubiger bis heute jede Form der Entschädigung für das Moratorium auf seine Auslandsschulden verweigert, haben in den letzten Jahren alle ihre noch ausstehenden Raten an den IWF beglichen. Werden die Anteilseigner des IWF in Bälde auch diese internationale Institution auffordern, die eigenen „assets", die immer weniger verliehen werden, am internationalen Kapitalmarkt zinsgünstig anzulegen? Bekommen wir einen Wettbewerb, um die rentabelste Notenbank, den IWF eingeschlossen? Das könnte ordnungspolitisch zu einem Salto rückwärts werden: Notenbanken und der IWF sind ja u. a. gerade dafür geschaffen worden, Marktversagen zu korrigieren oder zu verhindern – man denke nur an Alan Greenspans Rettungsaktion zugunsten von LTCM –, demnach können sie sich nur mit großen Einschränkungen selbst als Teilnehmer des Wettbewerbs gerieren.

Zwar ist das Ausnutzen von Renditeunterschieden in der Ökonomie zunächst einmal nichts weiter als der Ausdruck sogenannter „Arbitrage", von der, jedenfalls im Durchschnitt, eine Verbesserung der (weltweiten) Kapitalallokation erwartet wird. Das Erlangen von Zinsvorteilen ist aber für Notenbanken keineswegs ein „free lunch". Zentrale Aufgabe der Notenbankpolitik muss es nämlich bleiben, die Stabilität des (inter) nationalen Finanzsystems im Auge behalten und, wenn es eng wird, sogar zu garantieren.

(Quelle: F. L. Sell, Das Streben nach Zinsvorteilen. Zentrale Aufgabe der Notenbankpolitik muss es bleiben, die Stabilität des internationalen Finanzsystems zu garantieren. In: Handelsblatt Nr. 71 vom 12.04.2007, S. 8)

> **Theoretische oder empirische Belege?**
> Im deutschsprachigen Raum gibt es bisher nur eine einzige umfassende Monografie zum Thema und seinen verschiedenen Facetten, das ist die Dissertation von Beate Sauer aus dem Jahr 2011. Vgl. „Von der Liquiditätssicherung zum Ertragsstreben: eine Trendwende in der Reservepolitik von Zentralbanken?"/Beate Sauer, Schriften zur internationalen Wirtschaftspolitik. Berlin: LIT, 2003-; Band 7, Münster: LIT-Verlag, 2011. Nach Beate Sauer sind Notenbanken unter bestimmten Bedingungen dazu legitimiert, renditeorientiert zu handeln – ohne dabei ihr Kernziel, die Sicherung der Preisniveaustabilität, aus dem Auge zu verlieren.

> **Die Argumente der Gegenseite!**
> Mit dem „Selection Principle" hat Hans-Werner Sinn vor Jahren theoretisch untermauert, warum sich Akteure, wie der Staat (also auch die Notenbank, die ihr Emissionsmonopol vom Staat verliehen bekommt), aus Wettbewerbsprozessen heraushalten, also nicht selbst als Mit-Wettbewerber auftreten sollten. Das bedeutet etwa auch, dass der Staat nicht zum Motor des Standortwettbewerbs werden sollte, denn seine Funktion besteht ja u. a. darin, den Wettbewerb zu überwachen bzw.

zu regulieren. Wollte er beiden Aufgaben zugleich dienen, käme es unweigerlich zu schwerwiegenden Zielkonflikten. Übertragen auf Notenbanken hieße das, dass sich diese aus dem „Erwerbsstreben" tendenziell heraushalten sollten. Vgl. „The selection principle and market failure in systems competition"/Hans-Werner Sinn, in: Journal of public economics. Amsterdam [u. a.]: Elsevier. 1997, November, Vol. 66, No. 2, S. 247–274.

4.6 Vor der Herbsttagung von IWF und Weltbank: Es wird wohl auch in der Zukunft kein „Bretton Woods II" geben!

▶ *In diesem Beitrag aus der ersten Dekade des neuen Millenniums wird eine Art Zukunftsvision für den IWF entworfen, nachdem seine vordringliche Rolle seit 1973 – die makroökonomische Stabilisierung ganzer Volkswirtschaften unter dem Eindruck hoher Fiskaldefizite und spekulativer Attacken gegen einzelne (pseudofixe) Wechselkursregime – seit der überwundenen Weltwirtschaftskrise im Jahr 2009 (trotz Griechenland!) in den Hintergrund geraten ist. Die hier vorgetragene Idee ist, ihn langfristig zu einem „lender of last resort" gegenüber nationalen Notenbanken zu machen.*

Auch wenn es „DSK" (IWF Managing Director Dominique Strauss-Kahn) noch nicht wahr haben will: In wenigen Jahren wird es wohl den 1944 auf der Konferenz von Bretton Woods ins Leben gerufenen Internationalen Währungsfonds in seiner heutigen Form nicht mehr geben. Damals wurde er zu einem Eckpfeiler für die Währungsordnung der Nachkriegszeit. In jenem Gold-Dollar-Standard (bis 1971) waren Paritätsänderungen gegenüber dem US-Dollar nur bei einem „fundamentalen" Zahlungsbilanzungleichgewicht erlaubt. Änderungen von $\geq 10\,\%$ waren grundsätzlich durch den IWF zu genehmigen. Mitgliedsländer hatten Einzahlungen von Gold und/oder von Währungsreserven gemäß ihren nationalen Quoten beim IWF zu leisten. Die Hauptaufgabe des IWF bestand in der Gewährung kurzfristiger Kredite zur Finanzierung von Zahlungsbilanzdefiziten. Das änderte sich auch nach 1973 nicht, als jedes Land die Freiheit erhielt, sein Wechselkursregime nach eigenem Gutdünken zu gestalten. Noch in den 1990er Jahren, als der IWF im Angesicht der Währungs- und Finanzmarktkrisen in Mexiko (1994), Thailand (1997), Brasilien (1998) und Russland (1999) Rettungspakete schnürte, schien er als „internationale Feuerwehr" unverzichtbar. Allerdings warnten schon damals Kritiker, dass die schiere Existenz einer solchen Feuerwehr das Zündeln in den betroffenen Ländern begünstigt habe.

Im neuen Millennium ist zwar nicht alles, aber doch vieles anders geworden: Seit dem Zusammenbruch des Argentinischen Currency Boards im Jahr 2001 hat es kein einziges Schwellenland mehr gegeben, das auch nur annähernd in die Nähe einer Währungs- und Finanzmarktkrise geraten wäre. Es hat den Anschein, als ob die sehr erfolgreiche Kommerzialisierung des Zahlungsbilanzausgleichs und die beobachtbaren

Verhaltensänderungen wichtiger Player (s. u.) in der Weltwirtschaft den IWF alter Prägung überflüssig machen könnten. Die wohl wichtigsten heutigen Schwellenländer, in Asien China und Indien, in Lateinamerika Argentinien und Brasilien, haben keinen Bedarf an (neuen) Krediten des IWF; wenn sie denn überhaupt schon einmal Schuldner des IWF waren, so haben sie mittlerweile die Tilgung dieser Kredite gegenüber dem IWF abgeschlossen. Sie türmen seit Jahren, allen voran China, Währungsreserven auf und das in einem Ausmaß, das schon lange über die „Vorsichtskassenhaltung" risikoaverser Notenbanken weit hinausgeht.

Mit dem stetig rückläufigen Anteil „semi-fixer" Wechselkursregime in der Weltwirtschaft hat auch die Wahrscheinlichkeit spekulativer Attacken gegen überbewertete Währungen deutlich abgenommen. Wie es scheint, sind die Devisenmärkte nur noch „conduits" für die Aktionen der Finanzmarktakteure auf den nationalen und internationalen Geld-, Kredit- und Kapitalmärkten. Das von einigen Experten (wie R. McKinnon) vor Jahren ins Auge gefasste und durch manches ostasiatische Schwellenland mittels eines US-Dollar-Pegs („East Asian Dollar Standard") vermeintlich (und auch nur vorübergehend) annähernd praktizierte „Bretton Woods II", also eine erneute Härtung der Paritäten wichtiger Währungen untereinander, wird so wohl nicht kommen, da es von niemandem wirklich angestrebt wird. China und andere wichtige asiatische Schwellenländer haben im Lichte steigender Inflationsraten mittlerweile ihre Wechselkurspolitik deutlich flexibilisiert. Viel eher ist in der Zukunft mit einer abgespeckten Version von Bob Mundells Vision der Ein-Währungs-Weltwirtschaft zu rechnen: Es wird deutlich weniger Währungen als heute geben, weil sich zunehmend regionale Währungsunionen etablieren werden, wie es jetzt schon an den Bestrebungen im mittleren Osten, in Asien und in Lateinamerika gut zu beobachten ist. Die verbleibenden Währungen werden dann untereinander vorwiegend flexible Wechselkurse unterhalten.

Der zukünftige IWF wird vor diesem Hintergrund neue, ganz anders ausgelegte Aufgabenfelder erhalten. Statt die Performance einzelner Länder zu überwachen, wird er zur Supervision internationaler Finanzmärkte und der dort tätigen multinationalen Akteure wie Hedge Fonds, Großbanken und Bankenkonsortien und damit auch zur Krisenprävention beitragen müssen. Nicht mehr Regierungen, sondern nationale Zentralbanken wären dann seine natürlichen Ansprechpartner. Im Krisenfall würde dem neuen IWF die Aufgabe zufallen, die Rettungsaktionen nationaler Notenbanken zu unterstützen und gegebenenfalls zu koordinieren. Notenbanken würden in dieser Notsituation den IWF nicht mehr, wie früher, wegen erschöpfter eigener Währungsreserven anrufen, sondern nun wegen des akuten Mangels an „guten (und mit positivem Marktpreis versehenen) Forderungen" gegenüber dem Sektor der heimischen Geschäftsbanken. Dieser neue IWF könnte bei einer akuten Finanzmarktkrise beispielsweise den betroffenen nationalen Zentralbanken schlechte, bei diesen von heimischen Geschäftsbanken in Pension gegebene Wertpapiere, vorübergehend – durch Gutschrift von Sonderziehungsrechten (SZR) – abkaufen und hiermit in der Tat zum „lender of last resort" aufgrund der Kreditvergabe werden. Die betroffenen Geschäfts- und nationalen Notenbanken könnten so zugleich Zeit gewinnen für die Konsolidierung ihrer Bilanzen, eine Liquiditätsverknappung und entsprechende

Zinsanstiege vermeiden und mögliche Ansteckungseffekte reduzieren. Das Ausmaß der möglichen Refinanzierung nationaler Zentralbanken könnte an die Höhe der (in Sonderziehungsrechten bezifferten) Quote des jeweiligen Landes gebunden werden. Mit dieser gewandelten Rolle sollte auch die Namensgebung des neuen IWF verbunden werden: Am besten wäre es, er würde dann seinen neuen Aufgaben entsprechend, „Internationaler Fonds für Finanzmärkte" (IFF) genannt werden.

(Quelle: Mimeo, Neubiberg 05.10.2008)

Theoretische oder empirische Belege?

Die Häufigkeit spekulativer Attacken auf einzelne Währungen und deren Wechselkursregime sowie die Möglichkeit sich anschließender Ansteckungseffekte sind (vgl. F. L. Sell, „Contagion in Financial Markets", Cheltenham and Northampton: Edward Elgar 2001), empirisch gesehen, in den letzten 10 Jahren stark zurückgegangen bzw. haben deutlich an Bedeutung verloren. Gleichzeitig hat das Interesse an einer angemessenen und zugleich ausreichenden Regulierung der nationalen Finanzsektoren seit dem Kollaps von Lehmann-Brothers (2008) stark zugenommen. Dem IWF ist dabei allerdings bislang keine zentrale Rolle zugewiesen worden.

Die Argumente der Gegenseite!

Befürworter des Status quo argumentieren, dass es mit der Bank für Internationalen Zahlungsausgleich bereits eine Bank der Notenbanken gibt. Daran angeschlossen ist der Baseler Ausschuss für Finanzmarktstabilität, dem geistigen Vater von Basel I bis III. Danach würde es reichen, die Eigenkapitalanforderungen für die Geschäftsbanken genügend hoch zu definieren und zugleich die Bonitätsanforderungen für die Ankäufe von Wertpapieren durch Notenbanken entsprechend anspruchsvoll zu formulieren. Dem IWF würde die Aufgabe verbleiben, Kredite an Staaten in Verbindung mit einem Katalog von Reformmaßnahmen zu vergeben. Vgl. dazu: Christian Kirchner, Basel III: Der Baseler Ausschuss für Bankenaufsicht auf dem Weg zu Basel III, in: Ifo-Schnelldienst, Band 63, Heft 3, S. 11–14.

4.7 Die Herbsttagung von IWF und Weltbank im Zeichen der Finanzmarktkrise

▶ *Der IWF ist in Europa gegenwärtig vor allem im Zusammenhang mit dem dritten Rettungspaket zugunsten Griechenlands im Gespräch. Der IWF hat seine finanzielle Beteiligung davon abhängig gemacht, dass Griechenlands Schuldentragfähigkeit dabei beachtet bzw. durch Schuldenerleichterungen wieder hergestellt wird. Das betrifft allerdings nicht seine eigenen Forderungen, denn der IWF rühmt sich selbst, seit seiner Gründung im Jahr 1944 alle seine Außenstände jeweils eingetrieben zu haben. Nicht ganz uneigennützig für eine Institution, die sich dem Wohl der Weltwirtschaft verschrieben hat.*

Wenn es eine wichtige internationale Institution gibt, von der man auf dem Höhepunkt der Finanzmarktkrise (aber auch schon zuvor) wenig zu vernehmen schien, dann ist es der IWF (Internationale Währungsfonds). Damit tut man ihm aber Unrecht: Schon Ende März 2008 hatte der IWF weltweit einen Abschreibungsbedarf der Banken in Höhe von 1000 Mrd. US$ prognostiziert. Und vor wenigen Tagen haben sich „DSK" (IWF Managing Director Dominique Strauss-Kahn) und sein erster Stellvertreter, John Lipsky – rechtzeitig vor der Herbsttagung von IWF und Weltbank Mitte Oktober – zu Wort gemeldet. Ihr Tenor ist vorsichtig optimistisch: Die Weltwirtschaft muss nicht in eine tiefe Rezession abgleiten, wenn es erstens den Notenbanken (weiter) gelingt, den Banken ausreichend Liquidität zu moderaten Zinssätzen bereitzustellen, wenn zweitens solvente Finanzinstitutionen die für sie erforderliche Zufuhr an Eigenkapital erfahren, ohne dabei verstaatlicht zu werden und wenn drittens der modifizierte Bail-out-Plan TARP („troubled asset relief program") von beiden Kammern des Kongresses schnell beschlossen und von der US-Regierung zügig umgesetzt wird. Der gigantische Bail-out-Plan der US-Regierung weckt beim IWF keine Begeisterung, aber: „A non-perfect plan is better than no plan at all." Bevor wir auf den möglichen Beitrag des IWF zur Bewältigung der weltweiten Finanzmarktkrise eingehen, lohnt es sich, zunächst einmal auf die Entwicklung zu blicken, welche diese Institution genommen hat:

Wie auch die Weltbank ist der IWF 1944 auf der Konferenz von Bretton Woods ins Leben gerufen worden. Damals wurde er zu einem Eckpfeiler für die Währungsordnung der Nachkriegszeit. In jenem Gold-Dollar-Standard (bis 1971) waren Paritätsänderungen gegenüber dem US-Dollar nur bei einem „fundamentalen Zahlungsbilanzungleichgewicht" erlaubt. Änderungen von mehr als 10 % waren grundsätzlich durch den IWF zu genehmigen. Mitgliedsländer hatten Einzahlungen von Gold und/oder von Währungsreserven gemäß ihren nationalen Quoten beim IWF zu leisten. Die Hauptaufgabe des IWF bestand in der Gewährung kurzfristiger Kredite zur Finanzierung von Zahlungsbilanzdefiziten. Das änderte sich auch nach 1973 nicht, als jedes Land die Freiheit erhielt, sein Wechselkursregime nach eigenem Gutdünken zu gestalten. Noch in den 1990er Jahren, als der IWF im Angesicht der Währungs- und Finanzmarktkrisen in Mexiko (1994), Thailand (1997), Brasilien (1998) und Russland (1999) Rettungspakete schnürte, schien er als „internationale Feuerwehr" unverzichtbar. Allerdings warnten schon damals Kritiker, dass die schiere Existenz einer solchen Feuerwehr das Zündeln in den betroffenen Ländern begünstigt habe. Pikant ist im Zusammenhang mit der heutigen Bankenkrise in den USA und in Europa, dass der IWF während der „Thai Flu", die ihren Ursprung in einer geplatzten Immobilienblase hatte, die rigorose Schließung der meisten „finance companies" anmahnte, die den Boom im Immobiliensektor maßgeblich im Stile amerikanischer Investmentbanken finanziert hatten.

Im neuen Millennium ist zwar nicht alles, aber doch vieles anders geworden: Einerseits hat es seit dem Zusammenbruch des Argentinischen Currency Boards im Jahr 2001 kein einziges Schwellenland mehr gegeben, das auch nur annähernd in die Nähe einer Zahlungsbilanzkrise geraten wäre. Mit dem stetig rückläufigen Anteil „semi-fixer" Wechselkursregime in der Weltwirtschaft hat die Wahrscheinlichkeit spekulativer

Attacken gegen überbewertete Währungen deutlich abgenommen. Es hat den Anschein, als ob die ziemlich erfolgreiche Kommerzialisierung des Zahlungsbilanzausgleichs und die beobachtbaren Verhaltensänderungen wichtiger Player in der Weltwirtschaft den IWF alter Prägung überflüssig machen könnten. Die wohl wichtigsten heutigen Schwellenländer, in Asien sind dies China und Indien, in Lateinamerika Argentinien und Brasilien, haben keinen Bedarf an (neuen) Krediten des IWF; wenn sie denn überhaupt schon einmal Schuldner des IWF waren, so haben sie mittlerweile die Tilgung dieser Kredite gegenüber dem IWF abgeschlossen. Sie türmen seit Jahren, allen voran China, Währungsreserven auf und das in einem Ausmaß, das schon lange über die „Vorsichtskassenhaltung" risikoaverser Notenbanken weit hinausgeht. Der IWF hat sich aktuell (endlich, möchte man sagen) vorgenommen, die Wechselkurspolitik seiner 185 Mitgliedsländer in Zukunft stärker zu überwachen („Surveillance-Aufgabe") und in bilateralen „Ad-hoc-Konsultationen", Manipulationen des Wechselkurses und strategische Devisenmarktinterventionen anzuprangern.

Andererseits, das stellen auch Strauss-Kahn und Lipsky fest, hat sich die Inflation (deutlicher noch in den Schwellen- als in den Industrieländern) in der Weltwirtschaft unübersehbar zurückgemeldet und drastisch gestiegene Öl- und Nahrungsmittelrechnungen (deren Märkte sich nur vorübergehend entspannt haben) sorgen für deutlich verschlechterte Angebotsbedingungen in den meisten Mitgliedsländern. Dazu kommt die erhebliche Abschwächung des Wirtschaftswachstums, welche die Finanzmarktkrise nach sich zieht. Der Inflationstrend könnte dabei paradoxerweise die „Surveillance-Aufgabe" des IWF sogar erleichtern: China und andere wichtige asiatische Schwellenländer haben im Lichte steigender Inflationsraten mittlerweile ihre Wechselkurspolitik schon deutlich flexibilisiert. Das erinnert uns daran, dass die Währungsordnung von Bretton Woods Anfang der 1970er Jahre letztlich an der sich weltweit ausbreitenden Inflation gescheitert ist. Daher ist das von einigen Experten (wie R. McKinnon) vor Jahren ins Auge gefasste und durch manches ostasiatische Schwellenland mittels eines US-Dollar-Pegs („East Asian Dollar Standard") vermeintlich (und auch nur vorübergehend) annähernd praktizierte „Bretton Woods II", also eine erneute Härtung der Paritäten wichtiger Währungen untereinander, nicht (mehr) zu erwarten. Man kann sich im Übrigen unschwer ausmalen, was Wechselkursziele und entsprechende Devisenmarktinterventionen der wichtigen Notenbanken in der gegenwärtigen, noch langen nicht ausgestandenen Finanzmarktkrise an Zielkonflikten, zusätzlichen Inflationsrisiken und Ineffizienzen heraufbeschworen hätten.

Viel eher ist in der Zukunft mit einer abgespeckten Version von Bob Mundells Vision der Ein-Währungs-Weltwirtschaft zu rechnen: Es wird deutlich weniger Währungen als heute geben, weil sich zunehmend, durchaus nach dem Vorbild der EWWU, regionale Währungsunionen etablieren werden, wie es jetzt schon an den Bestrebungen im mittleren Osten, in Asien (ASEAN) und in Lateinamerika (Mercosur) gut zu beobachten ist. Die verbliebenen Währungen werden dann untereinander vorwiegend flexible Wechselkurse unterhalten. Der zukünftige IWF wird vor diesem Hintergrund neue Aufgabenfelder erhalten. Statt die Performance einzelner Länder im alten Stil zu überwachen, wird er gut daran tun, die Regierungen von Industrie-, Schwellen- und Entwicklungsländern intensiv zu beraten, wie die Wirtschaftspolitik angemessen auf globale Angebotsschocks reagieren sollte. Die 1970er Jahre haben bereits gezeigt, dass eine expansive Finanzpolitik in Verbindung mit einer (zu) kontraktiven Geld- und einer aggressiven Lohnpolitik exakt die falschen Antworten auf die beiden Erdölpreisschocks waren. Wenn sich nämlich ein wichtiger und kurzfristig nur schwer zu substituierender Produktionsfaktor wie Energie verteuert, ist es dringend nötig, den Preisauftrieb der anderen Faktoren zu bremsen, will man eine ausgeprägte Stagflation vermeiden. Geboten ist dann eine Drosselung der Kreditnachfrage des Staates am Kapitalmarkt, eine ausgeprägt zurückhaltende Lohnpolitik und u. U. sogar eine leicht inflatorische Geldpolitik, welche nicht angemessene Nominallohnabschlüsse korrigiert, weil sie den Zuwachs der Reallöhne reduziert.

Erheblich komplizierter ist das ganze nun noch dadurch geworden, dass aktuell zu den geschilderten Angebotsverschlechterungen ein scharfer Preiseinbruch im Immobiliensektor (nicht nur in den USA, sondern z. B. auch in Großbritannien, in Spanien und in Irland), vor allem aber die schwere Finanzmarktkrise hinzu getreten ist. Es gilt aber unverändert, dass die Geld- und die Lohnpolitik ihre Aufgaben wie oben geschildert wahrnehmen müssen, wenn eine tief greifende Rezession verhindert werden soll. Die gigantische fiskalische Anstrengung, welche der Paulson-Bernanke-Plan TARP zur Sanierung der Aktiva amerikanischer Banken vorsieht, wird den Kapitalmarktzins in den USA nach oben treiben, was der oben geschilderten und wünschenswerten Abfederung der vorhandenen Angebotsschocks gerade zuwiderläuft. Der Druck auf Lohn- und Geldpolitik wird demnach tendenziell verschärft, beide müssen sehr viel mehr leisten, als wenn es „nur" die oben geschilderten Angebotsschocks gäbe. Hinzu kommen problematische Signalwirkungen, die von jedem „Bail out" ausgehen. Eine solche Signalwirkung betrifft uns Europäer ganz direkt. Der Vertrag von Maastricht beinhaltet eine eigene „No-Bail-out-Clause" gegenüber hoch verschuldeten Mitgliedsländern der EWWU: Wie glaubwürdig kann eine solche Klausel noch sein, wenn der Paulson-Bernanke-Plan umgesetzt wird?

Nach wie vor bleibt der IWF dafür zuständig, die Entwicklung weltwirtschaftlicher Ungleichgewichte kritisch zu beobachten und mit Empfehlungen zu begleiten. Ein besonderer Kristallisationspunkt dafür war in den letzten Jahren das ausufernde US-amerikanische Leistungsbilanzdefizit. Für dessen Entwicklung ist letztlich entscheidend, wie sich das Spar- Investitionsgefälle in den USA im Vergleich zur übrigen Welt in Zukunft gestaltet. Es ist sehr wahrscheinlich, dass der private Sektor in den USA unter dem Eindruck der Finanzmarktkrise endlich signifikante Sparanstrengungen machen wird. Der auch zu erwartende Rückgang privater Investitionen – nicht nur die Finanzierungskosten am US-Interbankenmarkt, auch diejenigen für die mittel- und langfristige Beschaffung von Fremdkapital für US-amerikanische Unternehmen, sind gestiegen – könnte dann im Zusammenspiel mit der gestiegenen Spartätigkeit im Grunde das US-amerikanische Leistungsbilanzdefizit abbauen helfen. Dem steht allerdings entgegen, dass die Eigenkapitalbeschaffung am Aktienmarkt durch US-amerikanische Großbanken sowie die immense Nettokreditaufnahme der amerikanischen Regierung im Rahmen des Paulson-Bernanke-Plans sehr viel ausländisches Kapital ins Land ziehen wird: Der aktuelle Finanzplatz USA weist zwar ein deutlich gestiegenes Risiko auf, dafür werden sich die ausländischen Kapitalgeber aber fürstlich entschädigen lassen. Alles zusammen genommen, ist daher mit einer deutlichen Abnahme der weltwirtschaftlichen Ungleichgewichte im Zuge der Finanzmarktkrise kaum zu rechnen. Mehr noch: Der IWF hält sogar einen bedenklichen Rückgang des Kapitalstroms in Schwellen- und Entwicklungsländer für möglich.

IWF-Direktor Strauss-Kahn hat es dieser Tage als wünschenswert angeregt, dass ein „globaler Dialog" über die Finanzmarktkrise und die anhaltenden weltwirtschaftlichen Ungleichgewichte einsetzen möge. Mit einem solchen Dialog wird es nicht getan sein. Länder, deren Wechselkurse manipuliert werden, sollten verbindliche Zielvereinbarungen mit dem IWF über den zügigen Abbau vorhandener Interventionen abschließen. Auch wird der IWF zunehmend zur Supervision internationaler Finanzmärkte und der dort tätigen Akteure mit beitragen müssen. In einer globalen Weltwirtschaft sind die nationalen Notenbanken und Finanzmarktbehörden allein mit dieser Aufgabe schlichtweg überfordert. Davon können gerade wir Europäer ein Lied singen, wenn man den Alleingang Irlands bei der staatlichen Einlagensicherung im eigenen Bankensystem betrachtet, der vor wenigen Tagen die Partnerländer düpierte.

(Quelle: F. L. Sell, Wir brauchen einen Aufpasser. In: Handelsblatt Nr. 194 vom 07.10.2008, S. 11)

Theoretische oder empirische Belege?

Wenn der IWF in Zukunft zu einer weltweit die Wirtschaftspolitik seiner Mitgliedsländer beratenden Institution wird, kann er dazu beitragen, globale Ungleichgewichte in Gestalt hoher positiver und negativer Leistungsbilanzsalden abzubauen. Auf der gleichen Linie liegt seit Jahren die EU-Kommission, wenn sie beispielsweise den Abbau von deutschen Leistungsbilanzüberschüssen bis auf ein Niveau von ca. 4 % des BIP fordert. Allerdings gibt es auch Fachleute, die den IWF in Zukunft immer noch stärker als echte Feuerwehr sehen. Vgl. dazu auch: Maren Katharina Bode, Der IWF im Wandel – Rückkehr zu einem neuen System: Der Umgang des Internationalen Währungsfonds mit zukünftigen Finanz- und Währungskrisen, Tübingen: Mohr Siebeck 2017.

Die Argumente der Gegenseite!

Man kann zwischen Konkurrenten und Widersachern des IWF unterscheiden: Konkurrenten sind, jedenfalls potenziell, jene Konstrukte, die auf regionale Währungsfonds, etwa in Europa oder in Asien (China!) abzielen. Widersacher sind all jene Lobbys, denen die USA nach wie vor (also auch nach der erfolgten Reform der Kapitalanteile/Quoten) eine viel zu starke Vormachtstellung im IWF innehaben, welche eine Demokratisierung der Weltwirtschaft (Attac!) behindert. In der Griechenland- Schuldenkrise, so diese Kritiker, habe der IWF zudem der EU-Kommission und der EZB als „Feigenblatt" gedient, um harte Reformschritte durchzusetzen und/ oder um gegenüber den eigenen Wählern einen denkbaren „Sündenbock" vorzeigen zu können. Zur Kritik am IWF vgl. George Robakdize, Eine kritische Analyse der Bedeutung internationaler Organisationen für die politische und wirtschaftspolitische Entwicklung, Bamberg: Universität 2003, S. 83–114.

4.8 Chinas Wunsch nach Garantien für US-amerikanische Staatsbonds: An der Saldenmechanik führt kein Weg vorbei

▶ *Es ist eine Besonderheit der letzten anderthalb Dekaden, dass Zentralbanken großer Schwellenländer (wie China) erhebliche Beträge an Devisenreserven akkumulieren, für die sie legitimer Weise eine attraktive Verzinsung anstreben. Dieser Beitrag zeigt, dass sie allerdings dabei nicht gegen die Gesetze der sogenannten „Saldenmechanik" verstoßen können. Diese besagen, dass in einem geschlossenen System, wie der Weltwirtschaft, die Kreditvergabe sich insgesamt immer am vorhandenen Spar-Investitionsgefälle ausrichten muss.*

Bei aller Kritik an der in wichtigen Bereichen möglicherweise zu weit gegangenen Deregulierung des Finanzsektors in den letzten 20 Jahren: Es wird doch anerkannt, dass die stark integrierten internationalen Finanzmärkte ganz wesentlich dazu beigetragen haben, dass die Zahlungsbilanzen vieler Länder mit (positiven oder negativen) Leistungsbilanzsalden über die Kapitalverkehrsbilanz ausgeglichen werden konnten und das, trotz starker Diskrepanzen in der Fristigkeit der angebotenen und der nachgefragten Mittel. Was sich jetzt in der globalen Finanzkrise als Quelle von „Ansteckungsprozessen" erweist, nämlich, dass die internationalen Finanzmärkte ein die Welt umspannendes geschlossenes System finanzieller Beziehungen darstellen, hat in der Vergangenheit – gewissermaßen als positive Kehrseite – die Möglichkeit der Kommerzialisierung des Zahlungsbilanzausgleichs geschaffen. Von besonderer Bedeutung ist dabei die Geschlossenheit des internationalen Finanzsystems. Diese Eigenschaft führt nämlich dazu, dass keine Mittel aus dem System und seinem Kreislauf ausscheiden können.

Was folgt daraus? Nehmen wir einmal an, was für die aktuelle Finanzmarktkrise nicht völlig untypisch sein dürfte, eine Gläubigerbank aus Westeuropa kündigt einem einzelnen Schuldner aus einem osteuropäischen Schwellenland oder dem osteuropäischen Schuldnerland selbst den bislang gewährten Kredit, dann muss die Gläubigerbank in jedem Falle die frei gewordenen Mittel an einer anderen Stelle des weltweiten Finanzsystems wieder anlegen. An dieser neuen Stelle entstehen nun Liquiditätsüberschüsse, die über eine mehr oder weniger große Zahl von Instituten bzw. Kreditketten wieder zu dem osteuropäischen Schuldner bzw. zum osteuropäischen Schuldnerland zurück fließen werden, bei dem sie zuvor abgezogen worden waren. Dieser Zusammenhang beschreibt ziemlich genau das, was der viel zu früh verstorbene bedeutende deutsche Ökonom

Wolfgang Stützel die „volkswirtschaftliche Saldenmechanik" genannt hat. Einzelne Akteure, wie Banken, Hedge-Fonds oder Versicherungen, werden immer wieder versuchen, gegen die Gesetze der Saldenmechanik zu verstoßen, dabei allerdings feststellen müssen, dass sie für alle Akteure gemeinsam unumstößlich sind.

Ein Land, das gerade dabei ist, einen solchen, natürlich zum Scheitern verurteilten Versuch zu machen, ist China: Ende des Jahres 2008 besaß die chinesische Regierung US-amerikanische Staatsbonds in der Größenordnung von 692,2 Mrd. US\$. Außerdem ist der mit Devisenreserven der chinesischen Zentralbank gespeiste Staatsfonds Mitinhaber US-amerikanischer Unternehmen/Banken wie etwa Blackstone oder Morgan Stanley. Chinas Ministerpräsident Wen Jiabao hat nun vor wenigen Wochen in einem besorgten und zugleich strengen Ton die US-Regierung dazu ermahnt, die eigenen Staatsfinanzen und -schulden in Ordnung zu bringen, sich um ein gutes Risikorating zu bemühen und insbesondere die ausstehenden Forderungen Chinas gegenüber den USA zu garantieren.

Natürlich könnte China, noch stärker als bisher, damit fortfahren, seine Währungsreserven zu diversifizieren, also US-Dollar durch Euro und Yen zu substituieren und zu diesem Zwecke zunächst US-amerikanische Staatsbonds, Unternehmensanleihen und –Beteiligungen zu verkaufen, um die so gewonnenen US-Dollar am Devisenmarkt in andere Währungen zu tauschen. Die dadurch ausgelösten Wechselkurseffekte hätten tendenziell die Wirkung, den Vermögensverlust Chinas in US-Dollar durch Zugewinne bei den Euro- und Yen-Anlagen zu kompensieren. Da die Chinesen aber, wie oben gesehen, die dadurch frei gewordenen Mittel an einer anderen Stelle des Systems wieder anlegen müssen, würden sie notwendigerweise entsprechende Assets in Europa, Japan etc. erwerben. Bei den Verkäufern dieser Assets fallen nun genau die oben beschriebenen Liquiditätsüberschüsse an, für die sie Anlagemöglichkeiten suchen und per Saldo eben nur in den USA werden finden können. Noch mehr: China wird nur dann genügend Käufer bisheriger eigener Anlagen in den USA finden, wenn es auf hinreichend viele bereitwillige Verkäufer europäischer, japanischer etc. Anlagen trifft. Jedenfalls so lange, wie global gesehen, ein beträchtlicher Investitions-Sparüberhang der USA gegenüber dem Rest der Welt weiter besteht.

Das Fazit lautet bis hierhin: China würde durch seine eigenen Portfolio-Entscheidungen zwar nationale Ersparnisse anders als bisher platzieren, aber kaum etwas an dem Sog von Ersparnissen aus dem Rest der Welt in die USA ändern können. Auch ist mit einer Reduktion dieser weltwirtschaftlichen Schieflage in der nächsten Zeit wohl kaum zu rechnen: Zwar berichten namhafte Ökonomen, wie Paul Krugman, darüber, dass sich für 2009 ein Anstieg der US-amerikanischen privaten Sparquote von nahe Null auf etwa 5 v. H. des BIP abzeichnet. Die für die Rettungspakete der neuen US-amerikanischen Administration erforderliche Neuverschuldung summiert sich aber im Jahr 2009 zu mindestens 14 v. H. des amerikanischen BIP. Dagegen nehmen sich die Volumina in Europa, die von rund 4 v. H. (im eher großen) Deutschland bis hin zu 11 v. H. des BIP (im eher kleinen) Irland reichen, ziemlich bescheiden aus. Trotz des gestiegenen Risikos bleiben US-amerikanische Staatsbonds attraktiv. Wenn nicht für China, dann für andere private und institutionelle Anleger.

Zu den weltweiten Ungleichgewichten in den Leistungsbilanzen tragen die Chinesen mit ihrer exorbitanten Sparquote von weit über 25 v. H. selbst bei. Teile davon haben den Charakter von „Zwangsersparnissen" und sind der geringen Kaufkraft im ländlichen Raum geschuldet. Andere Teile sind z. B. auf das mangelhafte inländische Rentensystem zurückzuführen, das die Betroffenen zu erhöhter Eigenvorsorge anregt. Zudem ist die o. g. Forderung Chinas nach US-amerikanischen „Garantien" wohlfeil, verschweigt sie doch die erhebliche finanzielle Repression im eigenen Finanzsektor. Die schmerzlichen Erfahrungen, die zurzeit durch die weltweite Finanzmarktkrise gemacht werden, sollten auch dafür genutzt werden, um den chinesischen Finanzmarkt zukünftig mit Vor- und Umsicht zu deregulieren.

(Quelle: F. L. Sell, Chinas Wunsch nach Garantien, in: Frankfurter Allgemeine Zeitung Nr. 124 vom 30.05.2009, S. 22)

Theoretische oder empirische Belege?

Das Thema der Saldenmechanik ist umfassend nur in der (ungewöhnlicher Weise sogar 3-mal aufgelegten) Habilitationsschrift von Wolfgang Stützel behandelt worden: Wolfgang Stützel, Volkswirtschaftliche Saldenmechanik, Nachdruck der 2. Auflage, Tübingen: Mohr Siebeck, 2011. Allerdings gibt es eine Reihe jüngerer Epigonen bzw. Stützel-Schüler, die sich, teilweise durchaus erfolgreich, um eine korrekte Interpretation des „Meisters" bemühen. So etwa: Johannes Schmidt, Sparen – Fluch oder Segen? Anmerkungen zu einem alten Problem aus Sicht der Saldenmechanik, in: Martin Held/Gisela Kubon-Gilke/Richard Sturn (Hrsg.), Normative und institutionelle Grundfragen der Ökonomik, Band 11, Lehren aus der Krise für die Makroökonomik, Marburg: Metropolis-Verlag 2012, S. 61–85.

Die Argumente der Gegenseite!

Kritiker werfen dem Ansatz der Saldenmechanik vor, einerseits methodische Grundlagen für die sogenannte Finanzierungsrechnung, wie sie etwa seit vielen Jahren von der Deutschen Bundesbank gepflegt wird, geliefert zu haben, andererseits aber lediglich in andere Worte gefasst zu haben, was die „allgemeine Gleichgewichtstheorie" schon seit vielen Jahrzehnten betreibt. Diese geht auf den neoklassischen Ökonomen Léon Walras (* 16. Dezember 1834 in Évreux, Normandie; † 5. Januar 1910 in Clarens, heute Montreux, Schweiz) zurück und hat bereits früh den Unterschied zwischen einer makroökonomischen (mikroökonomischen) Partial- und einer Totalanalyse herausgearbeitet.

4.9 Sonderziehungsrechte als Mittel zur Reform der Weltwährungsordnung? Einige kritische Überlegungen zum Vorschlag des chinesischen Zentralbankchefs Zhou Xiaochuan (mit Beate Sauer)

▶ *Die Sonderziehungsrechte zu dem neuen Reservemedium in der Weltwirtschaft zu machen, schwebte schon ihren „Vätern" im Jahre 1969 vor. Der Vorstoß Chinas im Jahr 2009 war wohl vor allem dazu gedacht, die eigene Währung, den Yuan bzw. Renminbi, als international konvertible Währung ins Gespräch zu bringen und gegen die Vorherrschaft des US-Dollars zu kämpfen. Am 1. Oktober 2016 wurde der Yuan in den Korb der Sonderziehungsrechte aufgenommen. Damit hat die chinesische Regierung ihr eigentliches Primärziel erreicht. Mit dem bisher vorliegenden Gewicht von 10 % am Währungskorb wird sich China mittel- und langfristig aber sicher nicht zufrieden geben.*

Zum Inhalt des Vorschlags

Die Volksrepublik China ist seit Jahren weltweit das Land mit dem höchsten Bestand an Währungsreserven und gleichzeitig eine der größten Volkswirtschaften der Welt. Nach allgemeinen Informationen der People's Bank of China werden etwa zwei Drittel der Devisenreserven in verschiedenen Anlageformen des US-Dollars gehalten. Durch die Finanzkrise hat der US-Dollar stark an Wert verloren und zeigt sich wenig stabil.

Der Vorschlag des chinesischen Zentralbankchefs Zhou Xiaochuan begründet sich hauptsächlich auf dieser Instabilität des US-Dollars (der damit die Anforderungen an eine internationale Reservewährung nicht mehr erfüllt), der sich von den USA aus – durch die starke US-Dollar Abhängigkeit der internationalen Finanzmärkte – ausbreitenden Krise und der Gesamtzahl der Krisen nach dem Zusammenbruch des Bretton-Woods-Systems. Nach Xiaochuan scheinen die Kosten der vorliegenden Währungsordnung mittlerweile den Nutzen zu übersteigen, weshalb China eine „kreative Reform" der internationalen Währungsordnung fordert, wonach die dann dominierende internationale Reservewährung nicht mehr von einzelnen Ländern bestimmt sein und vor allem eine langfristige Stabilität aufweisen soll.

Konkret wird hierbei das Sonderziehungsrecht (SZR) des Internationalen Währungsfonds (IWF) als „Licht am Ende des Tunnels für eine Reform der Währungsordnung" gesehen, das als künstliche Währungs-/Recheneinheit dem Vorbild Keynes' folgen könnte. Dieser hatte beim Entwurf des Bretton-Woods-Systems die Rechnungseinheit Bancor für internationale Transfers vorgeschlagen. Als Vorteil der SZR wird auf die Kontrolle durch eine supranationale Institution verwiesen. Damit stünden den einzelnen Reservewährungsländern neue Möglichkeiten der Wechselkurspolitik zur Anpassung an wirtschaftliche Ungleichgewichte zur Verfügung. Gleichzeitig soll nach dem chinesischen Vorschlag jedes IWF-Mitgliedsland einen Teil seiner Reserven zur Verwaltung an den IWF übertragen, der zukünftig für die weltweite Stabilität der Finanzmärkte zuständig wäre und zentral auf Krisen reagieren könnte. Hierdurch würde die Bedeutung des SZR gestärkt und die einzelnen Länder könnten mit den ihnen verbleibenden Reserven inländische Ziele verfolgen und das Wirtschaftswachstum vorantreiben. Hierfür müsste das SZR allerdings attraktiver gemacht (eventuell durch Ausgabe von auf SZR denominierten Finanzaktiva) und aktiv beworben werden, weil es derzeit nur sehr bedingt als Reservewährung akzeptiert ist.

Um dem SZR diese neue Rolle zuzuweisen, müsste zudem dessen Volumen wesentlich erhöht werden. Dies ist nach Ansicht Chinas vor allem für die seit 1981 dem IWF beigetretenen Länder zugleich eine Möglichkeit, SZR zugeteilt zu bekommen. Die Gebrauchsmöglichkeiten des SZR müssten ausgeweitet werden, um die Anforderungen an eine Reservewährung erfüllen zu können. Durch die Schaffung eines Abrechnungssystems zwischen dem SZR und den einzelnen Währungen wäre ein SZR-Einsatz auch im internationalen Handel und bei Finanztransaktionen möglich. Zeitgleich sollte nach Ansicht Xiaochuans eine Anpassung des derzeitigen Währungskorbes des IWF erfolgen, der sich künftig an den Währungen aller großen Volkswirtschaften orientieren und mit dem BIP gewichtet sein soll. Indirekt fordert der chinesische Zentralbankchef damit die Aufnahme des Renminbi in den SZR-Währungskorb.

Dieser Vorstoß des chinesischen Zentralbankchefs zeigt eindeutig die Unzufriedenheit mit der dominierenden Rolle des US-Dollars bzw. der USA und kommt einer Aufforderung zu aktivem Zurückdrängen der amerikanischen Vormachtstellung im weltweiten Handels- und Finanzgefüge gleich. Zusätzlich fordert China künftig eine wesentliche Beteiligung an einem und Einfluss auf ein neues Weltwährungssystem. Die drittgrößte Volkswirtschaft der Welt beansprucht selbstbewusst ihren Platz in der internationalen Finanzordnung.

Eine kurze Geschichte der SZR
Das SZR wurde ursprünglich 1969 im Rahmen des Bretton-Woods-Systems entworfen und eingeführt. Hintergrund waren die Probleme, die im Zuge der Verteidigung der fixen Wechselkurse mit nur zwei bedeutenden Reservewährungen (Gold und US-Dollar) entstanden, weil die Handelsströme schneller als die US-Dollar Reserven wuchsen. Daher sollten die SZR als Ergänzung des Zentralbankreserveportfolios dienen und zusätzliche Liquidität schaffen.

Ein SZR kann grundsätzlich weder als Währung noch als Forderung gegenüber dem IWF verstanden werden, vielmehr repräsentiert es einen möglichen Anspruch auf Währungen der IWF-Mitgliedsländer. Die Einlösung der SZR kann auf zwei verschiedene Arten erfolgen: entweder im freiwilligen Austausch mit anderen Mitgliedsländern oder durch eine Kaufbestimmung des IWF (Länder mit starken Nettoauslandspositionen müssen dann SZR von Ländern mit schwachen Nettoauslandspositionen kaufen). Ein SZR entsprach zu Beginn 0,888671 Gramm Feingold und damit genau einem US-Dollar. Nach dem Zusammenbruch des Bretton-Woods-Systems wurde das SZR aus einem Währungskorb zusammengestellt, der heute aus US-Dollar, Euro, Yen und Pfund Sterling besteht. Das wertmäßige US-Dollar Äquivalent wird täglich auf Basis der aktuellen Wechselkurse vom IWF bekannt gegeben. Die Gewichtung der einzelnen Währungen wird alle fünf

Jahre an deren Bedeutung im Welthandel und als Reservewährung angepasst (zuletzt zum 1. Januar 2006). Derzeit gilt ein Währungskorb mit 44 v. H. US-Dollar, 34 v. H. Euro und jeweils 11 v. H. Yen und Pfund Sterling.

Der Zinssatz für SZR-Schulden variiert von Woche zu Woche und ergibt sich aus dem gewichteten Durchschnitt der repräsentativen Zinssätze auf kurzfristige Schulden auf den Geldmärkten der vier am SZR beteiligten Währungen.

Zugeteilt werden können die SZR entweder zu den alle fünf Jahre regulär vorgesehenen Zeitpunkten (es wurde mittlerweile dreimal davon Gebrauch gemacht: 1970–1972, 1979–1981 und im August 2009) oder zu speziellen einmaligen Terminen, die vom Direktorium beschlossen werden, wenn dieses der Meinung ist, weitere Liquidität langfristig und global zur Verfügung stellen zu müssen (zuletzt geschehen im September 2009). Bisher wurden damit insgesamt 317 Mrd. SZR vom IWF ausgegeben. Durch diese Zuteilungen (jeweils nach den gültigen IWF-Landesquoten) kommt ein Land in den Besitz „kostenloser" Assets, für die es weder Zinsen bezahlen muss noch Zinserträge erwirtschaftet. Hält es mehr SZR als durch die Quote vorgesehen, macht es Zinsgewinne, hält es weniger, muss es Zinsen auf die SZR-Differenz zahlen. Mithilfe der SZR kann ein Land Schulden gegenüber Gläubigerländern tilgen, da die SZR von allen IWF-Mitgliedsländern als Zahlungsmittel anerkannt werden müssen.

Bis heute hat das SZR massiv an Bedeutung verloren und dient hauptsächlich als Rechengröße des IWF und einiger anderer internationaler Institutionen. Dies soll sich nach dem Vorschlag des chinesischen Zentralbankchefs Xiaochuan nun ändern.

Kritische Beurteilung
Für eine kritische Beurteilung ist zwischen einer weitgehenden Version und einer eher engen Version des Vorschlags zu unterscheiden:

Weitgehende Version:
Zunächst einmal ist die Forderung, SZR sollten in Zukunft die Rolle der Leitwährung in der Weltwährungsordnung vom US-Dollar übernehmen, schon formal schwierig: Ähnlich wie bis zum 31. Dezember 1998 der ECU (European Currency Unit), ist das SZR (bisher jedenfalls), wie oben erklärt, überhaupt keine Währung, sondern erfüllt bestenfalls die Eigenschaften einer Recheneinheit und (aber allenfalls prinzipiell) die des Wertaufbewahrungsmittels, sofern Wertpapiere in dieser Einheit denominiert werden. Warum sollte ausgerechnet ein Medium zur Reservewährung werden, das in keinem Land der Welt als Geld zirkuliert? Darüber hinaus: Wie schon der ECU, unterliegt auch das SZR als Währungskorb ständigen Schwankungen, was den Kurs zu den Währungen der einzelnen Korbteilnehmer betrifft und zwar immer dann, wenn die Kurse der Korbwährungen untereinander schwanken. Damit ist bei Euro, Yen, US-Dollar und Pfund Sterling aber auch in Zukunft zu rechnen!

SZR sind in der Semantik des IWF nicht mehr und nicht weniger als Ansprüche auf Devisen, die der IWF entsprechend der Quote (oder nach anderen Kriterien) an Teilnehmerländer ausgeben kann. Verwendung finden diese nur zwischen den

IWF-Mitgliedsländern und nur für bestimmte Transaktionen. Ein ähnliches Ergebnis (mit differenzierteren Möglichkeiten) ließe sich allerdings ebenso bi- oder multilateral durch Devisenkredite erreichen, bei denen die Konditionen bzw. Vergabekriterien im Zweifel transparenter wären als bei einer „Zwischenschaltung" der SZR.

Dass der US-Dollar eine ungerechtfertigt wichtige Stellung im Weltwährungssystem innehat, mag stimmen, aber ist das wirklich wichtig? Angenommen, die Inflation in den USA ist auf Dauer höher als im Rest der Welt, dann sammeln die übrigen Zentralbanken nur wenig werthaltige Greenbacks, wenn sie faktisch am Devisenmarkt intervenieren. Sie tun das, wie das Beispiel der Volksrepublik China belegt, aus eigennützigen, strategischen Überlegungen. Warum sollte es ihnen besser ergehen, wenn sie stattdessen SZR anhäuften? Ansonsten (also bei interventionsfreien, flexiblen Wechselkursen) müssen die USA, als bislang chronisches Defizitland, am Devisenmarkt immer einen freiwilligen kommerziellen Käufer ihrer Währung finden, notfalls zu verfallenden Preisen: Die Käufer von US-Dollar werden tendenziell für den Wertverfall der amerikanischen Währung durch die größere Menge entschädigt, die sie im Tausch für die eigene erhalten. Für mehr US-Dollar gibt es mehr US-amerikanische Anleihen zu kaufen, deren Verzinsung auf die annahmegemäß höhere Inflation in den USA Rücksicht nehmen muss: Wo also liegt der Verlust für die Überschussländer?

Wer soll im Übrigen für die Vermehrung der SZR auf Weltmaßstab zuständig sein? Der Verdacht liegt nahe, dass dafür politisch dominierte Gremien und keine Sachverständigen verantwortlich sein würden. Statt einer „Entpolitisierung" des Geldes, wie sie F. A. v. Hayek vor rund drei Jahrzehnten schon einmal vorgeschlagen hat, käme es lediglich zu einer (nach wie vor politischen) „Multilateralisierung" der Geldschöpfung, von der nicht weniger Inflation als von den USA zu erwarten ist.

Bei diesem Vorpreschen der People's Bank of China wurde außerdem nicht bedacht, dass sich eine internationale Reservewährung in einem Währungssystem mit relativ freien Wechselkursen nicht so einfach vorschreiben lässt. Man denke nur an die rasante Entwicklung des Euro, der schon wenige Jahre nach seiner Einführung zur zweitwichtigsten Reservewährung der Welt geworden ist, ohne dass die EZB dies aktiv unterstützt hat. Auch die D-Mark hatte in den 1980er Jahren vor allem im Europäischen Währungssystem, aber auch weltweit, die wichtige Rolle einer Reservewährung übernommen, obwohl die Deutsche Bundesbank dies jahrelang durch Kapitalimportrestriktionen zu vermeiden suchte. Schließlich musste sie die Situation akzeptieren und änderte ihre Position in dieser Sache.

Engere Version:
China, das schon seit Jahren behauptet, seinen Wechselkurs gegenüber einem ganzen Korb von Währungen zu stabilisieren, kann seine eigene Risikostreuung ganz gut ohne SZR bewerkstelligen, etwa indem es seine Währungsreserven so diversifiziert, wie die verschiedenen Valuta an Bedeutung für Chinas Handel- und Kapitalverkehr besitzen. Im Ergebnis setzen sich seine Währungsreserven dann etwa so zusammen, wie auch die Gewichte im SZR verteilt sind. Dazu braucht es keine SZR.

Wenn die chinesische Forderung so gemeint ist, dass in Zukunft neben dem US-Dollar auch der Euro, der Yen, das Pfund Sterling und nicht zuletzt der Renminbi zu den Weltreservewährungen gehören sollen, dann nimmt einen solches Wunder: Durch ihre bisherige Wechselkurspolitik haben die Chinesen ja gerade aktiv die Anhäufung von Reserven in US-Dollar organisiert, um den Renminbi künstlich zu verbilligen. Damit andere Länder einen Anreiz haben, Renminbi als Reservemedium zu erwerben, müssten die Chinesen im Prinzip genau die zur heutigen entgegengesetzte Wechselkurspolitik betreiben: Durch eine künstliche Verteuerung des Renminbi entstünde am Devisenmarkt ein Angebotsüberhang an Renminbi, den die übrigen Länder bzw. Zentralbanken aus Eigeninteresse (als eine Art Protektionsersatz) durch Ankauf von Renminbi beseitigen könnten.

Was die Chinesen systemimmanent tun können!

Es ist wahr: Die Chinesen müssen keine US-Staatsanleihen kaufen, um ihre US-Dollars zu rezyklieren, so wie es die OPEC, bei ebenfalls geringer inländischer Absorption, spätestens seit der ersten Erdölpreiskrise im Jahr 1973 tut. Ihre Leistungsbilanzüberschüsse gegenüber den USA sind nicht die Folge eines Ressourcenmonopols bzw. -kartells im Energiesektor, sondern Ausfluss einer erfolgreichen Exportförderpolitik im Bereich der Halb- und Fertigwaren mittlerer und geringer Qualität. Der große US-amerikanische Hunger nach ausländischen Waren (in der Ökonomen-Fachsprache: Die hohe „marginale Importneigung" der USA) einerseits, aber auch die durch massive Interventionen am Devisenmarkt (Ankauf von US-Dollar, Verkauf von Renminbi) durch die People's Bank of China betriebene künstliche Verbilligung des Renminbi andererseits tragen zu den hohen Überschüssen im Handel mit den USA (und anderen Ländern in der Weltwirtschaft) bei. Und die Chinesen haben auch eine völlig andere Interessenlage als die Ölscheichs, die auf die USA politisch angewiesen sind.

Wo liegen die Möglichkeiten für China, alternative Investments ihrer hohen Devisenreserven zu besorgen? Zunächst einmal könnte China, noch stärker als bisher schon, damit fortfahren, seine Währungsreserven zu diversifizieren, also US-Dollar durch Euro, Yen und Pfund Sterling zu substituieren und zu diesem Zwecke zunächst US-amerikanische Staatsbonds, Unternehmensanleihen und -beteiligungen zu verkaufen, um die so gewonnenen US-Dollar am Devisenmarkt in andere Währungen zu tauschen. Die dadurch ausgelösten, eher gering zu veranschlagenden Wechselkurseffekte, hätten tendenziell die Wirkung, den Vermögensverlust Chinas im Hinblick auf die in US-Dollar gehaltenen Reserven durch Zugewinne bei den Euro-, Yen- und Pfund-Anlagen zu kompensieren. Die genannten Wechselkurseffekte könnten allerdings wesentlich größer ausfallen, wenn Chinas „Diversifizierungskampagne" von anderen Schwellenländern (gerade in Süd- und Südostasien), die ebenfalls ihre Währungsreserven bislang vornehmlich in US-Dollar halten, als „Weckruf" verstanden wird. Dann wären kurzfristig sogar größere Verwerfungen und Turbulenzen an den Devisenmärkten denkbar. Und: China wird nur dann genügend Käufer bisheriger eigener Anlagen in den USA finden, wenn es auf hinreichend viele bereitwillige Verkäufer europäischer, japanischer etc. Anlagen trifft. Jedenfalls so lange, wie global gesehen ein gewaltiger Investitions-Sparüberhang der USA gegenüber dem Rest der Welt weiter besteht.

Sich dieser Probleme bewusst, beschreitet die Volksrepublik seit einigen Monaten einen weiteren Weg, seine Reserven wenigstens teilweise zu diversifizieren. China schließt sogenannte Währungsswaps ab. Das sind Devisentauschgeschäfte mit vereinbarten Zinszahlungen und einem festgelegten Rücktauschtermin ähnlich einem Devisentermingeschäft. Erst vor wenigen Tagen hat China eine solche Vereinbarung mit Argentinien über 70 Mrd. Renminbi getroffen. Diese Swaps haben für die Chinesen gleich mehrere Vorteile: Erstens wird der Wechselkurs nicht beeinflusst, weil diese Transaktionen nicht auf dem Devisenmarkt stattfinden. Zweitens erhält China hierdurch Devisen (die zwar irgendwann zurückgezahlt werden müssen), die der Diversifizierung ihrer Reserven dienen, ohne den oben genannten „Weckruf" auszulösen. Und drittens ist es so in der Lage, einen Teil der bereits stark aufgeblähten Geldmenge – wenigstens vorübergehend – außer Landes zu schaffen und so die Inflationsgefahr im Inland einzudämmen. Und als kleiner „positiver" Nebeneffekt ist der US-Dollar an diesen Transaktionen in keiner Weise beteiligt.

Gelingt die erwünschte Diversifizierung der eigenen Devisenreserven, dann wäre China – allerdings nur bei Aufgabe der bisherigen Strategie einer künstlichen Verbilligung des Renminbi – in der Tat in der Lage, nach dem Vorbild des SZR, den Kurs der eigenen Währung gegenüber einem Korb von Währungen zu stabilisieren. Kommt es dann zwischen Pfund Sterling und Euro oder zwischen Yen und US-Dollar zu „exogenen" Kursschwankungen, könnte die chinesische Zentralbank die dann diversifizierten Reserven dazu nutzen, um sich gegen solche „externen Ereignisse" abzuschirmen. Und das alles ohne SZR als neue internationale Reservewährung.

Der G-20 Gipfel Anfang April in London hat u. a. beschlossen, dem IWF die Schaffung und Verteilung von zusätzlichen Sonderziehungsrechten im Umfang von 250 Mrd. US$ zu gestatten. Dies stellt zwar keineswegs den Einstieg in die oben beschriebene „neue Weltwährungsordnung" nach chinesischen Vorstellungen dar, bedeutet allerdings eine massive Aufstockung internationaler Liquidität, da die zugeteilten SZR, wie wir gesehen haben, jederzeit in „echte Währungsreserven" umgetauscht werden können.

(Quelle: F. L. Sell und B. Sauer, Chinas Großer Plan, in: Frankfurter Allgemeine Zeitung Nr. 270 vom 20.11.2009, S. 12)

Theoretische oder empirische Belege?

Der IWF führte schon 1969 „zur Vermeidung von Liquiditätsengpässen" als Ergänzung zu den damaligen beiden Hauptreservemedien Gold und US-Dollar eine neue „Währung" als internationale Recheneinheit ein und emittiert seither das sogenannte Sonderziehungsrecht. Wenn Tauschmittel- und Wertaufbewahrungsfunktion – neben der Recheneinheitsfunktion – in Zukunft an Bedeutung gewinnen, mag das SZR im Sinne von Bob Mundells Forderung nach einer einzigen Währung für die Welt eine wichtige Vorreiterfunktion einnehmen. Dabei müsste sich das SZR allerdings gegen moderne Alternativkonzepte, wie dem Internetgeld „Bitcoin", erst einmal im Wettbewerb durchsetzen, sofern ein solcher von den großen „Währungsplayern" in Zukunft überhaupt zugelassen wird. Vgl. zu Chinas Währungspolitik. Falin, Zhang, Determinants and Fluctuations of China´s exchange rate policy: national interests and decision making processes, in: The Political Economy of Chinas finance, Bingley: Emerald 2016, S. 343–369.

> **Die Argumente der Gegenseite!**
> Das Sonderziehungsrecht ist bestenfalls eine internationale Recheneinheit und nicht einmal eine künstliche Währung. Dazu mangelt es zu sehr an echten Tauschmittel- und Wertaufbewahrungseigenschaften (trotz der existierenden, in SZR denominierten Anleihen). Die angebliche Gefahr einer weltweiten Unterversorgung mit Liquidität ist seit 1969 im Grunde nie eingetreten und das SZR hat in keinem einzigen Fall einer Banken-, einer Schulden- oder Währungskrise zur Lösung beigetragen. Insofern ist die Inklusion des Yuan in den Währungskorb SZR für China vor allem eine Prestigeangelegenheit, so wie der ständige Sitz im UNO-Sicherheitsrat. Auch in der Wissenschaft fällt auf, wie wenig Aufmerksamkeit dem Thema SZR gewidmet wird. Eine kleine Ausnahme stellt der Beitrag von Morscher, Christof, Sonderziehungsrecht, in: WISU, Bd. 45, Nr. 2, 2016, S. 167, dar.

4.10 Chinas Bankenregulierung (mit Beate Sauer)

▶ *Dieser Beitrag entstand im Jahr 2010 und war damals vom Handelsblatt (Thomas Hanke) regelrecht in Auftrag gegeben worden. Meine damalige Mitarbeiterin, Beate Sauer und ich hatten uns bis dahin und insbesondere seit 2006 intensiv mit der Geld- und Währungspolitik Chinas beschäftigt. Die hier beschriebene Lage hat sich seitdem nur unwesentlich geändert, der chinesische Finanzmarkt ist nach wie vor durch den Staat gegängelt und erleidet sogenannte „finanzielle Repression".*

Im Zuge der nun endlich in Gang kommenden Finanzmarktreformen wird gelegentlich die Frage laut, ob die Volksrepublik China nun (noch) interessanter für die international tätigen Banken werde, weil sich die Chinesen bei der Regulierung, anders als die USA und Europa, möglicherweise zurückhielten. China auf einer neuen Aufhol- bzw. Überholspur, jetzt sogar auf den Finanzmärkten? Was ist von einer solchen Vermutung zu halten?

Grundsätzlich gilt, dass der Staat in China – einer nach wie vor stark „gelenkten Marktwirtschaft" – prinzipiell über viel härtere Auflagen und Eingriffsmöglichkeiten auf seinen Finanzmärkten verfügt als die „reifen" Industrienationen des Westens. Auch wenn die extrem schwierigen Bedingungen für exakte Recherchen ein völlig scharfes Bild nicht zulassen, so sind doch einige Fakten unstrittig: Der chinesische Finanzsektor ist immer noch einer (wie IWF und Weltbank solche Befunde betiteln) „finanziellen

4.10 Chinas Bankenregulierung (mit Beate Sauer)

Repression" unterworfen. Der Bankensektor hat in China – mit Bankaktiva, die 80 % der gesamten Finanzanlagen ausmachen – noch ein weitaus größeres Gewicht als in den USA und in Europa. Die nach wie vor dominierenden vier (halb-)staatlichen Geschäftsbanken werden durch Verwendungsauflagen für Kredite und Zinshöchst- oder -Mindestvorschriften in ihrem Bewegungsspielraum stark eingeengt, auch wenn einzelne Regulierungen dieser Art in kleinen Schritten flexibilisiert und durch aufsichtsrechtliche Vorschriften ersetzt oder flankiert werden. Gleichzeitig sind zahlreiche Bankbilanzen noch stark von notleidenden Krediten aus früheren Zeiten belastet.

Für ausländische Zweigniederlassungen multinationaler Banken gilt, dass diese bereits bei der Lizenzbeantragung sehr hohe Hürden zu nehmen haben (angeblich sind pro Niederlassung Kapitalbindungen vorzuweisen, die bis zu 700 % höher sind als für eine gleichlautende Lizenz in der Schweiz) und darüber hinaus beträchtliche Eigenkapitalquoten erfüllen müssen. Zu niedrige Kernkapitalquoten werden von den Behörden durch Anwendung eines höheren Mindestreservesatzes sanktioniert. Bis Ende 2008 besaßen zwar 196 ausländische Banken aus 46 Ländern insgesamt 237 Repräsentanzen in China, allerdings hatten nur 58 Niederlassungen Lizenzen für in Renminbi-denominierte Transaktionen. Der Anteil ausländischer Banken am chinesischen Bankensektor beträgt daher weniger als 1 %.

Bereits vor sieben Jahren hat China beschlossen, eine umfangreiche Kapitalmarktreform durchzuführen. Diese Reform (Teilprivatisierung staatlicher Banken, Verstärkung deren Eigenkapitalbasis, Intensivierung des Bankenwettbewerbs) ist aber noch längst nicht abgeschlossen. Dafür gibt es eine Reihe von Indizien: Im April 2003 wurde die China Banking Regulatory Commission (CBRC) ins Leben gerufen, die seither für die Regulierung des Bankensektors verantwortlich zeichnet und die starke wirtschaftliche Reglementierung durch mehr Finanzmarktaufsicht ablösen soll. Gleichzeitig werden aber weiter Markteintrittsbarrieren für ausländische Banken aufrechterhalten, um die anhaltende Dominanz der staatlichen Banken zu stützen. Eine Ausweichmöglichkeit für die ausländischen Institute besteht darin, sich in einer Partnerschaft mit einer chinesischen Geschäftsbank zu engagieren, wobei der Anteil des ausländischen Miteigentümers auf 20 % beschränkt ist und dieser mindestens drei Jahre nicht veräußert werden darf. Durch das im Jahr 2002 eingeführte „Qualified Foreign Institutional Investor Programm" (QFII) ist es ausgewählten ausländischen Investoren zwar erlaubt, innerhalb einer festgelegten Quote Wertpapieranlagen zu tätigen, allerdings sind 2/3 der chinesischen Aktien staatlich und damit nicht handelbar. Der chinesische Wertpapierhandel erscheint daher wenig attraktiv.

Die anhaltende Akkumulation von Fremdwährungsreserven – vorwiegend immer noch in US-Dollar – hat in China nur deshalb noch nicht zu einer gewaltigen Inflationslawine geführt, weil die unerwünschten Geldmengeneffekte sowohl durch Sterilisierungsmaßnahmen der People's Bank of China (Ausgabe eigener Anleihen und Erhebung eines Mindestreservesatzes von 17 %) als auch durch (in Europa und den USA praktisch ausgeschlossene) Kapitalverkehrskontrollen bekämpft werden, wobei Kapitalabflüsse wesentlich stärker eingeschränkt sind als Kapitalzuflüsse.

Ob verschärfte Regulierungen auf den europäischen und amerikanischen Finanzmärkten den chinesischen Bankensektor – trotz der geschilderten umfangreichen Beschränkungen sowie der wirtschaftlichen und aufsichtsrechtlichen Regulierung – zu einer lohnenden Alternative für multinationale Geschäftsbanken werden lässt, ist demnach äußerst fraglich. Und zuletzt: Chinas Wirtschaftspolitik auf den Finanzmärkten ist traditionell sehr zaghaft und vorsichtig, der Regierung geht jeder Liberalisierungsenthusiasmus eines „Washington Consensus" ab. Daher ist nicht auszuschließen, dass die weltweite Finanzmarktkrise von den dortigen Behörden eher zum Anlass genommen wird, die begonnene Kapitalmarktreform zu verlangsamen oder sogar in Teilen rückgängig zu machen. Ganz so, wie im Juli 2008 die vorsichtigen Aufwertungsschritte des Renminbi gegenüber dem US-Dollar bis auf Weiteres eingestellt wurden.
(Quelle: F. L. Sell und B. Sauer, China hält die Banken am kurzen Zügel, in: Handelsblatt Nr. 140 vom 23./24.07.2010, S. 9)

Theoretische oder empirische Belege?

Der Begriff der „finanziellen Repression" wurde in den 1980er und 1990er Jahren durch Autoren wie Ron MacKinnon, Edward Shaw und Maxwell J. Fry geprägt. Die von ihnen vorgeschlagene Liberalisierungsstrategie (Abschaffung von Zinshöchstsätzen, von Kreditobergrenzen und -auflagen, Öffnung des Devisenmarktes) ist damals insbesondere von asiatischen Schwellenländern wie Indonesien, Thailand etc. aufgegriffen worden. In meiner Habilitationsschrift „Geld- und Währungspolitik in Schwellenländern, am Beispiel der ASEAN-Staaten" (Duncker & Humblot: Berlin 1988) habe ich diese Umsetzungsversuche kritisch untersucht.

Die Argumente der Gegenseite!

Die Liberalisierungsthese bleibt nicht unwidersprochen. Insbesondere die Schule der „Neostrukturalisten" mit ihrem damaligen Hauptvertreter, Sweder van Wijnbergen, gab zu Bedenken, dass die Liberalisierung der formellen Finanzmärkte negative Wirkungen auf die für Schwellenländer so wichtigen informellen Finanzmärkte habe, da dort die Ausleihzinsen ansteigen und das Kreditangebot zurückgehen würde. Gesamtwirtschaftlich sei sogar mit gefährlichen stagflationären Effekten zu rechnen. Aus heutiger Sicht ist der empirische Befund gemischt, allerdings haben sowohl der IWF als auch die Weltbank die Relevanz informeller Märkte mittlerweile anerkannt. Vgl. Sweder v. Wijnbergen, Interest rate management in developing countries: theory and simulation results for Korea, World Bank Staff Working Paper Nr. 593, Washington, D.C., 1983.

Globalisierung 5

5.1 Die amerikanische Siedlung in Obergiesing: Über den vorübergehenden Export „amerikanischer Verhältnisse" nach Deutschland und die allmähliche Wiederherstellung „europäischer Verhältnisse"

▶ *Es ist in der Theorie des internationalen Handels üblich, besonders die Produktionsfaktoren Arbeit und Kapital ins Visier zu nehmen. Nach neoklassischen Vorstellungen werden Länder insbesondere solche Güter exportieren (importieren), die den im eigenen Land relativ reichlichen (knappen) Produktionsfaktor intensiv nutzen. Der Faktor Boden wird dagegen selten betrachtet. Das geschieht in dem folgenden Beitrag, in dem gezeigt wird, wie bodenreiche Länder wie die USA, wenn sie andere Länder begrenzt urbanisieren, die selbst relativ bodenarm sind, ihre eigenen (relativen) Faktorreichlichkeiten gewissermaßen ins Ausland „mitnehmen".*

Williamson/O'Rourke (1999) haben in ihrer Studie über die „erste Globalisierungswelle" in den Jahren 1870–1914 herausgearbeitet, dass die USA seinerzeit tendenziell Güter nach Europa exportierten, die (bei niedrigen Bodenpreisen) intensiv mit dem Faktor Boden produziert worden waren, während Europa im Gegenzug Güter in die USA exportierte, die (bei niedrigen Lohnsätzen) intensiv mit dem Faktor Arbeit hergestellt worden waren. Im Ergebnis sank der Bodenpreis in Europa, während umgekehrt der Preis für den Faktor Arbeit in den USA nachgab. Dies ist ein gelungener Nachweis zur Wirkungsweise des internationalen Faktorpreisausgleichs durch Außenhandel. In diesem Beitrag wollen wir der Frage nachgehen, welche Wirkungen auf die Faktorpreise des Gastlandes von solchen Direktinvestitionen ausgehen, die im Sektor der „Nontradeables" (nicht gehandelte Güter und Dienstleistungen) getätigt werden, wenn nicht die (aufgrund der vorhandenen relativen Faktorreichlichkeiten) zu empfehlenden Faktorintensitäten des Gast-, sondern die des Herkunftslandes gewählt werden. Als Beispiel dafür dient uns die von der US-Befreiungs- und Besetzungsmacht USA in den 1950er Jahren im Südosten Münchens (Obergiesing) errichtete „Amisiedlung". Das Ergebnis unserer Analyse wird sein, dass hierdurch der erwähnte Faktorpreisausgleich tendenziell nicht nur nicht gefördert, sondern eher gebremst wurde.

Unter www.muenchen.de kann man folgenden Eintrag zum Stadtteil Obergiesing lesen: „Die amerikanische Siedlung am Perlacher Forst wurde 1954/1956 für amerikanische Besatzungssoldaten gebaut, um deren Wohnraumbedarf zu decken und weitere Beschlagnahmungen überflüssig zu machen. Sie wurde zwischen der Tegernseer Landstraße, der Fasangarten- und Lincolnstraße und der Bahnlinie in einen Teil des Perlacher Forstes hinein gebaut."

In den Jahren 1954 bis 1956 bzw. 1957 entstanden nicht weniger als 1400 Wohneinheiten (67 3-stöckige Wohnblocks in Form von Dreihauszeilen für die Mannschaften sowie 55 Einzel- und Reihenhäuser für die Offiziere). Wie Leo Krause in seiner Dissertationsschrift „Münchner Geschoßsiedlungen der 50er Jahre" aus dem Jahr 1991 (München, S. 297) berichtet, verfügten sowohl die Wohnungen als auch die Einzel- bzw. Reihenhäuser über deutliche Vorteile gegenüber vergleichbaren Münchner Bauten im Hinblick auf Größe (3 bis 5 Räume in den Wohnungen statt der ortsüblichen 2 bis 4) und Ausstattung (etwa für Küche und WC; mehr Abstellräume und Einbau- oder begehbare Schränke; Zentralheizung für alle Wohnungen):

Die „weiträumige Stellung der Baukörper, d. h. eine weit geringere Ausnutzung des Baugrundes als bei Siedlungen für die deutsche Bevölkerung" (ebenda, S. 303) war eines der hervorstechenden Merkmale. Dazu kam eine „Großzügigkeit bei der Anlage von eigens für den ruhenden Verkehr ausgebauten Stellplätzen" (ebenda, S. 304) und diese ging einher mit einer strengen Einheitlichkeit (keine Höhendifferenzierung in den Gemeinschaftseinrichtungen, uniforme Typisierung der Wohngrundrisse) der Bauweise. Einfallslose „Baukunst" einer Befreiungs- und Besatzungsmacht? Ökonomisch gesehen steckt noch etwas mehr dahinter, wie wir im Folgenden aufzeigen werden.

Zur Bebauungsstruktur und architektonischen Gestaltung der „Amisiedlung" schreibt Leo Krause: „Es ist dies ein Typus horizontaler Bebauungsgestaltung, wie er in vielen Siedlungen der USA bereits seit den 1920er Jahren verwendet wurde" (ebenda, S. 313). Wichtig ist dabei der extensive, den Boden weiträumig nutzende Baustil: „Auf einem annähernd 1 Mio. m^2 (!) großen, rechteckigen Gelände entstanden" (S. 316) insgesamt 1316 Wohnungen. „Das ist eine Wohnungszahl von 13 pro ha." (ebenda). Zum Vergleich: Das umfangreichste Münchner Wohnbauprojekt der 1950er Jahre war die „Parkstadt Bogenhausen". Dort wurden in den Jahren 1955 bis 1956 insgesamt 2150 Wohnungen auf einem Baugrund von „nur" 212.000 m^2 gebaut. „Das sind 101 Wohnungen pro ha." (ebenda, S. 316). Demnach wurden in Bogenhausen nach Adam Riese ca. 7,5 Mal mehr Wohnungen pro Flächeneinheit gebaut als in der „Amisiedlung von Obergiesing".

Die extensive Bauweise dehnte sich sogar auf das Erschließungssystem (fahrender und ruhender Verkehr) aus: Dieses war ganz „auf den Motorisierungsgrad der hier wohnenden US-Bevölkerung abgestimmt" ... „und hatte den Vorteil", das „für jede Wohnung mindestens ein Stellplatz" vorhanden war, sodass, „anders als in den meisten deutschen Siedlungen, die Straßen von parkenden Wagen frei blieben, allerdings erkauft mit einem wesentlich höheren Flächenbedarf" (ebenda, S. 317).

Ökonomisch interpretiert haben die US-Streitkräfte den in den USA, einem mit dem Produktionsfaktor Boden absolut und relativ sehr gut ausgestatteten Land, verbreiteten extensiven Baustil nach Europa, einer Region, die mindestens relativ arm an Boden ist, „exportiert". Die US-amerikanische Befreiungs- und Besatzungsmacht schuf mit der „amerikanischen Bauweise" den eigenen Soldaten so etwas wie eine „zweite Heimat", ohne Rücksicht darauf, dass sie es mit einer hoch besiedelten Region zu tun hatten. Damit haben sie, gewollt oder ungewollt, mittel- und langfristig die Bodenpreise in München nach oben befördert, da die extensive Bauweise (vgl. oben) den Münchner Wohnraum verknappt hat. Kurzfristig trat dieser Effekt nicht ein, weil die Siedlung erst durch die Anlage im Perlacher Forst zum Baugrund wurde.

Damit ist die Geschichte der Amisiedlung im Südosten Münchens aber längst noch nicht zu Ende: Im Jahr 1992 übernahm das damalige Bundesvermögensamt (als weisungsgebundene Behörde des BMF) die bis dahin US-amerikanische Liegenschaft. Bis auf wenige verbliebene US-Offiziere wurden nun deutsche Bundesbeamte – wie etwa Angehörige der Universität der Bundeswehr München – Mieter in den Einzelhäusern und Wohnungen der vormaligen Amisiedlung. Der vom Bundesvermögensamt verlangte Mietzins lag deutlich unter dem Mietspiegel vergleichbarer Objekte in Obergiesing. Somit wurde das Wohnen für Bundesbeamte in einem erheblichen Umfange vom BMF subventioniert und entlastete den Mietspiegel im Münchner Südosten.

Im Oktober 2004 begann das Bundesvermögensamt mit einer extensiven Privatisierung der Amisiedlung – nachdem das Schulgebäude in der Cincinnati-Straße schon lange zuvor vom Bundesvermögensamt bei den amerikanischen Behörden erworben worden war: Den Mietern der Reihenhäuser und der Wohnungen sowie weiteren Interessenten wurden die Objekte zum Kauf angeboten. Der Kaufpreis wurde häufig auf dem Wege einer Auktion ermittelt. Mieter, die sich nicht an der Auktion beteiligen wollten, durften ihren Wohnraum weiter als Mieter nutzen. Bis heute ist die Privatisierung nicht abgeschlossen, da es zahlreiche Mieter vorzogen, auf den Erwerb des von ihnen genutzten Wohnraums zu verzichten.

Dafür wurden nicht etwa Privatisierungserlöse, sondern frische Bundesmittel seit dem Jahr 2004 dafür genutzt, um die Amisiedlung in eine „Deutsche Wohngegend" umzuwandeln: Die breiten Fahrwege wurden, zugunsten eines zuvor nicht vorhandenen Bürgersteigs, auf „Deutsche Fahrbahnmaße" verengt, die verkauften Einzel- und Reihenhäuser zogen (früher ausdrücklich untersagte) Zäune um ihr Areal, die khakibraune Einheitsfarbe der Gebäude wurde sowohl bei den Wohnungsblöcken als auch bei vielen Eigenheimen durch einen farbigen Anstrich aufgelockert, die US-amerikanischen Zeitungsboxen verschwanden nach und nach völlig von der Bildfläche. Nur bei einem Detail haben die US-Architekten den deutschen Umgestaltern einen Strich durch die Rechnung gemacht: Bis heute ist es keinem der Käufer gelungen, auf seinem Grundstück eine zweite Immobilie auf den moosbehafteten Rasen zu zwingen. Also sind die heutigen Bewohner zwar auf deutschem Boden, aber mit extensiver US-amerikanischer Ansiedlung und Anordnung ihrer Behausung nach wie vor konfrontiert. Die „Konversion" der „amerikanischen Bauverhältnisse" in „europäische" ist bis heute nur unvollständig gelungen. Allerdings: Weder sind – durch Projekte wie die Amisiedlung in Obergiesing – in den USA die Bodenpreise/Mieten tendenziell gestiegen noch sind diese in Deutschland bzw. in Europa tendenziell gesunken. Der Faktorpreisausgleich beim Produktionsfaktor Boden wurde eher behindert.

(Quelle: Mimeo, Neubiberg 01.07.2010)

Theoretische oder empirische Belege?

Es ist interessant zu sehen, dass die deutsche Fachliteratur sich mit dem Phänomen der „Amisiedlung" in München Obergiesing, wenn überhaupt, dann nur stadthistorisch, militärgeschichtlich und wohnungsbautechnisch beschäftigt hat, aber durchaus nicht im Sinne des Themas ausländischer privater Direktinvestitionen im Besonderen und der Globalisierung im Allgemeinen. Vgl. dazu: L. Krause (1991): Münchner Geschoßsiedlungen der 50er Jahre. Ein Forschungsbeitrag zum Wohnungsbau in der Bundesrepublik Deutschland. Neue Schriftenreihe des Stadtarchivs München, Band 112, München und www.muenchen.de.

Die Argumente der Gegenseite!

Umgekehrt hat sich die mittlerweile sehr umfangreiche Literatur zur Globalisierung (Vgl. etwa K. H. O'Rourke/J. G. Williamson (1999): Globalization and History. The Evolution of a Nineteenth-Century Atlantic Economy. MIT Press: Cambridge) nur in wenigen Ausnahmefällen und dann eher kapitalismuskritisch statt aufgeschlossen mit solchen Phänomenen wie der Münchner Amisiedlung beschäftigt. Vgl. „Schein-Marktwirtschaft: Arbeit, Boden, Kapital und die Globalisierung der Wirtschaft"/Udo Herrmannstorfer, 3., erweiterte Auflage, Stuttgart: Verl. Freies Geistesleben, 1997.

5.2 Flickwerk: Die Versprechen der G20 vom Frühjahr 2009 wurden bisher nicht eingelöst, jetzt besteht dringender Handlungsbedarf!

▶ *Der hier vorgelegte Aufruf an die G20, sich endlich nachdrücklich auch institutionell mit der Bewältigung der Finanzmarkt- und Schuldenkrise zu beschäftigen, ist nach wie vor von großer Aktualität: Noch immer sind viele der beim Londoner G20-Gipfel des Jahres 2009 gemachten Versprechungen nicht eingelöst. Wenn es nicht möglich oder wenig wahrscheinlich erscheint, sich auf einheitliche Standards zu einigen, bedarf es wohl (wie im internationalen Handel die WTO!) einer supranationalen neuen Institution, die sich der Aufgabe einer globalen Finanzmarktaufsicht annimmt.*

Immer öfter hört man die Klage, die Politik komme in der Finanzmarkt- und Schuldenkrise mit ihren Entscheidungen viel zu spät, verunsichere – zuvor oder danach – die Märkte und sei alles in allem eher die Getriebene in diesem Prozess als etwa selbstbestimmt. Die Gründe für diesen, man sagt wohl, Attentismus, der politischen Klasse hat tiefere Gründe. Werden sie nicht endlich erkannt und, jedenfalls im Ansatz, vom anstehenden G20 Gipfel behoben, ist an ein Ende der Krise gar nicht zu denken. Dabei hatte der Londoner G20-Gipfel aus dem Jahr 2009 doch einen vielversprechenden Anfang gemacht. Drei Beispiele sollen das Problem verdeutlichen:

Erstens: Es ist schlimm, dass der europäischen Politik über die Rettung Griechenlands, den EFSF und den ESM offenbar jeder Blick für das große Ganze, der bei der Frühjahrskonferenz der G20-Staaten in London 2009 noch vorhanden schien, abhandengekommen ist. Die Lösung der Banken- und der Schuldenkrise in der Welt ist in erster Linie keine Frage der rechtzeitigen und angemessenen Beteiligung nationaler Parlamente, so wichtig diese auch sein mag. Sie bedarf vielmehr eines supranationalen Ordnungsrahmens und muss aus einem logisch-konsistenten (globalen) Ziel-Mittel-System abgeleitet werden. Zu abstrakt? Dann werden wir etwas konkreter: Der EFSF wird in Kürze zu einem weiteren wichtigen Finanzmarktakteur werden. Wenn er, wie jetzt von den europäischen Staats- und Regierungschefs in Brüssel beschlossen, per Finanzhebel („leverage") seinen Mitteleinsatz noch weiter ausdehnen kann und wird, gehört er – genauso wie Hedge-Fonds und global agierende Finanzinstitute – unter die Kontrolle einer globalen und eben nicht nur der europäischen Finanzmarktaufsicht (EBA). Das gilt auch dann, wenn er nicht so stark verbindlich institutionalisiert ist, wie der künftige europäische Stabilitätsmechanismus (ESM). Auch die US-Regulierungsbehörde ist mit der Aufsicht von weltweit agierenden US-Investmentbanken überfordert. Von einer globalen Finanzmarktaufsicht war im Übrigen 2009 in London noch die Rede, heute sind wir weit davon entfernt, eine solche zu besitzen.

Zweitens: Die vom Basler Ausschuss für Finanzmarktaufsicht entwickelten Regeln („Basel III") zur Eigenkapitalvorsorge der Banken sind zwar beim Treffen der G20 im Jahr 2010 bekräftigt worden, dennoch werden sie vermutlich am Ende, wie schon der Vorgänger Basel II, von den USA nicht (voll) mitgetragen werden. Je mehr Länder sich aber den USA anschließen und am Ende ausscheren werden, desto größer sind in der Konsequenz die Wettbewerbsverzerrungen auf dem Markt für weltweit agierende Finanzinstitute. Nicht nur das: Banken, die nicht genügend dazu angehalten werden, Eigenkapitalpuffer zu bilden, sind in der Versuchung, erneut zu hohe Dividendenausschüttungen und Boni-Zahlungen einzuräumen. Damit würden aber gerade jene Fehlentwicklungen im Bankensektor gestützt, die zu dem Fall von Lehman Brothers entscheidend beigetragen haben. Daher ist es dringend notwendig, dass der nächste G20-Gipfel den USA eine verbindliche Zusage zu Basel III abringt. Die Europäer haben mit der beschlossenen Hebelung der EFSF-Mittel durchaus ausdrücklichen Wünschen der US-Regierung entsprochen und können dafür nun eine „Gegenleistung" einfordern, die zur Stabilisierung der Finanzmärkte beiträgt. Das ist allemal wichtiger als der Vorstoß der Europäischen Bankenaufsicht (EBA), die Eigenkapitalquote – über Basel III hinaus – auf neun Prozent zu erhöhen.

Drittens: Der Baseler Ausschuss für Bankenaufsicht soll zukünftig dafür zuständig sein, die Umsetzung der neuen Standards aus Basel III in den einzelnen Ländern zu überprüfen. Damit schlüpft er bereits in eine Finanzaufsicht-Rolle hinein. Ist das gewollt? Gleichzeitig wird der sogenannte „Financial Stability Board" (FSB), der bekanntlich auch im Zuge des Londoner Gipfels im April 2009 eingerichtet wurde, um das frühere „Financial Stability Forum" (FSF) abzulösen, mehr Kompetenzen als der frühere FSF erhalten: Er soll die Umsetzung der gesamten G20-Reformagenda koordinieren. Eine anspruchsvolle Aufgabe: Dabei geht es nämlich um so wichtige (weitere) Themen wie um die außerbörslichen Derivate und den Handel damit („over the counter"), um die Regulierung von Schattenbanken (insb. Hedge-Fonds) und Versicherungen, um Prozeduren für die Abwicklung und/oder Zerschlagung von systemrelevanten Finanzinstituten u. ä. m. Soweit die Aufgabenbeschreibung, und wie sieht die Realität aus? Ein Blick auf die aktuelle Website des FSB zeigt, dass dieser z. Zt. Monat für Monat eine Fülle von „consultation documents" produziert, welche von Länderreports (etwa über Australien) bis hin zu Monografien über global agierende, systemische Bankinstitute und ihre besondere Risikostruktur reichen. Das ist sicher gut und wichtig, aber lange nicht ausreichend.

An den FSB sind höhere Ansprüche zu stellen als an ein Expertengremium, das hinter verschlossenen Türen tagt und seine Ergebnisse und Fortschritte der interessierten Öffentlichkeit nicht oder ziemlich spät kommuniziert. Aus alledem ergibt sich ein dringender Appell an die G20-Staaten – wenn sie sich Anfang November erneut zu einem Gipfel der Regierungschefs treffen – wieder die Initiative in der weltweiten Finanzmarkt- und Schuldenkrise zu ergreifen und bereits begonnene Innovationen konsequent, allerdings auch widerspruchsfrei, zu Ende zu führen.

(Quelle: F. L. Sell, Das muss der G20-Gipfel anpacken. Beim morgigen Treffen haben die 20 mächtigsten Staaten die Chance, die Verunsicherung einzudämmen: Sie müssen nur ihre eigenen Versprechen aus dem Jahr 2009 umsetzen. In: Financial Times Deutschland vom 02.11.2011, S. 24.)

Theoretische oder empirische Belege?

Nach dem Ausbruch der globalen Finanz- und Wirtschaftskrise im Herbst des Jahres 2008 haben die G20-Staats- und Regierungschefs in verschiedenen Gipfelerklärungen umfassende Re-Regulierungen des Finanzsektors und den Abbau globaler Ungleichgewichte versprochen. Das gilt insbesondere für den G20-Gipfel in London 2009. Zwar haben die Regierungen in den USA und in der EU tatsächlich einiges für die Regulierung des Finanzsektors angeschoben. Trotzdem ist es sehr fraglich, ob künftige Finanzkrisen so eher verhindert werden können. Auch wenn die nun in den USA/in der EU verabschiedeten Gesetze einige problematische Anreize und Praktiken im Finanzsektor künftig stärker regulieren, sie gehen das Grundproblem des Finanzsektors nicht an. Es gibt darin keinen umfassenden Ansatz, der Intransparenz und Komplexität des Finanzsektors zurückdrängen würde und Anreize setzte, damit der Finanzsektor künftig sich wieder vor allem auf die Finanzierung produktiver Realinvestitionen konzentriert. Vgl. dazu insbesondere Sebastian Dullien, Anspruch und Wirklichkeit der Finanzmarktreform: Welche G20-Versprechen wurden umgesetzt?; Bewertung der Politikmaßnahmen nach der Finanzkrise 2008/9/, Düsseldorf: Hans-Böckler-Stiftung, 2012.

> **Die Argumente der Gegenseite!**
> Aus dem Finanzsektor heraus wird bis heute, trotz der Erfahrungen aus den Jahren 2008/2009, argumentiert, dass die Re-Regulierung (s. o.) schon jetzt deutlich zu weit gegangen sei. Die Argumentation geht noch auf die Vorstellungen des vormaligen Finanzgurus und langjährigen US-amerikanischen Notenbankchefs Alan Greenspan zurück: Der Finanzsektor, so Greenspan, besitze genügend intrinsische Anreize, sich selbst zu regulieren. Staatliche Regulierung führe lediglich zu einer Einbuße an Wettbewerbsfähigkeit, von der letztlich die Großbanken indirekt profitierten. Am Ende dieser Entwicklung stehe dann vermutlich eine noch größere und daher wenig akzeptable Machtkonzentration im Bankensektor. Vgl. dazu: Hufeld, Felix, Möglichkeiten und Grenzen globaler Bankenregulierung, in: Zeitschrift für das gesamte Kreditwesen: Pflichtblatt der Frankfurter Wertpapierbörse. Frankfurt, M: Knapp. Bd. 70, 2017, Nr. 8 (15.4.), S. 377–379.

5.3 Angela Merkels „Neue Soziale Marktwirtschaft"

▶ *Dieser Beitrag aus dem Jahr 2012 hat nichts von seiner Aktualität eingebüßt. Die CDU hat sich während der großen Koalition mit der SPD zwischen 2013 und 2017 auf die Einrichtung eines flächendeckenden, bundesweiten Mindestlohns von anfangs 8,50 EUR pro Stunde zum 1. Januar 2015 eingelassen. Wie viele empirische Untersuchungen demonstrieren, ist das die falsche Reaktion auf den Druck, den die Globalisierung auf die Entlohnung gering qualifizierter Arbeit ausübt. Darüber hinaus hat die Union damit ein weiteres Stück ihres Markenkapitals aufgegeben. Zwar zeigen die ersten Untersuchungen nur eine geringe Abnahme von Minijobs, dieser Effekt dürfte aber der anhaltend guten Konjunktur geschuldet sein. Fällt dieser in Zukunft weg, werden die von Ökonomen prognostizierten Arbeitsplatzverluste sicher eintreten.*

Lange haben sich die politischen Analysten gefragt, was sich Angela Merkel wohl unter einer „neuen sozialen Marktwirtschaft" genau vorstellt. Nun werden die Konturen deutlicher. Das lässt sich sehr anschaulich an den CDU-Plänen für ein ganz eigenes Programm zur faktischen Einführung von landesweiten Mindestlöhnen in Deutschland demonstrieren: Die CDU hat einen Kompromiss zum Mindestlohn beschlossen, nach dem es zwar eine allgemeine Lohnuntergrenze geben soll, das Niveau aber von Gewerkschaften und Arbeitgebern ausgehandelt wird. Die Höhe kann regional unterschiedlich sein und soll sich an den bereits geltenden Mindestlöhnen orientieren, die zwischen 6,53 EUR und 13 EUR liegen. Zwar liegt formal die Entscheidungskompetenz nicht beim Gesetzgeber/bei der Regierung, sondern bei den Tarifparteien. Experten schätzen allerdings, dass die von diesen gefundenen Lösungen von gesetzlichen Mindestlöhnen kaum abweichen werden. Wann sich Arbeitgeber und Gewerkschaften „zusammensetzen" werden, ist noch nicht absehbar, solange aus den CDU-Plänen nicht auch Koalitionsbeschlüsse werden.

Nun ist aber der „Einstieg" der CDU in das Thema der Mindestlöhne weitaus mehr als eine Anpassung an Auffassungen von SPD oder Grünen. Es geht um eine neue Rolle des Staates. Das folgende aktuelle Zitat aus dieser Zeitung illustriert den Zusammenhang: „Zudem würden Lohnvereinbarungen in geringerem Maße zulasten des Staates gehen, der im Falle bedürftiger Personen weniger aufstockende Leistungen gewähren müsste. Wenngleich die Zahl der Aufstocker nicht so stark zurückgehen wird wie von so manchem erhofft – die Summe der vom Staat zu zahlenden Beträge sinkt durch Mindestlöhne definitiv" (Ulrich Walwei, Vizedirektor am IAB: Nur ein erster Schritt, in: HB vom 27./28.04.2012, S. 11). P.S: Als Aufstocker werden in Deutschland bekanntlich solche Personen bezeichnet, deren Einkommen durch Arbeitslosengeld II auf das Niveau der Grundsicherung für Arbeitsuchende aufgestockt wird, weil das zu berücksichtigende Einkommen unterhalb dieser Leistungen liegt.

In Deutschland gibt es gegenwärtig in 11 Branchen Mindestlohnregelungen, mit steigender Tendenz. Sie konzentrieren sich auf den Dienstleistungssektor für gering qualifizierte Arbeit. Die gängige Erklärung für diese Regelungen besagt, dass die Marktlöhne für diese Tätigkeiten keinen dezenten Lebensunterhalt ermöglichen. Die Marktlöhne sind deshalb niedrig, weil die dabei eingesetzte gering qualifizierte Arbeit absolut und relativ reichlich vorhanden ist. Diese Erklärung ist allerdings bei weitem nicht ausreichend und viel zu oberflächlich. Eine tiefer gehende Analyse muss sowohl das Verteilungsziel des Staates als auch die besonderen Bedingungen von Globalisierung und hoher Staatsverschuldung mit einbeziehen:

Die Globalisierung hat das Kapital mobiler und die Zuwanderung in die sozialen Sicherungssysteme wahrscheinlicher gemacht. Das schmälert, jedenfalls dann, wenn strukturell Kapitalexporte des Inlands vorliegen, zum einen die Steuerbasis, erhöht zum anderen die staatlichen Ausgaben in der Kategorie „monetäre Transfers". Beide Faktoren tragen dazu bei, die Defizite des Staates zu erhöhen. Wird der Staat veranlasst, die Neuverschuldung zu begrenzen, dann sind größere Ausgabenkürzungen eigentlich nur in den bedeutenden Etatposten, wie den genannten monetären Transfers, möglich. Wenn nun aus bestimmten Gründen eine Erhöhung der Progression in der Einkommensteuer schwierig ist, etwa um Kapitalflucht zu verhindern, dann schwindet der Einfluss des Wohlfahrtsstaates auf die personelle Einkommensverteilung.

Letztere ist wiederum auch durch die Kräfte der Globalisierung ungleicher geworden. Das bestätigen zahlreiche Untersuchungen, insbesondere solche die sich auf das umfangreiche Datenpanel des SOEP am DIW/Berlin stützen. Gegeben das Ziel des Wohlfahrtsstaates, die Einkommensverteilung „gerecht" zu gestalten, hat sich die CDU offenbar dazu entschlossen, dieses Ziel zunehmend durch dirigistische Markteingriffe, wie etwa Mindestlöhne, zu erreichen. Das kostet (zunächst) den Staat direkt nichts, ist aber ordnungspolitisch als nicht systemkonform abzulehnen. Während nämlich eine kompensierende Sozialpolitik – richtig dosiert – die marktwirtschaftliche Ordnung nicht behindert, setzen Mindest- oder Höchstpreise die Funktionsweise der betroffenen Märkte außer Kraft. Als wüsste die Politik nicht ganz genau, was Mindestpreise anrichten: Nach wie vor leistet sich Europa jährlich Ausgaben für die gemeinsame Agrarpolitik in der Größenordnung von 50 Mrd. EUR. Diese werden zur marktwidrigen Stützung von Preisen landwirtschaftlicher Erzeugnisse verpulvert. Die überschüssige Produktion wird gelagert, vernichtet oder auf den Weltmarkt exportiert, mit größten Verwerfungen für das Niveau und die Volatilität der Weltmarktpreise.

Auch die prozesspolitischen Konsequenzen von Mindestlöhnen sind bekanntlich problematisch. Viele Untersuchungen deuten auf negative Beschäftigungseffekte von Mindestlohnregelungen hin: Zunächst einmal erhöhen Mindestlöhne die Grenzkosten der Produktion. Gelingt es den betroffenen Unternehmen nicht, diese höheren Grenzkosten auf die Güterpreise zu überwälzen, so sinken Absatz und Beschäftigung. Dann erweist sich die oben geschilderte „Ersparnis" des Staates als echte Chimäre: Eine höhere Arbeitslosigkeit zieht bekanntlich Mehrausgaben der sozialen Sicherungssysteme nach sich. Wenn allerdings die Überwälzung ganz oder teilweise stattfindet, dann steigt (auch) das Preisniveau der betroffenen Güter. Sind letztere für den Warenkorb des repräsentativen Arbeitnehmerhaushalts von Bedeutung, so reduziert das im Übrigen auch die erhofften Kaufkraftgewinne der Mindestlöhne.

Der von Angela Merkel und der CDU jetzt eingeschlagene Weg beim Thema der Mindestlöhne führt nicht zu einer „neuen sozialen Marktwirtschaft", vielmehr zu einer gefährlichen Aushöhlung der „sozialen Marktwirtschaft" ganz im Sinne F. A. v. Hajeks. Dieser hatte bekanntlich bereits das Beiwort „sozial" als ein „Wiesel-Wort" bezeichnet. Das Wiesel ist bekanntermaßen ein flinker Räuber, dem es mühelos gelingt, seinen Körper extrem zu verschlanken und in den Bau seines Gegners einzudringen, um ihn dort zu töten. Mit anderen Worten: Je mehr direkte Marktinterventionen vom Staat eingerichtet werden, umso stärker werden die Wettbewerbskräfte in der „sozialen Marktwirtschaft" von innen heraus zerfressen und aufgezehrt.

(Quelle: Mimeo, Neubiberg 28.08.2012)

Theoretische oder empirische Belege?

Ein heiß umstrittenes Thema im Zusammenhang mit den Mindestlöhnen ist die Frage, ob staatlich eingeführte und kontrollierte Mindestlöhne sowohl den gewerkschaftlichen Organisationsgrad als auch die Tarifautonomie beschädigen. Wozu braucht man Gewerkschaften, wenn es am Ende die Politik richten muss? Diese Frage wird mittlerweile sogar im Rahmen von Dissertationsprojekten untersucht. Vgl. dazu: Strategische Kommunikation von Gewerkschaften: Die Kampagnen Samstags gehört Vati mir, 35-Stunden-Woche und Mindestlohn/ Sascha Kristin Futh; mit einem Geleitwort von Prof. Dr. Wolfgang Schroeder, Wiesbaden, Germany: Springer VS, 2018.

Zugleich Dissertation Universität Kassel 2017. Öllinger und Sell (2017) konnten zeigen, dass einerseits höhere Durchschnittslöhne/Mindestlöhne die Attraktivität von Gewerkschaften erhöhen können. Es kann aber umgekehrt auch so sein, dass niedrige Durchschnittslöhne/Mindestlöhne eine stärkere Präsenz von Gewerkschaften nötig erscheinen lassen und so mit einem steigenden Organisationsgrad einhergehen. Vgl. dazu Michael Öllinger/Friedrich L. Sell, What Determines Union Density? „A Political Economy Model of the Labor Market with Empirical Evidence in the Context of European Countries", in: The Review of Economics and Finance, November, No. 4, 2017 S. 18–32.

Die Argumente der Gegenseite!
Erst in jüngster Zeit wird die Frage thematisiert, ob und wie Mindestlöhne den Gewerkschaften dazu verhelfen, ihre Verteilungsziele besser zu erreichen. In einer aktuellen Untersuchung konnten Öllinger und Sell (2017) zeigen, dass bei einer linkssteilen/rechtsschiefen Verteilung von Löhnen und Gehältern Mindestlöhne den ganz linken Rand der Verteilung abschneiden. Dadurch wird in der Regel der Durchschnittlohn steigen und die Streuung von Löhnen und Gehältern abnehmen. Das gilt im Übrigen auch oder sogar noch stärker, wenn der Mindestlohn zu Verdrängungseffekten führt und die Beschäftigung senkt. Vgl. dazu: Michael Öllinger/Friedrich L. Sell, Hitting two birds with one stone, in: Journal of Financial and Economic Studies, Vol. 5. No. 3, 2017, S. 26–30. Ebenso lesenswert ist: Pfadwechsel in der Tarifpolitik: Plädoyer für ein verteilungspolitisches Gesamtkonzept/Forum Gewerkschaften, VSA-Verlag für das Studium der Arbeiterbewegung, Hamburg 2017.

5.4 Der neue Systemwettbewerb in Europa

▶ *In einer globalisierten Welt ist der Systemwettbewerb naturgemäß auch ein globaler. Dieser findet mittlerweile zwischen marktwirtschaftlichen Ländern, die das Euckensche Haftungsprinzip hochhalten und verteidigen auf der einen Seite und solchen Staaten statt, welche versuchen, Schulden zu sozialisieren, entweder national oder eben international (wie innerhalb der Euro-Zone). Dieser neue Systemwettbewerb ist dem früheren insofern ähnlich, als es um die Beachtung oder eben Nicht-Beachtung der Kornaischen Budgetrestriktionen geht.*

Der ungarische Ökonom János Kornai hat mit dem Begriff der weichen Budgetrestriktionen („soft budget constraints") schon vor Jahrzehnten einen Schlüsselfaktor für das ökonomische Versagen des Sozialismus offengelegt: Üblicherweise haben Haushalte und Unternehmen mit harten Konsequenzen zu rechnen, wenn sie anhaltend mehr ausgeben als sie einnehmen: Ihnen droht die Insolvenz. Je größer allerdings die Wahrscheinlichkeit, dass die sich auftürmenden Verluste von einem externen Retter getragen werden, desto „weicher" werden die Budgetrestriktionen und desto weniger schert sich das eigene Ausgabeverhalten um die finanziellen Spielräume. Das gilt, so Kornai, sogar für ganze Staaten: Der alte Sozialismus musste zusammenbrechen, weil der kalte Krieg die Suche nach einem „außenstehenden Retter" schier unmöglich machte.

Nun droht uns allerdings ein neuer, nennen wir ihn „Schulden-Sozialismus" in Gestalt der Schuldenwirtschaft Griechenlands innerhalb der Eurozone, der den alten Systemwettbewerb wieder aufleben lässt. Die Kredite der europäischen Gläubigergemeinschaft werden von der griechischen Regierung im Grunde genommen als Transfers aufgefasst, an deren Rückzahlung gar nicht gedacht ist. Damit stehen ihr „soft budget constraints" zur Verfügung, die zu Umverteilungszwecken und damit – wenigstens mittelbar – zu einem neuen Systemwettbewerb genutzt werden können. Das Vorbild für ihr Gesellschaftsmodell haben Syriza (aber auch deren spanische Schwesterpartei „Podemos") im neuen lateinamerikanischen Sozialismus gefunden: In Bolivien und Venezuela nutzen die dortigen Machthaber – hier der Linkspopulist Evo Morales, dort der Chavez-Erbe Nicolás Maduro – den natürlichen Ressourcenreichtum (Erdgas bzw. Erdöl) ihrer Länder dazu, einen ausfernden Sozialstaat zu finanzieren und eine drastische Änderung der Einkommens- und Vermögensverteilung zulasten der Mittel- und (wo noch vorhanden) der Oberschicht zu organisieren. Mangels solcher natürlichen Ressourcen, schielen europäische Schuldenstaaten auf die „unechten Kredite" der Eurozone.

Solche Transfers, welches das Niveau der inländischen (privaten und öffentlichen) Konsumausgaben deutlich über das inländische Nettonationaleinkommen anheben, ziehen ganz ähnliche ökonomische Verwerfungen nach sich wie der Ressourcenfluch mit seiner „holländischen Krankheit": Die damit möglichen zusätzlichen Ausgaben von Privaten und Staat verteuern (absolut und relativ) die Preise der Non-Tradeables. Die Preise der Tradeables werden sich – auch wenn sie sich, absolut gesehen, nicht verändern – zumindest relativ verbilligen, sodass mit einer realen Aufwertung der inländischen Währung zu rechnen ist. Das kostet der einheimischen Wirtschaft die Wettbewerbsfähigkeit. Der Nachfrageüberhang (Angebotsüberhang) nach Tradeables (Non-Tradeables) führt zu einem Defizit in der Handelsbilanz und reduziert die Fähigkeit des Landes, seine ausländischen Schulden zu bedienen. Mehr noch: Der pathologische Strukturwandel kann in eine gefährliche Abwärtsspirale münden. Denn die Verlagerung der Produktionsstruktur weg von den Tradeables und hin zu den Non-Tradeables, schmälert das Produktivitätswachstum der gesamten Volkswirtschaft (Balassa-Samuelson-Effekt) und damit das Potenzialwachstum des auf Basis von Transfers lebenden Krisenlands. Schließlich sind (weitere) Beschäftigungsprobleme zu erwarten, je geringer die Preisflexibilität der Non-Tradeables (insbesondere nach unten) im Inland ist.

Vor diesem Hintergrund ist der Ruf der griechischen Regierung nach einem Schuldenschnitt (ohne Grexit) und zugleich nach frischen Finanzmitteln aus Europa, die direkt das inländische Wachstum ankurbeln sollen, weder möglich („no bail out") noch glaubwürdig: Nur die Härtung der „soft budget constraints", also der Zwang, im Falle von Krediten diese auch wirklich bedienen zu müssen, lenkt die volkswirtschaftlichen Ressourcen gezielt in die wachstumsträchtige Produktion von Tradeables. Kein anderer Sektor kann den erforderlichen Realtransfer bei hohen Auslandsschulden leisten, wie wir aus der Keynes-Ohlin-Debatte der 1930er Jahre gelernt haben.

Nicht nur Griechenland (und weitere Schuldenstaaten), sondern die gesamte Eurozone wird von der oben geschilderten Entwicklung Schaden nehmen. Die für die Währungsunion ursprünglich erhoffte, aber schon vor dem Ausbruch der europäischen Schuldenkrise im Jahr 2010 mangelhafte Konvergenz, wird sich nicht erhöhen. Im Gegenteil: Aus den oben genannten Gründen wird der „Neue Schulden-Sozialismus" zu einer sich noch verstärkenden Divergenz innerhalb der Eurozone führen. Unnötig zu sagen, dass die Stabilität der Eurozone bei solchen Fliehkräften nicht gefördert wird.

Was ist das Fazit dieser Überlegungen? In sozialen Marktwirtschaften kann man produktiv mit scheiternden Firmen und auch mit scheiternden Staaten umgehen, wenn sich die Politik endlich zu einem umfassenden und geordneten Insolvenzrecht durchringt. In diese Richtung müsste die europäische Währungsunion aus- und umgestaltet werden. Damit würde ein Ordnungsrahmen geschaffen, der Insolvenzverschleppungen schwierig(er) macht, den Märkten eine richtige Bewertung von Insolvenzrisiken besser ermöglicht und einer Aushöhlung des von Walter Eucken und der Freiburger Schule zu Recht hoch gehaltenen Haftungsprinzips durch den „Neuen Schulden-Sozialismus" entgegen tritt und diesen abstrakt.

Dort, wo Insolvenzen (noch) nicht nötig sind, gilt es „wenigstens", die Budgetbeschränkungen zu härten. Dazu bedarf es wieder positiver Realzinsen. Dass Kredite vergeben und genommen werden, ist in sozialen Marktwirtschaften selbstverständlich, ja konstituierend, allerdings sollte ihr Wortstamm „credo" (lateinisch: Ich glaube [an die Rückzahlung, der Verfasser]) nicht vergessen werden. Nur so kann sich der aufgeklärte Kapitalismus im „Neuen Systemwettbewerb" behaupten.

(Quelle: F. L. Sell, Der Schulden-Sozialismus wirkt wie ein Ressourcen-Fluch. Neuer Systemwettbewerb in Europa. In: Neue Zürcher Zeitung Nr. 177 vom 05.08.2015, S. 21)

Theoretische oder empirische Belege?

Es gibt mittlerweile eine Gruppe bedeutender Ökonomen, welche, gerade in Europa, die Einführung eines Insolvenzrechts für Staaten fordert. Im Grunde genommen sind es die gleichen, die seit längerem vor Schuldenerlassen und der Einführung einer Transferunion und seit kürzerem auch vor einer Vergemeinschaftung der Einlagensicherung als Teil der europäischen Bankenunion warnen. Alle diese Politikvorschläge sind nämlich bestens dazu geeignet, die Kornaischen Budgetrestriktionen aufzuweichen. Das Insolvenzrecht für Staaten verhindert, dass weiter ungedeckte staatliche Ausgaben getätigt werden können. Vgl. Prolegomena für die Schaffung eines Insolvenzrechts für Staaten/Christoph G. Paulus, in: Nach der Finanzkrise: Rechtliche Rahmenbedingungen einer neuen Ordnung [mit dem vorliegenden Band werden die Beiträge zum Zehnten Frankfurter Walter-Hallstein-Kolloquium veröffentlicht], Baden-Baden: Nomos Verl.-Ges. 2012, S. 105–129.

> **Die Argumente der Gegenseite!**
> Kritiker eines Insolvenzrechts für Staaten monieren, dass man nicht einfach nur, analog zu privaten Unternehmen, den möglichen Konkurs von Staaten fordern könne, ohne die Frage zu beantworten, wie es am Tag danach weitergeht. Untergegangene Unternehmen hinterlassen in der Regel einen funktionierenden Markt. Konkurs gegangene Staaten hinterlassen aber kein funktionierendes Gemeinwesen, bestenfalls eine konstruktive Zivilgesellschaft. Wer wird Rechtsnachfolger des untergegangenen Staats? Wird dieser von der internationalen Staatengemeinschaft bestimmt? Oder von wem sonst? Vgl. etwa: Umschuldung in Euro-Peripheriestaaten: Restrukturierung von Staatsschulden ohne ein „Insolvenzrecht für Staaten": Ein gangbarer Weg aus der Krise von Euro-Peripheriestaaten?/Christian Kirchner, in: Ifo-Schnelldienst. München: Ifo-Institut für Wirtschaftsforschung. Bd. 64, 2011, Nr. 11 (10.6.), S. 3–5.

5.5 Flüchtlingsströme und Armutszuwanderung: Ursachen und Konsequenzen

▶ *Nachstehender Beitrag wurde auf dem Höhepunkt der europäischen Flüchtlingskrise im September 2015 geschrieben. Wie andere Aufsätze aus der damaligen Zeit, steht er auch unter dem Eindruck der fürchterlichen Bilder im Mittelmeer Ertrunkener, viele davon Kinder. Damals war der heute von den meisten Experten beklagte Kontrollverlust der deutschen Regierung noch kein großes Thema. Wohl aber die sich schon deutlich abzeichnende, ausgesprochen dünn gesäte europäische Solidarität bei der Aufnahme von Flüchtlingen.*

Die schrecklichen Bilder des vergangenen Sommers werden so schnell nicht verbleichen: Es sind dies die Fotos des ertrunkenen fünfjährigen Aylan in den Armen eines Polizisten am Strand des türkischen Bodrum, Folge einer gescheiterten Flucht aus Syrien über die Türkei und das Mittelmeer nach Griechenland. Und es sind die Aufnahmen verzweifelter Familien auf ungarischen Bahnhöfen und in ungarischen Zügen, die von den dortigen Behörden schikaniert wurden bis sie den 200 km langen Weg zu Fuß auf Autobahnen nach Österreich und Deutschland wählten. Von den 71 in einem Kühlwagen an der Wiener Autobahn erstickten Menschen gab es zum Glück keine Fotos. Es fällt schwer, bei solchen Eindrücken, den Diskurs über dieses emotionsgeladene Thema sachlich zu führen. Es ist aber bitter nötig.

Denn die gegenwärtige Debatte über Flüchtlingsströme, Zuwanderung, Asyl- und Abschiebeverfahren ist besonders durch eines gekennzeichnet: Durch fehlende Systematik und Transparenz. Es ist hilfreich, zwischen den ökonomischen und den politisch/gesellschaftlichen Aspekten sowie den verschiedenen Ansatzpunkten zur „Lösung" der verfahrenen Lage zu unterscheiden. Worum geht es ökonomisch aus der Sicht der

Zielländer, also insbesondere der deutschen Volkswirtschaft? Zunächst ist begrifflich zu unterscheiden zwischen substitutiver und komplementärer Zuwanderung. Erstgenannte führt zur Verdrängung deutscher Arbeitskräfte und zu Lohnsenkungen bei einheimischen gering qualifizierten sowie zu einer Erhöhung des Kapitaleinkommens, weil sie das Angebot an eher gering Qualifizierten erweitert. Dort, wo der Mindestlohn die Absenkung verhindert, kommt es zu Arbeitslosigkeit. Die zweitgenannte Art der Zuwanderung führt zu zusätzlicher Beschäftigung qualifizierter deutscher Arbeitskräfte und zu Lohnsteigerungen sowie zu einer Erhöhung des Kapitaleinkommens, weil sie die Nachfrage nach qualifizierten inländischen Arbeitskräften erhöht.

Deutschland will verständlicherweise – angesichts des Fachkräftemangels und der Herausforderungen der demografischen Entwicklung für die Alterssicherungssysteme – komplementäre Zuwanderer als Arbeitskräfte attrahieren. Diese befinden sich eher unter den Flüchtlingen, denn diese repräsentieren tendenziell einen Querschnitt der Bevölkerung im Ursprungsland. Anders ist es bei der Armutszuwanderung: Hier dominieren gering qualifizierte Arbeitskräfte, die zu substitutiver Zuwanderung führen. Finden sie keine Arbeit, so werden diese Migranten potenziell auch in die sozialen Sicherungssysteme des Bestimmungslandes „einwandern" und die Kosten des Sozialstaats hochtreiben.

Die „Besserbehandlung" der Flüchtlinge im Vergleich zu den Armuts-Migranten – wie sie durch die Aussetzung der Bestimmungen des Abkommens von Dublin im Falle von syrischen Flüchtlingen markant deutlich wurde – durch die deutschen Behörden im Rahmen der Asylanerkennungsverfahren hat demnach nicht nur juristische (Recht auf Asyl in Artikel 16a GG), sondern auch wichtige ökonomische Gründe. Das „Rosinen-Picking" unter den Flüchtlingen ist allerdings wenigstens mittel- bis langfristig problematisch, weil gerade deren beachtliches Humankapital (Mediziner, Ingenieure, etc.) zum Wiederaufbau ihrer vom Krieg zerstörten Ursprungsregionen besonders gebraucht wird. Hier gibt es so etwas wie eine moralische Verpflichtung der Empfängerländer, die spätere Rückkehr der Flüchtlinge aktiv zu unterstützen.

Worum geht es aus der Sicht der Herkunftsländer bzw. deren Staatsbürger? Die Migranten unterscheiden sich nicht nur nach dem vordringlichen Motiv ihrer Abwanderung, sondern auch nach der Geografie ihrer Ursprungsländer. Nach Europa kommen z. Zt. Migranten vor allem aus drei grundverschiedenen Regionen: Aus dem Westbalkan (vorwiegend ökonomisch motivierte Zuwanderung, s. u.), aus dem Mittleren Osten (vorwiegend Flüchtlinge aus Syrien, Irak, Afghanistan und Pakistan) und schließlich aus Zentral-, West- und Ostafrika (sowohl Flüchtlinge als auch Armutszuwanderung aus den verschiedensten Ländern, etwa Eritrea, Nigeria und Somalia). Die Flüchtlinge verlassen ihre Heimat inmitten von kriegerischen regionalen Konflikten, von Bürgerkriegen und/oder sich auflösenden Staatengebilden, was gemeinhin neudeutsch als „failing states" bezeichnet wird.

Zu unterscheiden ist weiterhin zwischen den eigentlichen Zielländern und den Erstauffang- bzw. Durchgangsländern. Sind die Erstauffangländer EU-Staaten, so sind die Flüchtlinge nach dem Abkommen von Dublin gehalten, in dem ersten „sicheren Staat", den sie betreten, ihren Antrag auf Asyl zu stellen. So argumentiert etwa Ungarn gegenüber Griechenland (dazwischen liegen geografisch die „Durchgangsländer" Serbien, Mazedonien und Montenegro, die alle keine EU-Staaten sind) und Österreich wiederum gegenüber Ungarn. Nimmt der erste „sichere Staat" die Registrierung vor (Angaben zur Person und/oder Fingerabdrücke), so können die Flüchtlinge, wenn sie weiter gen Norden Europas ziehen, von dort im Prinzip wieder in den ersten „sicheren Staat", den sie zuvor erreicht hatten, zurück geschickt werden. Geringe Chancen auf Asyl haben dabei jene Flüchtlinge/Migranten, die aus der Sicht der Zielländer aus „sicheren Herkunftsländern" stammen. Was ist zu tun?

Die demokratische Staatengemeinschaft sollte sich neben der geordneten und kooperativ orchestrierten Aufnahme von Flüchtlingen (s. u.) schnell auf die Lösung der zugrunde liegenden regionalen Konflikte konzentrieren. Ein militärischer Bodeneinsatz der von den USA angeführten Koalition im Nahen Osten sollte nicht mehr a-priori ausgeschlossen werden. Besser wäre es, Syriens Präsidenten Bashar el Assad mithilfe Russlands zu einem Friedensabkommen mit den anderen Bürgerkriegsparteien zu zwingen. Aus naheliegenden Gründen wäre der IS aus einem solchen Abkommen ausgenommen

Dazu braucht es aber eine Allianz unter Einschluss Russlands, denn ohne Russland kann es keine Lösung des Syrischen Bürgerkriegs geben: Russland gehört bislang neben dem Iran zu den Hauptstützen des Assad-Regimes. Jordaniens König Abdullah II bin al Hussein forderte Ende August d.J. Russlands Präsident Wladimir Putin auf, seine „vitale Rolle" bei der Beendigung des Bürgerkriegs in Syrien und bei der Versöhnung der verfeindeten Parteien endlich wahrzunehmen. So ähnlich hat es wohl auch der britische Premier David Cameron Anfang September gemeint, als er davon sprach, „Frieden und Stabilität" müssten in diesen Teil der Welt einkehren. Die Atom-Verhandlungen mit dem Iran haben gezeigt, wie man Russland erfolgreich in weit gefasste Koalitionen einbinden kann, trotz der bestehenden erheblichen Interessengegensätze. Der Iran selbst hat in diesen Tagen anlässlich des Besuchs von Österreichs Außenminister Heinz Fischer in Teheran eigenes Interesse an einer Verhandlungslösung gezeigt. Um Russland ins Boot zu holen, ist etwa an ein Moratorium/eine Reduktion der wegen des Ukraine-Konflikts gegen Russland verhängten Sanktionen zu denken. Das klingt zunächst unmoralisch, folgt aber einer eindeutigen Güterabwägung.

Wird der zugrunde liegende regionale Konflikt dagegen nicht gelöst, werden die Flüchtlingszahlen weiter ansteigen. Zunehmende Flüchtlingszahlen destabilisieren aber u. a. Länder wie Libanon und Jordanien, die jetzt schon mit den aktuellen Aufnahmezahlen weit überlastet sind. Schätzungen besagen, dass mittlerweile ca. 4.015.256 Menschen aus dem Kampfgebiet Syrien geflohen sind. Davon haben sich rund die Hälfte in diese beiden Länder, nämlich ca. 1.172.753 nach Libanon und ca. 629.128 nach Jordanien, gerettet. Sollten auch diese fragilen Staaten Länder zu „failing states" werden, dann brennt fast der gesamte Nahe Osten. Auch eine geordnete Aufnahme von Flüchtlingen wäre dann kaum noch möglich und würde die Kapazitäten der infrage kommenden Länder deutlich übersteigen.

Die signifikant gestiegene Armutswanderung kommt nicht überraschend – darüber kann man sich so wenig wundern wie über internationale Kapitalflüsse bei einem deutlichen

Zinsunterschied –, da sich das Einkommensgefälle zwischen Reich und Arm in der Weltwirtschaft bereits seit einiger Zeit deutlich erhöht hat. Eine Beschleunigung von Abschiebeverfahren, etwa, wie in Deutschland vorgeschlagen, von 3 Monaten auf 1 Monat, bringt nur vordergründig Lösungen: Viele ausgewiesene Armuts-Migranten werden es auf illegalem Weg erneut versuchen.

Die „West-Balkan-Konferenz" Ende August in Wien hat sich vor allem mit der Abwanderung aus den Ländern, die aus dem ehemaligen Jugoslawien hervorgegangen sind, beschäftigt. Angela Merkel hat Serbien, Mazedonien, Bosnien-Herzegowina (alle drei gelten seit 2014 als „sichere Staaten") sowie Montenegro, Kosovo und Albanien (sie sollen in Zukunft als „sichere Staaten" gelten) ermahnt, dass ihre Bürger keine Chancen hätten, in Deutschland einen Asylstatus zu erhalten. Sie müssten mit einer raschen Ausweisung und Rückführung in ihre Ursprungsländer rechnen. Thema der Konferenz war auch der Zustrom an Flüchtlingen, den gegenwärtig Serbien, Mazedonien und Montenegro über Griechenland (mit den eigentlichen Zielländern Ungarn, Österreich und vor allem Deutschland) erfahren. Allerdings konnte die Konferenz-Debatte über die Definition sicherer Herkunftsländer, über Abschiebemodalitäten und die skandalösen, 175 km langen Grenzzaunbauten Ungarns an der Grenze zu Serbien u. ä. m., längst nicht der Größe des Problems gerecht werden.

Kanzlerin Merkel und Frankreichs Präsident Francois Hollande haben deshalb bei ihrem Treffen am 24. August die Einführung von Aufnahmequoten für Asylbewerber vorgeschlagen, was die EU-Staaten im Mai und Juni noch mehrheitlich dem EU-Kommissionspräsidenten Juncker abgeschlagen hatten. Insbesondere Spanien, Großbritannien und mittel- sowie osteuropäische Mitgliedsstaaten hatten sich dagegen verwahrt. Besser als Quoten, das sagt einem noch die simpelste Anreizökonomik, wäre es, Prämien für jene Länder auszuloben, die zu besonderen Anstrengungen bereit sind. Im Umkehrschluss, so die österreichische Regierung, könnten Länder, die keine Zugeständnisse machen, weniger Mittel aus den EU-Töpfen erhalten.

Diese beiden Modelle lassen sich allerdings auch miteinander verknüpfen: Anfang September hat Kanzlerin Merkel ihren Quotenvorschlag konkretisiert. Danach soll sich die Höhe der Quote nach dem ökonomischen Gewicht des jeweiligen Landes richten und als Indikatoren dafür sollen etwa die Produktivität und die Landesgröße herhalten. Man kann sich mehr und anderes vorstellen, wie etwa die Höhe der Bevölkerung bzw. die Bevölkerungsdichte. Gleichviel. Auch hier muss mit der Frage umgegangen werden, wie man Länder behandelt, die, aus welchen Gründen auch immer, ihre Quote nicht erfüllen. Man könnte mit einer Mindestquote argumentieren, die nicht unterschritten werden darf. Wer nur diese erfüllt, muss seine restlichen Verpflichtungen durch Finanztransfers an jene Länder abgelten, die bereit sind, über ihre Quote hinaus Asylbewerber aufzunehmen.

Der Zeitdruck ist dabei groß: Schon drohen Länder, wie die Niederlande, die bisherigen eigenen ca. 30 regionalen Aufnahmezentren aufzulösen zugunsten von 6 „nationalen" Einrichtungen und abgelehnte Asylbewerber nur noch dürftig mit Kleidung und Nahrung zu versorgen, um so ihrer aktiven Abschiebung zuvorzukommen. Kaum zu erwarten, dass die UN-Menschenrechtskommission ein solches Verhalten durchgehen lassen wird. Zu berücksichtigen ist dabei außerdem, dass es zwischen den verschiedenen Flüchtlingsgruppen – etwa Syrer und Afghanen – ein erhebliches, religiös und/oder ethnisch motiviertes Konfliktpotenzial gibt, das sich in deutschen Auffanglagern mittlerweile schon in gewalttätigen Übergriffen manifestiert hat.

Am 10. September hat die EU-Kommission nun ihre neuen eigenen Vorschläge bekannt gegeben: Es sollen jene geschätzten 160.000 Flüchtlinge, die in diesem Frühling und Sommer in Griechenland, Ungarn und Italien buchstäblich gestrandet sind, innerhalb von zwei Jahren auf die restlichen EU-Staaten verteilt werden. Ähnlich unseren obigen Überlegungen, dürfen danach einzelne Länder ihre eigene Quote vorübergehend (bis zu einem Jahr) unterschreiten. Allerdings müssen sie zum Ausgleich Sonderzahlungen (als Prozentsatz des eigenen BIP) zugunsten des EU-Budgets leisten. Die Quote wird in Abhängigkeit der jeweiligen Bevölkerung, des BIP, der bisherigen Aufnahme von Asylbewerbern und der aktuellen Arbeitsmarktsituation (hohe Arbeitslosigkeit senkt die Quote) berechnet. Zugleich verlangt die EU-Kommission, dass abgelehnte Asylbewerber schnell abgeschoben und die Grenzkontrollen verschärft werden. Allerdings hat der Kommissionsvorschlag zwei erhebliche Mängel: Die Quoten für die Visegrad- sowie für die baltischen Staaten sind jetzt schon viel zu niedrig angesetzt und trotzdem wehren sich diese Länder vehement gegen obligatorische Aufnahmezahlen.

Ein hohes Gut der europäischen Integration ist das Schengener Abkommen und die damit verbundene grenzüberschreitende Mobilität. Gelingt es nicht, den Zustrom an Menschen nach Europa in halbwegs geordneten Bahnen zu organisieren, ist die Freizügigkeit bei der Überquerung europäischer Grenzen in akuter Gefahr. Dies haben deutsche und österreichische Politiker mittlerweile explizit artikuliert, ja damit gedroht, falls eine „gerechte Verteilung" der Flüchtlinge auf europäische Staaten misslinge. Allerdings ist ordnungsökonomisch völlig klar: Schengener Abkommen, der Vertrag von Dublin (s. o.) und Quoten für Flüchtlinge in der EU können nicht zugleich funktionieren. So, wie im berühmten Trilemma in der der Währungspolitik, muss die Politik entscheiden, welche zwei von diesen dreien in Kraft bleiben sollen. Am vernünftigsten erscheint auf den ersten Blick, (mehr oder weniger flexible) Quoten mit dem Schengener Abkommen zu verbinden.

Aber auch eine bessere und gerechtere Verteilung der Zuwanderung wird nicht reichen. Eine erfolgreiche gesellschaftliche und ökonomische Eingliederung der Migranten wird Deutschland und seine Partner viele Jahre lang beschäftigen und, wie jetzt schon für 2015 und 2016 erkennbar, erhebliche fiskalische Lasten mit sich bringen. Auf Dauer könnte ein „Flüchtlings-Soli" – vielleicht im Gegenzug zur Abschaffung des Vereinigungs-Solis – erforderlich werden, sollen nicht, wie schon so oft, zukünftige Generationen für heutige Entscheidungen haftbar gemacht werden.

Hinzukommen muss eine große Anstrengung der Arbeitsmarkt- und der Aus- und Bildungspolitik (im nationalen sowie im europäischen Rahmen) sowie der bilateralen und multilateralen Entwicklungshilfe (außerhalb Europas). Letzteres hat in Deutschland auch Entwicklungsminister Müller angemahnt. Allerdings muss die Entwicklungspolitik teilweise neu ausgerichtet werden: Der bisherige Schwerpunkt, „good governance" zu belohnen, bleibt richtig, ist aber zu ergänzen: Die Staatenbildung selbst/Die Sicherung des Gewaltmonopols des jeweiligen Staates müssen durch die Entwicklungszusammenarbeit unterstützt werden.

Denn wenn wir die langfristig erwünschte Angleichung der Lebensverhältnisse in der Welt nicht selbst in die Hand nehmen, kommt sie ganz anders als gedacht und erwünscht: Als deutliche Absenkung unseres Wohlstands infolge massiver und schwer kontrollierbarer Zuwanderung. Diese Einsicht spielte bereits – unabhängig vom dann realisierten Umtauschkurs – eine gewichtige Rolle bei der Deutsch-Deutschen Wirtschafts- und Währungsunion vom 1. Juli 1990: Die Bereitschaft der Westdeutschen, die D-Mark schon früh mit den ostdeutschen Landsleuten zu teilen, wirkte entscheidend dämpfend auf die Ost-West-Migration.

(Quelle: Mimeo, Neubiberg 18.09.2015)

Theoretische oder empirische Belege?

Kritiker nationaler Alleingänge – die etwa auf das unharmonische Nebeneinander von deutscher Energiewende/EEG auf der einen Seite und europäischem Handel mit CO_2-Emissionszertifikaten auf der anderen Seite verweisen – fordern seit längerem ein europäisches Zuwanderungsgesetz. Vgl. dazu: Zutritt zur Festung Europa? Anforderungen an eine moderne Asyl- und Flüchtlingspolitik/ Ulf Rinne; Klaus F. Zimmermann, in: Wirtschaftsdienst, Heidelberg: Springer, Bd. 95. 2015, 2, S. 114–120.

Die Argumente der Gegenseite!

Ein Verteilungsschlüssel mittels Quoten, wie er im Zusammenhang mit Flüchtlingskontingenten innerhalb der EU diskutiert wird, hat unter den Ökonomen eine durchaus heftige Gegnerschaft. Viele Anwendungsbereiche zeigen, dass Quoten anderen Zuteilungsverfahren, wie Los, Auktion u. ä. m. im Hinblick auf die Allokationswirkungen deutlich unterlegen sind. Vgl. dazu auch die Untersuchung: Selektive Einwanderungspolitik: Punktesystem versus Auktionsmodell/ Wolfgang Ochel, in: Ifo-Schnelldienst, München: Ifo-Institut für Wirtschaftsforschung. Bd. 54. 2001, 8, S. 32–38.

5.6 Der Herbst der Angela Merkel

▶ *Spätestens seit der Bundestagswahl vom 24. September 2017, verbunden mit der krachenden Wahlniederlage für die CDU/CSU, gilt Kanzlerin Angela Merkel als politisch schwer angeschlagen, ja angezählt. Das schlechte Bundestagswahlergebnis ist aber nur ein vorläufiger Endpunkt einer Entwicklung, die spätestens im August 2015 begonnen hat. Damals und in den darauf folgenden Monaten wurde in Deutschland ein gewaltiger Strom an Flüchtlingen unkontrolliert ins Land gelassen. Seitdem haben sich die politische Landschaft, das Parteienspektrum und auch das gesellschaftliche Klima in Deutschland deutlich verändert. Dieser Beitrag stammt vom Dezember 2015.*

5.6 Der Herbst der Angela Merkel

Angela Merkel, die doch lange ihren politischen Gegnern innerhalb Deutschlands als nahezu unangreifbar bzw. unschlagbar galt, die für ihre europäischen Kollegen lange eine unumstrittene Führungsfigur war – sie galt geradezu als Schlüsselfigur für die Rettung der Eurozone seit dem Jahr 2010 –, eben diese Angela Merkel hat ihre schwierigste Etappe in der in- und ausländischen Politik gerade erst begonnen.

Das hätte sie sich selbst nicht vorstellen können, dass es so kommen würde als sie Ende August/Anfang September 2015 – inmitten eines großen Durcheinanders von Ankunft, Aufnahme und provisorischer Unterbringung hunderttausender Flüchtlinge – den mittlerweile berühmt-berüchtigten Satz formulierte: „Wir (also die Deutschen insgesamt) schaffen das!" Damit verstieß Angela Merkel gegen beide Dubliner Abkommen (I und I), die bekanntlich verlangen, dass Flüchtlinge im ersten als sicher eingestuften (europäischen) Land, das sie betreten, registriert werden müssen. Auch sind sie dort provisorisch aufzunehmen. Währenddessen ist das formelle Anerkennungsverfahren (als Asylanten) in die Wege zu leiten. Die Reaktion ließ nicht lange auf sich warten: Bis zum Ende des Jahres 2015 betraten (bezogen auf das ganze Jahr) fast eine Million Flüchtlinge (vorwiegend junge Männer) das deutsche Hoheitsgebiet. Die Herkunftsländer waren in erster Linie Syrien, Afghanistan und der Irak. Angela Merkel machte damals und auch in weiten Teilen des Jahres 2016 keine Anstalten, ihren obigen Ausspruch zu ergänzen, zu kommentieren/konkretisieren (etwa: „Wer ist wir"?) oder gar (in seiner Absolutheit) zu widerrufen. Stattdessen sah man sie, mit einer an ihr vorher nicht beobachteten Eitelkeit, „Selfies" mit dem einen oder anderen Flüchtling machen. Diese Fotos wurden gerne und breit in der europäischen Presse veröffentlicht und natürlich über die sozialen Netzwerke in Windes Eile unter den (aktuellen und potenziellen) Flüchtlingen verbreitet. So kam es, dass ihr Name im Nahen Osten, aber auch in Ländern wie Afghanistan, bald den Zusatz „Mama Merkel" erhielt. Innerhalb weniger Monate sanken die Umfragewerte für die CDU bundesweit von vorher ca. 41 % auf weniger als 37 %.

Während sich Sozialdemokraten (SPD) und Bündnis 90/Die Grünen vergleichsweise stabil bleiben und Umfragewerte von 25 % bzw. Von 10 % erreichen, gewinnen xenophobe und ultrarechte Parteien, wie etwa die „Alternative für Deutschland" (AFD), beständig an Zustimmung mit bisher ungekannten Werten zwischen 8 und 11 %. Noch mehr: Die innerparteiliche Kritik an Angela Merkel ist deutlich angeschwollen, schon sehen Auguren am Horizont die Möglichkeit, dass sie vom Veteranen Wolfgang Schäuble (immerhin auch schon 73) im Kanzleramt abgelöst wird. Der aktuelle Finanzminister (seit 2009) ist für viele deutsche Christdemokraten ein Symbol für Seriosität, gute Nerven und politische Effektivität, also Eigenschaften, welche Angela Merkel eingebüßt zu haben scheint. Auch auf europäischer Ebene sind die aktuellen Perspektiven für die deutsche Kanzlerin kaum ermutigender. Alte und neue Pläne der EU-Kommission, Flüchtlingskontingente zu definieren, zu verabreden und schließlich unter den 28 Mitgliedsstaaten aufzuteilen, haben wenig Aussicht auf Verwirklichung.

Aktuell (also am Jahresende 2015) scheinen nur Frankreich und (mit großen Einschränkungen) Österreich dazu bereit, den Flüchtlingsdruck, der auf Deutschland lastet, zu erleichtern bzw. zu mildern. Alle übrigen Länder haben völlig andere Vorstellungen darüber, welche Anzahl an Flüchtlingen sie überhaupt bereit sind, aufzunehmen (wie Großbritannien) oder sie weigern sich rundherum (wie Polen), überhaupt jemandem, der aus dem Nahen Osten oder aus Afghanistan kommt, Asyl zu gewähren. Jenseits von Europa, hat Angela Merkel eine ebenso logische wie ambivalente und sogar gefährliche Initiative ergriffen: Mit dem Rückhalt von Jean-Claude Juncker ist sie in die Türkei gereist und hat sich direkt mit dem polemischen Präsidenten Erdogan in Kontakt gesetzt. Im Tausch gegen rund sechs Milliarden Euro (bis 2018) zur Verbesserung der Lebensumstände der Flüchtlinge in der Türkei, sollen die türkischen Behörden dazu gebracht werden, die türkischen Grenzen (gerade gegenüber Griechenland) besser zu sichern, Schlepper zu verfolgen und so den Zustrom an Flüchtlingen in die EU zu begrenzen. Darüber hinaus ist die EU bereit, für jeden Nicht-Asylberechtigten, der von den griechischen Inseln in die Türkei abgeschoben wird, jeweils einen asylberechtigten Flüchtling aus Syrien von der Türkei direkt in die EU aufzunehmen. Darüber hinaus wurde der türkischen Regierung in Aussicht gestellt, dass schneller über die Abschaffung des Visazwangs für türkische Bürger und den EU-Beitritt verhandelt wird.

Anfangs gab es vor allem die Befürchtung, Erdogan könne mit diesem Deal Druck auf die EU ausüben, die Beitrittsverhandlungen der Türkei zu beschleunigen und zu forcieren. Was kann Deutschland unternehmen, bei kaum vorhandener europäischer und/oder internationaler Solidarität, um den weiteren Zustrom von Flüchtlingen zu begrenzen und Schäden für Ökonomie und Gesellschaft im Zaum zu halten? Zu diesem Zweck wäre an die folgenden Strategien zu denken:

Erstens: Die große Mehrzahl jener Flüchtlinge, die in den letzten Monaten nach Deutschland gekommen sind, sind junge Männer mit gering ausgeprägter Bildung/Ausbildung und schwachen Deutschkenntnissen. In der Wortwahl der Arbeitsmarktökonomen handelt es sich weitgehend um gering-qualifizierte Arbeitskräfte, die sich gegenüber den entsprechenden inländischen Arbeitskräften substitutional verhalten. Es drohen also Verdrängungs- und zugleich Lohnsenkungseffekte. Will man allerdings in diesem Sektor des Arbeitsmarktes einen starken Anstieg der Arbeitslosigkeit verhindern, sollte man gerade für diesen Teil des Arbeitsmarktes nicht am flächendeckenden, bundesweiten Mindestlohn festhalten, sondern an vorübergehende Öffnungsklauseln denken.

Zweitens: Wenn dieser bedeutende Teil der Immigranten in nicht zu ferner Zukunft in die Lage versetzt werden soll, Steuern und signifikante Beiträge ins System der sozialen Sicherheit – gerade bei der Rente sind ja Kohorten junger Beitragszahler nicht nur erwünscht, sondern geradezu dringend erforderlich – einzuzahlen, gilt es, heute, ihre Sprachausbildung zu fördern (Deutsch, Englisch) und in ihre schulische, fachliche und akademische Ausbildung zu investieren. Diese Ausgaben belasten zunächst einmal auf Jahre hin die Haushalte des Bundes, der Länder und der Kommunen, sie sind aber unumgänglich.

Drittens: Es empfiehlt sich nicht, diese staatlichen Mehrausgaben durch eine neue Kreditaufnahme zu finanzieren, welche die deutsche Gesamtstaatsschuld wieder erhöhen würde. Es wäre unzumutbar, diese Mehrausgaben derart auf zukünftige Generationen abzuwälzen. Vielmehr muss die Politik den Mut haben, den alten „Soli" (dessen Geschäftsgrundlage ohnehin im Jahr 2019 endet) abzuschaffen und ihn zugleich umzuwandeln in eine Art „Solidaritätssteuer". Noch genauer würde es sich um eine „Solidaritätssteuer zugunsten der zuwandernden Flüchtlinge" handeln.

Viertens: Soweit es um die Zuwanderung von mittlerer und höherer Arbeitsqualifikation geht, so trifft diese am deutschen Arbeitsmarkt offensichtlich auf eine Überschussnachfrage bzw. auf einen erheblichen Fachkräftemangel. Dieser Teil der Immigranten verfügt bereits häufig über sprachliche Grundkenntnisse (etwa im Englischen) und kann wesentlich leichter in die deutsche Volkswirtschaft und Gesellschaft integriert werden. Darüber hinaus handelt es sich hier weitgehend um, wie man sagt, komplementäre Zuwanderung. D. h., man kann davon ausgehen, dass ihre Beschäftigung die Nachfrage nach gering(er) qualifizierter Arbeit nicht drosselt, sondern anregt. Die Zerstörung/Verdrängung von Arbeitsplätzen ist davon eben nicht zu erwarten. Schließlich ist von diesen Immigranten relativ bald die Zahlung von Steuern und von Beiträgen zur sozialen Sicherheit zu erwarten. Sie verbreitern damit die Basis für das Umlageverfahren im deutschen gesetzlichen Rentensystem.

Fünftens: Solche Zuwanderer, die den Status des anerkannten politischen Flüchtlings/Asylanten nicht erreichen (auch von den sogenannten „Geduldeten" bzw. „subsidiär Geschützten" einmal abgesehen), sollten so schnell wie möglich in „sichere" Drittstaaten abgeschoben werden. Die Anerkennungs- bzw. Ablehnungsverfahren müssen dabei gestrafft und beschleunigt werden. Allerdings hat die deutsche Regierung eine Verantwortung für diejenigen, die direkt oder auf Umwegen in ihre Heimat zurückkehren. Eine wohlverstandene Politik der Entwicklungszusammenarbeit hat die Aufgabe, die Lebensverhältnisse jener Menschen zu verbessern, die zuvor eher aus wirtschaftlichen als aus politischen Gründen zu uns geflohen waren. Zu diesem Zweck ist es nötig, gerade für die Länder mit einer starken Tendenz zur Emigration, eine neue und effektive Entwicklungspolitik zu entwerfen.

Sechstens: Auf europäischer Ebene sollte Deutschland, Seite an Seite mit der EU-Kommission Jean-Claude Junckers und Frankreich, ein System an positiven wie negativen Anreizen schaffen, um die in der EU angekommenen Flüchtlingskontingente auf alle Länder der EU nach nachvollziehbaren Kriterien zu verteilen. Danach müssten Länder (gerade in Mittel- und Osteuropa), die sich grundsätzlich weigern, Flüchtlinge aufzunehmen, sanktioniert werden, indem sie weniger Mittel aus den europäischen Fonds erhalten. Im Umkehrschluss würden Länder, welche ihre „Quote" übererfüllen, mit zusätzlichen Zuschüssen ausgestattet werden.

Siebtens: Schließlich erscheint es unumgänglich, auch zu einer Verständigung mit Russland zu kommen. Die europäische Union könnte die, wegen des Ukraine-Krim-Konflikts gegen Russland beschlossenen Sanktionen, in Teilen auf den Prüfstand zu stellen. Ein Abbau/eine Reduktion könnte davon abhängig gemacht werden, ob und inwieweit Russland dazu bereit ist, zu einem nachhaltigen Frieden in Syrien beizutragen. Damit wäre eine der wichtigsten Fluchtursachen im Nahen Osten angegangen.

Angela Merkel wurde dieser Tage zur „Person des Jahres 2015" durch das „Time Magazine" ernannt. Das könnte einer der letzten Preise gewesen sein, die sie als deutsche

Kanzlerin entgegen nehmen kann. Es sei denn, sie beginnt endlich damit, das Problem der Migrationsströme nach und innerhalb Europa(s) beherzt anzupacken und nicht isoliert, sondern im Konzert mit ihren Partnern einer Lösung näher zu bringen.
(Quelle: Mimeo, Neubiberg 01.12.2015)

Theoretische oder empirische Belege?

Die deutsche Flüchtlingskrise seit dem Jahr 2015 hat zwei verschiedene Diskussionen angestoßen: Die eine fordert eine konsequente Überarbeitung und Erweiterung des Zuwanderungsgesetzes von 2002. Es gilt dabei, über die Selbstselektion der Migranten hinaus, in Anlehnung an Länder wie Kanada und Australien, die Immigration strikt nach einem Punktesystem zu organisieren und das Thema der (politischen) Flüchtlinge davon strikt zu trennen. Vgl. dazu: Die Steuerung der Arbeitsmigration im Zuwanderungsgesetz: Eine kritische Bestandsaufnahme aus ökonomischer Sicht/ Max Friedrich Steinhardt, HWWI policy paper/ Hamburgisches WeltWirtschaftsInstitut. Hamburg, 2006; Nr. 3–2.

Die Argumente der Gegenseite!

Der zweite Diskurs wird über die Frage geführt, wie durch den Zustrom von Asylanten in ihrer Integrationsaufgabe völlig überforderte Länder wie Griechenland, Italien und Deutschland durch die übrigen 25 bzw. 24 (wegen des Brexits) EU-Mitgliedstaaten entlastet werden können. Offensichtlich werden die Umverteilungsvorschläge der EU-Kommission, die es schon seit dem Herbst 2015 gibt, von den meisten EU-Staaten schlichtweg ignoriert. Vgl. dazu: Flüchtlinge sind sehr ungleich auf die EU-Länder verteilt – auch bezogen auf die Wirtschaftskraft und Einwohnerzahl/ von Karl Brenke, in: DIW-Wochenbericht: Wirtschaft, Politik, Wissenschaft. Berlin: DIW, Bd. 82.2015, 39, S. 867–881.

Einkommensverteilung 6

6.1 Es ist die Verteilung, Dummkopf! Zur neuen Lesart des berühmten Bill-Clinton-Ausspruchs

▶ *Der folgende Beitrag behandelt die allzu wenig beachteten Verteilungsaspekte bzw. -konflikte, etwa zwischen Krisenstaaten und stabilen Ländern in der Eurozone, der Rentengesetzgebung der großen Koalition (2013–2017) in Deutschland sowie denjenigen, die vom EEG ausgehen, als Teil der sogenannten „Energiewende". Es wird die These vertreten, dass der Verteilungskonflikt selbst ein Wachstumstreiber (im positiven Falle) oder aber ein Wachstumsverhinderer (im negativen Fall) ist.*

Im US-Wahlkampf von 1992 hat Bill Clinton bekanntlich mit seiner Formel „It's the economy, stupid!" dem amtierenden Präsidenten Bush überrumpelt. Ökonomen haben in der Vergangenheit lange das Bild vom Homo oeconomicus bemüht – bis die moderne Verhaltenswissenschaft die anderen Präferenzen ausschließende Eigennutzannahme der Klassiker als Spezialfall eingeordnet hat. Nun gilt es mit einer weiteren verstaubten Annahme des (früheren) Mainstreams aufzuräumen: Danach ist die Verteilung der Einkommen und Vermögen lediglich ein Reflex oder Nebenprodukt des Marktergebnisses. In Wirklichkeit dürfte es sich gerade anders herum verhalten. Marktergebnisse, aber auch die Resultate von Verhandlungen oder Wahlen – die in Marktwirtschaften den Abstimmungsprozess über Märkte ergänzen, ja teilweise ersetzen können – spiegeln den dahinter schlummernden Verteilungskonflikt.

Die großen Themen, welche zurzeit den wirtschaftspolitischen Diskurs in Deutschland und Europa prägen, bieten für diese These ein reiches Anschauungsmaterial: Die europäische Zahlungsbilanzkrise mit den sie prägenden Gegensätzen zwischen den wettbewerbsfähigen Ländern des nördlichen Zentrums („GANL") und den (immer noch) wenig konkurrenzfähigen Staaten der südlichen Peripherie („GIIPSZ") ist, wie Frank Wiebe vor wenigen Tagen an ähnlicher Stelle im Handelsblatt korrekt feststellte, der Ausdruck eines schwelenden Verteilungskonflikts. Dabei geht es um größere oder kleinere Anteile am großen Europäischen Kuchen handelbarer Güter und Dienstleistungen. Die EZB hat sich in diesen Verteilungskonflikt zumindest indirekt eingeschaltet: Die von ihr garantierte Mechanik der Targetsalden löst den Konflikt aber nicht, sondern verschiebt ihn lediglich in die Zukunft.

Die von der neuen Berliner Koalition beschlossene Absenkung des Renteneintrittsalters für Berechtigte auf 63 Jahre sowie die Einführung der Mütterrente für Frauen, deren Kinder vor 1992 geboren wurden, ist eine beispiellose Umverteilung von Eigentumsrechten zulasten der jüngeren und zugunsten der älteren Generation. Diese Politik findet vor dem Hintergrund einer vergreisenden und zugleich schrumpfenden deutschen Bevölkerung statt. Das bedeutet für die Parteien, dass Mehrheiten zunehmend nur durch Zustimmung bei den Über-Fünfzigjährigen zu holen sind. Das sind diejenigen, die den längsten Teil ihres Arbeitslebens schon hinter sich haben oder bereits Rentner sind. Ein Schuft, wer etwas Böses denkt! Für mutige, zukunftsträchtige Reformen fehlt es den jüngeren Kohorten immer mehr schlicht an Masse, um die Parteien in ihre Richtung zu zwingen.

Auch die in Deutschland so heiß diskutierte Energiewende ist vor allem deshalb so umstritten, weil sie einen (viele hoffen nur vorübergehenden) Verteilungskonflikt zwischen Produzenten und Verbrauchern enthält: Für die unteren und mittleren Einkommensschichten können wir schon jetzt – bei drastisch steigenden Strompreisen – einen deutlich ansteigenden Anteil der Ausgaben für Energie an ihren gesamten Konsumausgaben feststellen. Das bedeutet eine Umverteilung von Kaufkraft an alle jene Sektoren, die nicht auf sogenannte Kontrakteinkommen angewiesen, sondern in der Lage sind, die Preise für ihre Produkte selbst zu gestalten. Es ist ein Armutszeugnis der Politik, dass sie diesen wichtigen Aspekt im kontroversen Diskurs über das EEG auszublenden versucht.

Verteilungskonflikte, das ist längst bekannt, lassen sich am besten noch in ausreichend wachsenden Wirtschaften lösen. Wachstum ist demnach mitnichten nur Selbstzweck, wie manche Ideologen verbreiten. Das bedeutet zweierlei: Zum einen, dass die anhaltende Wachstumsschwäche Europas die bestehenden Verteilungskonflikte nicht entschärft und dazu beiträgt, dass neue genährt werden. Zum anderen, dass Wirtschaftswachstum in der Tat (wenn auch nur) eines der probaten Mittel ist, die Schulden- und die Krise der Alterssicherungssysteme wirksam zu bekämpfen. Doch ist Vorsicht geboten, denn ohne weitere flankierende Maßnahmen könnte sich schnell ein Dilemma einstellen: Das ungelöste Schuldenproblem und die Krise der Alterssicherungssysteme sind geeignet, die Entfaltung von positiven Wachstumsimpulsen im Kern zu ersticken.

Wachstum kann auch helfen, den oben geschilderten Verteilungskonflikt rings um das EEG zu entschärfen: Statt neue, ökonomisch und ökologisch höchst umstrittene neue Energiequellen zu erschließen („Fracking"), gilt es, mithilfe technologischen Fortschritts die Energieeffizienz zu erhöhen – zum Beispiel durch verstärkte Anstrengungen, um die

Speicherfähigkeit des Energieangebots zu verbessern – und zugleich die Energieintensität der Produktion zu senken. Nur so kann im Übrigen eine signifikante Abkopplung des Wirtschaftswachstums vom Energieverbrauch gelingen.

(Quelle: F. L. Sell, Es ist die Verteilung, Dummkopf. Die Wertschöpfung erst erarbeiten und dann verteilen – oder umgekehrt? Zur neuen Lesart des berühmten Bill-Clinton-Ausspruchs. In: Süddeutsche Zeitung Nr. 45 vom 24.02.2014, S. 20)

Theoretische oder empirische Belege?

Diskutiert wird in der Literatur seit Langem, ob sich Wachstum und Verteilung gegenseitig eher unterstützen oder behindern. Von der Seite des Wachstums aus betrachtet, geht der Mainstream davon aus, dass mehr Wirtschaftswachstum den schwelenden Verteilungskonflikt tendenziell entschärft. Von der Verteilungsseite aus betrachtet ist das Bild weniger eindeutig: Die meisten Autoren gehen davon aus, dass eine zu ungleichmäßige Verteilung von Einkommen und Vermögen das wirtschaftliche Wachstum bremst. Vgl. dazu auch: Wachstum und Verteilung in einer globalisierten Welt/Erich Weede. Globalisierung im Fokus von Politik, Wirtschaft, Gesellschaft: Eine Bestandsaufnahme. Wiesbaden: VS-Verlag 2011, S. 51–76.

Die Argumente der Gegenseite!

Eine kleinere Zahl von Autoren bestreitet den „verteilungsfreundlichen" Effekt von Wirtschaftswachstum im Hinblick auf den Verteilungskonflikt. Allerdings sind diese Beiträge selten von empirischen Fakten und/oder Analysen gestützt. Vgl. etwa: Warum die Verteilung Gerechtigkeit, nicht aber Wachstum braucht/Matthias Möhring-Hesse, in: Postwachstumsgesellschaft: Konzepte für die Zukunft. Marburg: Metropolis-Verlag 2010, S. 117–127. Differenziertere Analysen zeigen theoretisch und empirisch, dass sowohl eine zu ungleiche als auch eine zu egalitäre Verteilung von Einkommen und Vermögen wenig wachstumsfreundlich sind. Daraus wird abgeleitet, dass es so etwas wie eine optimale Schiefe in der Verteilung geben muss. Vgl. F. L. Sell, The New Economics of Income Distribution. Cheltenham (UK)/Northampton (USA): Edward Elgar 2015.

6.2 Wie viel Ungleichheit ist nötig?

▶ *Eine soziale Marktwirtschaft dürfte nur dann hinreichend stabil sein, wenn sie eine zu große Ungleichheit verhindert, zugleich aber auch ein Mindestmaß an Ungleichheit zulässt. Das ist auch das Credo des folgenden Beitrags. Darin wird neben dem inzwischen breit etablierten Konzept der „Ungleichheitsaversion" das dazu vollständig komplementäre der „Gleichheitsaversion" gegenübergestellt. Beide „Haltungen" lassen sich auch makroökonomisch bei Einkommensentstehung, Einkommensverwendung und Einkommensverteilung gut dokumentieren.*

Das Thema einer ungleichmäßigen Verteilung von Einkommen und Vermögen ist nicht neu. In Deutschland haben bereits die Freiburger Schule und die gedanklichen Schöpfer der sozialen Marktwirtschaft Überlegungen zum Thema der Schiefe von Einkommens- und Vermögensverteilung angestellt. Ihr Credo lässt sich wohl auf die Kurzformel bringen: Wie viel Gleichheit ist möglich, wie viel Ungleichheit ist nötig? Und das schon lange vor den jüngst alarmierenden und teilweise alarmistischen Berichten der OECD und anderer Organisationen über eine nahezu weltweite, dramatische Erhöhung der Ungleichheit.

In der Volkswirtschaftslehre hat die Verteilungstheorie, nachdem sie besonders in den 1960er und 1970er Jahren eine gute „Konjunktur" hatte, etliche Jahre nur ein Schattendasein gefristet. Das Interesse an Verteilungsfragen schien stark zurückgedrängt. Das hat sich nicht zuletzt dadurch deutlich geändert, dass die angewandte Spieltheorie und die experimentelle Wirtschaftsforschung die sogenannte „Fairnessnorm" entwickelt haben. Diese besagt, dass in sozialen Verhandlungssituationen, wie dem Diktator- oder dem Ultimatumspiel, die experimentell wiederholt und überprüft werden können, trotz des offensichtlich vorhandenen Eigennutzmotivs des Homo oeconomicus, mehrheitlich vergleichsweise gleichmäßige Aufteilungen eines i. d. R. vorgegebenen Kuchens zustande kommen. Eine vollständige Gleichheit der Aufteilung (50:50) kommt allerdings selten vor.

Leider ist aber diese, in vielen Experimenten unterstellte und auch beobachtbare Fairnessnorm nicht viel mehr als eine (mehr oder weniger große) Abneigung gegen eine zu große Ungleichheit. Die einschlägige Literatur der experimentellen Wirtschaftsforschung spricht folgerichtig von der sogenannten „Ungleichheitsaversion". Andere ökonomische Teildisziplinen – wie die politische Ökonomie der Einkommensverteilung (Alesina/Angeletos) oder die moderne Glücksforschung (Bjornskov et al.) – halten den ausschließlichen Blick auf die Ungleichheit im Rahmen einer Fairnessnorm für zu einseitig. Unfaire Ungleichheit kommt bei Alesina und Angeletos etwa dadurch zustande, dass Individuen durch Geburt, Vetternwirtschaft oder Korruption unverdiente, weil nicht eigener Leistung zurechenbare Einkommen erzielen. Es gibt aber auch so etwas wie unfaire Gleichheit. Deshalb sollte sinnvollerweise in einer erweiterten Fairnessnorm eine (begrenzte) Aversion gegen Gleichheit berücksichtigt werden:

Angestellte, die einer ähnlichen Arbeit nachgehen, wollen nicht nach dem Prinzip „gleicher Lohn für gleiche Arbeit" (man spricht hier auch von „negative inequity" bei zu geringer, von „positive inequality" bei zu hoher Vergütung), sondern nach dem Motto „gleicher Lohn für gleiche Leistung" und demgemäß verschieden, nämlich nach ihrer individuellen Performance, entlohnt werden. Das Beispiel belegt, dass es Gleichheitsaversion offensichtlich in der Einkommensentstehung gibt und sich eine Gesellschaft keinen Gefallen damit tut, wenn sie ein (zu) starres Lohn- und Gehaltsgefüge unterhält, welches keine hinreichende Spreizung zulässt. Es lässt sich leicht zeigen, dass analoge Überlegungen für das Einkommen der Selbstständigen angestellt werden können.

Gleichheitsaversion ist neben der Ungleichheitsaversion auch in der Einkommensverwendung zu entdecken. Ein Paradebeispiel dafür liefert der private Konsum: Die sogenannte „Mittelschicht" ist bestrebt, Anschluss an das Konsummuster der „Oberschicht" zu halten.

Harry G. Johnson spricht hier von einem „Keeping-up-with-the-Joneses-Verhalten", das der Idee der Ungleichheitsaversion ziemlich nahe kommt. Spiegelbildlich dazu verhält es sich mit dem „Keeping ahead of the Smiths": Hier geht es der sogenannten „Oberschicht" darum, gegenüber denjenigen, die sich in der Einkommenshierarchie unter einem befinden, einen Vorsprung zu verteidigen. Eine solche „lead-oriented society" dürfte den Grundgedanken von „Gleichheitsaversion" recht gut dokumentieren.

Die Anwendung der erweiterten Fairnessnorm auf die Einkommensverteilung führt zu einem Steuer- und Transfersystem, das sowohl eine zu starke Progression im Bereich der mittleren Einkommen vermeidet – sonst ist Aufholen kaum möglich – und zugleich keine Spitzensteuersätze einrichtet, welche die im Großbritannien vor Maggie Thatcher zu beobachtende Abstimmung der Oberschicht mit den Füßen zur Folge haben. Dann würde Abstand herstellen unterbleiben. Gleichheits- und Ungleichheitsaversion unterliegen in der Zeit durchaus einem absoluten und relativen Bedeutungswandel: Schwedens Wohlfahrtsstaatsexperiment in den 1980er Jahren war eine bewusste Hinwendung zu mehr Gleichheit und folgte einer verstärkten Ungleichheitsaversion. Sie wurde mit deutlichen Wachstumseinbußen bezahlt. Die Rückwendung zu wieder etwas mehr Ungleichheit und die anschließenden besseren wirtschaftlichen Resultate bestätigen indirekt, dass nicht nur Gleichheitsaversion, sondern auch ein Mindestmaß an tatsächlicher Ungleichheit für soziale Marktwirtschaften von Vorteil ist.

(Quelle: F. L. Sell, Denkfabrik: Wieviel Ungleichheit ist nötig? In: Wirtschaftswoche Nr. 33 vom 11.08.2014, S. 34)

Theoretische oder empirische Belege?

Jeder kennt das ungute Gefühl, das einen befällt, wenn man sich bei einer Geburtstagsfeier, an der ein Kuchen mit 12 Stücken angeboten wird und sich 8 Gäste einfinden, selbst zwei Stücke gönnt: Dann bleiben für die übrigen 7 Gäste nur 10/7 Stücke übrig. Das wird in der Regel so ablaufen, dass sich jeder erst mal ein Stück nimmt. Schlage ich selbst in der zweiten Runde mit einem zweiten Stück zu, verbleiben für die anderen 7 nur 3/7 Stück Kuchen pro Person zurück/übrig. Auch ist es denkbar, dass sich noch drei Nachahmer meiner eigenen Strategie finden, dann müssen 4 Gäste ganz auf eine zweite Runde Kuchen verzichten. Um diese ganze Peinlichkeit zu vermeiden, könnte der Gastgeber nach der ersten Runde die verbliebenen 4 Stücke halbieren, so käme jeder in die zweite Runde mit einem halben Stück Kuchen davon. Vgl. auch: Ungleichheitsaversion in Prinzipal-Agenten-Beziehungen/Marion Eberlein; Christian Grund, in: Journal für Betriebswirtschaft, Heidelberg: Springer, Bd. 56.2006, 3, S. 133–153.

Die Argumente der Gegenseite!

Das ganze Geschehen bekommt eine etwas andere Nuance, wenn es sich bei den 8 Personen nicht um die Teilnehmer einer Geburtstagsparty, sondern um ein Team handelt, das einen kleinen sportlichen Wettbewerb gewonnen hat. Etwa ein gemischtes (weiblich plus männlich) Tischtennisturnier. Nun wird im Endspiel gegen die andere Finalmannschaft nicht jeder sein eigenes Match gewonnen haben. Das könnte bei den Siegern im Einzel und im Doppel das Bedürfnis wecken, mehr als der Durchschnitt der Gruppe vom Kuchen abzubekommen, also mindestens mehr als die oben beschriebenen 1 ½ Stück. Wir sehen also, dass ein und dasselbe Ereignis – ein Kuchen mit 12 Stück soll von 8 Personen vertilgt werden – sowohl Ungleichheitsaversion (Kasten 1) als auch Gleichheitsaversion (Kasten 2) auslösen kann. Entscheidend ist wohl das Design der Entscheidungssituation (Geburtstagsfeier vs. Meisterschaftsparty). Vgl. auch Downs' ökonomische Theorie der Demokratie 2.0: Politische Präferenzen und Gleichheitsaversion/Friedrich L. Sell und Felix Stratmann, in: List-Forum für Wirtschafts- und Finanzpolitik. – Wiesbaden: Springer Gabler. – Bd. 37.2011, 1/2, S. 27–40.

6.3 Mit dem Bade ausgeschüttet: Warum die Thesen der OECD zur Ungleichheit nur zum Teil weiter führen

▶ *Spätestens seit dem Jahr 2010 hat die Diskussion um die Verteilung von Einkommen und Vermögen in Deutschland, in Europa und in der Welt stark an Fahrt aufgenommen. Zuvor fristete die Verteilungsdebatte lange Jahre ein Schicksal im Schatten anderer „großer" Themen. Insbesondere die Globalisierung, die wissenschaftlich-technologische Entwicklung (u. a. „Digitalisierung") sowie die regulatorische Arbeitsmarktpolitik werden u. a. von der OECD als Treiber einer größeren Ungleichheit identifiziert. Allerdings bleibt die Frage unbeantwortet, wie weit die vergrößerte Ungleichheit denn von der Politik zurückgedrängt werden sollte und vor allem, welche Maßstäbe dabei heranzuziehen sind.*

Die OECD hat mit ihrer jüngsten Studie „In it together: Why less inequality benefits all" Aufsehen erregt. Im Kern vertritt sie darin folgende Thesen: In den letzten 20–30 Jahren, insbesondere aber seit der Finanzmarkt- und Weltwirtschaftskrise (2008/2009) sei die Einkommens- und (besonders) die Vermögensverteilung in den OECD-Staaten deutlich ungleicher geworden. Dies koste wirtschaftliches Wachstum – allein zwischen 1990 und 2010 sei deshalb der reale Zuwachs im BIP dort kumuliert um 4,7 Prozentpunkte niedriger als möglich ausgefallen – und lasse die ärmsten 40 % mit einem großen Abstand zum Rest der Gesellschaft zurück. Der Schlüsselfaktor für die Wachstumseinbußen wird in der starken Ausbreitung von flexiblen („non-standard") Arbeitsverträgen und den zu geringen Investitionen in Humankapital (bei geringem Vermögen/hohen Schulden der unteren Mittelschicht) gesehen. Als Remedur schlägt die OECD daher vor, dass die Arbeitsmarktpolitik weniger die Quantität als die Qualität von Jobs fördern solle, die Bildungspolitik den Zugang zu Bildungseinrichtungen verbessern und die Attraktivität der Weiterbildung steigern müsse und schließlich die Finanzpolitik mithilfe von Steuern und Transfers (wo noch nicht geschehen) ein effizientes staatliches Umverteilungssystem einzurichten habe.

Als tiefere Ursachen für die zunehmende Ungleichheit in den Industriestaaten diagnostiziert die OECD korrekt den technologischen Wandel, die Kräfte der Globalisierung und die regulatorischen Reformen der Arbeitsmärkte in den letzten 20 Jahren. Alle drei haben die Kluft zwischen den verschiedenen und die Spreizung innerhalb der jeweiligen Faktoreinkommen vergrößert. Das wurde bereits 1997 vom Harvard-Ökonomen Dani Rodrik formuliert (Has globalization gone too far? Washington, DC: Inst. for Internat. Economics, 1997), allerdings hatte seine These einen wichtigen zweiten Teil: Danach fällt es den Staaten im Zuge der Globalisierung bei höchster Kapitalmobilität und sinkender, aber deutlich stärker schwankender Steuerbasis zunehmend schwerer, die Verteilung, die sich aus dem Marktprozess ergibt, zu korrigieren. Hinzu kommt, dass die Überschuldung vieler Staaten – gerade seit der Weltwirtschaftskrise – den Spielraum für Umverteilungspolitik noch stärker eingeengt hat. Allerdings reicht es nicht aus, die Globalisierung, den technologischen Wandel und die Evolution der Arbeitsmärkte nur aus der Sicht der OECD zu betrachten: Der größere Teil der Welt besteht aus Nicht-OECD-Staaten.

Die genannten Kräfte wirken mittlerweile universell und tragen erheblich zu einer zunehmenden Konvergenz der Güter- und Faktorpreise und der Schiefe der personellen Einkommensverteilung – wie sie durch den Gini-Koeffizienten gemessen werden kann – bei: Der gewachsenen Ungleichheit innerhalb der OECD-Staaten (von relativ niedrigen Gini-Koeffizienten aus) steht nämlich eine zunehmend abnehmende Ungleichheit innerhalb der Nicht-OECD-Staaten (von relativ hohen Gini-Koeffizienten aus) gegenüber. Es ist eine seltsame Logik, die Einebnung von Unterschieden zu beklagen, wenn die Welt zunehmend eins wird. Mit ihren Umverteilungsfantasien erweckt die OECD den Eindruck, als wolle sie in die Zeit und zu den durchschnittlichen Gini-Koeffizienten vor der Globalisierung zurück. Schade, dass sie dafür keinen konzeptionellen Maßstab entwickelt hat. Wo, bitte schön, sollte die Umverteilungspolitik halt machen? Wohl kaum bei einer Gleichverteilung von Einkommen und Vermögen! Wo aber dann? Dazu braucht es offensichtlich die Vorstellung eines Verteilungsgleichgewichts, also einer für die Gesellschaft unter dem Blickwinkel anderer Kategorien – wie wirtschaftliches Wachstum, soziales Klima innerhalb der Gesellschaft, etc. – vertretbaren, weil weithin akzeptierten Schiefe in der Verteilung von Einkommen und Vermögen.

Es gibt zahlreiche Hinweise darauf, dass die personelle Einkommensverteilung der OECD-Staaten – gerade in Deutschland (West bis 1990) – gemessen an den Gini-Koeffizienten nach Umverteilung des Staates – bis Anfang der 1990er Jahre eine bemerkenswerte Stabilität aufwies. Man mag dies als Verteilungsgleichgewicht interpretieren. Die vermutlich lange Suche nach einem neuen Verteilungsgleichgewicht kann durchaus mit Teilstrategien einhergehen, wie sie die OECD (und andere) vorschlagen: Jobqualität, Zugang zu Bildungseinrichtungen, attraktive Weiterbildung. Allerdings wird es weder gelingen, die oben genannten Kräfte umzukehren noch sind die (vorwiegend) europäischen Entwürfe des Wohlfahrtsstaates alter Prägung unter den Bedingungen der Globalisierung überlebensfähig.

(Quelle: F. L. Sell, Im Visier: Mit dem Bade ausgeschüttet: Warum die Thesen der OECD zur Ungleichheit nur zum Teil weiter führen, in: WiSt, 44. Jahrgang, Heft 10, 2015, S. 537)

> **Theoretische oder empirische Belege?**
>
> The These vom „Verteilungsgleichgewicht" lehnt sich u. a. an die in der Makroökonomik gängige Vorstellung von „gleichgewichtigem Wachstum" oder einer „gleichgewichtigen Beschäftigung" an und hat seine Quelle im Konzept des „magischen Vielecks in der Wirtschaftspolitik". Es bezieht sich, was die personelle Einkommensverteilung betrifft, eindeutig auf die Verteilungsergebnisse nach Steuern und Transfers. Letztlich beruht sie auf dem Gedanken, dass die Politik auf den gesellschaftlichen Ausgleich setzt, der sowohl bei einer zu egalitären als auch bei einer zu ungleichmäßigen Einkommensverteilung gefährdet wird. Theoretisch ausgearbeitet und empirisch erhärtet haben das Konzept vor allem G. Blümle/F. L. Sell, A Positive Theory of Optimal Personal Income Distribution and Growth, in: Atlantic Economic Journal, Vol. 26, No. 4, December 1998, S. 331–352 sowie F. L. Sell, The New Economics of Income Distribution. Introducing Equilibrium Concepts into a Contested Field. Edward Elgar Publishing Ltd. Cheltenham (UK) und Northampton, MA (USA) 2015.

> **Die Argumente der Gegenseite!**
>
> Der Mainstream in der Verteilungsliteratur kommt ohne ein Gleichgewichtskonzept aus und stellt, wie die OECD oben, den Zugang zu Bildungseinrichtungen in den Mittelpunkt. Danach haben einkommensschwache Haushalte hier größere Barrieren vor sich, da sie oftmals ohne staatliche Hilfe nicht die Bonität für Bildungskredite aufweisen und selbst bei erfolgreicher Kreditinanspruchnahme mindestens die ersten Berufsjahre durch hohe Zins- und Tilgungszahlungen belastet sind. Dadurch geraten sie gegenüber unverschuldeten Haushalten ins Hintertreffen. In der Konsequenz fordert daher diese „Schule" eine aktive staatliche Umverteilungspolitik, deren „Ertrag" für den Bildungszugang einkommensschwacher Schichten zu verwenden sei. Allerdings bleibt dieses Konzept eindeutig die Antwort schuldig, wie weit staatliche Umverteilungspolitik gehen darf. Vgl. dazu etwa: Income inequality and education revisited: Persistence, endogeneity, and heterogeneity/by David Coady and Allan Dizioli, IMF working papers/Internationaler Währungsfonds. Washington, DC: IMF:WP/17, 126, 2017.

6.4 Deutschlands Altersversorgung: Eine güterwirtschaftliche Analyse im Spiegel des Mikrokosmos der repräsentativen Familie

▶ *Das Thema der gesetzlichen (aber auch privaten) Altersversorgung ist nicht nur in Deutschland, sondern in der ganzen EU bzw. weltweit von großer Aktualität und Brisanz. Im Bundestagswahlkampf 2017 haben sich die Parteien teilweise gegenseitig überboten mit unrealistischen Versprechungen gegenüber der eigenen Klientel, insbesondere was das Rentenniveau, das Renteneintrittsalter und die*

> *Rentenbeiträge betrifft. Weniger die Rede war von bisher nicht bekannten strukturellen Effekten (zwei Rentnergenerationen unter einem Dach), die in dem folgenden Beitrag thematisiert werden.*

In Deutschland wird nicht nur über Terrorismusgefahr und Migration diskutiert. Seit Kurzem ist eine schon jetzt hitzige Debatte über die Zukunft der Alterssicherung im Gang. Während das Institut der deutschen Wirtschaft vorrechnet, dass das Rentenalter bis 2041 auf 73 Jahre ansteigen müsse, wenn man Rentenbeitrag und Rentenniveau stabil halten wolle, verlangt die IG Metall gewissermaßen eine Rückabwicklung der Riesterrente und perspektivisch eine deutliche Anhebung des Niveaus der gesetzlichen Rentenzahlungen auf rund 50% des zuletzt erzielten Erwerbseinkommens. Damit nicht genug, bereitet Bundessozialministerin Andrea Nahles für den Herbst einen gesetzlichen Vorschlag vor, der die Ost-West-Unterschiede in der Rente in zwei Stufen endgültig einebnen soll.

Fakt ist, dass die durchschnittliche Rentenbezugsdauer im Jahr 2015 mit 18,8 Jahren für Männer und 22,8 Jahren für Frauen ein neues Rekordniveau erreicht hat. Dies führt u. a. dazu, dass heute Urgroßeltern ihre eigenen Kinder (selbst Großeltern) beim Eintritt in deren Rente noch erleben. In der Rentenfrage sind daher bildungsbürgerlich korrekte Zitate aus Romanen von Jane Austen oder Honoré de Balzac im Stile eines Thomas Piketty nicht (mehr) angebracht, kannten doch diese prominenten Belletristik-Autoren das Phänomen von zwei lebenden Rentnergenerationen unter dem (wenigstens virtuellen) Dach ein und derselben Familie noch gar nicht.

Die moderne Familie der Gegenwart sieht doch so aus: 1 Kindergeneration mittleren Alters, 1 Enkelgeneration von Heranwachsenden, 1 „junge Rentnergeneration" von Anfang 60 und 1 „alte Rentnergeneration" im Alter von 80 plus. Das Neue ist (s. o.) offensichtlich die simultane Existenz von zwei Rentnerkohorten innerhalb einer einzigen Familie. Streng güterwirtschaftlich gedacht muss die Kindergeneration mittleren Alters einen „Berg" an Gütern und Dienstleistungen erzeugen, der ausreichend groß ist, um insgesamt vier Generationen zu ernähren. Dazu braucht es ihren Arbeitseinsatz, offensichtlich (man denke an makroökonomische Produktionsfunktionen) aber auch an Kapital. Damit ist die müßige Frage nach Kapitaldeckung oder Umlageverfahren in der Altersversorgung schnell beantwortet: Es werden beide benötigt, allerdings in einer möglichst günstigen Mischung. Diese ist immer dann am vorteilhaftesten, wenn sie die Arbeitsproduktivität der „aktiven Kindergeneration" bzw. das Prokopfeinkommen (PKE) über alle Generationen hinweg maximiert. Liegt die Anzahl der Nachkommen dieser Kindergeneration unter zwei, dann ist sie offensichtlich nicht in der Lage, den Ausstoß ihrer Eltern zu replizieren. Als Ausweg steht eine höhere Lebensarbeitszeit der jungen Rentnergeneration sowie technischer Fortschritt zur Verfügung. Die Erhöhung der eigenen Lebensarbeitszeit hilft heute nichts, sie muss aber greifen, wenn diese Kindergeneration später einmal selbst zur jungen Rentnergeneration wird. Kürzere Ausbildungs- und Studienzeiten der heranwachsenden Generation sind ebenfalls willkommen. In dieser Hinsicht ist der Bologna-Prozess, trotz seiner oft erwähnten sonstigen Mängel, ein guter Beitrag für das Thema Alterssicherung. Wächst unsere Vier-Generationen-Familie durch Zuwanderer im Alter der Eltern oder der Kinder an, dann kann im Prinzip (jetzt oder später) ein höherer Güterberg pro Kopf erzeugt werden, sofern die Arbeitsproduktivität der Migranten vergleichbar ist. Wie wir heute wissen, ist dies allerdings bei der Mehrzahl der aktuellen Flüchtlinge nach Europa nicht der Fall. Sinkt allerdings durch Zuwanderung das PKE unserer repräsentativen Familie, dann ist auch die Altersversorgung der beiden Rentnergenerationen weniger sicher.

Ein wichtiges Thema für die Altersversorgung einer Gesellschaft ist auch der Kapitalexport: Kann die inländische Kindergeneration den erzielten Güterberg über die Bedürfnisse der eigenen Familie hinaus erhöhen, empfiehlt sich ein Exportüberschuss gegenüber dem Ausland. Anders gewendet: Solange Deutschland diesen hat und demgemäß netto Kapital exportiert, leidet die heimische Altersversorgung offensichtlich keine Not. Die inländische Familie wird ihre akkumulierten Ansprüche (sprich: Das Nettoauslandsvermögen der Deutschen) gegenüber dem Ausland spätestens dann geltend machen, wenn das PKE der Vier-Generationen-Familie zu sinken droht. Ist das Ausland nicht oder nur zum Teil in der Lage, die zur Tilgung erforderlichen Überschüsse an Gütern und Dienstleistungen zu erzeugen, so wird das inländische PKE darunter leiden. Mit anderen Worten: Denkbare Schuldenschnitte/und oder Abschreibungen von Target-Forderungen innerhalb der Eurozone werden die zukünftige deutsche Altersversorgung in mehr oder weniger große Schwierigkeiten bringen. Das ist auch der tiefere Grund dafür, warum sich der deutsche Finanzminister Schäuble so vehement gegen Schuldenschnitte zugunsten von Ländern wie Italien, Spanien, Griechenland oder Portugal sperrt. Die heutige Ausgangslage zeigt im Umkehrschluss, wie sich eine alternde Gesellschaft, wie die deutsche, durch Kapitalexporte gegen die Gefährdungen der zukünftigen Alterssicherung zu „hedgen" versucht.

(Quelle: F. L. Sell, Zwei Rentner-Kohorten. In: Neue Zürcher Zeitung Nr. 195 vom 23.08.2016, S. 10)

Theoretische oder empirische Belege?

Die deutsche gesetzliche Alterssicherung beruht auf dem sogenannten „Generationenvertrag". Diesen kann man anhand folgender Story verdeutlichen: Auf einer Südseeinsel leben Alte und Junge. Für die Ernährung beider Kohorten stehen nur Früchte zur Verfügung, die von Bäumen gepflückt werden müssen. Dazu muss man hinaufklettern, was nur (noch) den Jungen möglich ist. Die Alten sitzen im Schatten und sind auf die Ernährung durch die Jungen angewiesen. Warum sollten die Jungen das tun, statt selbst über den eigenen Bedarf hinaus Früchte zu essen oder diese zu exportieren, um etwa feines Tuch dagegen einzutauschen? Die Antwort ist einfach: Sie wissen, dass sie selbst einmal selbst alt sein und dann ihrerseits auf eine neue junge Generation angewiesen sein werden. Also werden sie heute der Generation ihrer Eltern die Früchte nicht verweigern. Vgl. auch dazu Prätorius, Ina, Freiräume für die Zukunft: Plädoyer für einen „Neuen Generationenvertrag"/hrsg. von der Heinrich-Böll-Stiftung, Schriften zu Wirtschaft und Soziales. Band 17, Berlin: Heinrich-Böll-Stiftung 2015.

> **Die Argumente der Gegenseite!**
> Kritiker des Generationenvertrages fordern seit Längerem eine Reform des gültigen Umlageverfahrens in der gesetzlichen Rente und die Ergänzung durch eine private, kapitalgedeckte Altersvorsorge. Die Reform wird vor allem deshalb gefordert, um die (nicht mehr gegebene) Generationengerechtigkeit wiederherzustellen. Diese ist immer (und nur) dann gegeben, wenn der Barwert der Entnahmen einer bestimmten Kohorte aus dem sozialen Sicherungssystem über ihren Lebenshorizont hinweg nicht größer ist als der entsprechende Barwert der Einzahlungen. Übersteigen dagegen die Entnahmen die Einzahlungen, so tragen offensichtlich andere Kohorten (sprich: Generationen) zur Finanzierung von sozialen Leistungen der bezeichneten Kohorte bei. Letztere verletzt demgemäß die Generationengerechtigkeit. Vgl. dazu: Alte Gewinner und junge Verlierer/Stefan Moog; Bernd Raffelhüschen, Berlin, in: Ehrbarer Staat?: Die Generationenbilanz; Update. Berlin: Stiftung Marktwirtschaft, 2014.

6.5 Umverteilung durch den Bundeszuschuss

▶ *In unregelmäßigen Abständen kommt der Bundeszuschuss in der deutschen Rentendebatte zur Sprache und wird meistens als willkommener Ausgang oder Ventil begriffen, um Erhöhungen der Rentenbeiträge, Absenkungen des Rentenniveaus oder Erhöhungen des Renteneintrittsalters zuvorzukommen. Dieser Beitrag zeigt allerdings, dass diese Vorgehensweise weder steuersystematisch noch ordnungspolitisch zutreffend ist. Vielmehr geht damit eine mehr oder weniger heimliche Umverteilung einher, jedenfalls solange es keine Bürgerversicherung bzw. ein Rentensystem gibt, in das alle einzahlen. Dagegen müssten im gegenwärtigen System andere Pfeiler der Altersvorsorge, wie die betriebliche Rente und die private Zusatzvorsorge, deutlich ausgebaut und gestärkt werden.*

Von Frankreichs berühmtestem Fauvisten, Henri Matisse, ist bekannt, dass er, als ihn die Kräfte und die Beweglichkeit allmählich verließen, das Malen zugunsten der Scherenschnitte aufgab und diese zu einer ganz neuen Kunstform erhob. Ganz so viel Ehre darf man in der aktuellen Rentendebatte dem sogenannten Bundeszuschuss, der die Einnahmen aus Rentenbeiträgen ergänzt, um die Finanzierung sogenannter versicherungsfremder Leistungen (Ersatzzeiten, Rente nach Mindesteinkommen, abschlagsfreie Renten vor Erreichen des gesetzlichen Renteneintrittsalters, Hinterbliebenen-Rente, etc. In Zukunft kommt u. U. auch die Lebensleistungsrente hinzu) sicherzustellen, wohl kaum zusprechen. Er ist der Politik aber äußerst wichtig, vermag er doch, wenn Erhöhungen des Rentenbeitrags unerwünscht, Absenkungen des Rentenniveaus und/oder eine Erhöhung des Renteneintrittsalters gegenüber dem Wähler nicht durchsetzbar erscheinen, ein willkommenes Ventil.

Nach aktuellen Presseberichten vom 17.08.2016 plant die Bundesregierung nun, den Bundeszuschuss von gegenwärtig 86,71 Mrd. EUR auf über 100 Mrd. EUR im Jahr 2020 zu erhöhen. Der Bundeszuschuss wird – jedenfalls bei ausgeglichenem Haushalt – aus dem Steueraufkommen des Bundes generiert. Dazu tragen bei: Die Ökosteuer (vor allem Stromsteuer, Aufstockung der Mineralölsteuer) sowie allgemeine Steuermittel. Bei den oben genannten Größenordnungen wird der Bundeszuschuss zunehmend aus allgemeinen Steuermitteln finanziert werden. Ordnungspolitisch stellt der Bundeszuschuss gleich in mehrfacher Hinsicht einen Verstoß gegen die von Walther Eucken formulierten „konstituierenden Prinzipien" für Marktwirtschaften dar: In Deutschland tragen die sogenannten Gewinnempfänger – in der volkswirtschaftlichen Gesamtrechnung werden sie Beziehern des „Nettoeinkommens aus Unternehmertätigkeit und Vermögen" genannt – bereits einen beträchtlichen Teil zum Steueraufkommen bei und werden demgemäß durch den Bundeszuschuss, wenigstens indirekt, pauschal zur Absicherung der Risiken in der Altersvorsorge der abhängig Beschäftigten heran gezogen. Dazu wäre aber ordnungspolitisch – neben dem Rentenbeitrag der Arbeitgeber – ein ganz anderes Instrument, nämlich die betriebliche Altersvorsorge zuständig. Damit können Unternehmer ihre eigenen Arbeitnehmer und Arbeitnehmerinnen bei deren Altersvorsorge zusätzlich unterstützen. Unnötig zu sagen, dass in Deutschland die Selbstständigen für ihr unternehmerisches und für ihr Alterseinkommensrisiko allein aufkommen müssen. Darüber muss sich in einer marktwirtschaftlichen Ordnung niemand wirklich beschweren.

Darüber hinaus wirkt der Anteil der Selbstständigen an der Finanzierung des Bundeszuschusses wie eine versteckte Reichensteuer, über die in keinem deutschen Parlament abgestimmt worden ist. Auch das ist demokratietheoretisch wie -praktisch nicht zu rechtfertigen. Was folgt daraus? Die Rentenpolitik sollte endlich damit aufhören, dass Umlageverfahren der gesetzlichen Rentenversicherung überzustrapazieren und sich dabei zunehmend auf illegitime Ventile wie den Bundeszuschuss zu verlassen. Vielmehr müssen die vorhandenen Systeme der privaten sowie der betrieblichen Alterssicherung überprüft, besser ausgestaltet und damit gestärkt werden. Über eine Verbreiterung der Betriebsrenten verhandeln zurzeit das Sozial- und das Finanzministerium. Diese Initiative geht in die richtige Richtung.

Wer allerdings glaubt, die Altersvorsorge nur durch den Faktor Arbeit lösen zu können, lebt in der Gedankenwelt der Marx'schen Arbeitswertlehre und hat die Segnungen eines aufgeklärten, ordnungspolitisch reflektierten Kapitalismus nicht verstanden.
(Quelle: Mimeo, Neubiberg 26.10.2016)

Theoretische oder empirische Belege?

In der Schweiz gehören Betriebsrente und private Altersvorsorge ganz selbstverständlich zum sogenannten „Cappuccino-Konzept", in dem die gesetzliche Rente sozusagen den Bodensatz in Gestalt schwarzen Kaffees darstellt, die Betriebsrente das Sahnehäubchen ausmacht und die private Zusatzversorgung für die geraspelte Schokolade bzw. den Zimt obendrauf steht. Rentenfachleute weisen allerdings darauf hin, dass zu dem Schweizer Modell auch eine Wirtschaftsordnung gehört, die stark auf das

Prinzip der Eigenverantwortung setzt und sich nicht zu sehr auf die Solidarität eines Generationenvertrages verlässt. Vgl. dazu auch: Soziale Gerechtigkeit im Schweizer Sozialstaat: Sicherheit und Ausgleich in der Altersvorsorge/Erwin Carigiet. In: Soziale Gerechtigkeiten. Zürich: Seismo, 2008, S. 139–162.

Die Argumente der Gegenseite!
Kritiker des Schweizer Modells führen an, dass der Staat das Dreier-Konzept als Anrechnungsmodell missbrauchen könnte. Wenn nämlich jemand hohe Ansprüche aus der kapitalgedeckten Vorsorge erwarten kann, weil er lebenslang angespart hat und das aus einem überdurchschnittlichen Verdienst, ist, wenn kein Bundeszuschuss zur Verfügung steht und die staatliche Rentenkasse nur knapp gefüllt ist, die Versuchung für den Staat groß, durch eine Art Anrechnung, die Auszahlung umlagefinanzierter Rente zu decken. Angeblich hat das BMVG die Absicht, bei den Pensionsansprüchen von ausländischen Professoren in den Diensten der Bundeswehruniversitäten, in Zukunft genauso vorzugehen. Hinzu kommt der Hinweis der Finanzexperten, dass auch Effekte auf die Kapitalstruktur der Unternehmen zu berücksichtigen sind. Vgl. zu den Anreizwirkungen von betriebsinternen Renten: How do pensions affect corporate capital structure decisions?/Anil Shivdasani; Irina Stefanescu, in: The review of financial studies. Cary, NC: Oxford Univ. Press. Bd. 23, 2010, No. 3, S. 1287–1323.

6.6 Die regressiven Verteilungswirkungen der europäischen Geldpolitik

▶ *Die Kritik an der „unkonventionellen Geldpolitik" der EZB seit Januar 2015 ist vielfältig und umfassend. Sie betrifft u. a. die Schädigung der Sparer durch die Niedrigstzinsen, die indirekte Form der Finanzierung von Staatsdefiziten aus der Euro-Zone, die geringe Effektivität bei der gewünschten Anhebung der Inflationsrate an das selbst gesteckte Ziel u. ä. m. Wenig beachtet wurde, dass von der Geldpolitik der EZB ganz erhebliche Verteilungseffekte und zwar durchaus unerwünschte, ausgehen. Das ist das Thema des folgenden Beitrags.*

Ein Gradmesser für eine mehr oder weniger gleichmäßige und in diesem (durchaus umstrittenen Sinne) „gerechte Verteilung" ist bekanntlich die Konzentration der Einkommen (und Vermögen). Der sogenannte „Gini-Koeffizient" misst die Einkommens- und/oder Vermögenskonzentration in einem Land. Er liegt im Intervall zwischen null (alle verfügen über das gleiche Einkommen oder Vermögen) und eins (ein einziger bezieht Einkommen oder besitzt Vermögen). In Deutschland beispielsweise liegt der Gini-Koeffizient der Markteinkommen z. Zt. bei ca. 0,5, derjenige für die Einkommen nach Steuern und Transfers, also nach Umverteilungspolitik des Staates, deutlich niedriger, bei rund 0,29. Damit befindet sich Deutschland, gerade im Vergleich zu seinen wichtigsten

Handelspartnern (etwa Frankreich, Italien, die USA), bei jenen Ländern, die eine eher unterdurchschnittliche Ungleichheit bzw. Einkommenskonzentration aufweisen.

Eine weitere Möglichkeit, die Schiefe der Verteilung von Einkommen/Vermögen abzuschätzen, liegt in den statistischen Parametern der Verteilungsfunktion selbst: Modus, Median und arithmetisches Mittel. Dabei gilt, dass eine Verteilung immer dann besonders ungleichmäßig, demgemäß linkssteil und rechtsschief ausschaut, wenn der Modus (häufigster Wert) links vom Median (teilt die Häufigkeitsverteilung in zwei gleich große Hälften) und dieser wiederum links vom Durchschnitt bzw. arithmetischen Mittel liegt.

Eine viel beachtete Studie der Deutschen Bundesbank aus dem Jahr 2013 demonstrierte, dass der Median beim Nettovermögen der Deutschen bei 51.400 EUR, der Durchschnitt dagegen bei 195.200 EUR lag. Das spricht für eine ganz erhebliche Schieflage, etwa im Vergleich mit Deutschlands Nachbarn Niederlande, wo der Durchschnitt bei 170.200 EUR, der Median aber immerhin bei 103.600 EUR festgestellt wurde.

Nun sind die Verteilungseingriffe des Staates insofern legitimiert, als die handelnden Regierungen letztlich aus demokratischen Wahlen hervorgegangen sind. Ganz anders verhält es sich mit der EZB, die eine solche Legitimation nicht besitzt. Gleichwohl betreibt sie gewollt oder ungewollt Verteilungspolitik und zwar eine regressive, also die Ungleichheit fördernde, dazu. Wie das? Da wäre zum einen die Niedrigzinspolitik. Die niedrigen Hypothekenzinsen haben, wie viele Untersuchungen zeigen, die Nachfrage nach Wohneigentum befeuert und zu der beobachtbaren Immobilienpreisinflation beigetragen. In Deutschland ist der Staat mitbegünstigt durch eine solche Entwicklung, denn seine Einnahmen aus der Grunderwerbssteuer, steigen natürlich mit an. Benachteiligt durch diesen Effekt ist besonders die (untere) Mittelschicht, deren Lohn- und Gehaltssteigerungen mit der Preisentwicklung am Immobilienmarkt nicht oder kaum Schritt halten. Die geschilderte staatliche Gebühr macht aber einen wesentlich größeren Anteil ihres Vermögens aus als es bei den besser situierten Haushalten der Fall ist.

Die niedrigen Zinsen haben einen weiteren negativen Impuls, der die Verteilung zwischen Privaten und Staat betrifft. Während die niedrigen Zinsen zu einer – schon oft beschriebenen – schleichenden Enteignung der Sparer führen, kann sich, insbesondere in Deutschland, der Finanzminister über eine zinsbedingte Entschuldung des Staates freuen. Es findet demnach eine Vermögensumverteilung zugunsten des Staates und zu Lasten des privaten Sektors insgesamt statt. Das ist in einer sozialen Marktwirtschaft, wenn keine besonderen Gründe – wie etwa bei den Kosten zur Finanzierung der Deutschen Einheit – dafür vorliegen, aus ordnungspolitischen Überlegungen heraus abzulehnen.

Zum anderen wäre da die Politik der massiven Anleihekäufe durch die EZB, auch „Quantitative easing" genannt. Durch ihre Ankaufspolitik senkt die EZB die Renditen der festverzinslichen Wertpapiere. Festverzinsliche Wertpapiere sind aber überproportional im Portfolio (unterer) mittlerer Einkommen vertreten, Bezieher (höherer) mittlerer und hoher Einkommen verstehen sich eher darauf, auf Aktien, Derivate und Fonds auszuweichen. Solche Haushalte profitieren von der Umschichtung zugunsten von

Aktien, Derivaten und Fonds und zulasten von festverzinslichen Wertpapieren in ihrem eigenen Portfolio. Sie sorgen also gewissermaßen selbst für die Aktienrally, die sie wohlhabender macht. Es sind schon viele Gründe aufgezählt worden, warum die EZB baldmöglichst ihre Niedrigzinspolitik beenden und das Ankaufsprogramm von staatlichen und privaten Wertpapieren erst zurückführen und letztlich einstellen sollte. Wie wir gesehen haben, kommen mit den Verteilungswirkungen der europäischen Geldpolitik weitere, durchaus gewichtige Argumente, hinzu.

(Quelle: Mimeo, Neubiberg 01.11.2016)

Theoretische oder empirische Belege?
Gerade der empirische Zusammenhang zwischen einer stark expansiven Geldpolitik auf der einen Seite und der Entwicklung der Immobilienpreise gilt als (vorläufig, wie immer) gesichert. Zu den oben genannten Argumenten kommt noch hinzu, dass Wohn- und Hauseigentum, etwa in Deutschland, traditionell von den Haushalten der Mittelschicht als Instrument der Alterssicherung benutzt wird („ohne Mietausgaben bleibt mehr von der Rente übrig"). Dieses steht ihnen plausibler Weise bei explodierenden Immobilienpreisen weniger zur Verfügung. Zur Immobilienpreisentwicklung vgl. auch den Beitrag: Geldpolitik und Immobilienpreise/Andreas Nastansky, in: Immobilienwirtschaftslehre; Bd. 2 Ökonomie. Köln: Immobilien-Manager-Verl. 2012, S. 163–214.

Die Argumente der Gegenseite!
Eine Gegenposition zu den oben diagnostizierten regressiven Verteilungseffekten könnte etwa so lauten: Niedrige, ja vorübergehend sogar negative Inflationsraten sind eine gute Nachricht für die Entwicklung der Reallöhne, solange jedenfalls, wie deutlich positive Nominallohnsteigerungen tariflich zustande kommen (umgekehrter Kaldor-Effekt). Auch darf man von den weniger gut situierten Sparern erwarten, dass sie ihr Geldvermögen besser als bisher bei ungünstigen Rahmenbedingungen schützen und sich nicht nur auf Termingeld und Festverzinsliche verlassen. Zur kreislauftheoretischen Verteilungstheorie vgl. auch Bernhard Külp, Verteilung. Theorie und Politik. 3. Auflage, Jena und Stuttgart: Gustav Fischer-Verlag 1994.

6.7 Zur Sicherung von Generationen- und Verteilungsgerechtigkeit

▶ *Nicht nur bei den Parteien, sondern gerade beim „Wählervolk" ist die Zukunft der Altersversorgung ein stetes Diskussionsthema. Der folgende Beitrag versucht, anhand zweier stilisierter Modelle von Rentner-Ehepaaren, deren Biografien deutlich voneinander abweichen, ein neues Wohlstandsmaß einzuführen: Der Quotient aus erwarteter Rentenbezugsdauer in Lebensjahren und abgeleisteten Berufsjahren im Erwerbsleben misst gewissermaßen die Erwerbslebensproduktivität im*

Hinblick auf die Rentenbezugsdauer. Je höher dieser Quotient, desto länger lebt man in Rente von der früher geleisteten Arbeit. Der Quotient ist in mehrfachere Hinsicht interessant: Einmal kann er international als vergleichendes Wohlstandsmaß herangezogen werden (neben dem PKE und anderen bekannten Indikatoren), zum anderen national als Variable, deren Verteilung von besonderem Interesse ist.

Ein zugegeben etwas überspitzter Befund in der deutschen Rentnergeneration lautet etwa so: Freundliches Ehepaar, beide heute 79 (also Jahrgang 1938 mit einer Lebenserwartung von ca. 90 Jahren), war mit 60 in die vorgezogene Rente gegangen und hatte bis zum Alter von 30 Jahren studiert/promoviert. Es liegt mithin ein 30-30-30 Modell der Aufteilung der Lebenszeit vor.

Die hohe Qualifikation führte im Laufe des 30-jährigen Berufslebens bei beiden Eheleuten zu hohen Rentenansprüchen und zur Akkumulation eines beträchtlichen Geldvermögens, das im Todesfall zu gleichen Teilen an die Erben (2 Kinder) – nach Abzug der Erbschaftssteuer – ausgezahlt werden soll. Kein Problem? Sehr wohl! Zum einen wird die Generationengerechtigkeit – wonach über den Lebenshorizont hinweg ein Wirtschaftssubjekt den sozialen Sicherungssystemen nicht mehr entnehmen sollte als es in diese eingezahlt hat – flagrant verletzt. Zum anderen wird es gesamtwirtschaftlich durch den Vererbungsgang zu einer höheren Konzentration der Vermögen kommen. Diesem für die Älteren in der oberen deutschen Mittelschicht recht repräsentativen Befund stehen etliche andere Rentnerehepaare gegenüber, die während ihres Erwerbslebens (Ausbildung bis zum 20. Lebensjahr) 45 und mehr Jahre gearbeitet haben, nun aber aufgrund der früher verdienten, vergleichsweise niedrigeren Löhne und Gehälter (bei geringem eigenem Geldvermögen) mit bescheidenen Rentenzahlungen auskommen und wohl auch mit einer Lebenserwartung von deutlich weniger als 90 Jahren (sagen wir 80) rechnen müssen. Der Grund liegt im deutlich längeren Erwerbsleben und in der empirisch nachgewiesenen Korrelation zwischen der Höhe des Einkommens und der Gesundheit. Es liegt mithin ein 20-45-15 Modell der Aufteilung der Lebenszeit vor. Im Todesfall ihrer Eltern können hier die Kinder nur mit einem geringfügigen Erbe rechnen.

Vergleicht man die Rentenbezugsdauer, so liegen im ersten Fall 30 Jahre, im zweiten nur die Hälfte davon, nämlich 15 Jahre vor. Der Quotient zwischen bzw. aus der Rentenbezugsdauer (Zähler) und der Dauer des Erwerbslebens (Nenner) beträgt im ersten Fall gerade 1 (30/30), während er im zweiten Fall gerade mal 1/3 (15/45) groß ist. Ein solcher Quotient misst materiell (dimensionslos) die Erwerbslebensproduktivität im Hinblick auf die Rentenbezugsdauer. Vor dem Hintergrund der Theorie des Arbeitsleids kann ein solcher Quotient durchaus als Wohlfahrtsmaß verstanden und gewertet werden. Je kürzer man für einen durchaus langen, rentenbesicherten Lebensabend arbeiten muss, desto höher ist c. p. der individuelle Nutzen.

Gerade im Hinblick auf diesen Quotienten sind die beiden Modelle von oben stark verschieden: Vergleicht man die prozentuale Abweichung der oben berechneten Quotienten 1 und 1/3 miteinander, so beträgt der Abstand: $(1-1/3)/1/3 = 2/3 : 1/3 = 200\,\%$!

Damit wird klar, dass bei Vergleichen unser neues Maß zum Verteilungsindikator wird: Je größer die Streuung um den Mittelwert in unserem Fall (2/3) und je weiter Modus und Median links vom Mittelwert liegen, desto ungleicher ist die Verteilung des Quotienten in der Gesellschaft. Dieses Maß dürfte aber wesentlich wichtiger sein für die wahrgenommene Ungleichheit als ein für das Jahr x berechneter Gini-Koeffizient der personellen Einkommen!

Nun sagen Rentenexperten voraus, dass das Renteneintrittsalter ab ca. 2030 in Deutschland auf mindestens 70 Jahre ansteigen wird. Wie ändert sich dann unser 2-Modelle-Szenario von oben? An dem 30-30-30 Modell von oben wird sich kaum etwas ändern es werden jetzt etwas höhere Rentenabschläge relevant), dafür wird aus dem 20-45-15 Modell ein 20-50-10 Modell (zwar steigt die Lebenserwartung generell, diese wird aber effektiv durch die längere Lebensarbeitszeit gedrückt)! Der Quotient für das neue 2. Modell sinkt nun von 1/3 auf 10/50 und der Abstand zum 1. Modell wächst an auf $(1-10/50)/10/50 = 40/50 : 10/50 = 400\,\%$ an.

(Quelle: Mimeo, Neubiberg 01.01.2017)

Theoretische oder empirische Belege?

Das in Deutschland von Bernd Raffelhüschen gepflegte Konzept der Generationenbilanzen würde dem Modell 1 von oben leicht und schnell einen eklatanten Verstoß vorwerfen. Nur: Wo sind die Ansatzpunkte, um diesen zu korrigieren? Schnell ins Auge fällt die dort praktizierte Frühverrentung, bei der offenbar viel zu geringe Renten-Abschläge zustande gekommen sind. Zweitens würde man die Frage stellen, ob Personen, die mit einem weit überdurchschnittlichen Gehalt aus dem Berufsleben frühzeitig ausscheiden, nicht die Rentenkasse durch eigene Vorsorge entlasten müssen, da bei ihnen ja zu Recht eine überdurchschnittliche Lebenserwartung unterstellt wird. Das muss allerdings intelligent organisiert werden, da man ja schlecht die Eigenanstrengungen am Ende des Erwerbslebens – sondern deutlich früher – anmahnen muss. Vorschläge dazu hat etwa Friedrich Breyer gemacht: „Längere Rentenbezugsdauer der Hochverdiener berücksichtigen": Acht Fragen an Friedrich Breyer/das Gespräch führte Erich Wittenberg, in: DIW-Wochenbericht: Wirtschaft, Politik, Wissenschaft. Berlin: DIW, Bd. 76.2009, 5 (28.1.), S. 83.

Die Argumente der Gegenseite!

Ein alternativer Blickwinkel fokussiert vor allem die Verteilungswirkungen, die von einem Nebeneinander von Modell 1 und Modell 2 in der realen Welt ausgehen. Der Staat hat seine eigenen Instrumente, um auf eine schiefe Einkommens- und Vermögensverteilung zu reagieren. Das sind vor allem Steuern und Transfers, die man dadurch verknüpfen kann, dass man die Transfers zugunsten von Haushalten aus Modell 2 aus Mitteln generiert, die durch „Verteilungssteuern" aufgebracht werden. Dazu stünden sowohl die Vermögens- als auch die Erbschaftssteuer bereit. Vgl.: Zur Begründung einer Vermögenssteuer/Martin Schürz; Beat Weber, in: Kurswechsel: Zeitschrift für gesellschafts-, wirtschafts- und umweltpolitische Alternativen. Wien:

Sonderzahl Verlagsgesellschaft, 2012, 1, S. 86–97 und: Unverdientes Vermögen oder illegitimer Eingriff in das Eigentumsrecht?: Der öffentliche Diskurs um die Erbschaftssteuer in Deutschland und Österreich/Jens Beckert und H. Lukas R. Arndt. MPIFG discussion paper/Max-Planck-Institut für Gesellschaftsforschung. Köln: MPIFG, 1988–16/8, Juni 2016.

Politik, Bildung und politische Bildung 7

7.1 Die ersten sechs Monate der Regierung Merkel/ Müntefering in der Bundesrepublik Deutschland: Gibt es noch Hoffnung oder wächst schon die Frustration?

▶ *Wenn man bedenkt, dass Angela Merkel mittlerweile auf mehr als 12 Jahre als Kanzlerin zurückblickt, erscheint die obige Überschrift aus dem Frühjahr 2006 zunächst merkwürdig deplaziert. In Wahrheit sind viele der unten geäußerten Gedanken äußerst aktuell, denn die Kanzlerin ist in ihren 12 Jahren Regentschaft die meisten ihrer Reformversprechen aus ihrer Zeit als Oppositionsführerin und Parteivorsitzende (man denke nur an den 17. Parteitag der CDU im Jahr 2003 in Leipzig!) schuldig geblieben. Zugleich hat sie die Früchte der Schröderschen Arbeitsmarktreformen (2003–2005) ziemlich schamlos auf ihrem eigenen Erfolgskonto verbucht.*

Die erste Kanzlerin im vereinigten Deutschland verströmt weiter ihren zweifellos vorhandenen Charme, den sie mit einer von ihren europäischen Partnern bei ihr so nicht vermuteten Fähigkeit zum Kompromiss im Rahmen der Gipfelgespräche der EU (Staats- und Regierungschefs) verbindet. Das geht inzwischen so weit, dass nicht nur die deutschen Medien, sondern auch eine Reihe von „Parteifreunden" (von CSU oder CDU) sich über ihr besonderes Interesse an der Außenpolitik wundern. Im Umkehrschluss fragen sie sich, wo denn ihr Reformeifer geblieben ist. Gibt es womöglich nicht mehr viel zu tun?

Die deutsche Wirtschaft (BIP) soll nach den gängigen (Wirtschaftsministerium, Forschungsinstitute) Prognosen im Jahr 2006 zwischen 1,6 und 2 % real wachsen. Das erscheint fast viel im Vergleich zu den letzten 12 Jahren, recht befriedigend im Kontext der europäischen Nachbarn, aber zugleich bescheiden, wenn man sich die Wachstumsraten in den USA vor Augen führt, von den Schwellenländern China und Indien gar nicht zu reden.

Trotz allem bleibt der neue Finanzminister der SPD, Peer Steinbrück, dabei, es werde im Jahr 2007 nötig sein, die Mehrwertsteuer von aktuell 16 auf 19 Prozentpunkte anzuheben. Diese Anhebung wurde – bei ganz anderen Versprechen noch während des Bundestagwahlkampfes – zwischen den beiden großen Partnern der großen Koalition, der SPD sowie der CDU/CSU – im Herbst des Jahres 2005 verabredet. Die bisherige Entwicklung des Steueraufkommens und die Vorhersagen der Steuerschätzer zeigen ein bislang sehr optimistisches Bild und sind ein Reflex der zufriedenstellenden allgemeinen wirtschaftlichen Entwicklung. Sogar für das gesamtstaatliche Defizit wird prognostiziert, dass zum ersten Mal seit 5 Jahren die Norm des europäischen Stabilitäts- und Wachstumspakts (3 % des BIP) eingehalten werden wird.

Wozu dann und warum die Mehrwertsteuer im Jahr 2007 um drei Punkte erhöhen? Vermutlich wird bereits die reine Ankündigung derselben Investoren/Konsumenten dazu angeregt haben, erst für das Jahr 2007 geplante Ausgaben ins Jahr 2006 vorzuziehen. Allerdings fehlen dann diese Ausgaben im Jahr 2007 und das sollte sich negativ für Wachstum und Konjunktur Deutschlands des Jahres 2007 auswirken: Tendenziell wird durch die Erhöhung der Mehrwertsteuer der „Elan" der Konsumenten gebremst werden. Auch wird sie Unternehmer dazu verleiten, die Preise zu erhöhen, um somit die Last der Steuer auf die Verbraucher abzuwälzen. Das alles passt schlecht zu der erwünschten guten Konjunktur und zur Erfordernis, bei den strukturellen Reformen auch zum Mittel der budgetären Einschnitte zu greifen.

Die genannten strukturellen Reformen sind unabwendbar und das mindestens auf drei Gebieten: Auf dem Arbeitsmarkt, in verschiedenen Teilen des sozialen Sicherungssystems (mit Aspekten, welche auch das Lohn- und Gehaltsgefüge betreffen) sowie im Bereich der Bildung, der Hochschulen und der Ausbildung. Was den Arbeitsmarkt betrifft, hat die Regierung Merkel/Müntefering bislang leider vor allem Zeit verschenkt: Mit einer fruchtlosen Diskussion darüber, ob ein bundesweiter, verbindlicher Mindestlohn eingeführt werden solle, mit der Absicht, die jetzt schon in einigen Branchen (Dachdecker, Gebäudereiniger etc.) existierenden Regelungen auf den gesamten Arbeitsmarkt auszudehnen. Dagegen lassen die von der Wirtschaft schon länger erwarteten Maßnahmen zur Flexibilisierung des Kündigungsschutzes weiter auf sich warten.

Zugleich erscheint das deutsche System der sozialen Sicherung mehr als reformbedürftig und nicht nachhaltig (genug). Und das aus mehreren Gründen: Die fehlende Nachhaltigkeit ergibt sich einmal durch die (zu) enge Verknüpfung zwischen der durchschnittlichen Rente und dem aktuellen Lohnniveau, zum anderen aus dem (viel zu niedrigen) durchschnittlichen Alter bei Renteneintritt, das in der Nähe von 60 Jahren liegt und vor allem aus dem geografischen Übergang, der die bisherigen Grundlagen des Umlagesystems in der gesetzlichen Rentenversicherung infrage stellt. Positiv könnte sich ein hoher Beschäftigungsstand auswirken. Um diesen zu erreichen, muss in Deutschland dringend die Partizipationsrate unter den 15 bis 66 jährigen steigen. Je höher diese ausfällt, desto eher kann ein „pay as you go system" funktionieren. Bis jetzt sind die Anreize zur Arbeitsaufnahme allerdings immer noch nicht groß genug.

Deutschland hat lange Jahre von einem gut funktionierenden Bildungs- und Ausbildungssystem profitiert. Dieser komparative Vorteil ist allerdings zuletzt mehr und mehr erodiert. Deutschland nimmt heute innerhalb der OECD nur noch einen Mittelplatz ein, wenn es um Kriterien geht, wie die Leistungsfähigkeit/Produktivität von 15 jährigen Schülern, um die Anzahl der Personen im erwerbsfähigen Alter, die einen tertiären Abschluss im Bildungssystem erworben haben u. Ähnliches mehr. Die durchschnittliche Anzahl an Schuljahren, die bei uns benötigt werden, um einen Abschluss zu erreichen, gehört zu den höchsten im Vergleich zu unseren wichtigsten wirtschaftlichen Partnern. Das spricht nicht dafür, dass wir in unserem Schulsystem von besonderer Effektivität oder Effizienz sprechen könnten.

Bedeutung und Relevanz von Bildung und Ausbildung sind gut sichtbar. Wenn das Niveau dieser beiden zu wünschen übrig lässt und zugleich die Gesamtbevölkerung zunehmend schrumpft und vergreist, überrascht es nicht, wenn in zahlreichen Branchen/Sektoren von einem eklatanten Facharbeitermangel berichtet wird. Wenn es aber nicht gelingt, qualifizierten Ersatz durch eine gesteuerte Zuwanderung zu organisieren, wird das wirtschaftliche Wachstum leiden. Auch bei den Ausgaben für Bildung/Ausbildung in Relation zum BIP erreicht Deutschland in der Gruppe der OECD-Staaten nur einen Mittelplatz. Es wäre fatal, wenn Geld an der falschen Stelle gespart würde. Denn eine gute Bildungs- und Ausbildungspolitik ist immer noch die beste denkbare Arbeitsmarktpolitik!

Diese Zusammenhänge sollten Frau Merkel und ihre Regierung nicht nur verstehen, sondern auch beherzigen und in ihre Politikentwürfe einfließen lassen. Nur so lässt sich bei der Wählerschaft der großen Koalition eine starke Irritation, wenn nicht gar schon Frustration vermeiden. Es gibt also keine Zeit mehr zu verlieren: Entsprechende Reformen sind anzupacken!

(Quelle: F. L. Sell, Seis meses de gobierno: Sigue la esperanza o crece la frustración? In: Expansión, Jahrgang XXI, Nr. 6022 vom 11.05.2006, S. 69)

Theoretische oder empirische Belege?
Der gesetzliche, allgemeinverbindliche und flächendeckende Mindestlohn wurde nicht von der zweiten (2005–2009), aber dann schließlich doch von der dritten großen Koalition (2013–2017) zwischen CDU/CSU und SPD am 01.01.2015 eingeführt. Er hatte zu Beginn eine Höhe von 08,50 EUR, inzwischen (2017) abgelöst von der neuen Höhe 08,84 EUR. Erst spät hat sich die ökonomische Literatur mit der Frage beschäftigt, warum gerade die Gewerkschaften – nicht nur in Deutschland – sich so sehr für die Einführung des Mindestlohns stark gemacht haben, obwohl er doch letztlich eine Art „politische Unterwanderung" der Tarifautonomie darstellt. Öllinger und Sell (2017) zeigen in einer kurzen „Note", dass Gewerkschaften mit dem Mindestlohn gewissermaßen zwei Fliegen mit einer Klappe schlagen können: Gegeben ein linkssteiles, rechtsschiefes Gefälle in der Verteilung von Löhnen und Gehältern, bringt der Mindestlohn sowohl einen Anstieg im Mindestlohn als auch eine Reduktion in der Streuung von Löhnen und Gehältern mit sich. Vgl. Friedrich L. Sell/Michael Öllinger, Hitting two birds with one stone, in: Journal of Economic and Financial Studies, Vol. 5, No. 3, S. 26–30.

> **Die Argumente der Gegenseite!**
>
> Der überwiegende Teil der ökonomischen Literatur widmet sich dem deutschen Mindestlohn aus zweierlei Perspektiven: Zum einen wird er als ein weiteres Beispiel für eine Marktregulierung in Gestalt eines Mindestpreises angeprangert, die erwartungsgemäß Arbeitsplätze vernichtet. In der zweiten Perspektive wird untersucht, inwieweit dieses Argument empirisch trägt. Es geht insbesondere um die Frage, ob seit dem 1. Januar 2015 im Sektor der gering qualifizierten Arbeit Arbeitsplätze vernichtet wurden und sich dieses Ereignis auch auf die Einführung des Mindestlohns zurückführen lässt. Die bisherigen Befunde sind nicht eindeutig, etwa für den Bereich der Minijobs: Zwar sind solche nach dem 1. Januar 2015 in der Tat weggefallen, obwohl die gesamtwirtschaftliche Beschäftigung weiter anstieg. Zugleich wurden aber noch mehr Minijobs in sozialversicherungspflichtige Beschäftigungsverhältnisse umgewandelt. Vgl. dazu etwa Mario Bossler, Mindestlohn in Deutschland, Großbritannien und in den USA, in: Wirtschaftsdienst, Band 96, Nr. 6, 2016, S. 422–425.

7.2 Ein Pyrrhus-Sieg. Der „Linksruck" der SPD im Lichte der Demokratietheorie von Anthony Downs

▶ *In diesem Beitrag wird die Neuorientierung der SPD in der Zeit „nach Schröder" (also nach 2005) kritisch beleuchtet. Es war die Zeit eines Franz Müntefering und vor allem eines Kurt Beck (wenn man einmal das Interregnum von Matthias Platzeck ausnimmt). Damals begann der Abstieg der SPD zu einer 20 %-plus-Partei. Daran ist die SPD mit ihrem Linksruck zum großen Teil selbst schuld, denn sie hat sich damit ohne Not vom sogenannten „Medianwähler", der in der Demokratie Wahlen entscheidet, fortbewegt.*

Kurt Beck hat es scheinbar geschafft: Zuerst wurde er mit fast 96 % der Stimmen bei der Wahl zum Parteivorsitz auf dem Hamburger Parteitag der SPD im Amt bestätigt. Dabei ist der SPD-Parteitag ihm (und nicht Franz Müntefering) nicht nur in Sachen Verlängerung der Bezugsdauer für ältere Arbeitnehmer beim ALG I gefolgt, im Grunde genommen hat er auch dafür grünes Licht bekommen, die Agenda 2010 weiter zu verwässern und seine ganz persönliche „Rückwärtsreform" fortzusetzen. Anschließend haben ihm aktuelle Umfragen bestätigt, dass die SPD einen Anstieg in der Gunst der Wähler zu verzeichnen hat. Also: Alles richtig gemacht? Was aber motiviert den Richtungswechsel der SPD?

Unter den zahlreichen Beweggründen, die Beck antreiben mögen, befindet sich ganz sicher der Folgende: Die Linke/PDS soll der SPD nicht (noch mehr) Stimmen (vermeintlich) traditioneller Wähler der eigenen Partei abspenstig machen. Es ist fast so, als würde jener berühmte Ausspruch von Franz Josef Strauss, wonach es „rechts von der CSU keine demokratisch legitimierte Partei in Bayern geben dürfe" von Beck gewissermaßen auf das Spektrum „links von der SPD" und auf die Bundesebene, übertragen. Kann ein solches Konzept aufgehen? Könnte die SPD damit erreichen, ab 2009 mindestens weiter an der Regierungsmacht beteiligt zu werden oder gar den Kanzler zu stellen?

Um diese Fragen adäquat beantworten zu können, bietet sich der Rückgriff auf die bahnbrechenden Arbeiten von Anthony Downs (*1930), vgl. Downs, A. (1957), An Economic Theory of Political Action in a Democracy, Journal of Political Economy 65(2), 135–150, zum Parteienwettbewerb an: Politische Parteien befinden sich bekanntlich in einem scharfen politischen Wettbewerb um die Mehrheit der Wählerstimmen. In westlichen Demokratien existieren nun aber üblicherweise Mehrparteiensysteme. Die einzelnen Parteien können sich jedoch bereits vor der Wahl zu Koalitionen zusammenschließen („Koalitionsaussage"), sodass nur noch diese miteinander verglichen werden müssen. Die Ergebnisse gelten dann im Wesentlichen analog. Es geht also im Kern darum, ohne oder mithilfe einer häufig notwendigen Koalitionsbildung, 50 % und mehr der abgegebenen Stimmen auf sich zu vereinigen. Empirische Untersuchungen zeigen nun, dass sich die Häufigkeit der abgegebenen Stimmen nicht symmetrisch auf die vorgeschlagenen Regierungsprogramme verteilen, sondern eher in einer „linksschiefen/rechtssteilen" Art und Weise. Das heißt konkret: Es gibt beispielsweise mehr Wähler, die sich für mäßig-hohe als solche, die sich für besonders niedrige Sozialausgaben des Staates erwärmen können. Bei einer solchen Häufigkeitsverteilung liegt der sogenannte „Median" (jener Wert also, der die Häufigkeitsverteilung der Stimmen in zwei, was die Fläche betrifft, gleich große Teile scheidet) links vom Mittelwert und dieser wiederum links vom sogenannten „Modus", dem häufigsten Wert.

Um Downs' Logik nachzuvollziehen, wollen wir ein Gedankenexperiment wagen: Nehmen wir an, es gebe, wie das ja auch gegenwärtig in Deutschland der Fall ist, eine hohe Wählerbeweglichkeit und es würde sich im ersten Zug (nur) die Partei A mit einem eigenen Wahlprogramm vorstellen. Solange (noch) keine anderen Parteienwahlprogramme bekannt sind, kann Partei A damit rechnen, mit einem Regierungsprogramm in Höhe von RPA auf alle Fälle die Wahl zu gewinnen. Dieses Regierungsprogramm würde etwa vorsehen, dass die geplanten Sozialausgaben noch deutlich höher liegen als dies vom Medianwähler gewünscht wird. Der Medianwähler selbst und alle Wähler, die noch mehr Sozialausgaben als der Medianwähler wünschen, wählen dann, so Downs, Partei A.

Kommt nun eine weitere Partei B hinzu und bietet in Konkurrenz zu Partei A das Programm RPB an, das vergleichsweise etwas niedrigere Sozialausgaben vorsieht, so entscheiden sich die Wähler mehrheitlich gleichwohl zugunsten von Partei B, wenn diese Partei den Medianwähler und alle diejenigen Wähler mit ihren Zielen besser erreicht, die sogar geringere Sozialausgaben als der Medianwähler präferieren. Für Partei A bliebe dann nur der zweite Platz übrig (und die Stimmen all jener Wähler, die einen höheren als den von Partei B vorgeschlagenen Sozialetat bevorzugen). Bei der nächsten Wahl könnte Partei A aus den gemachten negativen Erfahrungen lernen und ihrerseits ein Programm anbieten, das noch näher an die Präferenzen des Medianwählers heranrückt, als dies Partei B bei der vorausgegangenen Wahl gelungen war. Daraus erkennt man, dass im 2-Parteien-Fall letztlich allein der Medianwähler wahlentscheidend ist und sich die Parteiprogramme, indem sie sich den Präferenzen dieses Medianwählers annähern, untereinander immer ähnlicher werden.

Im Lichte der Theorie von Downs sprechen die folgenden drei Argumente ganz entschieden dagegen, dass Kurt Becks neues Konzept aufgehen könnte: Erstens kann Die Linke, nachdem der „Rückwärtsreformmotor" des Kurt Beck nun einmal angesprungen ist, den SPD-Vorsitzenden dazu verlocken, die Mitte des Wählerspektrums, also den Medianwähler weiter, in unserem Beispiel von oben also in Richtung deutlich höherer Sozialausgaben, zu verlassen. Da Die Linke selbst keine „Angst" vor der Regierungsübernahme auf Bundesebene haben muss, könnten ihre Forderungen in Zukunft noch populistischer werden: Nach dem Motto „die Zukunft liegt in der Vergangenheit". Durch sein mehr oder weniger freiwilliges Entgegenkommen an Die Linke wird Beck dann mehr Wähler in der Mitte verlieren, als er am linken Rand dazu gewinnen kann. Denn warum sollte man die Kopie (SPD) wählen, wenn auch das Original (Die Linke) zur Verfügung steht?

Zweitens erhält die CDU durch diese Entwicklung einen strategischen Vorteil. Sie wird in das von Beck geräumte Feld in der Nähe des Medianwählers sofort nachrücken und um einen großen Teil jener Wähler erfolgreich buhlen, die Beck nun preisgibt. Da die CDU selbst Umwelt-Themen im Gepäck hat, kann es nämlich sein, dass Die Grünen nur einen geringeren Teil der Beck-Abtrünningen werden absorbieren können. Wird ihr, der CDU, die Spannweite zum eigenen wirtschaftsliberalen Flügel zu groß, dann kann sie gewissermaßen „Ballast" zugunsten der FDP abwerfen, für die eine Beck-SPD ohnehin kein möglicher Koalitionspartner mehr sein kann.

Ist drittens der sogenannte Medianwähler durch CDU und FDP einmal nahezu „gekapert", also jener Wähler, der am Ende für eine Stimmenmehrheit von 50+x % sorgt, dann werden Die „Grünen" vermutlich ein böses Erwachen erleben: Von den Christlich-Liberalen werden sie für eine Koalition möglicherweise nicht (mehr) gebraucht, vonseiten Die Linke wird man sie als romantisierende Revisionisten abzukanzeln versuchen. Dann wird sich der lange schwelende Streit zwischen „Realos" und „Fundis" u. U. endgültig entscheiden. Gewinnen die ersteren, so orientieren sich Die Grünen wahrscheinlich zur Mitte hin und bieten sich CDU/FDP fürderhin als möglicher Koalitionspartner an. Gewinnen dagegen die Fundis, so stehen die „Chancen" für Die Grünen, in Zukunft an der 5 %-Klausel zu scheitern, nicht schlecht. Alt-Linke gibt es nämlich genügend in SPD oder bei Die Linke, globale Klimapolitik und andere „grüne" Themen sind längst auch von der CDU besetzt.

(Quelle: F. L. Sell, Linksherum zum Machtverlust. Was Kurt Beck und die Sozialdemokraten aus der ökonomischen Theorie der Politik für ihren Richtungsstreit lernen können. In: Financial Times Deutschland, Nr. 25/08 vom 05.02.2008, S. 24)

Theoretische oder empirische Belege?

Das Medianwählertheorem von Anthony Downs erfreut sich in den Wirtschaftswissenschaften immer noch großer Beliebtheit. Aktuelle Anwendungen lassen sich z. B. in der Renten-Politik gut nachvollziehen: Der deutsche Medianwähler ist heute entweder Rentner oder er steht kurz vor dem Renteneintritt. Das erklärt, warum im Bundestagswahlkampf 2013 sowohl SPD als auch CDU bereit waren, den Rentnern (jedenfalls Teilen von ihnen) weitreichende Versprechen zu machen. Vgl. zu einer Aktualisierung bzw. Neuinterpretation von Downs: F. L. Sell/Stratmann, F., Downs' ökonomische Theorie der Demokratie 2.0, in: LIST FORUM für Wirtschafts- und Finanzpolitik, Band 37, Heft 1/2011, S. 27–40.

Die Argumente der Gegenseite!
Die neuere Forschung über Präferenzen und Abstimmungsverhalten hat auch Kritisches zum Medianwählertheorem beizutragen: Zum einen wird die von Downs wenigstens implizit unterstellte Rationalität des Medianwählers infrage gestellt. So befassen sich Aufsätze mit der Manipulierbarkeit desselben: R. Pablo Arribillaga, Jordi Massó: Comparing generalized median voter schemes according to their manipulability, in: Theoretical economics: An open access journal in economic theory. Toronto: Wiley, Bd. 11.2016, 2, S. 547–586. Zum anderen gibt es die Auffassung, dass der Median (sowie der Mittelwert) als Verteilungsmaße in ihrer sozialen Bedeutung überschätzt wird. So wird angeführt, dass es häufig der Modus, also der häufigste Wert ist, an dem sich die Individuen orientieren, weil er besser beobachtbar ist und für die eigene relative Position, etwa in der Einkommenspyramide, von größerer Relevanz ist. Vgl. Blümle, G. (2016), Einkommenszufriedenheit, Ungleichheitsaversion und die Schwäche des Medianwählermodells, CEN Paper Nr. 01-2016, Universität Freiburg.

7.3 Sicherheit, Wiederaufbau, Entwicklung: Die Bundesrepublik sollte ein altes Versprechen einlösen oder sich aus dem militärischen Teil des NATO-Bündnisses zurückziehen

▶ *Dieser Beitrag ist nun knapp 10 Jahre alt, hat aber von seiner Brisanz und Aktualität wohl kaum etwas verloren. Allerdings hat sich seit dem Amtsantritt von Donald Trump in den USA der Schwerpunkt etwas verschoben: Deutschlands Rolle bei den hochgefährlichen Auslandseinsätzen, etwa in Mali oder in Afghanistan, wird unter den Nato-Partnern (auch von den USA) weithin anerkannt. Nun steht aber die Forderung im Raum, Deutschland solle seine Ausgaben für Verteidigung auf mindestens 2 % des BIP hochschrauben. Diese Relation wurde im Kreise der Nato schon vor Jahren verabredet. Deutschland hatte aber bisher keinen rechten „Fahrplan", wie diese Ziffer in einer überschaubaren Zukunft zu erreichen wäre.*

Wer geglaubt hatte, die Forderungen von US-Verteidigungsminister Gates an die deutsche Bundesregierung nach einem Einsatz der Bundeswehr auch im vergleichsweise gefährlicheren Süden Afghanistans – zuletzt auf der Münchner Sicherheitskonferenz artikuliert, wo er von dem „Luxus mancher Länder, die sich (im Rahmen von Krisengebietseinsätzen) nur um den zivilen (Wieder-)Aufbau kümmern wollen" sprach – sei nur eine weitere Provokation der Bush-Administration, sieht sich nun deutlich getäuscht: Der aussichtsreiche Präsidentschaftskandidat Barak Obama hat vor wenigen Tagen in die gleiche Kerbe geschlagen, als er sagte, dass es nicht akzeptabel wäre, nur britischen und US-amerikanischen Einheiten den lebensgefährlichen Einsatz („Drecksarbeit") gegen die Taliban im Süden Afghanistans zuzumuten. Kaum anzunehmen, dass von Hillary Clinton oder von John McCain etwas grundsätzlich anderes zu hören sein wird.

Die aktuelle Diskussion weist viele Facetten auf und drückt sich doch häufig darum, eine Grundsatzfrage zu beantworten: Als Deutschland 1990 von den vier Siegermächten „grünes Licht" für die Wiedervereinigung erhielt, stellten diese Länder jeweils, mehr oder weniger deutlich ausgesprochen, bestimmte Bedingungen. So haben Wirtschaftshistoriker deutliche Belege in den Protokollen zu den Zwei plus Vier Gesprächen dafür gefunden, dass Frankreich die schnelle Einführung des Euros und die Beendigung der D-Mark-Vormacht im EWS I „im Tausch" für ihre Zustimmung zur Deutschen Einheit gefordert hat. Von den USA hörte man wiederum, dass sie seinerzeit vom wiedervereinigten Deutschland eine selbstbewusste und aktive Mitwirkung in der internationalen Außen- und Sicherheitspolitik erwartet haben. So viel man weiß, haben die damals verantwortlichen deutschen Politiker sich diesem Versprechen nicht verweigert.

Diese Zusage ist keineswegs durch Gerhard Schröders zweifellos berechtigtes „Nein" aus dem Jahr 2002 zum Irak-Krieg hinfällig geworden. Und sie wird aus der Sicht der USA, aber auch anderer, wahrscheinlich der allermeisten Alliierten in der NATO, nicht dadurch erfüllt, dass die Bundeswehr möglicherweise ihr Mandat personell und räumlich im vergleichsweise „sicheren" Norden Afghanistans ausdehnt. Das immer noch häufig gehörte Argument, die Bundeswehr sei für Kampfeinsätze im Süden Afghanistans organisatorisch (noch) nicht aufgestellt und verfüge nicht über eine entsprechende Ausrüstung, klingt für manchen befreundeten Partner im Ausland wie Hohn: Ist es nicht Despoten in Schwarzafrika schon häufiger in wenigen Monaten gelungen, ihre vormals operettenhaft paradierende und belächelte Soldateska in erschreckend schlagkräftige Einsatzarmeen umzufunktionieren? Zugegeben, Diktatoren haben es einfacher, ihre Befehle schnell durchzusetzen. Aber warum sollte die demokratisch legitimierte Bundeswehr ihre eigene Umstrukturierung, die schon seit vielen Jahren, eigentlich schon seit 1990 (!), im Gang ist, nicht rechtzeitig hinbekommen?

Die deutsche Politik, also die im Bundestag vertretenen Parteien, haben gegenüber dem Souverän, dem Wähler, eine Bringschuld. Sie müssen ihm die vorhandenen Alternativen vor Augen führen und – vor allem – erklären. Worin bestehen diese? Die eine besteht darin, sich prominent an der zukünftigen Strategiediskussion in der NATO zu beteiligen und den Partnern für die Zukunft auch Kampfeinsätze der Bundeswehr in Aussicht zu stellen. Es ist beispielsweise Dänen, Norwegern, Holländern oder Spaniern und Portugiesen nicht (mehr) zu vermitteln, dass ihre jungen Soldaten in Kampfeinsätze geschickt werden, während die Bundeswehr erklärt, besondere Kompetenzen bei „(Wieder-)Aufbau und Entwicklung" und weniger bei der (Wieder-)Herstellung von Sicherheit zu haben. Die zweite Alternative liegt zugespitzt darin, wenn man sich zu der ersten nicht durchringen kann, nach dem Vorbild von Frankreich Charles De Gaulles Politik des „leeren Stuhls" im militärischen Teil des NATO-Bündnisses zu wählen. Das wäre dann allemal konsequenter und ehrlicher als das gegenwärtige Herumeiern und sich Drücken vor zugegeben schwierigen und auch schmerzhaften Entscheidungen.

Angeblich, so Umfragen, kann sich eine Mehrheit der Deutschen Bevölkerung einen Totalabzug deutscher Truppen aus Afghanistan vorstellen und würde dies auch als deutliche Verbesserung gegenüber der heutigen Situation einschätzen. Es scheint also indirekt eine Mehrheit für die zweite oben geschilderte Alternative zu geben. Es hat auch den Anschein, als ob die neue SPD Beckscher Prägung gegenüber Forderungen der Linken nach einem breiten Rückzug der Bundeswehr aus ihren Auslandseinsätzen u. U. in der Zukunft – im Tausch gegen opportunes Abstimmungsverhalten in Machtfragen – nachzugeben bereit wäre. Es könnte aber auch sein, dass dies nur eine Momentaufnahme ist, die u. a. der immer noch mangelnden Rückendeckung für die Bundeswehr durch die demokratischen Parteien im Deutschen Bundestag und der mangelhaften Kommunikationspolitik der Bundesregierung geschuldet ist. Verdienen wir nicht alle eine verantwortungsvolle, aber auch schonungslos offene Unterrichtung durch die verantwortlichen Politiker über die vorhandenen Alternativen? Das war noch immer eine gute Medizin gegen Demagogen, die mit Ängsten und Ressentiments in der Bevölkerung spielen. Und: Die deutschen Frauen und Männer in Uniform werden uns diese Klarstellung danken, so oder so.

(Quelle: F. L. Sell, Zeit für eine Grundsatzentscheidung. Die Alternative zum Kampfeinsatz im Süden Afghanistans ist Deutschlands Schwächung in der Nato. In: Handelsblatt Nr. 50 vom 11.03.2008, S. 08)

Theoretische oder empirische Belege?

Eine neuere Studie von Björn Kauder und Niklas Potrafke untersucht, ob die Ideologie von deutschen Regierungen mit dem Wachstum der deutschen Verteidigungsausgaben korreliert. Unter Verwendung verschiedener Maße für die Regierungsideologie wurde kein Effekt festgestellt. Die großen politischen Parteien sind sich hinsichtlich der Einschätzung internationaler Gefahren und Bedrohungen einig, die Regierungsideologie tritt in den Hintergrund. Es ist zu vermuten, dass der Konsens innerhalb der großen Parteien weiter bestehen bleibt. Vgl. Das Wachstum der Verteidigungsausgaben in Deutschland: 1951 – 2011; welchen Einfluss haben die Parteien?/Björn Kauder, Niklas Potrafke und Simone Winterer. In: Ifo-Schnelldienst. – München: Ifo-Inst. – Bd. 68.2015, 10 (28.5.), S. 19–26.

Die Argumente der Gegenseite!

Ein weniger finanzwissenschaftlicher und eher verteidigungsökonomischer Zugang zu diesem Thema liefert die Allianztheorie: Hiernach ist die Höhe des Verteidigungsetats das (endogene) Ergebnis eines „Interessensausgleichs" innerhalb einer Militärallianz (wie der Nato), aber auch bei jedem einzelnen Allianzmitglied. Das erwünscht Gut „internationale Sicherheit" kommt nur zustande, wenn jedes Mitglied einen entsprechenden Beitrag aufbringt. Gleichzeitig hat ein solches Mitglied auch den Anreiz, so viel wie möglich eigene Anstrengungen den übrigen Mitgliedern vorzuenthalten, um diese Mittel zivilen Zwecken zuzuführen (die etwa für das Gewinnen von Wahlen wichtiger erscheinen). Vgl. Todd Sandler, The Economic Theory of Alliances: A Survey, in: Journal of Conflict Resolution, 1993, Vol. 37, No. 3, S. 446–483.

7.4 Unterwegs inmitten der weltweiten Finanzkrise

▶ *Im Oktober 2008 führte die (damalige) SZ-Redakteurin Barbara Ettl das folgende Interview mit dem Verfasser, nachdem dieser im August 2008 zum Vizepräsidenten für Forschung an der Universität der Bundeswehr München bestellt worden war. Nach dem Fall von Lehman Brothers im September 2008 war aber erst einmal der Volkswirt gefragt …*

SZ: *Den wirtschaftlich Interessierten hat die Zeit etwas zu bieten.*
Sell: Wenn alles rund läuft an den Märkten und an der Börse, gibt das für den Volkswirt eher wenig her. Aber wenn die wirtschaftlichen Verhältnisse so schwierig sind wie jetzt, dann ist das für den Volkswirt natürlich hoch interessant.
SZ: *Wo waren sie, als die Krise begann?*
Sell: Ich war zum Zeitpunkt der Lehmann-Pleite gerade in Shanghai und kurz danach in der Provinz Wuhan. In Shanghai gibt es seit einigen Jahren eine Kooperation der Uni BwM mit der Tongji-Universität. Ich habe dort Vorträge zum Thema Arbeitsmärkte gehalten und bin u. a. der Frage nachgegangen, ob Konjunkturprogramme unter Umständen deshalb verpuffen, weil am Arbeitsmarkt Angebot und Nachfrage an Qualifikationen nicht zusammen passen. Das heißt, dass das Personal gar nicht zu bekommen ist, das gefragt wäre. Auf der Rückreise von China war ich dann gewissermaßen mitten in der schwierigsten Phase der Finanzmarktkrise unterwegs.
SZ: *Beeinflusst die Entwicklung Ihre Arbeit an der Uni?*
Sell: Natürlich suche ich in meinen Vorlesungen immer wieder aktuelle Anknüpfungspunkte. Die Vorlesungen behandeln Themen über Arbeitsmärkte, Geld, Kredit und Währung, Konjunktur und Wachstum und Finanzmärkte. Ich kopiere häufig aktuelle Darstellungen zur Entwicklung des Finanzmarkts und zur Weltwirtschaftskrise aus den Printmedien auf Folie und stelle sie meinen Vorlesungen voran. Das, was wir an Theorien vortragen, können wir so aktuell belegen oder infrage stellen, in jedem Falle aber debattieren.
SZ: *Wird die Weltwirtschaft Sie auch im kommenden Jahr mit Stoff versorgen?*
Sell: Es wird viel interessanten Stoff geben im neuen Jahr. Zwei Themen werden sich abwechseln: Die Bankenkrise flaut unter den Rettungsschirmen hoffentlich ab, aber dafür wird die Krise in der Realwirtschaft deutlich. Das Wachstum wird schwinden, möglicherweise sogar negativ werden und mit der Arbeitslosigkeit werden wir uns in 2009 und in 2010 intensiv beschäftigen müssen.

SZ: *Wird es uns hart treffen?*
Sell: Das wird überhaupt nicht lustig. Wir in Deutschland sind deshalb stark betroffen, weil wir stark vom Export abhängig sind. Wichtig wird sein, wie sich die Schwellenländer, etwa Indien und China, behaupten und natürlich einer unserer Hauptkunden, die USA. Es ist gut, wenn die Bundesregierung sich jetzt mit einem Konjunkturprogramm einschaltet. Die Geldpolitik hat ihre Möglichkeiten fast ausgereizt, jetzt ist die Finanzpolitik auf den Plan gerufen.

SZ: *Auf alle Fälle wird es Entlassungen geben?*
Sell: Einige Unternehmen werden sicher versuchen, mindestens das hoch qualifizierte Personal zu halten. Aber das ist natürlich schwierig, wenn die Nachfrage auf dem Markt weg bricht. Maßvolle Kurzarbeit oder vorsichtige Abstriche bei Löhnen wären für alle Beteiligten vermutlich eher zu akzeptieren als Entlassungen.

SZ: *Die Regierung bringt ein Konjunkturprogramm auf den Weg. Ist das sinnvoll?*
Sell: Wie gesagt, es ist gut, wenn die Bundesregierung sich mit einem Konjunkturprogramm einschaltet. Fraglich ist allerdings im Detail, welche Maßnahmen sinnvoll sind. Was wir ganz sicher nicht tun sollten ist an die Gründung eines Staatsfonds wie in Frankreich zu denken, denn damit würde unsere Wirtschaftsordnung qualitativ zum Schlechten verändert. Auch die Verstaatlichung von ganzen Unternehmen, etwa in der Automobilindustrie (Opel!), wäre der völlig verkehrte Ansatz. Warum sollten staatliche Manager besser sein als private? Es gibt genug Staaten, wo in der Vergangenheit bewiesen wurde, dass dies eben nicht der Fall ist.

SZ: *Üben Sie persönlich Konsumzurückhaltung an Weihnachten?*
Sell: Ich habe noch keine „Geschenkwarnung", um im Jargon zu bleiben, an meine Frau und meine beiden Töchter herausgegeben. Ein bisschen bescheidener als sonst werden wir an diesen Weihnachten aber schon sein.

SZ: *Wie ist die Stimmung unter den Studenten an der Universität der Bundeswehr München?*
Sell: Ich stelle überhaupt keine Larmoyanz fest. Unsere jetzigen Studenten sind allerdings in der komfortablen Situation, nicht schon unmittelbar nach ihrem Studium auf den Arbeitsmarkt geworfen zu werden, unter Umständen genau dann, wenn die Wirtschaftsflaute am größten ist. Sie sind, so gesehen, noch auf einer relativ sicheren Seite. Das gilt aber bestimmt nicht für zukünftige Auslandseinsätze, die unter Umständen auf sie zukommen, wenn sie nach dem Studium zur Truppe zurückkommen.

(Quelle: F. L. Sell, Das wird überhaupt nicht lustig. Interview in: Süddeutsche Zeitung, Nr. 296 vom 20./21.12.2008, S. R 5)

Theoretische oder empirische Belege?

Nach Ausbruch der Weltwirtschaftskrise im Januar 2009 gab es unter den Ökonomen eigentlich große Einmütigkeit darüber, dass bei einer Krise solchen Ausmaßes und solcher Ausdehnung eine gemeinsame Aktion von Geld- und Fiskalpolitik vonnöten sei. Damit stieg in der Folge auch wieder das Interesse an den Rezepten keynesianischer

Wirtschaftspolitik deutlich an. Vgl. etwa Gerald Wood, Die räumlichen Auswirkungen der Weltwirtschaftskrise 2008/2009 im Vereinigten Königreich und in der Bundesrepublik Deutschland, in: Nach der Weltwirtschaftskrise: Neuanfänge in der Region? Berlin u. a. O.: LIT-Verlag 2011, S. 132–155.

> **Die Argumente der Gegenseite!**
> Diese Einigkeit zerbrach schnell wieder im Frühjahr 2010, als in der Eurozone zuerst in Griechenland, schnell allerdings auch in den übrigen „GIIPS"-Staaten eine Schuldenkrise ausbrach. Unter den „stabilen" Ländern war es vor allem Deutschland – mit seinem Finanzminister Schäuble – das von den Betroffenen eine harte Austeritätspolitik forderte. Diesen Ideen folgte im Kern die EZB und die Eurogruppe, während der IWF (als Dritter in der sogenannten „Troika") zunehmend und im Gegensatz dazu Schuldenerleichterungen und eine Stärkung von Investitionen forderte. Vgl. dazu: Imre Ersoy & Talha Yanmaz, The impact of austerity measures on government borrowing in GIIPS, in: International journal of economics and finance. –Toronto. – Bd. 8.2016, 12, S. 106–112.

7.5 Emotionen, Markt und Moral

▶ *„Markets will wipe (any unfamiliar psychological phenomenon) out. … even if highly competitive asset markets do wipe out the influence of psychological phenomena, we should still not ignore the psychological phenomena. … Because markets are such a major institution, and may magnify or mitigate the effects of certain psychological phenomena, it is important to investigate the market implications of these"* (M. Rabin: A Perspective on Psychology and Economics; in: European Economic Review, 2002, Vol. 46, S. 657–685. Zitat auf S. 678 f.)

Der Volkswirtschaftslehre wird immer wieder und von ganz unterschiedlicher Seite vorgehalten, mit heroischen Annahmen, wirklichkeitsfremden Modellen und einem ganz und gar abstrakten und konstruierten Menschenbild, dem „Homo oeconomicus", zu operieren. Letzterer kommt in der Tat häufig als Überhöhung rational entscheidender Individuen daher. Störend ist dabei nicht einmal so sehr, dass häufig wichtige Umweltfaktoren wie Unsicherheit oder Risiko aus der Betrachtung ausgeschlossen bleiben – auch hierfür gibt es elegante Optimierungsansätze –, sondern dass der Homo oeconomicus als nahezu emotionsfreier (und häufig auch kulturfreier) „Agent" nur das tut, was ihm die ökonomische Theorie und die Gesetze der Logik nahelegen. Wer im Kino über den „Terminator" schmunzelt, der müsste sich konsequenterweise über die meisten ökonomischen Lehrbücher totlachen.

Zwar hat u. a. der frühere Nobelpreisträger Gary S. Becker den Anfang damit gemacht, auch Emotionen einer kühl-kalkulierend ökonomischen Analyse zu unterwerfen; ganz allgemein werden von ihm und anderen Autoren immer wieder „trade offs" konstruiert, in denen von den ökonomischen Agenten emotionale Befriedigung gegen andere Befriedigungen abgewogen werden. Emotionen wie Schuldgefühle, Zorn, Neid, Mitgefühl, Altruismus, Gier etc. beeinflussen die eigenen Präferenzen und damit ganz offensichtlich auch unser Verhalten in ökonomischen Entscheidungssituationen.

Volkswirtschaftlich gesehen sind – jenseits der Analyse der mikroökonomischen Phänomene – vor allem zwei Fragen von besonderer Relevanz: Erstens: Welche Wirkungen haben Emotionen auf das Marktergebnis und damit auf die Effizienz und die Effektivität von marktwirtschaftlichen Ordnungen? Können sie so etwas wie Marktversagen begründen? Lösen sie wirtschaftspolitischen Korrekturbedarf aus? Allem Anschein nach hat die Begegnung mit Emotionen (Zielemotionen, Empathieemotionen etc.), auf die wir täglich bei anderen Menschen treffen oder die wir im Spiegel, also an uns selbst erkennen, in der „reinen Lehre" von Märkten und Preisen (fast) nichts verloren. Dabei sind es ja gerade die Tauschprozesse, an denen mindestens zwei Individuen beteiligt sind, welche die Ökonomen besonders interessieren. Die Tatsache, dass kaum eine der bekannten Emotionen „ausstirbt" oder wenigstens seltener wird, verweist auf die Wichtigkeit, sich mit dem Gegenüber zu beschäftigen. Demzufolge erscheint eine zweite Frage zentral: Anders als es die „ökonomische Theorie der Emotionen" in der Tradition von Gary S. Becker tut, ist in einer stärker verhaltenswissenschaftlich orientierten Theorie von Tauschprozessen mit ins Kalkül zu ziehen, dass Emotionen einzelner möglicherweise bei anderen ansteckend wirken können, auf Gegenwehr stoßen (Immunreaktion), mit Indifferenz aufgenommen werden (Immunität), auf Verstellung und damit auf eine Verschleierung der eigenen Gemütslage stoßen oder schließlich ein mehr oder weniger spontanes Rückzugsverhalten auslösen.

Dafür erscheint zunächst erforderlich, von anderen Disziplinen zu lernen: Besonders dafür geeignet erschient dafür die „evolutionäre Psychologie", die sich mit primären (ererbten) und mit erworbenen Emotionen auseinandersetzt. Mit der Abkehr vom vormals dominierenden kognitiven Paradigma – etwa repräsentiert durch den „Information Processing Ansatz" – hat die evolutionäre Psychologie (seit den 1980er Jahren) herausgearbeitet, dass es eine sehr überschaubare Anzahl primärer Emotionen gibt; zu diesen zählen nach Izard: Interesse; Freude, Vergnügen; Überraschung, Schreck; Kummer, Schmerz; Zorn, Wut; Ekel, Abscheu; Geringschätzung, Verachtung; Furcht, Entsetzen; Scham; Reue.

Die erlernten Emotionen („compound emotions") können in vielen Fällen als ein Gemisch primärer Emotionen aufgefasst werden. So erklärt Plutchik „Freundschaft" als Mischung von Freude und Akzeptanz (Gegenteil von Geringschätzung/Verachtung), „Vergnügen" als Mischung von Freude und Überraschung, „Schuldgefühl" durch das Aufeinandertreffen von Freude und Angst. Erlernte Emotionen beruhen darauf, in bestimmten Reizsituationen auf der Basis der vorhandenen ererbten Emotionen und unter dem Einfluss eines bestimmten soziokulturellen Umfeldes neue Emotionsmuster „zu mischen". Von hier aus ist es nur noch ein Schritt hin zu der ganz sinnlichen Vorstellung einer Mischung von Grund- und/oder von synthetischen Farben.

Die „Verbal synesthesia"-Forschungsrichtung ist jener Wissenschaftszweig in der Psychologie, der die in den Alltagssprachen geläufige Assoziation von Grund- oder synthetischen Farben mit Emotionen untersucht. Unsere tägliche Sprache scheint dieser Theorie recht zu geben: Emotionen werden durchaus mit Farben identifiziert, „rot vor Zorn" (mit der Primäremotion Zorn), „grün vor Neid" (mit der erworbenen Emotion Neid) sind geläufige Sprachbilder, wobei das „Grün" für die erlernte Empathieemotion Neid bekanntlich aus der Verbindung der Grundfarben Blau und Gelb entsteht. Diese beiden Grundfarben stehen allerdings selbst wieder für die erworbenen Emotionen „Machtstreben, Kälte" (blau) sowie „Eifersucht" (gelb).

Empirische Untersuchungen der „Verbal synesthesia"-Forschungsrichtung haben dokumentiert, dass über große soziokulturelle Unterschiede (allerdings bei einer vergleichbaren Höhe des Pro-Kopf-Einkommens und damit des Lebensstandards) hinweg ein Teil der Grundemotionen wie Zorn (rot) und Furcht (schwarz) geradezu „universell" in den verschiedenen Sprachen mit den gleichen Farben assoziiert werden. Erworbenen Emotionen dagegen, wie Neid (von grün über gelb bis lila) und Eifersucht (von lila bis gelb), mit einer starken soziokulturellen Komponente, weisen eine große Streuung in den Farbtönen auf. Auf der Grundlage der „Verbal synesthesia"-Forschungsergebnisse und der Farb-Tests von Max Lüscher (1971): Der Lüscher-Test. Persönlichkeitsbeurteilung durch Farbwahl. Hamburg: Rowohlt 1971, beschäftigt man sich in der Marketingdisziplin u. a. mit den Farb- Assoziationen, die in unterschiedlichen Ländern durch andere Nationen, Institutionen und/oder Produkte ausgelöst werden.

Vgl. Becker, Gary, S. (1976): The Economic Approach to Human Behavior, Chicago: Chicago University Press. Becker begründet mithilfe eines streng neoklassischen Ansatzes, warum es sich beispielsweise für einen Fußgänger „lohnt", dem Bettler auf der anderen Straßenseite, den er in wenigen Sekunden erreichen wird, Almosen zu geben: Es erleichtert sein Schuldgefühl, daher wird er gerade so viel spenden, dass der diesbezügliche Grenznutzen des Almosens den Grenznutzen des gleichen Geldbetrags in anderen Verwendungen erreicht. Volkswirtschaftlich gesehen dürften solche Schuldgefühle kaum eine positive Rendite abwerfen. Im Gegenteil: Der Fußgänger wird eher auf neue Bettler stoßen (die bei ihm neue Schuldgefühle wecken) als bekannte Bettler wiedertreffen (was ihn zu Fragen ermutigen würde, was denn dem Bettler für Alternativen zur Sicherung des Lebensunterhalts zur Verfügung stehen).

Über die Primäremotion Zorn schreibt Jon Elster: Emotions and Economic Theory, in: Journal of Economic Literature, Vol. XXXVI (March), S. 47–74, 1998, dass man vordergründig den reizbaren, jähzornigen Akteuren eine hohe Durchsetzungsfähigkeit attestiert. Näher betrachtet jedoch, mögen sie zwar in den einzelnen Transaktionen, an denen sie beteiligt sind, u. U. (die noch zu klären wären) mehr herausholen können als andere, gleichmütigere Wirtschaftssubjekte. Dieser Effekt ist allerdings damit aufzuwiegen, dass es eher selten zu Transaktionen mit zornigen Partnern kommen wird. Volkswirtschaftlich gesehen bedeutet die Existenz solcher Agenten für die anderen Wirtschaftssubjekte, dass sie vergleichsweise mehr Zeit für die Suche nach anderen, für sie umgänglichere Agenten aufwenden müssen.

Der Neid ist Ausdruck eines Minderwertigkeitsgefühls, das der Neider sich nicht eingesteht; dem Geneideten spricht der Neider besondere Fähigkeiten, welche diesen zum Erfolg führen, schlichtweg ab, vielmehr sagt er ihm Tricks und Machenschaften nach. Der Neider wünscht ihm Misserfolg, möchte aber selbst dazu lieber nichts beitragen. Wer will schon mit neidischen Gefühlen von anderen ertappt werden? Die Scham hindert den Neider daran, seine mehr oder weniger stigmatisierten Gefühle offen zu zeigen. Der Neid verstellt uns den Blick auf die eigene(n) Situation und Stärken, stiehlt uns Zeit für eigene Anstrengungen und beraubt uns somit in Teilen der erreichbaren individuellen Produktivität.

Es gibt Emotionen, wie das Mitgefühl, das Mitleid (beides Empathie-Emotionen), derer wir uns nicht schämen, nein wir rühmen sogar die Menschen, denen wir ihren Besitz zuschreiben. Aber führen „gute Emotionen" auch zu „guten wirtschaftlichen Ergebnissen"? Es gibt Fälle, bei denen Zweifel angebracht sind: Nahrungsmittelknappheit, die in Entwicklungsländern immer wieder durch Naturkatastrophen bewirkt wird, löst in den Industrieländern häufig eine spontane, ansteckend wirkende Welle der Hilfs- und Spendenbereitschaft aus. Mündet die vormalige Katastrophenhilfe in eine anhaltende Nahrungsmittelhilfe, so haben Agrarökonomen in vielen Fällen allerdings unerwünschte Verwerfungen in der Landwirtschaft der Empfängerländer diagnostiziert. Die Ausweitung des inländischen Angebots begünstigt einen Preisverfall, der die Produktionsanreize inländischer Erzeuger negativ beeinflusst.

Bestimmte Formen des Altruismus (Zielemotion) – dessen Grundlage ja die Überlegung ist, den Nutzen eines anderen als Teil meines eigenen Nutzenempfindens zu betrachten – können geradezu in ein Wettbewerbsversagen münden. Das lässt sich leicht an dem besonderen Altruismus, den anderen „gewinnen zu lassen" oder wenigstens „nicht verlieren zu lassen", verdeutlichen: Ein Mittelstreckler, der kurz vor der Ziellinie einen befreundeten Konkurrenten bewusst aufschließen lässt, um mit ihm gemeinsam oder sogar hinter ihm über die Ziellinie zu laufen, verschenkt nicht nur den eigenen Sieg, sondern nimmt bewusst in Kauf, eine mögliche Rekordzeit zu verfehlen. In gewisser Weise hat er seinem Verband die bestmögliche Leistung, die von ihm zu erwarten war, verweigert.

Wie reagieren wir auf die Schuldgefühle anderer? Wie Elster begründet, werden Schuldgefühle häufig dazu führen, dass unser Gegenüber bestrebt ist, die vorhandene kognitive (und psychische) Dissonanz und das bei ihm vorhandene Gefühl der Anspannung zu reduzieren: Dazu eignet sich die Suche nach Argumenten/Einsichten, welche das eigene Handeln stützen. Das gilt etwa für den Dieb in der Staatsbibliothek, der sich selbst „vorrechnet", wie lange er bei einer Bestellung noch auf das Buch hätte warten müssen, wie sehr er selbst aus dem Buch Nutzen zieht im Vergleich zu anderen etc. Solche Akteure sind schlechte Tausch- oder Vertragspartner, denn sie sind „mit ihrem Kopf woanders", damit beschäftigt, kognitive Dissonanz zu reduzieren. Sie werden uns weder abstoßen noch zu ähnlichem Verhalten anstecken können, wir lassen sie „links liegen" (Indifferenz) oder ziehen uns von ihnen zurück. Jedenfalls ist die Wahrscheinlichkeit wiederholter Transaktionen eher niedrig und die Etablierung einer Vertrauensbeziehung nahezu ausgeschlossen.

Der Zorn kann sowohl Rückzugsverhalten (s. o.), eine Immunreaktion als auch Indifferenz bei möglichen Tauschpartnern auslösen. Indifferenz wird einen Tausch ermöglichen, Rückzug dagegen unmöglich machen. Trotz dieses nicht unwesentlichen Unterschieds führen sowohl die zuerst als auch die als dritte genannte Reaktion bei den Zornigen eher dazu, dass ihnen positive Lernprozesse versagt bleiben und sich ihre emotionale Haltung verfestigt. Denn Rückzug ist ein zu schwaches Signal, um dem Zornigen wichtige Gründe für das Ausbleiben eines Kontraktes zu verdeutlichen. Die zweite mögliche (Immun-)Reaktion des Gegenübers wird zwar voraussichtlich ebenfalls keine Transaktion zustande kommen lassen, sie hat aber den positiven psychologischen Nebeneffekt, dass die eigene Negativemotion nicht als zielführend bestätigt wird.

Gefahren lauern noch in weiteren Situationen, bei welchen sich Konkurrenten indifferent verhalten oder sich gar aus dem Wettbewerbsprozess zurückziehen: Die informationsökonomischen Untersuchungen des Nobelpreisträgers Joseph Stiglitz haben vor Augen geführt, dass mit Rückzugsverhalten von Marktteilnehmern häufig die sogenannte „adverse Selektion" einher geht. Risikoscheue und/oder risikoneutrale Agenten überlassen u. U. den Hasardeuren bei steigendem Zins das Feld, obwohl sie im Falle des Marktes für Kredite Gebote abgeben könnten, denen wesentlich solidere Investitionsprojekte zugrunde liegen. Je aggressiver das Bietungsverhalten riskanter Investoren, desto größer sind ihre Chancen, andere zum Rückzug zu bewegen. Das Rationierungsverhalten der Marktgegenseite, der Banken, erscheint rational und ist kein Beleg für grundsätzliches Marktversagen, sondern vielmehr ein Signal für das Ausmaß der Informationssymmetrie und für das Erfordernis von Standards, gerade in auktionsähnlichen Verfahren.

Der Neid anderer Menschen auf unsere Leistungen, von uns erworbene Güter oder durch uns ererbtes Vermögen lässt uns nur zu oft zum Mittel der Abschottung, Vernebelung, kurzum: Der Verstellung greifen. Wir bekennen uns nicht offen zu unserem Erfolg, wenn wir Neid in unserer engeren Umwelt verspüren. Ein eingeschränkter Genuss des eigenen Erfolgs lässt diesen aber weitaus weniger stimulierend wirken. Demnach bewirkt der Neid in der Interaktion mit den Tauschpartnern in der Folge tendenziell eine direkte oder zumindest indirekte Hemmung des Leistungswillens und führt zu weniger Wirtschaftswachstum. Je weniger es aber zusätzlich zu verteilen gibt, desto wahrscheinlicher wird die Emotion Neid. Daher sprechen einige Autoren (Blümle) auch von einer Neidfalle.

Man könnte hoffen, dass sich solch positiv besetzte Eigenschaften wie Mitgefühl oder Mitleid vermehren, gegenseitig verstärken und – im Bedarfsfall – eine Welle der Hilfsbereitschaft auslösen. Fraglich ist allerdings, wie oben gesehen, ob auch die dadurch ausgelösten ökonomischen Effekte immer erwünscht sind. Deshalb ist die Frage, wie viele Menschen von der Hilfsbereitschaft anderer angesteckt werden, keineswegs redundant. Die Wirkungen eines möglicherweise ansteckenden Altruismus sind weder trivial noch selbstverständlich. Sie sind nicht selbstverständlich, weil beobachteter Altruismus bei anderen sehr wohl eigene „Abstinenz" unterstützen kann und sie sind nicht trivial, weil die Gesetze der Stützel'schen Saldenmechanik zu beachten sind. Wenn sich nämlich in einer Zwei-Personen-Gesellschaft Altruismus innerhalb einer subadditiven Nutzenfunktion als gewichteter „materieller Wohlstand" des anderen Wirtschaftssubjekts niederschlägt, dann ergibt die Summe der Nutzen (bei gegenseitigem Altruismus) beider Wirtschaftssubjekte nie mehr als die Summe der Nutzen bei egoistischem Verhalten beider Individuen.

Zu welchem Zwischenergebnis kommen wir? Für den Ökonomen ist es zunächst einmal im Bereich der positiven Ökonomik völlig unerheblich, ob wir bestimmte, negativ besetzte Emotionen verwerflich finden oder nicht. Adam Smiths Gleichnis vom Bäcker besagt ja gerade, dass der Egoismus (Zielemotion) bzw. das ausgeprägte Gewinnstreben dieses Akteurs ganz und gar nicht beklagt werden muss. Er kann es nämlich nur verwirklichen, indem er die Wünsche der Konsumenten befriedigt und damit im Ergebnis dazu beiträgt, die Versorgung mit diesem Teil der Nahrungsmittel sicher zu stellen (ökonomische Auswirkung). Insoweit hat auch das Motto des Mephisto: „Ich bin die Kraft, die stets das Böse will und doch das Gute schafft" möglicherweise durchaus einen Reflex in funktionierenden Marktwirtschaften. Moralisch vergleichsweise attraktive Emotionen sind umgekehrt weder ausreichende noch notwendige Bedingungen dafür, dass die erzielten ökonomischen Ergebnisse zu begrüßen sind. Weit mehr: Es erscheint für viele primäre und sekundäre Emotionen noch unklar, welche direkten ökonomischen Effekte sie auslösen und wie die Umwelt darauf reagiert (indirekte ökonomische Effekte). Die Selbstverständlichkeit, mit der Volkswirte während der Asienkrise und anderer Finanzmarktkrisen der 1990er Jahre den Begriff „Ansteckung" bemühten und häufig genug mit „Dominoeffekten" gleichsetzten, dürfte den einen oder anderen Epidemiologen mindestens verwundert haben.

Was bedeuten unsere Ergebnisse für die „Ordnung der Wirtschaft"? Die Moral der Marktwirtschaft erschließt sich nicht aus den Gefühlslagen ihrer Teilnehmer, sondern aus der Transparenz und Fairness ihrer Spielregeln. Unsere Wettbewerbspolitik tut (weiterhin) gut daran, nicht die Motive, gar die zugrunde liegenden Emotionen der relevanten Akteure, sondern die Marktergebnisse und die Wettbewerbsintensität zu prüfen. Die ökonomische Theorie sollte allerdings erklären können, wie sich Emotionen im Marktverhalten niederschlagen. Vor den „besten Absichten" kann, wie dieser Beitrag zu zeigen versucht hat, häufig genug nur gewarnt werden. Wichtig ist vor allem, dass in einer funktionierenden Marktwirtschaft die Akteure nicht indifferent werden oder sich eingeschüchtert zurückziehen. Zuversicht gegen sich ausbreitende, „ansteckende" Negativemotionen kann sich wohl aber nur behaupten, wenn auch das „Führungspersonal" in Wirtschaft und Politik dieselbe ausstrahlt. Mit Arroganz und Zynismus ist diese Aufgabe nicht zu bewältigen.

(Quelle: Mimeo, Neubiberg 11.04.2010)

Theoretische oder empirische Belege?

Was bedeuten unsere Ergebnisse für ein „Forschungsprogramm der Volkswirtschaftslehre"? In einigen Bereichen – etwa in der Konjunkturforschung oder in der Finanzierungstheorie – kann man schon zunehmend eine größere Bereitschaft feststellen, stärker verhaltenswissenschaftlich zu arbeiten: „Behavioral Finance" oder „Endogeneous Business Cycles" stehen als Überschriften für diese Entwicklungen. Ökonomen tun sich keinen Gefallen, wenn sie auf die Kooperation mit Verhaltenswissenschaften wie der Psychologie verzichten, etwa aus dem Glauben heraus, „selbst alles zu können". Vgl. auch F. L. Sell, Scham- und Schuldgefühl: Zur ökonomischen Bedeutung zweier kulturell motivierter Emotionen, in: ORDO, Band 62, 2011 S. 387–404.

Die Argumente der Gegenseite!

Das Aufdecken von Emotionen ist mittlerweile auch ein Hauptforschungsgegenstand der experimentellen, spieltheoretisch gestützten Wirtschaftsforschung geworden. Dabei spielen sowohl die sogenannte „Ungleichheitsaversion" als auch die „Gleichheitsaversion" eine wichtige Rolle. Beide werden allerdings vermutlich überschätzt, sind sie doch vor allem (lediglich) ein Reflex des zugrunde liegenden Verteilungskonflikts: Liegt mein Einkommen unterhalb des Modus oder des Medians, ist es durchaus wohlfeil, sich „Ungleichheitsaversion" zu leisten. Liegt mein Einkommen dagegen deutlich über dem Modus und dem Median der Verteilung, habe ich kein Interesse daran, dass andere aufschließen, folglich „leiste ich mir Gleichheitsaversion". Vgl. auch: Sell, F. L., The New Economics of Income Distribution. Introducing Equilibrium Concepts into a Contested Field. Edward Elgar Publishing Ltd. Cheltenham (UK) und Northampton, MA (USA) 2015.

7.6 „Las Hilanderas": Eine spieltheoretische Deutung von Velázquez' berühmtem Bild

▶ *Kunstgüter sind für den Ökonomen von besonderem Interesse, da ihr Preis praktisch mit den Produktionskosten (einschließlich der „Malerarbeit", wenn, wie im Falle von Velázquez, eine Auftragsarbeit vorlag) überhaupt nicht zusammenhängt. Die Preisfindung für dieses meistens nicht vermehrbare Gut (sieht man von Lithografien, Drucken u. ä. m. ab) findet regelmäßig auf Auktionen statt. Dabei gibt es insofern eine Preisregulierung, als das Auktionshaus einen Mindestpreis festlegt. Dieser ist aber erfahrungsgemäß nicht fix, denn bei zunächst erfolgloser Auktion wird der Mindestpreis schrittweise abgesenkt.*

Zu seinem 350. Todestag erscheinen in diesem Jahr zahlreiche Artikel zum großen spanischen Maler Diego Velázquez (1599–1660). Wohl zu Recht wird er von den einschlägigen Kunsthistorikern der Gegenwart als „Hofkünstler" seiner Zeit einsortiert (Willibald Sauerländer, Auf der Bühne des Hofzeremoniells, in: Süddeutsche Zeitung Nr. 179, 06.08.2010, S. 13), was allerdings die Aufgabe keineswegs überflüssig macht, die immer noch zahlreichen ungeklärten Fragen (Karin Hellwig, Pallas Athene, Europa und Arachne in der Fabrik, in: Neue Zürcher Zeitung Nr. 67, 21./22.03.2009, S. B1),

7.6 „Las Hilanderas": Eine spieltheoretische Deutung …

die sein Werk bis heute auslöst, zu beantworten. Dazu gehört wohl vor allem, die immer noch vorhandenen, ganz erheblichen Deutungsmängel bei seinen beiden Spät- und Hauptwerken „Las Meninas" und „Las Hilanderas" (1656) zu reduzieren. In diesem Beitrag wollen wir uns ganz auf die „Hilanderas" (Die Spinnerinnen) konzentrieren und methodisch mit einem aus den Wirtschaftswissenschaften gut erprobten Ansatz, dem der angewandten Spieltheorie, zu nähern versuchen.

Für sequenzielle Spiele gibt es einen simplen Lösungsalgorithmus: Löse das Spiel vom Ende her. Die Anwendung des Prinzips: „Vorausschauen und dann Zurückschließen" auf Velázquez' „Las Hilanderas" liefert eine Reihe von Einsichten, welche die „herrschende Auffassung" der zeitgenössischen Kunsthistoriker nicht relativiert, aber möglicherweise an einigen wichtigen Stellen ergänzt. Die wesentliche Erweiterung, die durch die spieltheoretische Sichtweise gelingt, ist es, einen direkten Zusammenhang – denn die „Frage nach einem inhaltlichen Zusammenhang zwischen der Szene im Vordergrund und jener im Hintergrund ist letztlich noch nicht überzeugend beantwortet" (Karin Hellwig: Pallas Athene, Europa und Arachne in der Fabrik, in: Neue Zürcher Zeitung 67, 21./22.03.2009, S. B1) – zwischen der vorderen (gewissermaßen der Anfang eines Spielbaums) und der hinteren Bildhälfte (gewissermaßen das Ende eines Spielbaums) der „Hilanderas" herzustellen. Die Spieltheorie verhilft uns nämlich zu einer wichtigen Einsicht: Der Hintergrund des Bildes (oder das Ende des Spielbaums) bestimmt die Erklärung des Vordergrundes (oder den Anfang des Spielbaums).

(Quelle: Diego Rodríguez de Silva y Velázquez, Sage der Arachne [Die Spinnerinnen, Las Hilanderas], 1644–1648, Öl auf Leinwand, 222.5 × 293 cm, Museo del Prado, Madrid.)

Was zeigt die Szene im Hintergrund? Nach fast einhelliger Meinung der Experten (vgl. Hellwig 2009) sehen wir folgendes: Die Göttin Pallas Athene (hier mit ihrem Erkennungszeichen, dem Helm), selbst Erfinderin der Webkunst, erhebt die strafende Hand gegen Arachne, die sich unerlaubterweise als menschliches Wesen mit ihrer eigenen Webkunst der Göttin Pallas als gleichwertig, wenn nicht sogar als überlegen erwiesen hat und zugleich für die Kunst der (gewebten) Malerei steht. Von Ovid wissen wir, wie die Strafe endet. Arachne wird in eine Spinne verwandelt:

„Man hätte schließen müssen, Pallas selbst sei ihre Lehrmeisterin gewesen. Doch eben dies bestreitet Arachne, nimmt daran Anstoß, eine so bedeutende Lehrerin zu haben, und ruft: „Sie soll mit wetteifern! Werde ich besiegt, will ich mir alles gefallen lassen." … „Pallas nimmt die Gestalt einer Greisin an, legt sich falsches graues Haar um die Schläfen und stützt ihre gebrechlichen Glieder auf einen Stock." … „Pallas bildet den Felsen des Mars ab auf der Höhe des Cecrops und den alten Streit um den Namen des Landes." … Die Maeonerin (Arachne, der Autor) schildert Europa, wie sie vom Trugbild des Stieres getäuscht wurde." … „Nicht einmal Pallas, nicht einmal der Neid selbst könnte dieses Werk tadeln. Dieser Erfolg schmerzte die blonde Heldenjungfrau, und sie zerriss das bunte Gewebe, das Sündenregister der Himmlischen. Mit dem Weberschiffchen … schlug sie drei-, viermal Idmons Tochter Arachne an die Stirn. Die Unglückliche ertrug es nicht und schnürte sich stolz mit einer Schlinge die Kehle zu. Mitleidig stützte Pallas die Hängende und sprach: „Bleib zwar am Leben, aber hänge, Vermessene!" … „Winzig wird der Kopf, und auch der ganze Körper ist geschrumpft; an ihren Seiten hängen dürre Finger statt Beine; alles Übrige beherrscht der Bauch; doch aus ihm entlässt sie einen Faden und übt ihre frühere Webkunst jetzt als Spinne aus." (Ovid, Metamorphosen, Sechstes Buch, Reclam: Hamburg 2003, S. 289).

Das alles spielt sich – das ist gewissermaßen die dritte Dimension des Bildes – vor dem Hintergrund eines Wandteppichs ab, den Arachne gewoben hat. Nach einhelliger Meinung der Experten zeigt der Teppich das Motiv des als Stier verkleideten Zeus, der die schöne Europa umwirbt („Raub der Europa", wohl nach dem Vorbild Tizians). Damit begeht Arachne zugleich ihren zweiten Frevel, indem sie die herrschende Gottheit Zeus als Teil einer unmoralischen Geschichte porträtiert. Die weiteren Frauengestalten symbolisieren wahrscheinlich (vgl. Hellwig 2009) die Künste der Bildhauerei (rechts von Arachne), der Architektur (mit dem Rücken zum Zuschauer) und der Musik (links, neben der „Viola da Gamba" oder Kniegeige).

Es gibt, wie auch in „Las Meninas", eine Figur, die den Betrachter des Bildes, über die Szene im Vordergrund hinweg, ansieht. Anders als in „Las Meninas", ist es hier aber nicht der Maler selbst, der uns anschaut, sondern eine der Frauen, welche für eine der wichtigen Künste steht, wie Charles de Tolnay, Velázquez' „Las Hilanderas" and „Las Meninas", An Interpretation, in: Gazette des Beaux Arts, Vol. 35, 1949, S. 21–38., Hellwig (2009) und andere meinen, vermutlich, die Bildhauerei. Dieser Blick der Bildhauerei in Frauengestalt ist gesammelt und gefasst, wenig anders als Velázquez selbst uns Zuschauer in den „Meninas" anblickt. Durch ihren persönlichen Streit haben Pallas und Arachne die gelungene Teppichgestaltung den Blicken des interessierten Zuschauers

7.6 „Las Hilanderas": Eine spieltheoretische Deutung ...

nahezu verstellt. Deshalb enthält der Blick der Bildhauerei in Frauengestalt vielleicht auch einen (mindestens) leichten Vorwurf.

Was zeigt die Szene im Vordergrund? Unstrittig ist: Wir befinden uns in einer Teppichmanufaktur, in der sich (ebenfalls) fünf Frauen aufhalten. Die Frau ganz am linken Rand zieht den arbeitenden Weberinnen und uns Zuschauern den Vorhang auf, sodass der Blick frei wird für den Hintergrund. Pallas (als alte Frau verkleidet, deren junges, wohlgeformtes Bein sie als Göttin verrät) und die rechts, im hell erleuchteten Vordergrund den Faden aufwickelnde Arachne befinden sich in einem eifrigen Wettstreit (wenngleich sie an unterschiedlichen Stufen des Webprozesses arbeiten!), dessen Ende uns der Hintergrund des Bildes verrät (vgl. oben). Von hier an wird es kompliziert, denn die Gestalt der Frau ganz links im Vordergrund der Manufaktur und ihre „Beziehung" zur Pallas Athene können ganz unterschiedlich interpretiert werden.

Folgt man einer nahezu aufklärerischen Sicht, so ist das Wegziehen des Vorhangs eine kraftvolle, ja erzieherische Geste der Frau, welche der neben ihr an einem Spinnrad (das sich augenscheinlich sehr schnell dreht, nur so verschwinden optisch die Speichen) sitzenden Weberin (Pallas Athene) einen entsprechenden Blick zuwirft: Bedenkt, wohin euer wenig tolerantes Handeln am Ende führt! Mit Charles de Tolnay (Velázquez' Las Hilanderas and Las Meninas, An Interpretation, in: Gazette des Beaux Arts, Vol. 35, 1949, S. 21–38) kommt man auf diesem Weg zu dem Ergebnis, dass Velázquez uns mit den „Hilanderas" eine „Allegorie der Künste" vorführen wollte. Allerdings mit dem wichtigen Zusatz, dass die Kunst nicht dem Urteil der Götter zu unterwerfen ist, die Kunst ist frei, ihr (menschlicher) Schöpfer darf für sein Werk nicht bestraft werden, aus welchen Motiven auch immer. Diese Auffassung wird indirekt gestützt durch den Kommentar von Sebastiano de Covarrubias in seinen „Emblemas Morales": Madrid 1610, der sich allerdings auf ein Emblem mit Zepter (im Bild: durch den Lehnstuhl angedeutet) und „Viola de Gamba" (die Kniegeige im hinteren Teil des Bildes) bezieht: „ Glückselig das Königreich, dessen kluger König weise ist, aber auch wieder nicht so sehr, dass er bei den niederen und armen Leuten (um eine solche handelte es sich bei Arachne, der Autor) keine einzige Tugend, die im Achtung einflößt, erkennen könnte. Staatskunst ist verschieden von der, die zum Lautenspielen und zum Singen erforderlich ist. Und wenn er einen großen Musiker tadelt, gibt er ihm deutlich zu verstehen, dass er ihn nicht begreift" (zitiert nach Franz Zelger, Diego Velázquez, Rowohlt Taschenbuch: Hamburg 1994, S. 117).

In einer weiten Fassung, die Götter und Staatslenker zur „Obrigkeit" vereinigt, laufen der zitierte Kommentar von Covarrubias und die geschilderte erste Deutung des Vordergrundes der „Hilanderas" auf einen vom Künstler eingeforderten Respekt vor seiner, ja der Kunst überhaupt hinaus. Insofern wäre dann die Frau ganz links im Vordergrund des Bildes als Anwältin der Künste schlechthin zu interpretieren: „Die Kunst überspielt die Schranken zwischen den Ständen, ja zwischen den Göttern und den Menschen. Der Hofmaler (Velázquez, der Autor) bekennt sich zu ihrer Freiheit" (Willibald Sauerländer, Auf der Bühne des Hofzeremoniells, in: Süddeutsche Zeitung Nr. 179, 06.08.2010, S. 13). Der im Bild nicht gezeigte, virtuelle „zweite Ast des Spielbaums" (mit einem alternativen

Ende bzw. Ausgang) könnte demnach so aussehen: Alle vier oben bezeichneten Künste, jeweils in Frauengestalt, betrachten, in einem Halbrund stehend, den von Arachne bemalten Wandteppich und geben dem Zuschauer den Blick auf diesen frei.

Allerdings kann der Blickkontakt zwischen der Frau am linken Bildrand und der Pallas Athene auch völlig anders (im doppelten Sinne) gesehen werden: Tritt man nämlich an die „Hilanderas" im Saal 15A des Prado nahe genug heran, so entdeckt man, dass die Frau am linken vorderen Bildrand sich zur Pallas hinunter beugt und ihr wohl eher lauscht, ja inne hält in der eigenen Bewegung, die sie mit dem Vorhang macht, als sie zu belehren. Pallas wiederum unterstreicht ihre eigenen, wohl unmittelbar vorausgegangenen Worte, mit der Gestik ihrer linken Hand und mit einem vielsagenden Blick. Das könnte bedeuten, dass sie selbst das noch in der Zukunft liegende Ende der Auseinandersetzung zwischen ihr und der Arachne (Bildhintergrund) der Frau am Bildrand gerade geschildert oder wenigstens angedeutet hat. In dieser ganz anderen Deutung der „Hilanderas" triumphieren die Götter am Ende eben doch über die (Freiheit der) Künste. Dafür spräche auch, dass die Frau ganz rechts im Hintergrund, die wohl für die Kunst der Bildhauerei steht (s. o.), vielleicht eher wehmütig als vorwurfsvoll zurück blickt. Zurück zum Beginn des Streits (der Vordergrund des Bildes) und zurück zum Betrachter des Bildes.

Letztlich kommt der wichtige Velázquez-Interpret Warnke zu einem ähnlichen Ergebnis, wenn er ausführt: „In diesen höfischen Zusammenhängen mag der Fall der Arachne auch als strafwürdige Auflehnung gegen die göttliche Ordnung, zu der ja auch die fürstliche Ordnung zählte, gesehen worden sein" (Martin Warnke, Velázquez. Form & Reform. Dumont Verlag: Köln 2005, S. 147). „Strafwürdig" ist sie nicht zwangsläufig aus der Sicht von Velázquez, sondern eher aus der Sicht derjenigen, die der Kunst nicht genügend Respekt entgegenbringen (und wahrscheinlich den höfischen Alltag des Künstlers widerspiegeln).

Die Bedeutung, ja das Gewicht einer These bemisst sich u. a. an der Überzeugungskraft ihrer Gegenthese. Wenn diese Einsicht der Philosophen auch für die Kunst eines Diego Velázquez herangezogen werden darf, dann hat der spanische Maler mit den von uns identifizierten zwei alternativen Deutungsmöglichkeiten seines Bildes „Las Hilanderas" einen grandiosen Spannungsbogen geliefert: Einerseits nehmen die Künste für sich die Freiheit in Anspruch, nicht den Weisungen der Götter zu folgen. Die Erfahrung und gewissermaßen die Lebensklugheit lehren uns aber, dass das einmal geschaffene Kunstwerk von Voraussetzungen für das eigene Entstehen und Gelingen lebt, die es selbst nicht garantieren kann.

(Quelle: F. L. Sell: „Las Hilanderas": Eine spieltheoretische Deutung von Velázquez' berühmtem Bild. In: Kunstgeschichte. Open Peer Reviewed Journal, 2011)

Theoretische oder empirische Belege?

Im Hinblick auf den Erwerb von Kunstwerken „streiten" aus ökonomischer Sicht zwei Sichtweisen miteinander. Zum einen wird das Kunstwerk als reines Konsum- bzw. Luxusgut betrachtet. Ein entsprechender Konsument ist dann (vgl. oben) nicht nur an der Ästhetik des Kunstwerks selbst, sondern eben mindestens genauso an seiner Deutung bzw. Interpretation interessiert. Die „richtige Lesart" gefunden zu haben steigert gewissermaßen den Konsumnutzen. Im anderen Falle wird das Kunstwerk nüchtern als Investitionsgut behandelt so wie Rentenwerte, Aktien, Derivate etc. und damit als Teil eines Vermögensportfolios. Vgl. Das Kunstwerk als Kapitalanlage in einem diversifizierten Portfolio/Andrea Burgtorf, Frankfurt am Main: Burgtorf, 1996, S. 234.

Die Argumente der Gegenseite!
Bei sogenannten „Kunstliebhabern" bzw. „Kunstsammlern" dürften sich Konsum- und Investitionsmotiv u. U. die Waage halten: Anfangs steht das Konsummotiv sicher im Vordergrund, später wird dem Liebhaber bewusst, eine Sammlung zu besitzen, die entweder für eine Stilrichtung bedeutend ist oder sogar das Werk eines einzelnen Künstlers in großem Umfang repräsentiert. Die kumulierten Anschaffungsausgaben führen dem Sammler vor Augen, dass er auf andere „Investitionen" zugunsten der Kunstsammlung verzichtet hat. Daher leitet er ab, dass seine Privatsammlung auch so etwas wie eine Alterssicherung darstellt. Vgl. dazu: Kunstwerke = Vermögenswerte oder Luxus?/Wolfgang Lippisch, in: Der langfristige Kredit, Zeitschrift für Finanzierung, Kapitalanlage und Immobilienwesen. Frankfurt, M: Richardi, Bd. 22.1971, S. 646–647.

7.7 Scham und Schuld: Über die ökonomische Bedeutung zweier kulturell erworbener Eigenschaften

▷ *„Sie ist ein Brudergefühl des Scheiterns, sie ist immer auf dem Sprung, sie warnt ununterbrochen vor dem Leben, sie empfiehlt, das Leben überhaupt sein zu lassen, und wer es trotz ihrer Warnungen dennoch riskiert, wird hinterher von ihr zur Rechenschaft gezogen." (Wilhelm Genazino (2010): Die Reise, der Tagtraum, das Versteck. Dankesrede für den Rinke-Preis 2010, in: Süddeutsche Zeitung, Nr. 103, 06.05.2010, S. 14).*

Die moderne, verhaltenswissenschaftlich ausgerichtete ökonomische Forschung hat sich seit Jahren vor allem um Phänomene wie Ungleichheitsaversion, Fairness, Reziprozität, Vertrauen, Altruismus u. ä. m. bemüht. Methodisch versucht man insbesondere durch spieltheoretisch fundierte Experimente in dafür hergerichteten „Labors" mit Probanden, die mit „echtem Geld" bezahlt werden, herauszufinden, wann und wie diese vom Paradigma des einseitig utilitaristischen „Homo oeconomicus" abweichen. Alle diese Probanden sitzen i. d. R. mehr oder weniger abgeschirmt und anonym einem PC gegenüber und haben zu ihren Mitspielern keinen Blickkontakt. Sie können aber über deren Verhalten selektiv oder auch umfassend durch den „Spielleiter" informiert werden. Damit werden die in der modernen Ökonomik nicht mehr weg zu denkenden Situationen „vollständiger" bzw. „unvollständiger" und/oder „asymmetrischer Information" abgebildet.

Diese Vorgehensweise ist ebenso verdienst- wie zugleich auch verhängnisvoll: Auf der einen Seite schlägt die Ökonomik einen in den Naturwissenschaften schon sehr lange bewährten Weg ein, nämlich einen nachvollziehbaren, für Außenstehende wiederholbaren experimentellen Versuchsaufbau auf Markt- und Verhandlungsprozesse anzuwenden. Auf der anderen Seite blendet man mit der Laborsituation „uno actu" bewusst die in der realen Welt relevante soziale Interaktion und damit alle jene menschlichen Regungen bzw. Affekte aus, die beim „wirklichen", also alltäglichen Aufeinandertreffen von Menschen von so überragender Bedeutung sind wie Neugier, Anspannung, Furcht, Abneigung, Zorn, Sympathie, Glücksempfinden, Wiedersehensfreude, Schuldgefühle oder Scham.

Experimentelle Spieltheoretiker würden diesem Argument sicher entgegenhalten, dass ja gerade die Konstruktion bestimmter Spielvarianten dafür Sorge tragen kann und soll, Affekte aufzudecken, die ein systematisches Abweichen vom Verhaltensmuster des „Homo oeconomicus" nahe legen. So verhält sich der „Diktator" im gleichnamigen Spiel in der Tat nicht völlig eigennützig, wenn man die experimentell erzielten Teilungsraten zwischen ihm und seinem Gegenspieler heran zieht. Nur stellt sich die Frage, ob der „Diktator" dabei „Fairness" walten lässt oder ob ihn nicht eher Schuldgefühle im Sinne von Wormser (2010) heimsuchen, ob der Machstellung, die er nicht völlig ausreizen möchte? Ähnliche Identifikationsprobleme hält das „Diktatorspiel" bereit, bei dem der Gegenspieler den ihm vom „Geber" zugestandenen Teilungsbetrag rundherum ablehnen kann, womit am Ende beide Spieler mit leeren Händen da stehen. Tut der „Empfänger" das, weil er sich ausgebeutet fühlt? Ist Missgunst im Spiel? Oder schämt er sich gar, wenn er sich mit einem winzigen Teil zufrieden gäbe, der das (positive) Bild vom Selbst, also die eigene Integrität, verletzten würde?

Gerade die beiden Affekte Scham und Schuld (-Gefühl) zu verstehen (im Sinne des Frankfurter Philosophen Hans Georg Gadamer) dürfte etwa essenziell dafür sein, um ein so „komplexes Phänomen" (Friedrich August v. Hayek (1972): Die Theorie komplexer Phänomene. Tübingen), wie etwa „Vertrauen" durchdringen zu können. Es liegt ein vergleichbares Problem vor, wie das, was die moderne Wachstumstheorie in Angriff nahm, als sie sich in den späten 1980er/frühen 1990er Jahren anschickte, für Parameter wie die „Sparquote" oder den „Kapitalkoeffizienten", dahinter schlummernde Größen, respektive „tiefere Parameter", wie die intertemporale Substitutionselastizität, die Zeitpräferenz der Individuen etc. aufzudecken. Warum?

Empfundene Scham – das zeigen mit großer Deutlichkeit gerade die in jüngster Zeit vermehrt aufgedeckten Fälle von sexuellem Missbrauch im Dunstkreis der christlichen Kirchen der westlichen Welt – hindert uns möglicherweise daran, unsere Gedanken und Sorgen jemandem anzuvertrauen. Das von der Vertrauensforschung gerne bemühte „Urvertrauen" zwischen dem Kleinkind und seiner Mutter weicht spätestens in der Pubertät der Scham. Schuldgefühle können uns dagegen befallen, wenn wir ein uns entgegengebrachtes Vertrauen enttäuschen und sie tragen insoweit dazu bei, „Reziprozität" – die Grundlage für ein kooperatives Verhalten zwischen wirtschaftlich aktiven Personen – oder wechselseitiges Vertrauen zu ermöglichen und zu stabilisieren.

7.7 Scham und Schuld: Über die ökonomische Bedeutung ...

Léon Wurmser hat in: „Die Maske der Scham. Die Psychoanalyse von Schamaffekten und Schamkonflikten", 6. Aufl., Eschborn/Frankfurt a. M. (2010), die drei Ebenen aufschlagen, in denen die Psychologie sich diesem Phänomen nähert. Diese sind: Die Schamangst (bei drohender Gefahr der Bloßstellung, Demütigung, Zurückweisung) als eine spezifische Form der Angst (ebenda, 74 ff.), die „sich auf einem Kontinuum von Panik zu Signalangst bewegt" (ebenda, S. 149); der eigentliche Schamaffekt (ein komplexes und kognitives Reaktionsmuster, wie Versuche, eine erlittene Schande wieder gut zu machen) und die „Schamhaftigkeit oder Haltung der Scham" (Vermeiden von Situationen/Handlungen, die eine Demütigung mit sich bringen könnten, ebenda, S. 75 ff.). Diese Reaktionsbildung könnte schon fast als Charakterhaltung durchgehen (ebenda, S. 149). Dabei hat die Scham durchaus ein Ziel, nämlich das „Sichverbergen, wobei diese Abwehr sich zum Wunsch wandelt." (Ebenda, S. 85).

Das Schamgefühl ist häufig von vegetativen Erscheinungen wie dem Erröten der Gesichtspartien oder verstärktem Herzklopfen (Palpitation) begleitet und kann durch typische soziale Rückzugsreaktionen, wie dem Senken des Blickes ausgedrückt werden. Die Intensität der Schamempfindung reicht von einer flüchtigen Anwandlung bis hin zu einer tiefen Beklommenheit und geradezu „tödlicher Scham". Schamgefühle treten zum Beispiel auch bei einem wahrgenommenen Respektverlust durch Bezugspersonen im eigenen sozialen Umfeld auf. Sie kann durch Verfehlungen oder eine empfundene Unzulänglichkeit (Fremdschämen, Peinlichkeit) anderer ausgelöst werden, die einem gemeinschaftlich verbunden sind und emotional besonders nahe stehen; ein klassisches Beispiel dafür ist etwa, wenn sich Kinder beim Schulfest ob ihrer Eltern, deren Kleidung, Benehmen etc. genieren.

Zum Verhältnis von Scham und Schuld schreibt Wurmser: „Scham bezieht sich v. a. auf eigenes Versagen, darauf, dass man schwach, fehler- und mangelhaft ist; Schuld richtet sich letztlich auf Verletzung von und Angriff gegen Recht und Bedürfnis des anderen. Beide fungieren als Machtschranken im mitmenschlichen Leben, aber Schamangst markiert eben jene „innere Grenze", die niemand von außen überschreiten soll, während Schuldangst die Grenzen signalisiert, die man selbst in seinem Handeln aus Rücksicht auf den anderen nicht überschreiten darf." (Ebenda, S. 150). „Scham wacht über die Grenzen der Privatheit und Intimität; Schuld beschränkt die Ausdehnung der Macht. Scham verdeckt und verhüllt Schwäche, während das Schuldgefühl der Stärke Schranken setzt. Scham schützt ein integrales Selbstbild, während Schuld die Integrität des anderen beschützt" (Ebenda, S. 85).

Folgt man soziologischen Erklärungsansätzen von Bettina Clausen und Lars Clausen (1985), dann kennen alle Gesellschaften – zum Teil höchst unterschiedliche – Gegenstände der Scham, sind also in diesem wohlverstandenen Sinne „Schamgesellschaften", während nur einige von ihnen „Schuldgesellschaften" sind. Das schlimmste Vergehen in einer Schamkultur besteht darin, sich dann nicht zu schämen, wenn man sich nach allgemeiner Auffassung unbedingt schämen sollte. Die Übertretung der gesellschaftlich sanktionierten Schamgrenze wird dann häufig mit dem eigenen Gesichtsverlust bestraft. Um einen solchen zu vermeiden, muss man gewissermaßen „Haltung" bewahren.

Die gezielte Auslösung von Schamgefühlen bei anderen in erzieherischer und/oder feindseliger Absicht, also die Bloßstellung oder Demütigung, ist in allen Gemeinschaften eine scharfe negative soziale Sanktion.

Der Verlust von „pudor" (im Sinne der Schamhaftigkeit als Haltung, s. o.) drückt Unverschämtheit aus (Wurmser 2010, S. 390). Dieses „Syndrom" hat zwei Aspekte: „Zum einen die Abwehrhaltung gegen das Gewissen und zum anderen die Abwehr gegen Ideale zugunsten von narzisstischen Diktaten wie Opportunismus, Ressentiment, Rache, Zynismus, Gier, Ehrgeiz etc. (Ebenda, S. 391). „Der Schamlose" handelt – wie der Erstarrte oder der Rücksichtslose –, um den psychotischen oder fast psychotischen Terror des Zeigens seiner Gefühle zu vermeiden, da jeder, der sie wahrnähme, Macht über ihn gewinnen würde. Gefühle zu zeigen, würde vollständigen Selbstverlust bedeuten" (Ebenda, S. 397).

Nun könnte man einwenden, solche Beispiele hätten mit der Wirtschaftswirklichkeit so gut wie gar nichts zu tun. Weit gefehlt. Der ehrbare Kaufmann ist es in aller Regel nicht von Hause aus, sondern er wird es (hoffentlich) erst mit der Zeit und er wird es u. a. deshalb, weil er in seinen Geschäften zwar immer wieder die Versuchung verspürt, seine Kunden oder Lieferanten übers Ohr zu hauen, seine Schuldgefühle (und zwar weit früher als die Angst, ein Gesetz zu übertreten oder der Gedanke an die Einbuße an Reputation) hindern ihn aber daran, dieser Versuchung nachzugeben. Das Schuldgefühl dominiert – als Bestandteil sozialer Normen – seine ertragsorientierten strategischen Überlegungen. Möglicherweise sollte das Modell von Akerlof (1970) über den voraussehbaren Zusammenbruch eines Handels mit „Zitronen" auf dem Gebrauchtwagenmarkt noch einmal unter dem Gesichtspunkt der Schuldgefühle, die auch skrupellosen Gebrauchtwarenhändlern nicht völlig abgehen, neu betrachtet werden.

Gary Becker hat in den 1960er und 1970er Jahren eine ausgetüftelte Theorie des Altruismus entwickelt. Ein Kernstück davon ist seine mithilfe eines streng neoklassischen Ansatzes gewonnene Erklärung für das Verhalten von Passanten, die auf der Straße an Bettlern vorbeikommen. Nach Gary Becker (1976) kommt es zu milden Gaben der Vorbeikommenden vor allem deshalb, weil es sich beispielsweise für einen Fußgänger „lohnt", dem Bettler auf der anderen Straßenseite, den er in wenigen Sekunden erreichen wird, Almosen zu geben: Es erleichtert nämlich sein Schuldgefühl, daher wird er gerade so viel spenden, dass der diesbezügliche Grenznutzen des Almosens den Grenznutzen des gleichen Geldbetrags in anderen Verwendungen erreicht. Volkswirtschaftlich gesehen dürften nach Becker solche Schuldgefühle kaum eine positive Rendite abwerfen. Im Gegenteil: Der Fußgänger wird eher auf neue Bettler stoßen (die bei ihm wiederum neue Schuldgefühle wecken werden) als ihm bereits bekannte Bettler wiedertreffen (was ihn zu der Frage animieren könnte, was denn dem Bettler für Alternativen zur Sicherung des Lebensunterhalts zur Verfügung stehen).

Die psychologische bzw. evolutorische Spieltheorie hat Beckers Auslegung der Funktion von Schuldgefühlen in ökonomischen Transaktionen mittlerweile zu verfeinern versucht und mit dem Begriff der „Let-Down-Aversion" eine auch für strategische Entscheidungen relevante Emotion für sich reklamiert: Damit werden Schuldgefühle angesprochen, die Akteure empfinden, wenn sie die vertrauensvollen Erwartungen ihres Gegenübers enttäuschen (Dufwenberg 2002; Sell/Wiens 2009; Sell/Wiens 2009a). Mit diesem Affekt gelingt es, die Auszahlungen im Spielbaum des Vertrauensspiels deutlich zugunsten der Strategie „Kooperieren" zu verändern (vgl. ebenda). Leider geht diese Richtung der Spieltheorie mit ihren eigenen Kategorien nicht immer ganz präzise um: So haben namhafte Autoren dieser Disziplin zusätzlich zur „Let-Down-Aversion" auch den Zwillingsbegriff der „Guilt-Aversion" geprägt: „The guilt aversion model ... postulates that people may feel guilty if their behavior falls short of others' expectations" (Ellingsen et al. 2009, S. 95). Dabei sind es die eigenen Überzeugungen davon, was „die anderen", wie man glaubt, von einem selbst erwarten, die das Subjekt in seinem Verhalten leiten: „A guilt averse player ... is motivated by his beliefs about others' beliefs" (Charness/ Dufwenberg 2006, S. 1583). Damit aber, so scheint es, werden endgültig Schuld und Scham miteinander verwechselt. Denn die Befürchtungen darüber, was andere über einen denken könnten, wenn man bestimmte Handlungen vornimmt oder unterlässt, löst zunächst einmal Scham- und (noch) nicht Schuldgefühle aus!

Auch Gary Becker (1976) versäumt es zu erwähnen, dass die von ihm geschilderten Schuldgefühle untrennbar mit dem Gefühl der Scham verbunden sind: In Wirklichkeit dürfte es sich nämlich so verhalten, dass die meisten Bettler auch deshalb zum Zuge kommen, weil sie erfolgreich an das Mitleid und die damit verbundenen Schuld- und Schamgefühle der vorbei eilenden Fußgänger appellieren: An das im eigenen Ethos verwurzelte Schamgefühl, das einem „verbietet", einem Bedürftigen keine Hilfe zukommen zu lassen (hier geht es nämlich im Sinne von Wurmser um das Erhalten der eigenen Integrität), zum anderen aber auch an die empfundene Scham, möglicherweise von einem Freund oder einem Bekannten dabei erwischt zu werden, wie man die Hand/ den Hut eines herunter gekommenen und krank aussehenden Mitmenschen ausschlägt. Gerade dieses Schammotiv, der drohende Gesichtsverlust (s. o.), ist von Gary Becker nicht gesehen worden. Hinzu kommt das von Becker richtig erkannte „Schuldgefühl" gegenüber einem ökonomisch viel Schwächeren. Das empfundene Schuldgefühl setzt der eigenen Stärke Schranken und soll nicht die eigene, sondern die Integrität des anderen schützen.

Über diese anekdotische Evidenz hinaus, die von jedem Leser mühelos um eigene Beispiele oder Erfahrungen ergänzt werden könnte, gilt es jene Eigenschaften der Scham/der Schuld heraus zu arbeiten, die sie zu einem Steuerungsinstrument der ökonomischen Subjekte auf Märkten sowie innerhalb von und gegenüber Institutionen machen. „Both shame and pride have negative and positive aspects. They prevent us from doing something we would be ashamed of. They urge us to do things that we are ashamed of not doing" (Boulding 1988, S. 15).

Es lässt sich wohl kaum kürzer und präziser ausdrücken, worin die Lenkungsfunktion der Schamgefühle besteht: Schamgefühle leiten sowohl Produzenten als auch Konsumenten an und helfen ihnen dabei, unter den möglichen Alternativen solche auszusortieren, die sich dem eigenen Empfinden bzw. dem Erhalt der eigenen Integrität widersetzen und die ihnen häufig zugleich auch ökonomisch Nachteile bringen würden.

Schamgefühle setzen dem eigenen Handeln Schranken – „bis hierhin und nicht weiter" heißt es bekanntlich –, die von den meisten Wirtschaftssubjekten freiwillig respektiert werden. „Unverschämte Preisforderungen" sagen den Nachfragern, dass bei dem/der betreffenden Gut/Dienstleistung wohl nicht alleine mehr oder weniger große Knappheit herrscht, sondern dass bei der Marktgegenseite wahrscheinlich (mindestens auch) der Versuch vorliegt, die sensible oder gar die Notlage der Konsumenten ungebührlich auszunutzen. Umgekehrt verspüren Unternehmer an der „verschämten" und damit für sie verräterischen Reaktion von Verhandlungspartnern, dass diese sich gerade anschicken, sie zu übervorteilen. Eigenes „Fremdschämen" gegenüber dem Partner, verrät dem Verhandlungsgegenüber, dass ein Teil der (aus seiner Sicht) anderen Seite möglicherweise eine zuvor intern nicht abgesprochene, mehr oder weniger unfaire Taktik einschlägt, um wirtschaftliche Vorteile daraus zu schlagen. Er wird durch Schamgefühle auf unserer Seite des Verhandlungstisches vor möglichen Gefahren gewarnt.

Auch der zweite Teil von Bouldings Zitat ist wichtig: Schamgefühle drängen uns dazu, Dinge zu tun, deren Unterlassung uns in (mehr oder weniger große) Verlegenheit bringt; so kann der Beitrag zur Kollekte nach dem Gottesdienst ebenso wie ganz allgemein die Bereitschaft erklärt werden, an der Entstehung und Pflege von Gemeinschaftsgütern mitzuwirken. Scham fördert Gemeinsinn, den wir als Bestandteil unserer eigenen Integrität auffassen. Der Verlust an Schamgefühl(en) fällt mit dem „Einstieg" in skrupellose ökonomische Praktiken (auch zeitlich) häufig zusammen: Wirtschaftskriminelle wie das frühere Spitzenmanagement von Enron oder der US-Spekulant Bernhard L. Madoff finden selbst während der gegen sie geführten Gerichtsverhandlungen kaum mehr das ihnen abhanden gekommene Scham- und Schuldgefühl wieder.

Eigene Schuldgefühle haben, wie Wurmser (2010) zeigt, die Hauptaufgabe, nicht die eigene, sondern die Integrität des anderen zu schützen und unsere Macht gegenüber diesem zu begrenzen. Demzufolge dürfte dieser Affekt in der Ökonomie besonders häufig vermisst (dafür aber umso mehr gebraucht) werden, wo im Sinne von Böhm-Bawerk (1914) das „ökonomische Gesetz" versagt, weil machtbedingte „Unvollkommenheiten" vorliegen. Das Kartell und das Monopol, beides Horte wirtschaftlicher Macht, sind möglicherweise ein Schauplatz für abwesende oder kaum ausgeprägte Schuldgefühle. Prinzipiell kann diese Emotion mächtigen Marktteilnehmern eine Schranke für das eigene Handeln aufzeigen, vorausgesetzt, sie sind für diesen Affekt überhaupt empfänglich. Die Existenz von Kartellbehörden in marktwirtschaftlichen Ordnungen ist allerdings ein Beleg dafür, dass sich die Politik allein auf die Existenz solcher Schuldgefühle bei (über-) mächtigen Unternehmern nicht verlassen möchte. Das gleiche gilt wohl mutatis mutandis für Ämter und Ministerien, die sich dem Verbraucherschutz widmen.

Die Erforschung menschlicher Affekte und ihrer Rolle für wirtschaftliche Transaktionen steht vermutlich erst am Anfang. Ökonomen auf diesem Gebiet tun gut daran, die Erkenntnisse wichtiger Nachbardisziplinen wie der Psychologie und der Soziologie zu beherzigen. Die experimentelle Spieltheorie hat wichtige Pionierarbeiten unternommen, die von ihr aufgedeckten Emotionen leiden aber unter einem gravierenden Identifikationsproblem. In den Arbeiten zur politischen Ökonomie von Schuldgefühlen finden sich erstaunliche Auslassungen, welche etwa die Scham betreffen, Beiträge der psychologischen Spieltheorie weisen wiederum erstaunliche begriffliche Unschärfen auf.

Dabei ist das Thema beileibe wichtig und es begegnet uns ständig im Alltag: Eine verbreitete Redewendung unter den (möglicherweise) besser verdienenden Konsumenten lautet, dass man sich des eigenen Erfolges nicht zu schämen brauche. Eine ziemlich äquivalente Formulierung wäre wohl die, dass der eigene Erfolg nicht den Neid der Mitmenschen „verdiene". Offene Gesellschaften, die dem Einzelnen, wenn nicht die alleinige, so doch die Hauptverantwortung für das eigene Glück und Fortkommen zugestehen, sind wohl gegen unnötige Scham – und Neidgefühle – besser gewappnet als streng hierarchisch strukturierte oder gar repressive.

Die seit Jahren in den westlichen Industriestaaten gemachten Anstrengungen, eine „Corporate Social Responsibility" in den Unternehmen formell und auch informell zu verankern, ebenso wie die von den G20 Ländern im April 2009 angestoßene und im September 2010 durch die Verabredung zu einem „Basel III" allmählich konkretisierte Initiative, die Finanzmarktaufsicht international neu und wirksam zu ordnen, werden Stückwerk bleiben und ihr Ziel verfehlen, wenn man sie nicht mit dem Versuch verknüpfen sollte, eine bessere „wirtschaftliche Scham- und Schuldkultur" in einem breit angelegten gesellschaftlichen Diskurs zu erarbeiten. Das würde etwa in der aufgeheizten Diskussion um Bonuszahlungen an Investmentbanker für mehr Tiefgang und auch für eine wohl verstandene größere Sachlichkeit sorgen.

(Quelle: F. L. Sell, Scham- und Schuldgefühl: Zur ökonomischen Bedeutung zweier kulturell motivierter Emotionen, in: ORDO, Band 62, 2011 S. 387–404)

Theoretische oder empirische Belege?

Wie das angefügte Verzeichnis der im Text zitierten Literatur zeigt, haben sich Volkswirte schon früh mit zentralen Emotionen wie Scham oder Stolz und Schuld beschäftigt. Heute ist es vor allem die experimentelle, spieltheoretisch gestützte Forschung, welche versucht, Emotionen aufzudecken und deren Beitrag, etwa zu Verteilungsentscheidungen, zu identifizieren. Vgl: George A. Akerlof (1970): The Market for „Lemmons": Quality Uncertainty and the Market Mechanism, in: The Quarterly Journal of Economics, Vol. 84, S. 488–500. Gary S. Becker (1976): The Economic Approach to Human Behavior. Chicago: Chicago University Press. Eugen v. Böhm-Bawerk (1914): Macht oder ökonomisches Gesetz? In: Zeitschrift für Volkswirtschaft, Sozialpolitik und Verwaltung, Bd. XXIII, S. 205–271. Kenneth E. Boulding (1988): The Economics of Pride and Shame, in: Atlantic Economic Journal, Bd. 15, S. 10–19. Gary Charness/Martin Dufwenberg (2006): Promises and Partnership, in: Econometrica, Vol. 74, No. 6, S. 1579–1601. Bettina Clausen/Lars Clausen (1985): Zu allem fähig, Frankfurt am Main, Bd. I, S. 85–109. Tore Ellingsen et al. (2010): Testing Guilt Aversion, in: Games and Economic Behavior, Bd. 68, Heft 1, S. 95–107. Wilhelm Genazino (2010): Die Reise, der Tagtraum, das Versteck. Dankesrede für den Rinke-Preis 2010, in: Süddeutsche Zeitung, Nr. 103, Donnerstag, 06.05.2010, S. 14; Friedrich August v. Hayek (1972): Die Theorie komplexer Phänomene. Mohr Siebeck:

Tübingen; Martin Dufwenberg (2002): Marital Investments, Time Inconsistency and Emotions, in: Jounal of Economic Behavior and Organization, Vol. 48, S. 57–69; Léon Wurmser (2010): Die Maske der Scham. Die Psychoanalyse von Schamaffekten und Schamkonflikten. Sechste Auflage, Klotz Verlag: Eschborn/Frankfurt a. M. Friedrich L. Sell/Marcus Wiens (2009): Vertrauen in der Ökonomie versus Ökonomik des Vertrauens, in: Merith Niehuss (Hrsg.), Sicherheit in Technik und Gesellschaft. Schriftenreihe der Universität der Bundeswehr München, Heft 01, Neubiberg, S. 11–31; Friedrich L. Sell/Marcus Wiens (2009a): Warum Vertrauen wichtig ist – Der ökonomische Blickwinkel, in: Wirtschaftsdienst, 89. Jg., Heft 8/August, S. 526–533.

Die Argumente der Gegenseite!

Die Betriebswirtschaftslehre hat einen ganz anderen, ebenso wichtigen und eher pragmatischen Weg eingeschlagen. Statt sich auf die den ökonomischen Akteur gewissermaßen „schützenden" Emotionen Schuld und Scham zu „verlassen", die einen „ehrbaren Kaufmann" hervorbringen können, setzt sie darauf, „Standards" für das Verhalten im und zwischen Unternehmen zu entwickeln. Auch das brisante Thema des Wechsels aus der Politik in die Wirtschaft gehört hierher. Angestoßen hat diese Diskussion in Deutschland übrigens seinerzeit vor allem der FDP-Politiker Martin Bangemann, der als ehemaliger EU-Kommissar zur spanischen „Telefónica" – nach einer allgemein als zu kurz empfundenen Karenzzeit – wechselte. Das Bemühen der BWL drückt sich in den beiden Begriffen „corporate social responsability" und „compliance" aus. Auch hier hat sich mittlerweile eine umfassende Literatur entwickelt. Vgl. Gute Compliance: Gut für den Börsenkurs, von Thorsten Grenz, enthalten in: WPg, Düsseldorf, Band 70, 2017, S. 1–24. Maria Guminger/Ursula Rami, Corporate Social Responsibility und KMU: Symbiose oder Widerspruch? In: WISO, Band 38/2015, Nr. 3, S. 137–156.

7.8 Erst die blau-gelbe und nun die grüne Blase: Übertreibungen am Markt für politische Parteien in Deutschland

▶ *In diesem Beitrag kommen zwei Parteien zur Sprache – FDP sowie Bündnis 90/ Die Grünen –, die auch im Bundestagwahlkampf 2017 vor ähnlichen Herausforderungen standen: Wer wird dritte Kraft nach CDU/CSU und SPD im Deutschen Bundestag? Wer kann sich als Koalitionspartner für die neue Regierung interessant machen, wer wird womöglich vor dem anderen und vor der AFD und der Linken Oppositionsführer? Noch vor wenigen Jahren schienen Koalitionen, an denen FDP und Bündnis 90/Die Grünen beteiligt sind, als völlig undenkbar. Auch das ist inzwischen gänzlich anders geworden.*

Es liegt keine zwei Jahre zurück, dass die FDP bei den Wahlen zum Deutschen Bundestag mit knapp fünfzehn Prozent der Zweitstimmen ihr historisches bestes Ergebnis in der Nachkriegsgeschichte der Bundesrepublik Deutschland erzielte. Im aktuellen Politikbarometer kommt dieselbe Partei bei der Sonntagsfrage nicht über Werte von drei bis vier Prozent hinaus. Wie ist das möglich? Die häufig vermuteten Gründe, wie die negativen Sympathiewerte für Guido Westerwelle, Anfangsfehler mit Pfadeigenschaften, wie die steuerliche Begünstigung von Hotelübernachtungen oder zuletzt der wenig glaubhafte Schwenk hin zu einer beinahe Anti-Atomkraft-Position, überzeugen nicht wirklich. Bessere Erklärungen liefert die Theorie früher oder später platzender Preisblasen an den Finanzmärkten:

Auch wenn durchaus strittig ist, welche Faktoren anfänglich die Blasenbildung an Finanzmärkten anstoßen, so sind doch die stilisierten Fakten des Prozesses, in dem sich die Blase aufbläht und schließlich platzt, wenig kontrovers: Käufer setzen noch bei einem sehr hohen Kurs- oder Preisniveau auf weitere Umsätze, auch wenn der Wert des Aktivums sich längst von seinem „Fundamentalwert" deutlich entfernt hat. Dadurch wird sein Preis weiter gesteigert, irgendwann ist allerdings der „Vorrat" solcher noch immer optimistischen Käufer erschöpft, es machen sich erste Preisrückgänge bemerkbar. Spekulanten werden darauf schnell mit Verkäufen reagieren, zumal sie Gewinneinbußen/Verluste befürchten, je länger sie auf dem Asset sitzen bleiben. Sie setzen eine kumulative Preisbewegung nach unten in Gang, die auch als Platzen der Blase bezeichnet wird.

Die FDP hat ihr phänomenales Wahlergebnis vom September 2009 letztlich einem einzigen Thema, nämlich ihren zugleich rigorosen wie völlig haltlosen Steuersenkungsversprechen zu verdanken. Diese beruhen theoretisch auf dem bis heute in seiner eigenen Zunft höchst umstrittenen Beitrag des US-Ökonomen Arthur Laffer, der in den frühen 1980er Jahren eine überzogene Steuerquote in wichtigen OECD-Ländern diagnostizierte, deren Reduktion das gesamtwirtschaftliche Steueraufkommen nicht nur nicht senke, sondern sogar noch zu steigern vermöge. Laffers Überlegungen helfen allerdings in einem Szenario hoch verschuldeter Staaten mit gigantischen Haushaltsdefiziten überhaupt nicht weiter. Als Wegweiser ist hier vielmehr Robert J. Barros epochaler Beitrag „Are Governments' Bonds Net Wealth?", Journal of Political Economy 82 (6): 1095–1117, nützlich. In diesem Aufsatz zeigt der Autor, dass unter recht gewöhnlichen Bedingungen die Finanzierungsalternativen von höheren Staatsausgaben entweder über Kreditaufnahme oder über höhere Steuern ökonomisch völlig äquivalent sind. In einer Situation ausufernder Staatsfinanzen, wie im Jahr 2009 (und teilweise auch noch in den Jahren 2010 und 2011) dem Bürger eine niedrigere Besteuerung des Einkommens zu versprechen, grenzte demnach an einen Schildbürgerstreich.

Das Wahlergebnis der FDP aus dem Jahr 2009 entpuppte sich deshalb als Blase, da den Wählern schnell nach der Regierungsbildung ihre ureigensten „Fundamentalfaktoren", wie die mangelnde Quantität und Qualität ihres führenden Personals, ihre weitgehend ausbleibenden programmatischen Antworten auf Kernfragen der Finanzmarkt- und Wirtschaftskrise sowie ihre dürftige Öffentlichkeitsarbeit transparent wurden. Vor allem erwies sich der Optimismus, die FDP könne in der Koalitionsregierung den Posten des

Bundesfinanzministers übernehmen und zügig an die Themen Steuervereinfachung und Steuersenkung heran gehen, als Illusion. Dafür gab es dann nur noch eine Zustimmungsrate von bestenfalls drei bis vier statt von knapp fünfzehn Prozent der Wähler.

Den Grünen, die in den aktuellen Umfragen auf Bundesebene auf einundzwanzig Prozent taxiert werden und im Frühjahr 2011 sogar schon Zustimmungswerte von achtundzwanzig Prozent erreichten, wird es, wenn sie an die Regierung kommen, kaum anders ergehen. Spätestens seit der Tragödie von Fukushima haben sie sich wieder auf nahezu ein einziges Thema, nämlich auf ihre Ursprünge, die Abschaltung der AKWs sowie auf die Förderung alternativer Energien zurückgezogen. Ebenso wie der FDP, mit ihren Steuersenkungsversprechen von 2009, ist es ihnen damit gelungen, ihren (mindestens potenziellen, in Baden-Württemberg bereits sehr reellen) Stimmenanteil bundesweit mehr als zu verdoppeln. Dass der schnelle Atomausstieg die Wettbewerbsfähigkeit deutscher Produkte im In- und Ausland gefährdet, wenn nicht der deutsche Bonus am Kapitalmarkt sowie eine fortgesetzte (aber für die Arbeitnehmer immer schmerzlichere) Lohnzurückhaltung die Grenzkosten des Kapitals und der Arbeit niedrig halten, erklären sie ihren Wählern genauso wenig, wie es die FDP verstanden hat, ihren (nunmehr früheren) Wählern die Erfordernisse der Haushaltskonsolidierung zu vermitteln. Es bleibt abzuwarten, ob ihr kürzlich neu gewähltes Führungstrio dazu besser in der Lage sein wird.

Und das grüne Personal? Die für die Wirtschaftspolitik besonders Kompetenten wie Oswald Metzger sind bei anderen Parteien gelandet, haben in der Beratungsindustrie angeheuert wie Joschka Fischer, sind zu Hinterbänklern des Deutschen Bundestags geworden wie Christine Scheel oder wurden rüde aus dem Fraktionsvorsitz gedrängt, wie Fritz Kuhn.

Als Fazit lässt sich festhalten: Die für manche Kommentatoren längst erwiesene Neustrukturierung der Deutschen Parteienlandschaft könnte sich bald als Chimäre herausstellen.

(Quelle: F. L. Sell, Erst die blau-gelbe und nun die grüne Blase, in: Neue Zürcher Zeitung Nr. 190 vom 17.08.2011, S. 17)

Theoretische oder empirische Belege?

Seit dem Ende der Regierung Schröder/Fischer hat es in Deutschland 8 Jahre lang (2005 bis 2009 und 2013 bis 2017) große Koalitionen unter der Führung von Angela Merkel gegeben. Die 4 Jahre dazwischen (2009–2013) einer schwarz-gelben Koalition sind der FDP übel bekommen: Mit dem schlechtesten Wahlergebnis seit Beginn der Bonner Republik flog sie im Herbst 2013 krachend aus dem deutschen Bundestag heraus. Für die Grünen könnte es bei einer Koalition auf Bundesebene ähnlich gefährlich werden. Überhaupt sind sich, nach Meinung einiger Parteienforscher, beide Parteien viel ähnlicher geworden als es ihnen selbst bewusst ist. Das gilt zum Beispiel für ihre Klientel. Vgl. dazu: Parteianhänger: Wohlhabende neigen zu Union und FDP – und zu den Grünen/von Stefan Bach und Markus M. Grabka, in: DIW-Wochenbericht: Wirtschaft, Politik, Wissenschaft. Berlin: DIW. Bd. 80.2013, Heft 37, S. 11–18.

> **Die Argumente der Gegenseite!**
> Andere Parteienforscher halten dagegen die Gegensätze zwischen FDP und Bündnis 90/Die Grünen – trotz der mittlerweile funktionierenden Koalitionen in Rheinland-Pfalz und in Schleswig-Holstein, also auf Länderebene – für so groß, dass eine Zusammenarbeit im Bund nahezu undenkbar erscheint. Das betrifft vor allem zwei Gebiete: Die Ordnungspolitik – etwa auf dem Gebiet der Energiewende – aber auch die Außenpolitik und dort speziell die Europapolitik auf dem Gebiet des Krisenmanagements (Geld-, Finanzpolitik) für die Eurozone. Vgl. dazu: Auf dem Weg zum grünen Kapitalismus?: Die Energiewende nach Fukushima/Hendrik Sander. Berlin: Bertz+Fischer Verlag 2016.

7.9 Wohin strebt Angela Merkels CDU?

▶ *Dieser Beitrag aus dem Jahr 2012 könnte kaum aktueller sein. Auch im Bundestagswahlkampf des Jahres 2017 droht die CDU weitere Teile ihres „Markenkapitals" einzubüßen. Es bahnt sich ein Wettbewerb mit der SPD um die höheren Wahlgeschenke in der Sozialpolitik an. Im Sommer des Jahres war die CDU – aus der Sicht des konservativen „Kerns" der Partei – bereits beim Thema „Ehe für alle" eingeknickt. Diese war zuvor von SPD, Bündnis 90/Grünen und der Linken jahrelang erfolglos gefordert worden. Damit ist die „Sozialdemokratisierung" der CDU weiter vorangeschritten.*

Angela Merkel ist zurück aus dem Urlaub: Sie muss nicht nur wieder in die Euro-Krise eintauchen, sondern sieht sich zudem noch Kritik aus den eigenen Reihen gegenüber. Mittelstandspolitiker Josef Schlarmann hat sie nicht nur wegen ihres Führungsstils scharf angegriffen. Auch geißelt er das „Wohlfühl-Programm für den nächsten Bundesparteitag", mit dem die Partei ruhiggestellt werden solle. Damit hat er einen wunden Punkt getroffen: Wie will sich die CDU für den nächsten Bundestagswahlkampf positionieren? Gibt es endlich wieder ein klares Bekenntnis zu konservativen Werten? Nirgends anecken oder klare Kante zeigen? Ersteres erscheint aus heutiger Sicht wahrscheinlicher, ist zugleich aber auch problematisch.

Der berühmte Leipziger Reform-Parteitag der CDU aus dem Jahr 2003 und die von Angela Merkel früh angestoßene Diskussion um eine „neue soziale Marktwirtschaft" liegen weit zurück. Die große Koalition in Berlin hat ihr zwar im Jahr 2005 die Kanzlerschaft eingebracht, dafür hat das Profil der CDU unter der Last unzähliger Kompromisse stark gelitten. Viele in der Partei hatten daher im Jahr 2009 darauf gesetzt, dass es in der Zusammenarbeit mit der FDP, also in einer „bürgerlichen Koalition", gelingen könne, die eigene Programmatik stärker in den Vordergrund zu schieben und diese auch fortzuentwickeln. Davon ist so gut wie nichts passiert. Dass die christlich-liberale Koalition rund ein Jahr dafür brauchte, um Regierungsfähigkeit zu demonstrieren, ist für kritische konservative Stimmen in der Partei – wohl zu Recht – keine Entschuldigung. Auch nicht, dass Angela Merkel es seit dem Mai 2010 mit einer nicht abbrechen wollenden Kette von europäischen Krisengipfeln, wechselnden Partnern als Regierungschefs (Griechenland, Spanien, Italien und Frankreich, um nur einige zu nennen) und mehr oder weniger großen Zumutungen gegenüber Parlament und Wählern in Gestalt von gigantischen Rettungspaketen u. ä. m. zu tun hatte.

Innerparteiliche Kritiker der Kanzlerin monieren, dass die CDU auf wichtigen Feldern der Innenpolitik inzwischen konservative Positionen aufgegeben, sozialdemokratische übernommen oder christlich-demokratische Entwürfe angesichts neuer Herausforderungen erst gar nicht (zu Ende) entwickelt hat. Das lässt sich an drei Beispielen eindrucksvoll verdeutlichen: Die Wehrpflicht gehörte jahrzehntelang zu den aus Sicht der CDU auch in Koalitionsregierungen nicht verhandelbaren konservativen Grundpositionen. Mit dieser verband sich für sie das Bild einer fest im Volke verankerten Bundeswehr, mit einer breiten gesellschaftlichen Repräsentanz im Grundwehrdienst. Der Wechsel zu einer Berufsarmee sollte den Anforderungen an eine moderne, international ausgerichtete und schlagkräftige „Interventionsarmee" begegnen helfen. Mag sein, so die Kritiker, dass das so ist und dass eine Professionalisierung des Parlamentsheeres im Korsett der Wehrpflicht schwieriger zu erreichen war. Die Sorge, dass ein wichtiges Stück Identifikation mit dem demokratischen Rechtsstaat und seinen Werten verloren gehen könnte, ist bei den Konservativen in der CDU geblieben.

Die Übernahme sozialdemokratischer Positionen lässt sich sehr anschaulich an den CDU-Plänen zur faktischen Einführung von landesweiten Mindestlöhnen in Deutschland demonstrieren: Danach soll es zwar eine allgemeine Lohnuntergrenze geben, das Niveau aber von Gewerkschaften und Arbeitgebern ausgehandelt werden. Die Höhe kann regional unterschiedlich sein und soll sich an den bereits geltenden Mindestlöhnen orientieren, die zwischen 6,53 EUR und 13 EUR liegen. Zwar liegt formal die Entscheidungskompetenz nicht beim Gesetzgeber/bei der Regierung, sondern bei den Tarifparteien. Experten schätzen allerdings, dass die von diesen gefundenen Lösungen von gesetzlichen Mindestlöhnen kaum abweichen werden. Der von der CDU mehrheitlich und gegen den Widerstand konservativ-liberaler Kreise in der Partei gewählte „Einstieg" in das Thema der Mindestlöhne ist weit mehr als eine Anpassung an Auffassungen von SPD oder Grünen. Es geht um eine Aufgabe kompensierender Arbeitsmarkt- und Sozialpolitik zugunsten dirigistischer Interventionen. Mit solchen Lohnvereinbarungen müsste der Staat nämlich im Falle bedürftiger Personen weniger aufstockende Leistungen gewähren. Mindestlöhne kosten den Staat (zunächst) direkt nichts, ordnungspolitisch sind sie aber als nicht systemkonform abzulehnen.

Das dritte Beispiel sind zweifellos die sogenannte globale Klimapolitik und die Energiewende, zwei Themen, die eng miteinander zusammenhängen. Noch unter Kanzler Kohl hatte es sich die damalige Bundesumweltministerin Merkel auf die Fahne geschrieben, den Schutz des Klimas durch Klimarahmenkonventionen („Kyoto-Protokoll") und globale Umweltgipfel zu einem zentralen Punkt konservativer Politik zu machen. Als Bundeskanzlerin hat sie die Teilnahme an solchen Konferenzen weitgehend ihren Ressortministern überlassen. Über zulässige Erderwärmung und verbindliche CO_2-Grenzen hört man von Angela Merkel schon lange nichts mehr. Die CDU hat erst unter dem Eindruck der Katastrophe von Fukushima eine 180-Grad-Wende ihres energiepolitischen Konzeptes vorgenommen. Die Atomkraft soll nicht länger als Brückentechnologie herhalten, vielmehr gibt es einen zeitlich höchst anspruchsvollen Zeitplan für einen Ausstieg aus derselben. Erst jetzt, nachdem ein Minister (Norbert Röttgen) verschlissen wurde, entdeckt sein vitaler Nachfolger (Peter Altmeyer) den Verbraucher. Ihn treibt die Sorge um, dass die – im Übrigen wenig marktwirtschaftlich und weit eher planwirtschaftlich angelegte Energiewende – die Strompreise für die privaten Haushalte dramatisch steigen lassen wird. Dass trifft konservative Politiker der CDU bis ins Mark hinein. Schließlich war es lange gemeinsame Auffassung in der Partei, dass man – anders als die „Sozen" mit ihrer direkten Steuer- und Transferpolitik – durchaus nicht ungefährlichen Verschiebungen in der Einkommensverteilung stets mithilfe einer Politik „bezahlbarer Preise" entgegenwirken wollte. Das stand und steht in der Tradition von Ludwig Erhard und seines Konzeptes vom „Wohlstand für alle".

Die Hoffnung Angela Merkels als Euroretterin in die nächste Bundestagswahl ziehen zu können und damit genügend Stimmen für eine dritte Amtsperiode zu holen, mag (oder auch nicht) aufgehen. Auch ist die CDU schon immer mehr ein Kanzlerwahlverein gewesen als eine Programmpartei. Und doch droht der CDU ein Verlust ihres Selbstverständnisses, wenn sie nicht bald zu konservativen Werten und Inhalten zurückfindet. Das gilt für die Programmatik, noch viel mehr aber für die Politik selbst.

(Quelle: F. L. Sell, CDU: Was will Angela Merkel? In: Handelsblatt Nr. 166 vom 28.08.2012, S. 9)

Theoretische oder empirische Belege?

Politikwissenschaftler attestieren Angela Merkel mit ihrer Bundestagswahlkampfführung seit dem Jahr 2009 eine neue Strategie aus der Taufe gehoben zu haben: Die sogenannte „asymmetrische Demobilisierung". Damit ist gemeint, dass durch das Vermeiden einer Stellungnahme zu kontroversen Themen es erreicht wird, die potenziellen Wähler des politischen Gegners zu demobilisieren. Die asymmetrische Demobilisierung wurde im Übrigen schon früher während der Regional-Wahlen in Katalonien im Jahr 2006 beobachtet. Vgl. Lago, I., J.R. Montero und M. Torcal: The 2006 Regional Election in Catalonia: Exit, Voice, and Electoral Market. In: South European Society & Politics, Vol. 12, No. 2: 221–235.

Die Argumente der Gegenseite!

Darüber hinaus hat die CDU/CSU ihre Programmatik und Wortwahl so an die SPD angepasst, dass sich für große Teile der traditionell sozialdemokratisch wählenden Wählerschichten die Unterschiede zwischen den großen Parteien verwischen. Dieses Verhalten steht durchaus im Einklang mit dem Demokratie-Modell von Anthony Downs (s. o.). Denn die Bewegung der CDU nach links bedeutet ja, dass sie es faktisch der SPD (nahezu) unmöglich macht, sich ihrerseits dem Medianwähler anzunähern durch eine Bewegung (von ihr aus gesehen nach rechts) zur Mitte hin. Vgl. dazu auch: Ökonomische Theorien der Politik/Jochen Dehling; Klaus Schubert, Wiesbaden: Verlag für Sozialwissenschaften, 2011.

7.10 Mein Katalonien

▶ *Dieser Beitrag kann wegen der von der Frankfurter Allgemeinen Zeitung (FAZ) vorgebeben Länge nur unzureichend die ganze Komplexität des Themas wiedergeben. Mittlerweile ist der Konflikt zwischen der spanischen Zentralregierung und der „Generalität" in der autonomen Region Katalonien zu einem regelrechten Verfassungsstreit eskaliert: Nach Auffassung der Zentralregierung müsste das gesamte spanische Volk bei einem Referendum über den Verbleib Kataloniens im spanischen Staatsgebilde mit abstimmen dürfen. Die Regionalregierung vertritt dagegen den Standpunkt, dass die Katalanen allein über ihr Schicksal bestimmen dürfen.*

Unter dem Titel „Mein Katalonien" veröffentlichte George Orwell 1938 ein immer noch oft zitiertes Buch über seine Erfahrungen im spanischen Bürgerkrieg (1936–1939), insbesondere den Kampf der katalanischen Sozialisten, Kommunisten und Anarchisten gegen die aufständischen Truppen von General Franco. In den fast 40 Jahren Diktatur (1939–1975) nach Ende des Bürgerkriegs hat das Regime von Franco nicht nur das Baskenland, sondern vor allem auch Katalonien massiv unterdrückt. Die eigene Sprache der Katalanen, ihr kulturelles, politisches und historische Erbe wurde diskriminiert, ja sogar verfolgt.

Heute steht nach 35 Jahren Demokratie die autonome Region Katalonien (etwa vergleichbar mit einem größeren Bundesland) – und nicht die akute Banken- und Schuldenkrise – im Mittelpunkt aller Diskussionen im krisengeschüttelten Spanien. Der Rest Europas nimmt davon wenig bis keine Notiz. Dabei geht es um einen Sprengsatz für den spanischen Staat: Der amtierende regionale Ministerpräsident Artur Mas stellt sich am 25. November vorzeitig den Wahlen zum katalanischen Parlament mit zwei erklärten Zielen. Zum einen will er nach einem populistischen Wahlkampf, in dem er die volle Souveränität Kataloniens und eine Abspaltung von Zentralspanien fordert, die absolute Mehrheit der Parlamentssitze für seine liberal-konservative Partei CiU (Convèrgencia i Unió) erringen. Zum anderen möchte er, gleich anschließend, in einer Volksbefragung (nur) seine katalanischen Landsleute um Zustimmung für den Austritt aus dem spanischen Gesamtstaat bitten. Umfragen sagen ihm für beide Projekte eine ausreichende Mehrheit voraus.

Spanische Verfassungsrechtler halten den von Mas anvisierten Weg eines nur in Katalonien abzuhaltenden „Referendums" für unvereinbar mit der spanischen „Constitución"; ihnen zufolge würde nur eine ausreichende Mehrheit in einer Volksabstimmung aller Spanier den Austritt aus dem spanischen Staatsverbund legitimieren. Es ist jedoch unvorstellbar, dass die spanische Zentralregierung mit Zwangsmaßnahmen (Boykott, Bundespolizei,

Militär?) die Katalanen an einer Abspaltung hindern würde. Die EU-Kommission hat schon jetzt vorsorglich festgestellt, dass ein ausgetretenes Katalonien nicht automatisch EU-Mitglied werden würde, sondern vielmehr einen eigenen Aufnahmeantrag zu stellen hätte. Dieser bedürfte dann eines einstimmig positiven Votums der 27 EU-Staaten. Schwer vorstellbar, dass das restliche Spanien da mitmachen würde.

Ohne EU-Mitgliedschaft stünde Katalonien – selbst hoch verschuldet und mit einer Arbeitslosenquote von 22 % „ausgestattet", die nur unwesentlich geringer als der nationale Durchschnitt ist – aber ohne Anspruch auf den Euro da, katalanische Geschäftsbanken könnten sich nicht mehr bei der EZB refinanzieren, die neu zu schaffende eigene Notenbank müsste unverzüglich eine eigene Währung aus dem Boden stampfen. Die auf Euro lautende, ganz erhebliche Staatsschuld Kataloniens müsste, einen Default der Region einmal ausgeklammert, weiter bedient werden, was eigene Leistungsbilanzüberschüsse voraussetzt. Immerhin kommen heute schon 27 % der spanischen Exporte aus Katalonien. Viele weitere Umstellungsprobleme stünden an, die schon am Beispiel Griechenlands und seines möglichen Euro-Austritts diskutiert worden sind.

Für den Rest Europas, inmitten seiner tiefen Schulden- und Bankenkrise, würde sich eine noch viel bangere Frage stellen: Was wird dann aus dem wirtschaftlich, kulturell, politisch reduzierten spanischen Gesamtstaat, der auf nahezu 20 % seines BIP verzichten müsste? Von den sprudelnden Steuereinnahmen Kataloniens, das neben dem Baskenland die ökonomisch dynamischste Region darstellt und den Nettotransfers an das übrige Spanien in der Größenordnung von 12 bis 16 Mrd. EUR, einmal ganz abgesehen: Was passiert dann mit der Bonität des spanischen Reststaates, in welche Höhen springen dann die Risikoprämien auf spanische Staatsanleihen, wie viel mehr müsste die EZB, nach einem zu erwartenden Hilfeersuchen der spanischen Regierung an den ESM, an den „Sekundärmärkten" intervenieren, um Kurspflege zu betreiben, wie viele Jahre länger würde die Erholung der spanischen Wirtschaft und des maroden Bankensektors dauern, wie sehr würde die jetzt schon astronomische Arbeitslosenquote von 25 % weiter zunehmen? Man mag und will es sich gar nicht alles ausdenken.

Europa darf dieser sich abzeichnenden spanischen Tragödie nicht länger zusehen. Natürlich droht kein spanischer Bürgerkrieg wie in den dreißiger Jahren des letzten Jahrhunderts. Die George Orwells des neuen Millenniums können ihre (diesmal intellektuellen) Waffen getrost zu Hause lassen. Darum geht es nicht. Vielmehr geht es sehr kurzfristig darum, den streitenden Parteien (hier die spanische Zentralregierung, dort die katalanische Regionalregierung) einen Stillhaltepakt abzuringen. Da Spanien (und auch ein zukünftig denkbares selbstständiges Katalonien) auf Europas Hilfen angewiesen sind und bleiben, können die europäische Institutionen eine solche Forderung auch durchsetzen: Erst nach Überwindung der europäischen Banken- und Schuldenkrise darf das Thema einer möglichen Abspaltung Kataloniens wieder auf die Tagesordnung kommen. Nur ein spanischer Gesamtstaat mit Katalonien an Bord hat nämlich eine realistische Chance, als Teil Europas der Krise zu entkommen. Dann wird man sehen. Gut möglich, dass eine wieder erstarkte spanische Wirtschaft und Gesellschaft den Katalanen nicht mehr so abschiedswürdig erscheint. Die spezifisch-iberische Art von Föderalismus wird auf den Prüfstand kommen, so wie der Finanzausgleich zwischen den Regionen, der auch uns in Deutschland so intensiv beschäftigt.

(Quelle: F. L. Sell, Ein Stillhaltepakt für Katalonien, in: Frankfurter Allgemeine Zeitung Nr. 278 vom 28.11.2012, S. 10)

> **Theoretische oder empirische Belege?**

Unter den Ökonomen Spaniens und im Rest Europas (und der Welt) besteht durchaus Uneinigkeit über die Frage, ob eine Abspaltung Kataloniens vom „Hauptland" Spanien ökonomisch sinnvoll ist. Im obigen Text wird weitgehend die Position der „Zersplitterungsgegner" vorgestellt. Danach würde die Herausbildung weiterer Kleinstaaten die Heterogenität des Währungsraums Eurozone unnötig erhöhen. Zudem, so diese „Schule", würden die neuen Kleinstaaten eigene Bürokratien, Heere u. a. m. aus dem Boden stampfen, was zu einem ineffizienten Ressourcenaufwand führt. Vgl. dazu: Regions are not countries: A new approach to the border effect/David Comerford and José Vicente Rodríguez Mora, Discussion paper/Centre for Economic Policy Research, London, 1985.

> **Die Argumente der Gegenseite!**

Die sogenannten „Sezessionisten" befürworten stattdessen die Abspaltung Kataloniens. Ihrer Ansicht nach sollten auch kleinere ökonomische Einheiten, wie Regionen, den Sprung in die eigenständige Staatlichkeit wagen dürfen. Die Ausrichtung der Wirtschaftspolitik nach den eigenen, jetzt „autonomen" Präferenzen, bringt Effektivitäts- und Effizienzvorteile. Ihnen zufolge ist die Eurozone ohnehin kein optimales Währungsgebiet und sollte entweder auf weitgehend homogene Club-Mitglieder reduziert oder ganz abgeschafft werden. Das Ende der innerspanischen „Transferunion" mit Katalonien könne auch dem verbliebenen Zentralstaat Spanien am Ende nützlich sein, weil es seine Budgetrestriktionen härte. Vgl. dazu: Sezessionen in der Europäischen Union/Roland Vaubel, Enthalten in: Föderalismus und Subsidiarität. Tübingen: Mohr Siebeck. 2016, S. 43–62.

7.11 Der „ehrbare Kaufmann": Auch ein Homo oeconomicus? Wie man den scheinbaren Widerspruch zwischen Geschäftssinn und Emotionen auflösen kann

▶ *Erworbene Affekte wie Scham- und Schuldgefühle sind Motor und Bremse zugleich für unser wirtschaftliches Handeln. Sie können erklären, warum das Bild vom „ehrbaren Kaufmann" kein abstraktes, sondern ein ganz konkretes ist, das den wirtschaftlichen Alltag unserer Wirtschaftsordnung mit Leben erfüllt. Schuld- und Schamgefühle haben, wie schon der US-Amerikaner Kenneth Boulding herausfand (s. o.), wichtige Lenkungsfunktionen in der sozialen Marktwirtschaft.*

Wirtschaftswissenschaftler bemühen gerne das Bild vom Homo oeconomicus, wenn es darum geht, das Verhalten von Akteuren an Märkten zu beschreiben. Unternehmer sprechen lieber von Kaufleuten, bevorzugt vom „ehrbaren Kaufmann". Beide Bilder sind nicht von Wertungen frei: Dem Homo oeconomicus wird verstärkter Eigennutz attestiert, dem ehrbaren Kaufmann ganz offensichtlich eine moralische Komponente. Sprechen wir mittlerweile so verschiedene Sprachen, dass Gegensätze unüberbrückbar werden? Mitnichten.

Überträgt man Partha Dasguptas Theorie vom „Well-being" auf das Bild des Homo oeconomicus, dann gibt es keinen unauflösbaren Gegensatz zwischen dem Eigennutz (oder sagen wir Geschäftssinn) auf der einen Seite und durch moralische Normen veranlasste Emotionen wie Scham und Schuld auf der anderen Seite. Scham schützt ein integrales Selbstbild, Schuldgefühle beschützen die Integrität des anderen. Die laborgestützte experimentelle Wirtschaftsforschung beschäftigt sich zunehmend mit der Aufdeckung von Emotionen wie Scham und Schuld: Teilnehmer an Experimenten geben selbst an, dass sie über einen Verstoß gegen die sogenannte Fairness-Norm sowohl Scham- als auch Schuldgefühle empfinden. Bei der Fairnessnorm handelt es sich um die regelmäßige Beobachtung, dass in sozialen Verhandlungssituationen, in denen ein Kuchen zwischen zwei Personen aufzuteilen ist, mehrheitlich eine vergleichsweise gleichmäßige Aufteilung zustande kommt.

Ökonomische Akteure sind sehr wohl in der Lage, den Nutzen des eigenen Geschäftssinns mit den möglichen Scham- und/oder Schuldgefühlen, die bestimmte Transaktionen auslösen, zu „verrechnen". Ein Optimum des eigenen Wohlbefindens wird man nur in seltenen Fällen unter Vernachlässigung von solchen Emotionen erreichen. Hier kommt der „ehrbare Kaufmann" ins Spiel: Bei ihm sind potenzielle Scham- und Schuldgefühle besonders ausgeprägt. Ganz anders verhält es sich im Falle von Wirtschaftskriminalität: Nicht nur die Kosten der Befolgung moralischer Normen erscheinen den Beteiligten möglicherweise zu hoch, auch die mit Normverletzungen verbundenen Emotionen haben offenbar bei manchen ihr Korrekturpotenzial eingebüßt.

Scham- und Schuldgefühle haben in wirtschaftlichen Belangen eine wichtige Lenkungsfunktion: Sie helfen Produzenten und Konsumenten dabei, solche Alternativen auszusortieren, die sich dem Erhalt der eigenen oder der fremden Integrität widersetzen. Es gibt die Redewendung von den „unverschämten Preisforderungen". Diese sind durchaus nicht trivial, sondern interpretationsbedürftig. Ohne Knappheit, explizitem Marktversagen oder vorhandenen Marktunvollkommenheiten (wie ein Monopol) lassen sich in Marktwirtschaften hohe Preise nicht durchsetzen. In jedem Falle reagieren die Konsumenten richtig, wenn sie ihre Sparanstrengungen steigern und/oder ihre Suche nach Substituten verstärken.

Eine andere verbreitete Redewendung unter den (möglicherweise) besser verdienenden Konsumenten lautet, dass man sich des eigenen Erfolges nicht zu schämen brauche. Offene Gesellschaften, die dem Einzelnen, wenn nicht die alleinige, so doch die Hauptverantwortung für das eigene Glück und Fortkommen zugestehen, sind wohl gegen unnötige Scham besser gewappnet als streng hierarchisch strukturierte oder gar repressive.

Schuldgefühle haben die Hauptaufgabe, nicht die eigene, sondern die Integrität des anderen zu schützen und unsere Macht gegenüber diesem zu begrenzen. Demzufolge dürfte dieser Affekt in der Ökonomie besonders häufig vermisst (dafür aber gerade dort gebraucht) werden, wo das „ökonomische Gesetz" versagt, weil machtbedingte „Marktunvollkommenheiten" vorliegen. Das Kartell und das Monopol, beides Horte wirtschaftlicher Macht, treten möglicherweise immer dort vermehrt auf, wo wir es bei den handelnden Personen mit kaum ausgeprägten Schuldgefühlen zu tun haben. Prinzipiell kann diese Emotion mächtigen Marktteilnehmern eine Schranke für das eigene Handeln aufzeigen, vorausgesetzt, sie sind für diesen Affekt überhaupt empfänglich. Die Existenz von Kartellbehörden in marktwirtschaftlichen Ordnungen ist allerdings ein Beleg dafür, dass sich die Politik allein auf die Existenz solcher Schuldgefühle bei (über-) mächtigen Unternehmern nicht verlassen möchte.

Gleichwohl sind Scham- und Schuldgefühle intrinsische Gefühle, welche in vielen Fällen die Kooperationsbereitschaft des Homo oeconomicus in der Gesellschaft stärken und explizit ausformulierte Regeln und Verhaltenskodizes nicht völlig ersetzen, aber doch sehr wirksam ergänzen können. Letztlich helfen sie dem Homo oeconomicus dabei, sich als ehrbarer Kaufmann zu erweisen.

(Quelle: F. L. Sell, In der Diskussion: Homo oeconomicus und der ehrbare Kaufmann – ein unvereinbarer Gegensatz? In: WISU, 44 Jg., Heft 12/15, 2015, S. 1323)

Theoretische oder empirische Belege?

Betriebs- (BWL) und Volkswirtschaftslehre (VWL) gehen ganz verschiedene Wege bei der Erforschung von Emotionen und Moral in der sozialen Marktwirtschaft. In der BWL spielt das Thema theoretisch wie praktisch eine große Rolle, wenn es um die „corporate social responsability" geht. Auch die Adam Smith'sche Figur vom „Homo oeconomicus" wird thematisiert. Vgl. J. Fox, Am Anfang war der Homo Oeconomicus, in: Harvard Business Manager, Vol. 37, No. 8, 2015, S. 46–55 und J. Schwalbach/D. Klink, Der ehrbare Kaufmann als individuelle Verantwortungskategorie der CSR-Forschung, in: Corporate Social Responsability: verantwortungsvolle Unternehmensführung in Theorie und Praxis, Berlin: Gabler 2012, S. 219–240.

Die Argumente der Gegenseite!

In der VWL geht man den Themen von Emotionen und Moral mittlerweile vor allem in den spieltheoretisch gestützten Laborexperimenten nach. Diese sind grundsätzlich gut dafür geeignet, das Sozialverhalten von Probanden zu testen. Allerdings kommen in der Wirtschaftswirklichkeit außerhalb des Labors „störende Einflüsse" hinzu, wie der Machtfaktor oder das Phänomen der absoluten oder relativen Armut. Vgl. dazu E. von Böhm-Bawerk, Macht oder ökonomisches Gesetz? In: Gesammelte Schriften, Wien: Hölder-Pichler-Tempsky 1924, S. 230–300. P. Dasgupta, Well-being and the extent of its realization in poor countries, in: The Economic Journal, Vol. 100, 1990, S. 1–32. F. L. Sell, Scham- und Schuldgefühl: Zur ökonomischen Bedeutung zweier kulturell motivierter Emotionen, in: ORDO, Band 62, 2011, S. 387–404.

7.12 Das (Film-) Kunstwerk im Zeitalter seiner technischen Fragmentierbarkeit: Auf den Spuren von Walter Benjamin

▶ *Der Film (in Kino und Fernsehen) ist seit langer Zeit ein (bisweilen) höchst profitables Konsumprodukt. Er ist aber auch (bisweilen) ein Kunstwerk. Schon in den 1930er Jahren hat der Dichter und Philosoph Walter Benjamin seine Wesenszüge anschaulich beschrieben. In diesem Beitrag geht der Autor u. a. der Frage nach, warum Filme im Fernsehen zunehmend fragmentiert, ja – vor allem zum Ende hin – verstümmelt werden. Wiegen die vermeintlichen wirtschaftlichen Gewinne („audience flow") die künstlerischen Verluste wirklich auf?*

Vor einiger Zeit hat Susan Vahabzadeh in der SZ die Entwicklung beschrieben, die zum Ende des Starkinos geführt hat: Wenn sich um populäre Schauspieler keine Geheimnisse mehr ranken – alles ist öffentlich in Facebook-Einträgen, Instagram-Accounts und Twitter-Nachrichten – kann ihnen kaum noch Göttliches anhaften.

Lohnt es sich aber wirklich, den alten Zeiten nachzutrauern? Walter Benjamin hat Mitte der 1930er Jahre dem Film und seinen Darstellern in seinem epochalen Aufsatz „Das Kunstwerk im Zeitalter seiner technischen Reproduzierbarkeit" selbst keine guten Noten ausgestellt: „Was im Zeitalter der technischen Reproduzierbarkeit des Kunstwerks verkümmert, das ist seine Aura. Ihr machtvollster Agent ist der Film" (Fünfte Fassung, Suhrkamp 2013, S. 213). Aura ist für Benjamin die einmalige Erscheinung einer Ferne, so nah sie auch sein mag. (ibid., S. 216). Der Film – anders als das Bühnenschauspiel – zwingt den Darsteller, statt für anwesendes Publikum für eine abstrakte Apparatur und für ein abstraktes Publikum zu spielen, und zwar mit „seiner gesamten lebendigen Person, aber unter Verzicht auf deren Aura" (ibid., S. 227). Auch für das Starkino hatte Benjamin eine Erklärung parat: „Der Film antwortet auf das Einschrumpfen der Aura mit einem künstlichen Aufbau der „personality" außerhalb des Ateliers" (ibid., S.231).

Nicht weniger wichtig dürfte für den Film sein, wie er hergestellt und wie er vom Zuschauer rezipiert wird. Hier fällt das Urteil von Walter Benjamin, allerdings zu Unrecht, wie noch zu zeigen ist, noch härter aus: „Die Rezeption in der Zerstreuung, die sich mit wachsendem Nachdruck auf allen Gebieten der Kunst bemerkbar macht und das Symptom von tief greifenden Veränderungen der Apperzeption ist, hat am Film ihr eigentliches Übungsinstrument" (ibid., S. 247). Benjamin hat deshalb Unrecht, weil der intelligente Film nur dann ein großes Publikum erreicht, wenn er dieses auch unterhalten will. Gefeierte Regisseure wie Fellini und Antonioni aus Italien oder Sautet und Melville aus Frankreich bezeugen diese These. Dagegen wäre es einmal interessant zu erfahren, wie häufig es die Gewinner der Berlinale in den letzten zwanzig Jahren mit mehr als 10 Kopien (im jeweiligen Land) in die Kinos wie vieler Länder geschafft haben.

Der Film ist bekanntlich zu einer Massenware geworden, ganz so, wie schon zu Zeiten Walter Benjamins (also in den 1920er und 1930er Jahren) jeder sich bemüßigt fühlte, etwas in Schriftform von sich zu geben: „Mit der wachsenden Ausdehnung der Presse

… gerieten immer größere Teile der Leserschaft – zunächst fallweise – unter die Schreibenden. … es liegt heute so, dass es kaum einen im Arbeitsprozess stehenden Europäer (sic!) gibt, der nicht grundsätzlich irgendwo Gelegenheit zur Publikation einer Arbeitserfahrung, einer Beschwerde, einer Reportage oder dergleichen finden könnte. Damit ist die Unterscheidung zwischen Autor und Publikum im Begriff, ihren grundsätzlichen Charakter zu verlieren" (Benjamin 2013, S. 232). In unserem „Heute" stellen unzählige Privatleute ihre mehr oder weniger appetitlichen Filmchen in YouTube. Die neuen Medien verschaffen aber auch jungen Filmschaffenden zu sehr geringen Kosten den Einstieg in ihre Karriere. „1927 hat man errechnet, dass ein größerer Film, um sich zu rentieren, ein Publikum von neun Millionen erreichen müsse" (Benjamin 2013, S. 218). Insofern haben die neuen Medien für eine radikale Demokratisierung des Filmgeschäfts gesorgt. Die Abstimmung erfolgt längst nicht mehr nur an der Kinokasse, sondern auch per Anzahl der Downloads und Klicks. Selbst der traditionelle Film hat in YouTube seinen Auftritt: Liebhaber des französischen Kinos der 1960er Jahre können den geheimnisvollen „Un soir, un train" (1968, unter der Regie von André Delvaux, mit einem hinreißenden Yves Montand) dort finden, zerlegt in sieben eigenständige Teile. Die alten Filmrollen von Opas Kino lassen schön grüßen.

Herstellung und Rezeption des Films sind auch immer Ausdruck eines Zeitgeistes gewesen. Das zeigt sich in unseren Tagen besonders gut an der Art und Weise, wie Spielfilme (mittlerweile nicht nur bei den Privaten, sondern auch bei den öffentlich-rechtlichen Sendern) vom Fernsehen ausgestrahlt werden: Es gibt keinen Abspann mehr. Um den „audience flow" sicher zu stellen, also das Verbleiben der Zuschauer vor dem Fernseher und beim gleichen Sender, werden die Abspänne der Spielfilme einfach gekappt und es wird nahtlos übergeleitet zum Anfang des nächsten Streifens. Was geht dabei verloren? Beispiele von Spielfilmen verschiedener Genres können das demonstrieren: Im Actionfilm eines Jackie Chan (Gefahr im Anzug, 2002) bringt der Abspann in 4 ½ min Szenen, die offensichtlich häufiger abgedreht werden mussten, der Zuschauer kann die Patzer amüsiert mit verfolgen. Im Musical „Les Misérables" (2013) lassen sich die Macher immerhin 8 min Zeit, um alle Infos zur Crew, zu den Produzenten, Geldgebern, Kulissen-Erbauern und Kostümdesignern etc. mit einem Medley der wichtigsten Songs zu begleiten. So erhält der Zuschauer noch einmal einen „Durchschnitt" vom Ganzen. Nicht viel anders läuft es im Science-Fiction Streifen „Das fünfte Element" (1997) ab: Hier begleitet eine wohl eigens dafür komponierte romantische Ballade das fünfminütige Resümee der wichtigsten Informationen zum Film. Ganz klar: So soll man den Film in Erinnerung behalten! Die Hollywood-Romanze „Notting Hill" (1999) leistet sich immerhin noch 4 min für ein sentimentales Lied, das den Abspann umrahmt und den Zuschauer noch mal von der Liebe der beiden Hauptfiguren träumen lässt. Der neuklassische Western „Das Tor zum Himmel" (1980) bringt das musikalische Leitthema des Films zum Schluss noch einmal in 3 ½ min: Ein melancholischer Ausklang, der die Schlussszenen des in der Gegenwart reisenden und mit seinen aufwühlenden Erlebnissen der Vergangenheit lebenden Kris Kristofferson weiter knüpft.

Was ist der Sinn solcher Abgesänge? Die Dokumentation der Aufnahmetechnik, die Auflistung aller Mitwirkenden, die Danksagungen an Ideen- und Geldgeber, sind es alleine sicher nicht. Der Abspann soll den Zuschauer noch einmal in die Emotion des Films eintauchen, alles noch einmal an seinem Auge und an seinem Ohr vorbei ziehen lassen. Es ist ein Moment des Abschieds, ja vielleicht der Wehmut. Eine „zweite Halbzeit" des eigentlichen Endes gewissermaßen. Dafür ist den Medienmachern im Fernsehen der Gegenwart die Zeit zu schade, weil sie ihnen zu teuer erscheint: Immer wieder neu anzufangen ist profitabler als gründlich Abschied zu nehmen. Leider begehen sie dabei einen dummen Fehler, denn wer sich den ganzen Schluss eines Spielfilms versagt, trivialisiert und entwertet auch seinen Beginn.

Längst ist der Film nicht mehr das alleinige Paradebeispiel für die technische Reproduzierbarkeit des Kunstwerks wie zu Zeiten Walter Benjamins. Er wird aber in unserer Zeit zunehmend zum Gegenstand der technischen Fragmentierung in all den (neuen und alten) sonstigen Medien, die den Film „verwerten".

(Quelle: Mimeo, Neubiberg 06.08.2015)

Theoretische oder empirische Belege?

Mit dem Audience Flow wird in Prozentzahlen angegeben, wie viele Zuschauer beim Fernsehen von der letzten Sendung zur darauffolgenden übernommen werden konnten. Gleiche oder ähnliche Formate wie Spielfilme desselben Genres werden häufig hintereinander ausgestrahlt, da jeweils ein beachtlicher Teil (ca. 30–40 %) der Zuschauer von der letzten Sendung hängen bleiben. Dabei werden aufeinanderfolgende Sendungen („Programmstrecken") vertikal dergestalt programmiert, dass diese inhaltlich und im Hinblick auf die angesprochene Zielgruppe möglichst gut zueinander passen. Ziel ist es, den Audience Flow so zu optimieren, dass die Zuschauer den Sender nicht durch „Zapping" verlassen. Es geht also direkt um die Anbindung von Zuschauern an das eigene Programm/den eigenen Sender und (mindestens) indirekt um die Maximierung von Werbeeinnahmen. Vgl.: Walter Benjamin, „Das Kunstwerk im Zeitalter seiner technischen Reproduzierbarkeit". Fünfte Fassung, Berlin: Suhrkamp 2013.

Die Argumente der Gegenseite!

Es gibt auch die Auffassung, dass anspruchsvolle/spannende Filme das Konsumverhalten der Zuschauer direkt beeinflussen: Ganz allgemein geht es um Top-Sendungen, die mit besonderer Aufmerksamkeit verfolgt werden. Hier verharrt der Zuschauer geduldig vor dem Bildschirm, um möglichst keine Sekunde zu versäumen. Das Zapping wird eingeschränkt. Die Fernsehsender machen sich das zunutze, denn entsprechend prall gefüllt sind in diesen Fällen die Werbeblöcke und umso häufiger kann man sich aus der Sicht des Senders Werbeunterbrechungen leisten. Bei weniger kultigen Sendungen befürchten die Fernsehmacher eher Zapping und Abwanderung. Daher geht im Fernsehprogramm i. A. der Trend zu häufigeren und dafür kürzeren Werbeblöcken, um diese Verluste abzumildern. Damit stellt sich das paradoxe

Ergebnis ein, dass häufig gerade gute und spannende Filme bevorzugte Opfer der Fragmentierung und Verstümmelung des Schlusses sind. Vgl.: Michael Lerotick, Zuschauertreue und Zuschauerverhalten, Mannheim: Eigenverlag, 2010.

7.13 Bündnisversagen: Warum die Nato (wieder) zu einer Wertegemeinschaft werden muss

▶ *Seit dem Referendum im Frühjahr 2017 scheint der türkische Staatspräsident Erdogan sein Land konsequent in eine Diktatur verwandeln zu wollen. Die Türkei ist Mitglied zahlreicher internationaler Organisationen, wie der NATO, die sich einem westlichen Wertesystem verpflichtet fühlen. Jetzt wäre die Stunde, von der Türkei Demokratie und Rechtsstaatlichkeit einzufordern, doch es geschieht zu wenig.*

Das Gespenst von Diktaturen in Europa ist durchaus nicht neu: In den 1970er Jahren befreien sich Portugal (1974), Spanien (1976/1977) und Griechenland (1974) aus eigener Kraft von langjährigen, im Falle Spaniens und Portugals sogar jahrzehntelangen Militärdiktaturen. Die Nato hat dabei, wenigstens im Falle Spaniens, stabilisierend auf die Entwicklung dieser damals jungen Demokratie gewirkt. Im März 1981 trat Spanien unter einer konservativ-liberalen Regierung der Nato bei, dieser Beitritt wurde in einem Referendum 1986 bestätigt, wobei sich der sozialistische (!) Ministerpräsident Felipe González für den Verbleib im Bündnis einsetzte. Im gleichen Jahr wurden Spanien und Portugal zu Vollmitgliedern in der EG, dem Vorgänger der heutigen EU. Der erfolgreich abgewendete Militärputsch vom 23. Februar 1981, darin sind sich die Experten einig, hätte noch geringere Chancen gehabt, wenn Spanien damals schon Nato-Mitglied gewesen wäre.

Es ist eine traurige Ironie der Geschichte, dass sich zurzeit, man muss wohl sagen, ehemalige Demokratien, wie die Türkei (Nato-Mitglied seit 1952), aber auch deutlich schwankende, ja irrlichternde politische Systeme wie Ungarn und Polen (beide Nato-Mitglieder seit 1999), in Richtung Diktatur bewegen. Und die Nato? Man kann den Eindruck gewinnen, dass sie nur Zuschauer ist. Sie hat nach dem Fall der Mauer und dem Untergang der sozialistischen GUS-Staaten die Osterweiterung vehement betrieben, was dem Sicherheitsbedürfnis mittel- und osteuropäischer Länder entgegen kam, zugleich aber das Verhältnis zu Russland, lange vor dem Krim-Ukraine-Konflikt, auf eine (zu) harte Probe gestellt hat. Heute führt sie aufwendige Militärmanöver in den baltischen Staaten durch, um Moskaus vermeintliche Expansionsgelüste frühzeitig abzuschrecken und ist immer wieder an Operationen in Krisen- und Kriegsgebieten der Welt beteiligt. Das ist bei weitem zu viel und zugleich zu wenig.

Es ist zu viel, weil die Nato mittlerweile ihren ursprünglichen Auftrag, der militärischen Beistand im Falle eines direkten Angriffs auf ein eigenes Mitgliedsland vorsah, so überdehnt hat, dass sie in Gefahr gerät, in direkte Konkurrenz mit den Einsätzen von

UNO-Einheiten zu geraten. Letztere haben aber einen besonderen Eigenwert, weil sie auch Entwicklungs- und Schwellenländer in die weltweite Sicherheitsarchitektur einbinden.

Es ist bei weitem zu wenig, weil darüber der Blick nach innen ziemlich verloren gegangen und die notwendige Vertiefung der Verteidigungsgemeinschaft – ähnlich wie in der EU – nahezu unterblieben ist. Demokratie und Rechtsstaatlichkeit sollte die Nato ganz selbstverständlich von ihren Mitgliedern einfordern und nicht kurzfristigen taktischen Überlegungen des Krisenmanagements opfern. So könnten das Stimmrecht und/oder der Anspruch auf solidarische Hilfe der Übrigen an die Bedingung geknüpft werden, den demokratischen Rechtsstaat zu garantieren.

(Quelle: F. L. Sell, Bündnisversagen. In: Handelsblatt Nr. 52 vom 14.03.2017, S. 13)

Theoretische oder empirische Belege?

Die pragmatische Sicht auf die Türkei und ihre Bündnismitgliedschaften vermeidet weitgehend den Fokus auf Themen wie Demokratie und Menschenrechte und betont dagegen die strategische Bedeutung des Landes als „Vorposten" im mittleren und Nahen Osten gegenüber radikalen Bewegungen wie dem „islamische Staat", der indirekt die Sicherheit des europäischen Kontinents erhöht. Vgl. dazu auch: Cooperative security: NATO's partnership policy in a changing world/edited by Trine Flockhart. København: Dansk Institut for Internationale Studier, 2014. DIIS reports/Dansk Institut for Internationale Studier. Copenhagen, 2014:01.

Die Argumente der Gegenseite!

Mittlerweile haben sich auch große Wirtschaftsforschungsinstitute, wie das Münchner Ifo-Institut von dieser „pragmatischen Sicht" abgewandt und betrachten kritisch die zunehmend eingeschränkten Bewegungsmöglichkeiten der türkischen Zivilgesellschaft. Die Behinderung im freien Austausch von Meinungen und Ideen ist in der Konsequenz dem Errichten von Handelshemmnissen durchaus ähnlich. Vgl.: Die schwierige Beziehung der EU zur Türkei: Wie sieht die Zukunft der Türkei aus?/Ludwig Schulz, Helge Tolksdorf, Ayşe Yürekli, Erdal Yalcin, Galina Kolev, in: Ifo-Schnelldienst. München: Ifo-Inst. Bd. 69.2016, 21 (10.11.), S. 3–25.

7.14 Irrwege der Nato

▶ *Wie weit kann/soll sich die Nato noch ausdehnen? Führt die Ost-Erweiterung, die seit Ende des kalten Krieges zügig voranschreitet, gar am Ende zu weniger Sicherheit für ihre (neuen und alten) Mitglieder, da sich Russland zunehmend „umzingelt" fühlt, wenn weitere Nato-Staaten zu Grenzländern werden (wie schon bei den baltischen Staaten geschehen und im Falle der Ukraine befürchtet)?*

Die Nato (North Atlantic Treaty Organization) wurde dieser Tage erweitert, Montenegro zum 29. Mitgliedsstaat. 29 Länder, das ist mehr als doppelt so viel, wie die Nato 1949 in Washington, D. C., Gründerstaaten hatte, damals handelte es sich um: USA, Kanada, Frankreich, Norwegen, UK, Niederlande, Belgien, Island, Portugal, Dänemark, Italien und Luxemburg. Bekanntlich waren die letzten beiden hier aufgeführten Staaten schon damals keine Anrainer des Nordatlantiks…

Unter den heutigen 29 Mitgliedern sind etliche weitere Länder, wie Griechenland, die Türkei, Tschechien, Ungarn, Bulgarien, Rumänien, Slowakei, Slowenien, Albanien, Kroatien und eben Montenegro, die geografisch nicht einmal in der Nähe des Nordatlantiks sind, viele dafür aber unweit von Russland. Bekanntlich spricht man deshalb auch von der „Osterweiterung der NATO". Man darf die Frage stellen, ob die aktuelle Zurückhaltung gegenüber den Mitgliedsbestrebungen der Ukraine – die Gründe dafür sind hier wie dort offensichtlich – nicht auch schon früher ein besserer Ratgeber gewesen wäre als die forsche Aufnahme ehemaliger Warschauer-Pakt-Staaten.

Insgesamt gibt es zu diesen Entwicklungen mindestens zwei Anmerkungen zu machen: Zum einen und das ist geografisch und statistisch eine Banalität, nimmt die Wahrscheinlichkeit für das Auftreten des Bündnisfalls mindestens proportional mit der Anzahl und der Heterogenität der Mitgliedsstaaten zu. Zum anderen gilt das Gleiche für die Anzahl jener Mitglieds-Länder, die unweit der russischen Grenze gelegen sind, gegeben der aktuelle aggressive Modus, in dem sich die russische Außenpolitik befindet. Das hat die Nato-Führung ja längst realisiert und führt deshalb Truppen- Übungen in den baltischen Staaten durch.

Damit hat die Nato durch ihre eigene Erweiterungs-Politik den Nettonutzen bisheriger Mitgliederstaaten deutlich verringert, weil für diese das Risiko, im Bündnisfalle militärische Solidarität zeigen zu müssen, deutlich gestiegen ist ohne dass ihre ureigene Motivation, zu helfen, gestiegen wäre: Was, bitte schön, hat ein Land wie Portugal etwa mit der Konfliktlage zwischen den baltischen Staaten und Russland zu tun? Warum sollte sich ein Land, wie Belgien, in mögliche Konflikte ehemaliger Kriegsparteien in Alt-Jugoslawien hinein ziehen lassen? Umgekehrt hat der, in diesem Falle wirklich segensreiche, weil friedensstiftende Prozess der europäischen Einigung kriegerische Konflikte in Zentral- und Westeuropa sehr unwahrscheinlich gemacht.

Was folgt daraus? Begreift man die NATO als einen Club mit dem Versprechen der gegenseitigen Verteidigung, wenn eines der Mitglieder angegriffen wird, sollte sie sich vor weiteren Club-Vergrößerungen gut überlegen, welche Club-Größe den Gesamtnutzen der Gemeinschaft maximiert. Sie muss gleichzeitig auf den Nettonutzen der Mitgliedschaft einzelner Länder schauen: Hier entscheidet sich die Stabilität des Bündnisses.

(Quelle: Mimeo, Neubiberg 05.06.2017)

Theoretische oder empirische Belege?

Vgl. dazu: Die Debatte über die Kosten der NATO-Osterweiterung/August Pradetto; Fouzieh Melanie Alamir (Hrsg.), Baden-Baden: Nomos, 1. Auflage 1998. Sowie: Integration in Osteuropa vor dem Hintergrund der Osterweiterung von NATO und EU:

Gutachten; erstellt im Auftrag des Bundesministeriums für Wirtschaft unter dem Titel: „Stand und Perspektiven der wirtschaftlichen Integration in Ostmitteleuropa und der GUS 1997"/Hermann Clement, München: Osteuropa-Institut München, Dezember 1997.

Die Argumente der Gegenseite!
Wie schon die Überschriften zeigen, verkürzen manche Autoren die Problematik auf eine reine Kostenevaluation. Die Club-Theorie hat aber gezeigt, dass es immer Kosten-Nutzen-Abwägungen sind, die zum Zuge kommen müssen. Jedes einzelne Mitglied versucht, seinen Nettonutzen der Club-Mitgliedschaft zu maximieren, gleichzeitig erfordert die Stabilität (Cluberhalt) eine Maximierung des Nettonutzens für den Club insgesamt. Diese Überlegungen sind schon früher auf das Problem optimaler Währungsgebiete angewandt worden. Vgl.: F. L. Sell, On the Theoretical Determination of Optimal Currency Areas in the Framework of Club Theory, in: Finnish Economic Papers, Vol. 9, No. 2, Autumn 1996, S. 126–143.

7.15 Ein Vorschlag zur Lösung (mindestens zur Befriedung) des Katalonien-Konflikts

▶ *Durch ganz Europa ziehen sich unterschiedlichste Sezessionsbewegungen. Das gilt etwa für Korsika, für Schottland, für Tirol, vor allem aber, seit 2012, besonders für Katalonien. Im Spätsommer/Herbst 2017 hat sich gerade dort die Lage extrem zugespitzt, als das Regionalparlament in Barcelona mit knapper Mehrheit eine unilaterale Unabhängigkeitserklärung und die Ausrufung der Republik beschloss. Das löste eine bis heute unbekannte Verfassungskrise für ganz Spanien aus.*

Die Entscheidung der Madrider Zentral-Regierung, den Paragrafen 155 der spanischen Verfassung zu aktivieren und die bisherigen Regional-Minister, angeführt von ihrem Ex-Präsidenten, Carles Puigdemont, zu entlassen, hat die Situation in Katalonien nicht entschärft. Die Inhaftierung von 8 der 14 Regional-Minister, den die spanische Justiz angeordnet hat, führte am 12.11.2017 zu einer der größten Protestaufmärsche in Barcelona, den die Stadt bisher gesehen hat. Auch die für den 21. Dezember 2017 von Ministerpräsident Rajoy für Katalonien angesetzten Neuwahlen allein, werden kaum genügen, um der weiteren Spaltung der katalanischen Gesellschaft entgegenzuwirken. Im Gegenteil: Es droht ein Patt und damit eine Lage, in der weder das Bündnis der „Independentistas" (Pro Sezession) noch das der „Constitucionalistas" (gegen eine Sezession) über eine eigene Mehrheit verfügen werden. Hinzu kommt: Solange wichtige Figuren der katalanischen Separatisten in Madrider U-Haft sitzen oder im belgischen Ausland ein politisches „Pseudo-Asyl" organisieren, kommt der festgefahrene Karren nicht von der Stelle. Dies gilt umso mehr, je länger die beschriebene Situation anhält.

Es braucht eine überparteiliche Lösung, an der die spanische Justiz zumindest mitwirken muss. Und die könnte wie folgt aussehen:

Der Prozess gegen den katalanischen Ex-Vize-Präsidenten Oriol Junqueras und seine Ex-Kabinettskollegen aus Barcelona sowie derjenige gegen die Ex-Regional-Parlamentspräsidentin Carme Forcadell und ihre Unterstützer vom Parlamentspräsidium wird in einer beschleunigten Form abgewickelt. Es steht zu erwarten, dass die Angeklagten die Prozesse verlieren und zu hohen Gefängnisstrafen verurteilt werden. An dieser Stelle muss der spanische König seiner gesamtstaatlichen Verantwortung gerecht werden: Er sollte eine versöhnliche und zugleich versöhnende Rede an das ganze spanische Volk, insbesondere aber eben an die Katalanen halten. Darin sollte er eine baldige Amnestie für die verurteilten Separatisten und – in Abstimmung mit der Madrider Zentralregierung – eine neue Verfassungsversammlung (die zweite nach 1977/1978) ankündigen, welche die Autonomiestatute aller autonomen Regionen (unter dem Dach Zentralspaniens) neu verhandeln wird. Die deutschen Bundesländer könnten dabei – wie früher schon – durchaus als Vorbild dienen. Auf diese Weise dürften nahezu alle beteiligten Seiten ihr Gesicht wahren: Zum einen der König selbst, der zuletzt zu legalistisch und wenig empathisch gegenüber seinen katalanischen Landsleuten im Fernsehen aufgetreten war, zum anderen die spanische Justiz, weil sie gezeigt hätte, dass sie, wenn gefordert, hart gegen Verfassungsbruch vorgehen kann. Es profitierte auch Mariano Rajoy, weil er endlich demonstrieren könnte, dass es ihm um die Einheit Spaniens in Frieden und Freiheit geht und nicht zuletzt die mittlerweile fast verfeindeten politischen Gruppen/Parteien Kataloniens und ihre Anhängerschaft, die auch in Zukunft ein arbeitsfähiges Parlament bestücken müssen. Gewinner wären nicht zuletzt auch die katalanische und die zentral-spanische Zivilgesellschaft sowie die Europäische Union, weil sie endlich aus ihrer Sprachlosigkeit erlöst würde und anderen separatistischen Bewegungen auf dem alten Kontinent die Richtung für friedliche und demokratische Lösungen weisen könnte…

Hinzu kommt: Die katalanische Wirtschaft (die den Firmensitz von über 2400 Unternehmen heuer eingebüßt hat) und die spanische Wirtschaft insgesamt (die mit der katalanischen eng verwoben ist) würden beide profitieren. Am Ende auch die spanische Monarchie, deren Beitrag zur Demokratisierung Spaniens in den letzten 40 Jahren und zur Abwehr eines Militärputsches im Winter 1981 sogar unter den Spaniern selbst jüngst in Vergessenheit zu geraten drohte.

(Quelle: F. L. Sell, Tribüne: Ausweg im Konflikt um Katalonien. In: Neue Zürcher Zeitung Nr. 268 vom 17.11.2017, S. 09)

Theoretische oder empirische Belege?

In der ökonomischen Sezessionsliteratur überwiegen zwei Ansätze. Der eine wird überwiegend von liberalen bis ultra-liberalen Ökonomen vertreten, die in einer Abspaltung von der Zentralregierung die legitime Wahrnehmung von Freiheitsrechten sieht. Diese Sichtweise paart sich gelegentlich mit einem kulturell-regionalistischen Staatsverständnis, das in der Geschichte zurückverfolgt, wann es eine solche Trennung schon einmal gab. In abgeschwächter Form wird bereits der Austritt aus einer

Wirtschafts- und Währungsunion als sezessionistischer Schritt begriffen. Vgl. dazu etwa: Mehr Wettbewerb wagen: Zur politischen Ökonomie monetärer Sezession in der Eurozone/Markus C. Kerber, 2., überarbeitete und ergänzte Auflage. Stuttgart: Lucius & Lucius, 2015.

Die Argumente der Gegenseite!
Der zweite Ansatz sieht Sezessionsbewegungen überwiegend kritisch. Zum einen, weil der zurück bleibende Rumpfstaat tendenziell feindselige Emotionen gegenüber dem Sezessionsgebiet hegt und daher größere Konflikte bis hin zu kriegerischen Auseinandersetzungen die Folge sein können. Zum anderen, weil größere ökonomische Gebiete mit den Eigenschaften eines einheitlichen Währungsraumes tendenziell Transaktionskosten einsparen, Größenvorteile in der Produktion und eine bessere Verhandlungsposition, etwa bei Themen des internationalen Handels erreichen können. Vgl. dazu: Sezession: Ein gefährliches Spiel/Malte Krueger, ROME discussion paper series/Forschungsnetzwerk Research on Money in the Economy ROME. Düsseldorf: ROME, 2007: 13-02, 2013.

7.16 Warum der katalanische Separatismus auch und vor allem eine unabhängige Republik anstrebt

▶ *Der nachstehende Beitrag sollte ein Follow-up des vorausgegangenen Artikels („Ein Vorschlag zur Lösung …") aus der NZZ werden. Die vor allem historische Blickweise auf die spanischen Institutionen, insbesondere auf die Monarchie der Bourbonen, passt allerdings offenbar schlecht in die aktuelle Tagespresse …*

Am 30. Januar 2018 begeht Spaniens König Philipp („Felipe") VI seinen 50. Geburtstag. Gründe zum Feiern gibt es leider nur wenige: Wie jedermann weiß, gibt es einige Fehler, die man wieder gutmachen kann, anderen haftet der Geruch des Irreversiblen an. Vor allem dann, wenn man sie, gewollt oder ungewollt, zweimal begeht. So ähnlich ergeht es dem spanischen Königsgeschlecht, den Bourbonen, mit Katalonien. Warum? Schauen wir zunächst in die ältere und dann in die jüngere Vergangenheit zurück:

Die Bourbonen kamen in Spanien endgültig im Jahr 1714 mit Philipp („Felipe", Graf von Anjou und Enkel von Frankreichs König Louis XIV) dem V. an die Macht, nachdem der Nachfolgekrieg um das Reich des kinderlosen Habsburgers Karl II im Jahr 1713 (Vertrag von Utrecht) zu ihren Gunsten und zulasten des Hauses Habsburg ausgegangen war. Philipp V war im Umgang mit den Katalanen nicht zimperlich: So ließ er die Stadt Barcelona zwischen Juli 1713 und September 1714 14 Monate lang belagern bis schließlich Erzherzog Karl am 11.09.1714 kapitulierte und die hungernde Stadt dem Bourbonischen Regime übergab. Nur zwei Jahre später musste Katalonien seine Privilegien aufgeben, die sog. „Fueros". Daran soll die seit dem Jahr 1980 in Katalonien jeweils am

11. September abgehaltene „Diada Nacional de Catalunya", bei der zuletzt 100.000 ende die Straßen Barcelonas säumten, erinnern.

Juan Carlos I, Vater des heutigen Monarchen, Philipp VI, wurde bekanntlich im Oktober 1975 König Spaniens, aber nicht etwa als Enkel des Bourbonen Alfons dem XIII (der seinerseits im Jahr 1931, nachdem die Republik ausgerufen worden war, Thron und Spanien in Richtung Italien verließ und in seinem Römischen Exil 1941 verstarb), sondern von Francisco Francos (1892–1975) Gnaden, dem langjährigen spanischen Diktator (1939–1975). Dieser hatte 1966 durch die ihm gefügigen „Cortes" in der sogenannten „Ley Orgánica" seine Nachfolge zugunsten von Juan Carlos (und zulasten dessen Vaters Juan, der seine Thronansprüche nicht aufgegeben hatte) regeln lassen, allerdings ausdrücklich nicht mit Bezug auf dessen dynastisches Anrecht auf den spanischen Thron, sondern mit direktem Verweis auf den Aufstand („Movimiento") gegen die legitime, demokratisch gewählte Regierung der spanischen Republik im Jahr 1936.

Aus der Ehe (geschlossen im Jahr 1962) von Juan Carlos mit der griechischen Prinzessin Sofia ging im Jahr 1968 als Erstgeborener der heutige Monarch Felipe hervor. Seinen Eltern hätte eigentlich – gerade mal zwei Jahre nach der „Ley Orgánica" – klar sein müssen, dass er, für den Fall, selbst den Thron einmal zu besteigen, unweigerlich zu König Philipp VI werden würde. Es sei denn, er hätte sich für einen seiner weiteren Vornamen Juan/Pablo/Alfonso entschieden. Damit signalisierte sein Name die direkte Nachfolge auf Philipp V und war geradewegs dazu angetan, bei den (oder wenigstens vielen) Katalanen unweigerlich negative Emotionen hervor zu rufen.

Dies wurde, nach der Abdankung seines Vaters Juan Carlos im Jahr 2014 und der anschließenden eigenen Thronbesteigung, schon bei seinen anschließenden Katalonien-Besuchen sehr deutlich. Bei verschiedensten öffentlichen Zeremonien, bis hin zur Schirmherrschaft von Pokalendspielen, etwa im „Nou Camp" des FC Barcelona, wurde er regelmäßig (und weitaus deutlicher als zuvor sein Vater) mit einem gellenden Pfeifkonzert empfangen. Dies galt im Übrigen auch für seine Teilnahme am Aufmarsch der Spitzen aus der spanischen Politik nach dem Attentat auf die „Ramblas" in Barcelona am 19. August 2017.

Nun hat Felipe die – auch vom Verfasser dieser Zeilen (vgl. NZZ vom 17.11.2017, S. 9) – herbei gesehnte versöhnliche und versöhnende Rede an das spanische Volk bisher leider nicht gehalten. Seine Weihnachtsansprache vom 24.12.2017 und auch seine Rede vor dem WEF in Davos am 24.01.2018 klang erneut legalistisch, steif in Ton und Körperhaltung, von wenig Empathie gekennzeichnet.

Der Katalonien-Konflikt könnte sich noch so zuspitzen, dass den „Constitucionalistas" am Ende die Einheit Spaniens wichtiger werden könnte als der Erhalt der Monarchie: Dieser König, so will man meinen, schweigt sich daher, bildlich gesprochen, z. Zt. um Kopf und Kragen.

(Quelle: Mimeo, Neubiberg 04.01.2018)

Theoretische oder empirische Belege?

Ein Teil der Literatur ist stark rückwärtsgewandt und knüpft nahtlos an die Zeit des Franco-Regimes (1939–1975) an. Katalonien war in dieser Epoche zweifellos einer wirtschaftlichen, sozialen und kulturellen Unterdrückung durch Zentralspanien unterworfen. Trotz Demokratie seit 1977 finden solche Autoren ihre Region immer noch diskriminiert und plädieren für ihre Unabhängigkeit. Vorbild in der Argumentation ist ihnen hierbei: Edward C. Hansen, Rural Catalonia under the Franco regime: the fate of regional culture since the Spanish Civil War. Cambridge: Cambridge University Press 1977.

Die Argumente der Gegenseite!

Ein ganz anderer Teil der Literatur sieht die Katalanen (mit einer gewissen Ironie als katalanische Bourgeoisie bezeichnet) weniger als Opfer denn als erfolgreiche Unternehmer – was viele zweifellos auch sind – und führt vor, dass und wie es ihnen gelungen ist, auch unter widrigen Umständen, zielstrebig ihren Geschäften nachzugehen. Vgl. dazu etwa Jesus Lainz, El privilegio catalán: 300 años de negocio de la burguesia catalana. Colección nuevo ensayo. Madrid: Ediciones Encuentro No. 29, 2016.

Quellenverzeichnis

F. L. Sell, Bündnisversagen. In: Handelsblatt Nr. 52 vom 14.03. 2017, S. 13.
F. L. Sell, CDU: Was will Angela Merkel? In: Handelsblatt Nr. 166 vom 28. 08. 2012, S. 9.
F. L. Sell, Chinas Wunsch nach Garantien, in: Frankfurter Allgemeine Zeitung Nr. 124 vom 30. Mai 2009, S. 22.
F. L. Sell, Die Politik war's. In: Handelsblatt Nr. 139 vom 23. 07. 2013, S. 13.
F. L. Sell, Crisis en Europa/Opinión: El Riesgo es Merkel. In: Actualidad Económica, 54. Jg., Heft 2750, Dezember 2014, S. 93–94.
F. L. Sell, Das Dilemma der EZB. In: Handelsblatt Nr. 107 vom 07.06. 2016, S. 15.
F. L. Sell, Das muss der G20-Gipfel anpacken. Beim morgigen Treffen haben die 20 mächtigsten Staaten die Chance, die Verunsicherung einzudämmen: Sie müssen nur ihre eigenen Versprechen aus dem Jahr 2009 umsetzen. In: Financial Times Deutschland vom 02.11.2011, S. 24.
F. L. Sell, Das Streben nach Zinsvorteilen. Zentrale Aufgabe der Notenbankpolitik muss es bleiben, die Stabilität des internationalen Finanzsystems zu garantieren. In: Handelsblatt Nr. 71 vom 12. 04. 2007, S. 8.
F. L. Sell, Scham- und Schuldgefühl: Zur ökonomischen Bedeutung zweier kulturell motivierter Emotionen, in: ORDO, Band 62, 2011 S. 387–404
F. L. Sell, Seis meses de gobierno: sigue la esperanza o crece la frustración? In: Expansión, Jahrgang XXI, Nr. 6022 vom 11. 05. 2006, S. 69.
F. L. Sell, Das wird überhaupt nicht lustig. Interview, in: Süddeutsche Zeitung, Nr. 296 vom 20./21.12.2008, S. R 5.
F. L. Sell, Denkfabrik: Wieviel Ungleichheit ist nötig? In: Wirtschaftswoche Nr. 33 vom 11./08./2014, S. 34.
F. L. Sell, Droht Deutschland ein japanisches Trauma? Unternehmensverschuldung, Staatsverschuldung und Standortwettbewerb, in: Frankfurter Allgemeine Zeitung Nr. 32 vom 08. 02. 2005, S. 10.
F. L. Sell, »Las Hilanderas«: Eine spieltheoretische Deutung von Velázquez' berühmtem Bild. In: Kunstgeschichte. Open Peer Reviewed Journal, 2011.
F. L. Sell, Im Visier: Schöne digitale Arbeitswelt: Bessere Aussichten für die Produktivitätsentwicklung? In: WiSt, 45. Jahrgang, Heft 10, 2016, S. 515.
F. L. Sell, Federal Reserve als Vorbild? In: Handelsblatt Nr. 218 vom 13.11. 2017, S. 56.
F. L. Sell, Der Schulden-Sozialismus wirkt wie ein Ressourcen-Fluch. Neuer Systemwettbewerb in Europa. In: Neue Zürcher Zeitung Nr. 177 vom 05./08./2015, S. 21.
F. L. Sell, Wo Schröder irrt. In: Handelsblatt Nr. 126 vom 04./05./06. 07. 2014, S. 13.
F. L. Sell, In der Diskussion: Homo oeconomicus und der ehrbare Kaufmann – ein unvereinbarer Gegensatz? In: WISU, 44 Jg., Heft 12/15, 2015, S. 1323

F. L. Sell, Die falsche Geldpolitik. In: Handelsblatt Nr. 228 vom 24.11. 2016, S. 13.

F. L. Sell, Ehrenrettung der Theorie der rationalen Erwartung. In: Handelsblatt Nr. 3 vom 06. 01. 2010, S. 7.

F. L. Sell und B. Sauer, Chinas Großer Plan, in: Frankfurter Allgemeine Zeitung Nr. 270 vom 20. November 2009, S. 12.

F. L. Sell, Ein schwankender Riese. China ist zwar reich an Devisen – aber arm an widerspruchsfreien Konzepten in der Währungspolitik. In: Financial Times Deutschland, Nr. 232/48 vom 29.11.2006, S. 30.

F. L. Sell, Ein Ausweg aus dem Währungsdilemma, in: Frankfurter Allgemeine Zeitung Nr. 16 vom 19. 01. 2007, S. 20.

F. L. Sell, Im Visier: Mit dem Bade ausgeschüttet: Warum die Thesen der OECD zur Ungleichheit nur zum Teil weiter führen, in: WiSt, 44. Jahrgang, Heft 10, 2015, S. 537.

F. L. Sell, Tribüne: Ausweg im Konflikt um Katalonien. In: Neue Zürcher Zeitung Nr. 268 vom 17./11./2017, S. 09.

F. L. Sell, Ein Betrieb, ein Vertrag. Weder Spartengewerkschaften noch der Tarifkampf für ganze Industrien sind zukunftsfähig. Die Firma ist der Ort, wo Einheit und Differenzierung möglich sind. In: Financial Times Deutschland vom 06.03.2012, S. 24.

F. L. Sell, Ein Stillhaltepakt für Katalonien, in: Frankfurter Allgemeine Zeitung Nr. 278 vom 28. November 2012, S. 10.

F. L. Sell, Erst die blau-gelbe und nun die grüne Blase, in: Neue Zürcher Zeitung Nr. 190 vom 17. 08. 2011, S. 17.

F. L. Sell, Es gibt nicht nur die Wahl zwischen Skylla und Charybdis. Eine Auszeit statt eines Austritts könnte dazu beitragen, eine Ansteckung in der Euro-Zone zu verhindern. In: Neue Zürcher Zeitung Nr. 198 vom 27. 08. 2012, S. 21.

F. L. Sell, in: Irene Rivas, Europa busca a su líder, in: Capital, No. 156, Septiembre 2013, S. 10–14.

F. L. Sell, Opinión: Los Desafíos de la UE. El gran error económico de Geithner. In: Actualidad Económica, 53. Jg., Heft 2704, 2011, S. 47–48.

F. L. Sell, Opinión: Los Desafíos de la UE. El Supuesto Milagro Laboral Alemán. In: Actualidad Económica, 53. Jg., Heft 2703, 2011, S. 46–48.

F. L. Sell und B. Sauer, China hält die Banken am kurzen Zügel, in: Handelsblatt Nr. 140 vom 23./24. 07. 2010, S. 9.

F. L. Sell und D. Reinisch, Lohn der Arbeit. In der Vergütung von Managern sind Maß und Mitte gefordert. In: Süddeutsche Zeitung Nr. 116 vom 21. 05. 2012, S. 18.

F. L. Sell und H.-W. Sinn, Das Euro-System steckt in der Sackgasse. Eine Erwiderung auf die Kritiker: Die Hoffnung, die Kapitalmärkte mit immer mehr Geld zu beruhigen, ist ein Trugschluss. In: Süddeutsche Zeitung Nr. 182 vom 08. 08. 2012, S. 20.

F. L. Sell und H.-W. Sinn, Der neue Euro-Club. In: Süddeutsche Zeitung Nr. 169 vom 24. 07. 2012, S. 19.

F. L. Sell, Es ist die Verteilung, Dummkopf. Die Wertschöpfung erst erarbeiten und dann verteilen – oder umgekehrt? Zur neuen Lesart des berühmten Bill-Clinton-Ausspruchs. In: Süddeutsche Zeitung Nr. 45 vom 24. 02. 2014, S. 20.

F. L. Sell, Gebt ihr die Freiheit wieder. Die Politik hat der Europäischen Zentralbank praktisch die Unabhängigkeit genommen. Um das rückgängig zu machen, muss eine für alle EU-Staaten verbindliche Schuldenbremse her. In: Financial Times Deutschland vom 01.09.2011, S. 24.

F. L. Sell, Heikle Verwandtschaft. In: Handelsblatt Nr. 163 vom 26.08. 2015, S. 15.

F. L. Sell, Linksherum zum Machtverlust. Was Kurt Beck und die Sozialdemokraten aus der ökonomischen Theorie der Politik für ihren Richtungsstreit lernen können. In: Financial Times Deutschland, Nr. 25/08 vom 05.02.2008, S. 24.

F. L. Sell, Mehr Flexibilität! In: Handelsblatt Nr. 67 vom 08.04. 2015, S. 15.

F. L. Sell, Opinión. Desde la Ortodoxía: La crisis vista por un alemán. In: Actualidad Económica, 53. Jg., Heft 2727, 2013, S. 46–47.

F. L. Sell, Pakt der Ausnahmen In: Handelsblatt Nr. 100 vom 28. 05. 2013, S. 17.

F. L. Sell, Reformbedürftige monetäre Analyse der EZB. Notwendige Fokussierung auf das „Transaktionsgeld". In: Neue Zürcher Zeitung Nr. 177 vom 03. 08. 2007, S. 25.

F. L. Sell, Sind rationale Erwartungen wirklich obsolet? Wieso die jüngst strapazierte Infragestellung der „Lucas-Kritik" in die Irre führt. In: Neue Zürcher Zeitung Nr. 244 vom 21./10./2014, S. 26.

F. L. Sell, Sparen ist der falsche Weg. Gerade die überschuldeten Staaten müssen mit Investitionen in die Infrastruktur den Standort stärken. In: Süddeutsche Zeitung Nr. 85 vom 12. 04. 2011, S. 18.

F. L. Sell, Tarifverhandlungen: Die Energiewende raubt den Spielraum, in: Handelsblatt Nr. 53 vom 14. 03. 2012, S. 8/9.

F. L. Sell, Transferunion für die Eurozone. Einsichten aus der Theorie optimaler Währungsgebiete des Nobelpreisträgers Robert Mundell. In: Süddeutsche Zeitung Nr. 133 vom 14. 06. 2010, S. 20.

F. L. Sell, Tribuna libre: Deasfíos Colosales. In: Actualidad Económica, 51. Jg., Heft 2682, 2009, S. 26–27.

F. L. Sell, Tribuna libre: Ese claro objeto del deseo. In: Actualidad Económica, 50. Jg., Heft 2631, 2008, S. 33–34.

F. L. Sell, Tribuna libre: Políticas para atajar la crisis. In: Actualidad Económica, 51. Jg., Heft 2653, 2009, S. 54–55.

F. L. Sell, Warten auf Mario Draghi. In: Handelsblatt Nr. 14 vom 21.01. 2015, S. 17.

F. L. Sell, Wie die Wirtschaftskrise genutzt wird, den politischen Kompass neu auszurichten. Zur politischen Ökonomie von Krisen und ihrer Überwindung, in: Neue Zürcher Zeitung Nr. 72 vom 27. 03. 2009, S. 29.

F. L. Sell, Wir brauchen einen Aufpasser. In: Handelsblatt Nr. 194 vom 07. 10. 2008, S. 11.

F. L. Sell, Zeit für eine Grundsatzentscheidung. Die Alternative zum Kampfeinsatz im Süden Afghanistans ist Deutschlands Schwächung in der Nato. In: Handelsblatt Nr. 50 vom 11. 03. 2008, S. 08.

F. L. Sell, Zerreißprobe für die Geldpolitik. Die Reaktion der Notenbanken auf die Finanzkrise schafft neue Inflationsrisiken – Liquiditätszufuhr ist kein Ersatz für eine wirksame Aufsicht. In: Handelsblatt Nr. 194 vom 09. 10. 2007, S. 11.

F. L. Sell, Zwei Rentner-Kohorten. In: Neue Zürcher Zeitung Nr. 195 vom 23./08./2016, S. 10.

H.-W. Sinn and F. L. Sell, Our opt-in-opt out solution to the Eurozone crisis. In: Financial Times, August 1, 2012, p. 9.

The manufacturer's authorised representative in the EU is Springer Nature Customer Service Centre GmbH, Europaplatz 3, 69115 Heidelberg, Germany. If you have any concerns regarding our products, please contact ProductSafety@springernature.com

Printed and bound by CPI Group (UK) Ltd, Croydon, CR0 4YY

23/03/2026

02076743-0002